高等职业教育"十二五"规划教材

大 学 语 文

主　编　王明红
副主编　郭杨波　王开淮
编　委　（以编写章节先后为序）
　　　　夏仁娟　梁　胜
　　　　徐　宏　罗艳梅
　　　　廖晓玲　苑　卉

北京理工大学出版社
BEIJING INSTITUTE OF TECHNOLOGY PRESS

版权专有 侵权必究

图书在版编目（CIP）数据

大学语文/王明红主编. —北京：北京理工大学出版社，2012.8（2020.10 重印）

ISBN 978-7-5640-6433-4

Ⅰ. ①大… Ⅱ. ①王… Ⅲ. ①大学语文课-高等学校-教材 Ⅳ. ①H19

中国版本图书馆 CIP 数据核字（2012）第 201858 号

出版发行 / 北京理工大学出版社
社　　址 / 北京市海淀区中关村南大街 5 号
邮　　编 / 100081
电　　话 /（010）68914775（办公室）　68944990（批销中心）　68911084（读者服务部）
网　　址 / http：// www.bitpress.com.cn
经　　销 / 全国各地新华书店
印　　刷 / 北京虎彩文化传播有限公司
开　　本 / 787 毫米×1092 毫米　1/16
印　　张 / 17.25
字　　数 / 398 千字
版　　次 / 2012 年 8 月第 1 版　2020 年 10 月第 4 次印刷
定　　价 / 36.00 元

责任编辑 / 葛仕钧
责任校对 / 周瑞红
责任印制 / 王美丽

图书出现印装质量问题，本社负责调换

前　言

不论是专科层次还是本科层次的高校，人才培育、文化传承创新都是其必须要履行的重要职责。大学要培养的不仅仅是单纯的"术业有专攻"的专业人才，更是品行良好、社会责任感强、懂得生命价值、心智健全的人，这就需要人文教育去完成。

人文就是人类生活固有的内在价值，这些内在价值包括生命的价值、快乐的价值、自由的价值、尊严的价值、求知的价值、创造的价值、爱的价值、自我超越的价值等。这是人类生活最重要的根基。人文教育的中心任务，就是使学生获得比较完善、理性、健康的情感和丰富的想象力，开发主体自我价值实现的潜在可能，增进生命的丰富性，成为比较完全意义上的人。

"大学语文"是高校中普遍开设的公共通识课，在培育学生的人文素养和传承民族文化、民族精神方面起到了不可替代的作用。本教材以"实用与理想并容，思想与艺术兼顾，经典与时代同存"为宗旨，精心选择篇目，设计体例，力求使之成为一本教师欢迎、学生喜爱的教材。

第一，体例特点。

本教材按照诗歌、散文、小说、戏剧的传统文学体裁四分法，再加上"科普阅读"，共分为五个单元。每个单元由概述、阅读欣赏两大部分组成，每个单元的篇目以时间为序，每个篇目均由作者（作品）简介、正文、注释、赏析、思考练习组成。诗歌、散文、小说、戏剧和科普单元分别设置了单元能力训练。

第二，选文特点。

在选编传统经典诗文、小说的同时，选择了一些各具特色的现当代作品，如诗歌单元中林徽因的《你是人间四月天》、散文单元中王小波的《一只特立独行的猪》、小说单元中张爱玲的《封锁》等。除了中国的经典作品外，也选编了国外的一些优秀篇章，以扩大学生视野，如叶芝的名诗《当你老了》、表现主义作家卡夫卡的小说《骑桶者》。科普单元中，选编的《黑猩猩的政治》《垃圾之歌》等是由科学家撰写的科普文章，让学生在趣味盎然的阅读中获取丰富的科技信息，并懂得生态环境保护的重要性。

第三，注重赏析。

每篇选文后均有 800～1 000 字的赏析。每篇赏析都是一篇小文章，旨在通过分析文章的写作背景、艺术特色、思想情感，激发学生兴趣、启迪学生思维，提高其文学修养和审美情趣，并通过对作家作品的了解和学习，得到情感的体验、道德的熏陶和灵魂的升华。

第四，注重实践。

单元能力训练是实践教学环节，要求教师按照训练要求，留出专门的时间，组织学生通过研讨、写作、朗诵、表演等方式，让学生积极参与、主动学习，使其锻炼和提高语言运用能力，感受语言艺术魅力。这也要求教师要改变自己的角色，使课堂不仅是教师传授知识的讲堂，也成为学生发表个人见解、展现自我风采的舞台，给学生自主学习的空间，并让学生体会到成功的喜悦、思考的价值。

我们一直希望"大学语文"的教与学能够得到积极、健康的发展，上述内容正是我们为之所做的一点点努力。我们深知这点努力是远远不够的，还有诸多有待提高、完善的地方，因此，恳请各位读者批评指正，以便于我们不断改进。

在编写过程中，我们参考、借鉴了一些专著或同类教材，在此表示诚挚的谢意。

同时，还要感谢对本教材的编写和出版给予了大力支持的四川工商职业技术学院的领导，尤其感谢徐时彬教授的亲切关心和具体指导。

目 录

第一单元 诗 歌

概述		(2)
七月	《诗经·豳风》	(5)
采薇	《诗经·小雅》	(9)
山鬼	屈 原	(12)
橘颂	屈 原	(15)
饮马长城窟行	汉乐府	(18)
却东西门行	曹 操	(20)
《饮酒》二首	陶渊明	(22)
王维诗二首	王 维	(25)
春江花月夜	张若虚	(28)
宣州谢朓楼饯别校书叔云	李 白	(31)
登高	杜 甫	(33)
长恨歌	白居易	(35)
无题四首	李商隐	(41)
八声甘州	柳 永	(43)
水龙吟·次韵章质夫《杨花词》	苏 轼	(45)
踏莎行	秦 观	(47)
声声慢	李清照	(49)
圆圆曲	吴伟业	(51)
木兰花令·拟古决绝词	纳兰性德	(55)
你是人间四月天	林徽因	(57)
面朝大海,春暖花开	海 子	(59)
致橡树	舒 婷	(61)
啊,船长!我的船长!	[美]惠特曼	(64)
当你老了	[爱尔兰]叶芝	(66)

第二单元 散 文

概述	(70)

《老子》三章 ··· 老 子 (73)
《论语》四章 ··· 孔 子 (76)
人皆有不忍之心 ··· 孟 子 (80)
逍遥游(节选) ··· 庄 子 (82)
大同 ·· 《礼记·礼运》 (87)
垓下之围 ··· 司马迁 (91)
答李翊书 ··· 韩 愈 (96)
学问之趣味 ··· 梁启超 (100)
秋天的况味 ··· 林语堂 (103)
给亡妇 ··· 朱自清 (106)
渐 ··· 丰子恺 (110)
一只特立独行的猪 ··· 王小波 (114)
都江堰 ··· 余秋雨 (117)
好运设计 ··· 史铁生 (122)
我的伊豆 ·· [日]川端康成 (133)
论老之将至 ··· [英]罗素 (136)
能力训练 ·· (139)

第三单元 小 说

概述 ·· (142)
宝玉挨打 ··· 曹雪芹 (145)
伤逝——涓生的手记 ··· 鲁 迅 (150)
围城(节选) ··· 钱钟书 (161)
封锁 ··· 张爱玲 (173)
平凡的世界(节选) ··· 路 遥 (180)
十八岁出门远行 ··· 余 华 (186)
骑桶者 ·· [奥地利]卡夫卡 (191)
绳子 ··· [法]莫泊桑 (194)

第四单元 戏 剧

概述 ·· (202)
牡丹亭(惊梦) ··· 汤显祖 (204)
日出(第四幕) ··· 曹 禺 (210)
哈姆莱特(第三幕) ··· [英]莎士比亚 (238)
能力训练 ·· (242)

第五单元　科　普

概述 ………………………………………………………………………………（244）
黑猩猩的政治………………………………………………［美］弗朗斯·德瓦尔（246）
垃圾之歌(节选) …………………………………［美］威廉·拉什杰　库伦·默菲（255）
基因污染:新世纪的忧患 ……………………………………………………沈孝宙（260）
能力训练 …………………………………………………………………………（265）

第一单元

诗 歌

概　　述

在中国五千年的文明进程中，祖先们经过一代又一代的精心营造，为我们建筑了一座美轮美奂的艺术圣殿。它是由无数块中华民族文化的瑰宝打磨雕砌而成，并以历久弥新的艺术魅力巍然屹立于世界文化之林。而这座宏伟殿堂底座下的基石，就是中国诗歌。

诗歌是中国最古老也是艺术成就最高的文学形式，它的起源遥远得可以追溯到没有文字的上古时期，是上古人民因劳动生产、两性相恋、原始宗教等社会生活和精神需求而产生的一种有韵律、富有感情色彩的语言形式，初期总是配合音乐、舞蹈而歌唱。中国古代不合乐的称为诗，合乐的称为歌，现代一般统称为诗歌。中国诗歌史按历史进程划分，大致可分为古典诗歌、现代诗歌和当代诗歌三个阶段。中国诗歌的发展与中国文学乃至中国历史的发展是相辅相成、相得益彰的，从诗歌的角度去了解和剖析文学发展的脉络是一个很好的切入点，可以帮助我们了解与诗歌相对应的文化特色和社会概貌，从而更好地继承和发扬祖先们留下的这笔宝贵精神财富。因此，我们诗歌单元的选篇主要着眼于古典诗歌，兼有部分优秀的现当代诗歌，还纳入了一些西方诗歌中的经典作品，以扩大学生的视野。

公元前6世纪，中国第一部诗歌总集《诗经》被编订成书，它被视为中国诗歌的滥觞。自《诗经》起，"诗言志"成为了中国诗歌的主要发展方向，以抒情为主的民族诗歌风格也被确立。《诗经》里浓厚的现实主义色彩、强烈的政治道德意识、积极的人生态度，被凝练为"风雅"精神，成为中国诗歌的最基本、最深远的传统。公元前339年，中国诗歌史上第一位伟人屈原诞生，他以忠君爱国的热情，以香草美人的象征手法，以浪漫的精神气质，以独特的楚地方言，创造了一种新的诗歌体裁"楚辞"。"诗经"和"楚辞"分别开创了中国诗歌的两大风格——现实主义和浪漫主义。

汉乐府是继《诗经》之后中国民歌的又一次大汇集，它在艺术上较以四言为主、重章叠句的《诗经》更加成熟。实现了从四言向杂言、五言的过渡，善于刻画人物形象，故事情节较为完整，使叙事诗发展到新阶段，也是五言诗发展的重要时期，东汉甚至产生了完整的七言诗歌。东汉末年建安时期，在"三曹""七子"的率领下，完成了汉乐府民歌向文人诗的转变，并创造了"建安文学"和以"志深笔长、梗概多气、悲凉慷慨"为特点的"建安风骨"，在中国诗歌史上抒写了浓墨重彩的一页华章。

魏晋以后，社会动荡不安，到了东晋因佛教的盛行，以阐释老庄和佛教哲理为主要内容的"玄言诗"占据了诗坛，严重脱离社会生活，诗歌的"风骚"传统被摒弃。直到东晋伟大诗人陶渊明的出现，才一扫颓废诗风，古典诗歌重焕光彩。陶渊明是"田园诗"的开创者，他将人生和艺术和谐地统一起来，用他的田园诗为中国的知识分子建造了理想的精神家园。清丽缠绵的南朝民歌和雄壮刚健的北朝民歌也在诗歌史上占有一席之地，《西洲曲》和《木兰诗》分别是二者的代表作。南朝谢灵运开创了清新秀丽的"山水诗"，山水诗的出现，标志着人与自然的进一步沟通与和谐，标志着一种新的自然审美观念和审美趣味的产生。

唐代是诗歌艺术发展的全盛时期，它将中国古典诗歌推向了艺术的巅峰，也是世界文学宝库中的一颗璀璨明珠。初唐时期的代表诗人除了"初唐四杰"（王勃、杨炯、卢照邻、骆宾王）外，还有陈子昂和以《春江花月夜》"孤篇盖全唐的"张若虚等；盛唐时代的李白和杜甫雄视千古，被公认为是中国诗歌史上最伟大的两位诗人，此外还出现了以王维、孟浩然为代表的"田园诗派"和以高适、岑参为代表的"边塞诗派"；中唐成就最高的要数白居易，他提倡的"新乐府运动"提出了"文章合为时而著，歌诗合为事而作"的先进诗歌理论，进一步推动了唐诗的发展，这一时期的刘禹锡、李贺等也颇有建树；晚唐诗人以"小李杜"（李商隐、杜牧）和温庭筠等为代表。

唐诗既有现实主义流派，也有浪漫主义流派，而许多作品又是这两种创作方法结合的典范；唐诗的形式大致分为五言古体诗、七言古体诗、五言绝句、七言绝句、五言律诗、七言律诗；唐诗还大力发展了歌行体，使叙事诗的形式和内容更加成熟和完善；尤其是创造了近体诗——律诗和绝句，它把中国古典诗歌音节和谐、文字精练的艺术特色，推到了前所未有的高度。

即使中国文学史一直持有"唐诗宋词"的传统观点，认为宋代最杰出的成就是词，但宋诗的文学价值也并没有被唐诗的夺目光芒所掩盖。宋代诗人在继承唐诗优秀传统的基础上又另辟蹊径，形成了自己独具的诗歌风格和审美情趣。"唐诗言情，宋诗说理。"宋诗往往在诗歌中表现诗人对现实的思考和理解，"以议论为诗"，擅长在诗歌中表现"理趣"，即寄寓在诗歌形象中的人生哲理。唐诗总用感性形象来把握现实，宋诗则多借助理性思维来解剖现实，虽然在诗歌意境和艺术感染力方面逊于唐诗，但宋诗却以细致深刻的哲理思想、精雕细琢的语言技巧旁逸斜出，独树一帜。

明代文学以小说成就为最高，在诗歌创作上与其他时代相比显得平淡无奇。清诗是古典诗歌历史上最后一个繁荣时代，名家辈出。清代诗人在唐诗和宋诗的影响下，也由于特殊的历史背景，形成了自己的特色和风格。清初诗歌以顾炎武、王夫之、黄宗羲三位大学者为代表，另外吴伟业的"梅村体"七言歌行也颇负盛名，《圆圆曲》是其代表作；从鸦片战争开始，清王朝开始陷入内忧外患之中，社会危机加深，诗人们将诗歌作为思想武器，梁启超等人提出了"诗界革命"的口号，要求"以旧风格含新意境"（梁启超语），涌现出了龚自珍、梁启超、黄遵宪等诗人。

"五四"新文化运动后，现代诗歌也应运而生。胡适是倡导以白话文写"新诗"的第一人，并出版了中国第一部新诗集《尝试集》。代表新诗初期最高成就的是浪漫主义诗人郭沫若，其代表作《女神》以新诗的形式体现了"五四"时代精神，并完成了新诗现代形象的改造更新。20世纪20年代诞生了"新月"诗派，他们创造的"新格律诗派"，体现出"音乐美、绘画美、建筑美"的特色，代表诗人徐志摩用《再别康桥》等诗作完美地体现了这一风格。此外，还出现了"象征派""现代派"等诗歌流派，现代诗歌呈现百花齐放、百家争鸣的繁荣景象。

随着1949年新中国的成立，中国诗歌史也步入当代诗歌阶段。20世纪50年代至70年代，长篇政治抒情诗具备了鲜明的时代精神特征，但也略显空洞。经过"文化大革命"的文化断层，20世纪80年代至90年代，是中国新诗处于大变革的现代化多元性探索期，也是中国现代主义诗潮的复兴期。这一时期最具有代表性的"朦胧诗派"重振中国诗坛的雄风，以北岛、舒婷、顾城为代表的"朦胧诗人"，受西方现代主义诗歌影响，借鉴一些西方现代派的表现手法，表达自己的感受、情绪与思考。作为20世纪80年代后期新诗潮的代表人物，海子在中国诗坛占有十分独特的地位，其创作的优秀抒情短诗兼具抒情性和先锋性，影响了一代诗风。

七 月

《诗经·豳风》

【作品简介】

《诗经》是我国第一部诗歌总集,先秦称为《诗》,或取篇目整数称为《诗三百》。西汉时被尊为儒家经典,自此,后代定称为《诗经》。共收西周至春秋诗歌305篇,包括"风"160篇,"雅"105篇,"颂"40篇。"诗经六义",分指"风、雅、颂"三种诗歌形式与"赋、比、兴"三种表现手法。《七月》属"十五国风"中"豳风"之一。

七月[1]流火[2],九月授衣[3]。
一之日[4]觱发[5],二之日栗烈。
无衣无褐,何以卒岁?
三之日于耜[6],四之日举趾。
同我妇子,馌彼南亩,田畯[7]至喜。

七月流火,九月授衣。
春日[8]载阳,有鸣仓庚[9]。
女执懿筐[10],遵彼微行,爰求柔桑。
春日迟迟,采蘩祁祁[11]。
女心伤悲,殆及公子同归。

七月流火,八月萑苇[12]。
蚕月[13]条[14]桑,取彼斧斨[15],
以伐远扬[16],猗彼女[17]桑。
七月鸣鵙[18],八月载绩[19]。
载玄载黄,我朱孔阳[20],为公子裳。

四月秀葽[21],五月鸣蜩[22]。
八月其获,十月陨萚[23]。
一之日于貉,取彼狐狸,为公子裘。
二之日其同,载缵武功。
言私其豵[24],献豜[25]于公。

五月斯螽[26]动股,六月莎鸡[27]振羽。
七月在野,八月在宇,
九月在户,十月蟋蟀入我床下。
穹窒[28]熏鼠,塞向墐户[29]。

嗟我妇子，曰为改岁[30]，入此室处。

六月食郁[31]及薁[32]，七月亨葵及菽[33]。
八月剥枣，十月获稻。
为此春酒，以介眉寿[34]。
七月食瓜，八月断壶[35]，九月叔苴[36]，
采荼薪樗[37]，食我农夫。

九月筑场圃，十月纳禾稼。
黍稷重穋[38]，禾麻菽麦。
嗟我农夫，我稼既同[39]，上入执宫功[40]。
昼尔于茅[41]，宵尔索绹[42]。
亟其乘屋[43]，其始播百谷。

二之日凿冰冲冲[44]，三之日纳于凌阴[45]。
四之日其蚤[46]，献羔祭韭。
九月肃霜，十月涤场。
朋酒斯飨[47]，曰杀羔羊。
跻彼公堂[48]，称彼兕觥[49]，万寿无疆！

【注释】
 [1] 七月：夏历的七月。
 [2] 流火：大火星偏西下行。火，星宿名，也叫"大火"，就是心宿。周代夏历六月黄昏时分，心宿出现在正南方最高点。
 [3] 授衣：交授裁制冬衣的工作（给妇女们）。
 [4] 一之日：夏历的十一月。与下文的"二之日""三之日""四之日"分指夏历十一月（冬月）、十二月（腊月）、一月（正月）、二月。
 [5] 觱（bì）发（bō）：大风触物发出的"噼里啪啦"的声音。
 [6] 于耜（sì）：修理农具。
 [7] 田畯（jùn）：豳公派的管理农事的官员。
 [8] 春日：夏历三月，从三月开始不再使用"某之日"的月份称谓。
 [9] 仓庚：黄莺。
 [10] 懿筐：深筐。
 [11] 采蘩祁祁：采摘白蒿的人络绎不绝。祁祁，众多的样子。
 [12] 萑（huán）苇：（收割）芦苇。
 [13] 蚕月：夏历三月，开始养蚕。
 [14] 条：修剪。
 [15] 斨（qiāng）：方孔的斧头。
 [16] 远扬：细长而又高高飘扬的枝条。
 [17] 猗彼女：猗，拉住，抓住。女，柔嫩。

[18] 䴗（jú）：伯劳鸟。
[19] 载绩：开始搓拧麻线。
[20] 我朱孔阳：我织的大红色的布匹非常的鲜艳。朱，大红色。孔阳，鲜亮艳丽。
[21] 秀葽：秀，植物开花抽穗。葽，植物名，也叫志远。
[22] 鸣蜩：蜩，蝉，知了。
[23] 陨萚：落叶。
[24] 豵（zōng）：一岁的小野猪。
[25] 豜（jiān）：三岁的大野猪。
[26] 斯螽（zhōng）：一种蝗类昆虫。
[27] 莎鸡：昆虫名，俗称纺织娘。
[28] 穹窒：堵住房间里所有的鼠洞。穹：穷尽。
[29] 墐户：用泥涂抹窗户的缝隙。
[30] 改岁：更改年岁，过年之意。
[31] 郁：果名，似桃。
[32] 薁（yù）：葡萄。
[33] 亨葵及菽：亨，通"烹"，烹饪。葵，冬葵，冬寒菜。菽，大豆。
[34] 以介眉寿：祈求长寿。介，通"丐"，乞求。眉寿，古人谓眉长为长寿之相。
[35] 断壶：摘下葫芦。壶，通"瓠"，葫芦。
[36] 叔苴：拾取麻的种子。叔，拾取。
[37] 采荼薪樗（chū）：采摘苦菜，把椿树当柴禾。荼，苦菜。樗，臭椿树。薪，意动用法，意为"把……当柴"。
[38] 重穋：重，通"穜（tóng）"，早种晚熟的谷类。穋（lù），晚种早熟的谷类。
[39] 同：集中，将谷物上交到豳公的粮仓。
[40] 上入执宫功：还要到豳公家中服徭役。上，通"尚"，尚且，还要。执，服徭役。
[41] 于茅：采割茅草。
[42] 索綯：搓拧绳子。
[43] 亟其乘屋：急忙登上屋顶（修理房屋）。亟，急忙。
[44] 冲冲：凿冰之声。
[45] 凌阴：冰窖。凌，冰块。阴，通"窨"，地窖。
[46] 蚤：通"早"，早朝，一种祭祀仪式。上古藏冰都要先祭祀寒之神。
[47] 朋酒斯飨：朋酒，两壶酒。《毛传》："飨，乡人饮酒也。"
[48] 跻彼公堂：登上公共大堂。跻，登上。
[49] 称彼兕觥：举起酒杯。兕觥，古代用犀牛角做的盛酒或饮酒器。

【赏析】

本诗选自《毛诗正义》（[清]阮元教刻《十三经注疏》，中华书局1980年版）卷八。

《诗经》是儒家经典著作"四书五经"之一，也是中国诗歌甚至是整个文学的滥觞之作。《诗经》的作品内容涉及两周春秋时代社会生活的方方面面，是我们今天了解这段历史文化的重要参考文献。孔子说"温柔敦厚，诗教也"，认为《诗经》对人能起到澄清心灵的功效，是作为教化的绝佳工具。至于《诗经》的重要性，孔子概括得很全面："小子何莫学夫诗？诗可以兴，可以观，可以群，可以怨，迩之事父，远之事君，多识鸟兽草木之名。"《诗经》以四言诗为主，通过简洁精练的语言，向后人展示当时的社会风貌和各个阶层人们的思想情感，并开创了中国现实主义诗歌乃至现实主义文学的艺术风格。《诗经》是中国两千多年诗歌史的厚重基石，对历代的诗歌发展产生了深刻影响。

《七月》是中国最早的长篇叙事诗，通常认为产生于西周初。它叙述了农人一年四季的劳动生活，并记载了当时的农业知识和生产经验。诗中嗟叹农人的辛劳，尽职尽责完成一年四季的农事或徭役，从侧面忠实而细致地描绘了从氏族公社转化来的氏族奴隶制的社会情状。

中国的传统农事生活可以形容为"男耕"（食之事）和"女织"（衣之事），《七月》的内容也主要分为这两大类。"女织"包括采桑养蚕、织染布匹、缝制衣袍等。通过四季不同的农事叙述，蕴涵了农人们的喜怒哀乐的感情变化。"春日迟迟，采蘩祁祁"，少女们在风和日丽的春光下采桑之暇，又怎么会不去欣赏春天的美好景色和勃勃生机呢？"载玄载黄，我朱孔阳，为公子裳"，劳动成果带来的欣慰和自豪之感跃然纸上；但"女心伤悲，殆及公子同归"又暗藏着少女的伤春情怀：自己的青春和爱情也许会沦为"公子"一时之兴的殉葬品，其中的哀怨和惶恐，不禁让读者倍加怜惜。农夫们除了事稼穑，还要练习武功，打猎捕兽，农闲时还得到去修理房屋，就是在寒冬里也不得闲，要凿取冰块藏入地窖，供"公"及"公子"们夏日里享用。但他们辛劳而充实，清苦而快乐，全诗总体洋溢着积极向上的乐观主义精神。

《七月》语言朴实，以"赋"的表现手法为主，语言诗句回环反复，形成诗歌内在的节奏。《七月》以四言为主，用韵富于变化，但又有一定规律，节奏明快，另外还使用大量的叠词和联绵词来增强诗歌音律上的美感。

【思考练习】

1. 按照春夏秋冬的时间顺序，将《七月》中农人的劳动生活进行整理概括。

2. 《七月》通过四季不同的农事叙述，表达了农人们不同的情感和思想。请试加以总结和分析。

3. 诗中"女心伤悲，殆及公子同归"一句，自古以来存在不同解释：传统认为"春女感阳气而思男""悲则始有与公子同归之志，欲嫁焉"；近代有学者也提出是指身为奴隶的采桑女内心伤悲，害怕被公子看中强行带走；还有人提出公子可指"豳公小姐"，采桑女担心成为小姐陪嫁丫环，埋葬青春。你更倾向于哪种理解？并说出理由。

采 薇

《诗经·小雅》

【作品简介】

《采薇》出自《诗经·小雅·鹿鸣之什》中的一篇。其类归《小雅》，却颇似《国风》。

"雅"即正，指朝廷正乐，周天子辖制地区的诗歌。雅分大雅和小雅：大雅的作者主要是上层贵族；小雅的作者既有上层贵族，也有下层贵族和地位卑微者。小雅中一部分诗歌是以战争和劳役为主题的，《采薇》就是其中的名作。

采薇采薇，薇亦作止[1]。
曰[2]归曰归，岁亦莫[3]止。
靡[4]室靡家，猃狁[5]之故。
不遑[6]启居，猃狁之故。

采薇采薇，薇亦柔[7]止。
曰归曰归，心亦忧止。
忧心烈烈[8]，载[9]饥载渴。
我戍未定，靡使归聘[10]。

采薇采薇，薇亦刚[11]止。
曰归曰归，岁亦阳[12]止。
王事靡盬[13]，不遑启处[14]。
忧心孔疚，我行不来[15]！

彼尔维何？维常之华[16]。
彼路斯何？君子之车。
戎车既驾，四牡[17]业业[18]。
岂敢定居？一月三捷[19]。

驾彼四牡，四牡骙骙[20]。
君子所依，小人所腓[21]。
四牡翼翼[22]，象弭鱼服[23]。
岂不日戒？猃狁孔棘[24]！

昔我往矣，杨柳依依。
今我来思[25]，雨雪霏霏[26]。
行道迟迟[27]，载渴载饥。
我心伤悲，莫知我哀！

【注释】

[1] 薇亦作止：薇，野生豌豆。作，豆苗破土。止，句末助词。
[2] 曰：语气助词。
[3] 莫：通"暮"，岁末。
[4] 靡：没有。
[5] 猃狁（xiǎn yǔn）：周代北方少数民族，即后来的匈奴民族。
[6] 遑：闲暇。
[7] 柔：柔嫩。指刚长出来的薇菜柔嫩的样子。
[8] 烈烈：心急如焚的样子。
[9] 载（zài）：又……又……，副词。
[10] 聘：问候，慰问。
[11] 刚：坚实，坚硬。
[12] 阳：农历十月，小阳春季节。
[13] 靡盬（gǔ）：没有停止。
[14] 启处：休整，休息。
[15] 我行不来：我出征以来从未有人来慰问。来，通"勑"，慰勉。
[16] 彼尔维何？维常之华：尔，花盛开。常，常棣（棠棣），植物名。华，通"花"。
[17] 牡：雄马。
[18] 业业：雄壮高大的样子。
[19] 捷：通"接"，与敌交战。三，多次。
[20] 骙骙（kuí）：雄壮威武。
[21] 腓（féi）：庇护，掩护。
[22] 翼翼：整齐有序的样子。
[23] 象弭（mǐ）鱼服：弓的一种，其两端饰以骨角。象弭，以象牙装饰弓端的弭。鱼服，鱼皮制的箭袋。
[24] 孔棘：孔，非常。棘，通"急"，紧急。
[25] 思：句末助词，无实意。
[26] 雨（yù）雪霏霏：雨，下。霏霏，雪花飘洒的样子。
[27] 迟迟：缓慢的样子。

【赏析】

　　周代北方的猃狁（即后来的匈奴）十分强悍，经常入侵中原，古代文献中有不少关于周天子派兵戍守边关，出兵击退猃狁的记载。《采薇》就是在这样的时代背景下，描写了一位解甲退役的征夫在返乡途中的百感交集。全诗以"薇"起兴，又注重句式的重章叠句，叙议结合，情感深沉，是将《诗经》的"赋、比、兴"表现手法运用得恰到好处的佳作。在表达从军将士的军旅孤苦和思乡情怀的同时，又含蓄表达了周人对战争的厌恶和反思，可以看作是中国文学史中反战主题的开篇之作。

　　《采薇》写参加周王朝对抗猃狁的战争的士兵虽在从军途中对家乡魂牵梦萦，但迫于战事，只有无奈而又尽职地履行戍边战士的责任。春去冬来，历尽沧桑，终于战事消弭，盼到回家之日。走在旅途，归心似箭，却又满怀酸楚："昔我往矣，杨柳依依，今我来思，雨雪霏霏。行道迟迟，载渴载饥。我心伤悲，莫知我哀。"这段诗歌一直受到后代文人的高度评价，如晋代谢玄就认为这是《诗经》中最好的诗句（见《世说新语·文学》）。后世诗歌中所表现的折柳赠远行之人的风习，似乎最早就是渊源于此诗，因为此诗最早将杨柳与远行组合到了一起，使人产生了杨柳留人的印象。

全诗六章，可分三个结构层次。既是归途中的追忆，故用倒叙手法写起，前三章为一层，追忆思归之情。首句以采薇起兴，但兴中兼赋，"薇亦作止""柔止""刚止"，循序渐进，形象地刻画了薇菜从破土发芽，到幼苗柔嫩，再到茎叶坚实的生长过程，它同"岁亦莫止"和"岁亦阳止"一起，喻示了时间的流逝和戍役的漫长。远离家园，是因为猃狁之患；戍地难离，是因为战事频频；无暇休整，是因为差役连连。前三章同时交织着恋家思乡的个人情感和为国赴难的国家使命感，这两种相互矛盾又相互牵连的复杂情感构筑了全诗的情感基调，忧伤凝重，刚毅坚韧。

四、五章追述行军作战的紧张生活。写出了军容之壮，戒备之严，全篇气势为之一振。其情调也由忧伤的思归之情转为激昂的战斗之情。从全诗表现的矛盾情感看，这位老兵既恋家心切，也顾全大局，勇于承担"国家兴亡，匹夫有责"的重任。诗歌在结构安排上，浓墨重彩地表现老兵回忆战场上的出生入死时，所表达出来的雄壮气势和破敌收关的自豪之情，是非常自然的。

最后一章又从回忆返回现实。笔锋一转，笼罩全篇的情感主调仍然是悲伤和孤独之感。最后四句追昔抚今，痛定思痛，怎能不令"我心伤悲"呢？老兵深切体验到了生活的虚耗、生命的流逝及战争对生活价值的否定。今人读此四句仍不禁怅触于怀，黯然神伤，也主要是体会到了诗境深层的生命流逝感。

【思考练习】

1. 翻译全文，并将其改编为一篇散文。
2. 背诵诗歌最后一章，并查阅课外资料，找出历代与之有相似主题的诗歌作品。

山 鬼[1]

屈 原

【作者简介】

屈原（约前338—约前278），名平，字原。战国时期的楚国人。据司马迁《史记·屈原贾生列传》，他是楚王同姓贵族，具有远大的政治理想，主张任贤用能，联齐抗秦，曾为"楚怀王左徒，博闻强志，明于治乱，娴于辞令。入则与王图议国事，以出号令；出则接遇宾客，应对诸侯。王甚任之"。然因同僚上官大夫靳尚妒其能而进谗言，被楚怀王疏远。顷襄王时，更因公子子兰谗害，再次被流放至更为荒僻的沅湘一带。最后因楚国政事日益混乱，被秦国欺凌，迫近危亡，悲愤沉痛，自投汨罗江而亡。屈原是我国最早的伟大诗人，"骚体"的创始者，楚辞的代表作家、诗人、政治家。代表作有《离骚》《九歌》《天问》《九章》。他的作品想象神奇瑰丽，辞藻绚烂华美，是古代浪漫主义诗歌的典范之作；其对理想的执著精神、对祖国的挚爱深情和个人品质的高洁脱俗对后世亦有着无比深远的影响。

若有人兮山之阿[2]，被薜荔兮带女萝[3]。
既含睇兮又宜笑[4]，子慕予兮善窈窕[5]。
乘赤豹兮从文狸[6]，辛夷车兮结桂旗[7]。
被石兰兮带杜衡[8]，折芳馨兮遗所思[9]。
余处幽篁[10]兮终不见天，路险难兮独后来[11]。
表[12]独立兮山之上，云容容[13]兮而在下。
杳冥冥兮羌昼晦[14]，东风飘兮神灵雨[15]。
留灵修兮憺[16]忘归，岁既晏兮孰华[17]予。
采三秀[18]兮于山间，石磊磊兮葛蔓蔓[19]。
怨公子兮怅忘归，君思我兮不得闲[20]。
山中人兮芳杜若[21]，饮石泉兮荫松柏[22]。
君思我兮然疑作[23]。雷填填[24]兮雨冥冥，猿啾啾[25]兮狖夜鸣。
风飒飒兮木萧萧[26]，思公子兮徒离忧[27]。

【注释】

[1] 屈原所作《东皇太一》《云中君》《湘君》《湘夫人》等十一篇诗歌总称为《九歌》，本篇为《九歌》之一。山鬼，指传说中的山林女神。本文选自（宋）洪兴祖《楚辞补注》（中华书局1983年版）。

[2] 若有人，仿佛有人，指山鬼；阿，曲隅，指山的曲折、僻静处。

[3] 被，同"披"；薜荔（bì lì），植物名，又称木莲；女萝，蔓生植物名，即菟丝。

[4] 含睇（dì），含情而视，睇，微微地斜视貌；宜笑，适宜于笑，指笑得很美。

[5] 子，指山鬼爱慕等待的对方，即后文的"公子"；予，山鬼的自称；窈窕，美貌。

[6] 赤豹，毛赤而纹黑的豹；从，跟随，文狸，毛色有花纹的狸猫。这里的赤豹、文狸都是指伴随在山鬼身边的奇兽。

[7] 辛夷，一种香木；结桂旗，意思是结桂枝为旗。

[8] 石兰、杜衡，都是香草名。

[9] 遗（wèi）所思，留赠给所思慕的人。

[10] 余，山鬼的自称；幽篁，指深密的竹林。

[11] 后来，意思是迟到。

[12] 表，特别突出的样子。

[13] 容容，云涌动飞扬的样子。

[14] 杳，深沉；冥冥，昏暗貌；昼晦，意思是指虽是白天，却像夜晚一样昏黑。

[15] 神灵雨，神灵下雨。

[16] 灵修，这里指楚怀王；憺（dàn），安然。

[17] 晏，晚、迟之意；华，这里作动词，意思是使衰老之人恢复荣华之貌。

[18] 三秀，指芝草，又名灵芝，因其一年三次开花，故称之为三秀。

[19] 磊磊，石头众多委积貌；蔓蔓，蔓延貌。

[20] 这句话是山鬼推想对方虽思念自己，却不得空闲前来。

[21] 山中人，指山鬼自己；杜若，香草名。

[22] 荫松柏，以松柏为荫。

[23] 然，指信任不疑，与疑相对。这句是设想对方思念自己，然而又信疑交作，难下决心。

[24] 填填，形容雷声。

[25] 啾啾（jiū），形容猿声凄厉。

[26] 飒飒（sà），风声；萧萧，风吹树木摇动之声。

[27] 徒，徒然；离，同"罹"，离忧，意思是承受忧愁。

【赏析】

《九歌》里描述了许多人神相恋的绮丽神话，在云蒸雾绕的峡江意境里，那些浪漫的爱情美艳得令人心旷神怡，神秘得让人怦然心动。但《九歌》中的爱情都是不美满的，整体风格绮靡伤情、缠绵婉转。其中，《山鬼》被认作是《九歌》中悲剧之最。

本篇写的是美丽高洁的山中女神苦苦等待所爱君子无望，忧思怅惘而独自归去的情境。

第一节主要从形态、衣着、容貌、车骑等方面对山鬼进行了描摹。"若有人"一词，准确地传达出山鬼给人的迷离惝恍、来去飘忽之感。"被薜荔兮带女萝"写"山鬼"的服饰装束，既刻画出山鬼这样一位身为山林之神的自然女儿的形象，又暗示了她外表和内心的美好，这也是屈原善于以香草比喻美好品德的手法的体现。"既含睇兮又宜笑"细致地描绘出山鬼含情脉脉的眼神和美丽的笑容，"子慕予兮善窈窕"则是借对方之口的自夸。可以想见，山鬼是精心打扮后，满心欢喜地期待着与爱人幸福地相会。接下来，诗人浓墨重彩地渲染了山鬼的车骑：火红的豹子，毛色斑斓的花狸，美丽、芬芳的辛夷、桂枝、石兰、杜衡装饰的车架，绚烂而热烈。为了迎接与爱人的见面，她还特意折了芳草在手中作为礼物。情人相见的序幕就这样幸福地拉开了。

但是，一心向往的相会并没有如约而至。从第二节开始，欢快的情绪开始跌落。山鬼所处，乃在幽篁之内，上不见天，道路险阻，所以来晚了。由于没能如愿见到爱人，山鬼不愿离去，而是特立于高山之上，但见云深茫茫皆在脚下涌动，云气厚重，使白昼晦暗如夜晚。神灵仿佛对此有感，使东风飘然而起，下起雨来。"留灵修兮憺忘归，岁既晏兮孰华予"两句，可以理解为山鬼为了等待爱人哪怕深处风雨飘摇之中也忘了归去，感叹岁月倏忽，美人迟暮，谁能令之重焕光彩？不少学者认为此两句是屈原借山鬼来陈述自己的情志，意思是诗人当及年德盛旺之时，留于楚怀王之所；日月逝矣，谁能使衰老之人恢复荣华呢？

最后一节写山鬼等不到爱人到来的怨怼、疑惧、自恋、忧伤等一系列复杂难遣的情怀。山鬼想于深山之中采食灵芝仙草，但见山石磊磊，葛草蔓蔓。随着希望逐渐落空，山鬼对爱人不禁心生怨怼；虽然处于被遗忘难归的境地，山鬼还是保持着品行的高洁：取杜若以为芬芳，饮石泉之水，荫松柏之木，饮食居住，皆以香洁之物来自修。"君思我兮然疑作"，表达了情人之间那种既思念，又有猜忌，不敢放心的微妙感情。若屈原以山鬼自喻，那这句也可理解为楚怀王虽然挂怀屈原，但被谗言迷惑，所以还是对屈原狐疑不决。"雷填填兮雨冥冥"三句，将雷鸣猿啼、风摇雨动之声交织在一起，描绘了一幅凄厉、令人惊恐的深山夜雨图。最后发出一声沉重的悲叹：思念你只会让我承受忧愁啊。

作品中的山鬼如此美好高洁，多情忠贞，但几经挣扎，最终都难以获得美满的爱情。这种情绪，多么类似屈原对楚国的情感和对楚王的怨恨。所以本篇虽写山鬼，其实处处都可看作屈原失意人生的投影。

【思考练习】

1. 楚辞极富有楚地的特色。在中国文学中，各地的文学有各自地域的特色。请以你家乡的一个作家或你了解的某部作品为例，谈谈你对文学地方色彩的理解。

2. 列举本文中出现的香草名，查查它们现在的名字是否有变化？这些香草各有什么特点？

3. 课余阅读《九歌》中的其他篇目。

橘 颂[1]

屈 原

后皇嘉树[2]，橘徕服兮[3]。
受命不迁[4]，生南国[5]兮。
深固[6]难徙，更壹志[7]兮。
绿叶素荣[8]，纷其可喜[9]兮。
曾枝剡棘[10]，圆果抟[11]兮。
青黄杂糅[12]，文章烂[13]兮。
精色内白[14]，类可任[15]兮。
纷缊宜修[16]，姱[17]而不丑兮。

嗟[18]尔幼志，有以异[19]兮。
独立不迁，岂不可喜兮？
深固难徙，廓[20]其无求兮。
苏世独立[21]，横而不流[22]兮。
闭心自慎[23]，终不失过[24]兮。
秉德[25]无私，参[26]天地兮。
愿岁并谢[27]，与长友[28]兮。
淑离[29]不淫，梗[30]其有理兮。
年岁虽少，可师长[31]兮。
行比伯夷[32]，置以为像[33]兮。

【注释】

[1] 屈原所作《惜诵》《涉江》《哀郢》《抽思》《怀沙》等九篇诗歌总称为《九章》，本篇为《九章》之一。橘颂，即赞颂橘之意。本文选自（宋）洪兴祖《楚辞补注》（中华书局1983年版）。

[2] 后皇嘉树：后皇，即后土，皇天，指地和天；嘉，美好。

[3] 橘徕服兮：徕，通"来"。服，习惯。

[4] 受命不迁：受命，受天地之命，即禀性、天性；迁，迁徙。

[5] 南国，指江南；三、四句的意思是说橘受天命，生于江南，不可移徙。

[6] 深固：指橘根深而坚固。

[7] 壹志：心志专一。

[8] 素荣：白色花。

[9] 纷其可喜：指橘树纷然盛茂，实在令人心喜。

[10] 曾枝，繁枝；剡（yǎn）棘：尖利的刺。

[11] 抟（tuán），通"团"，圆圆的。

[12] 杂糅：混杂在一起。

[13] 文章，花纹色彩；烂：斑斓，明亮。

[14] 精色，明亮的皮色；内白，橘子内怀洁白。

[15] 类，像；可任，可任之以道。

[16] 纷缊（wēn），形容繁盛的样子；宜修，修饰得体。

[17] 姱（kuā）：美好。

[18] 嗟：赞叹词。

[19] 有以异：和别人不同。

[20] 廓：胸怀开阔。

[21] 苏世独立：独立于世，保持清醒。

[22] 横而不流：横立自持，不随俗人。

[23] 闭心，安静下来；自慎，戒惧警惕。

[24] 失过：即"过失"。

[25] 秉德：保持好品德。

[26] 参：参配。

[27] 岁，年岁；并谢，一同凋谢。这句意思是愿与橘同生死。

[28] 友：为友。

[29] 淑离：美丽而善良自守。离，通"丽"。

[30] 梗：正直。

[31] 可师长：可以为人师表。

[32] 伯夷：伯夷、叔齐是商末孤竹君的两个儿子。相传其父遗命要立次子叔齐为继承人。孤竹君死后，叔齐让位给伯夷，伯夷不受，叔齐也不愿登位，先后都逃到周国。周武王伐纣，二人叩马谏阻。武王灭商后，他们耻食周粟，采薇而食，饿死于首阳山。（见《史记·伯夷列传》）

[33] 像：榜样。

【赏析】

"颂"是一种诗体，取义于《诗经》"风、雅、颂"之"颂"。《橘颂》是一首咏物抒情诗，赞颂橘树之美。

南国多橘，楚地更可以称之为橘树的故乡。《汉书》称"江陵千树橘与千户侯等"，可见早在汉代以前，楚地江陵即已以产橘而闻名遐迩。《异物志》云："橘为树，白华赤实，皮既馨香，又有善味。"

《橘颂》可分两节，第一节描绘橘之美。开笔"后皇嘉树，橘徕服兮"两句表述了橘树由皇天后土孕育而出，异于众木。"受命不迁，生南国兮"则是橘的秉性：只有生长于南土，才能结出甘美的果实，倘要将它迁徙北地，就只能得到又苦又涩的枳实了。《晏子春秋》所记"橘生淮南则为橘，生于淮北则为枳"，说的就是这种情况。而且，橘树根深坚固，忠诚守一，在屈原看来，这与自己如磐石般不可迁移的爱国情志是完全相通的。接下来，诗人从叶、花、枝、果等方面细致描摹了橘树之美：树叶青绿，花儿雪白，纷然盛茂，可喜可爱；橘枝繁盛，间长利棘，果实盈盈，圆润可亲，尖利与圆润并存，亦是方圆文武兼备之意；叶青实黄，色彩绚烂；内怀洁白，固可任之以道；橘是如此繁盛美好，无半分丑恶。

第二节礼赞橘之德。橘树之美好，不仅在于外在形态，更在于它有着非常珍贵的内涵。它年岁虽小，即已抱定了"独立不迁"的坚定志向；其根深难徙的一个重要原因是，它对于外在、世俗的一切是无欲无求的。它长成以后，更是秉持自我，不随俗流，遗世独立。对自己有着极高的道德标准，闭心弃欲，审慎自受，终不敢有过失。其梗然坚挺的高风亮节可参天地。虽然全诗之中，读者可以感知到橘就是诗人，诗人就是橘，但直到"愿岁并谢，与长友兮"句，才是诗人直接表明心迹，愿与橘树同心并志，哪怕光阴荏苒、年岁衰老，仍求与之长久为友，不愿分离开来。最后两句以伯夷为喻，作为全诗结尾。韩愈对此评价曰："伯夷者，特立独行，亘万世而不顾者也。屈原独立不迁，宜与伯夷无异。乃自谓近于伯夷，而置以为像，尊贤之词也。"

前半部分缘情咏物，以描写为主；后半部分缘物抒情，以抒情为主。两部分各有侧重，而又相辅相承，融为一体。"橘"与诗人屈原的形象之间，与其说是有着紧密联系，不如说是互为你我。

【思考练习】

1. 橘树的美好品质有哪些？结合屈原的生平，谈谈屈原的形象。
2. 任选一自己中意之物，写一篇咏物的短文或小诗。
3. 课余阅读《九章》中的其他篇目。

饮马长城窟行[1]

汉乐府

【作品简介】

乐府是自秦以来设立的配置乐曲、训练乐工和采集民歌的专门官署,汉乐府就是由汉时乐府机关所采制的诗歌。汉人叫作"歌诗",魏晋时始称"乐府"或"汉乐府"。汉乐府诗歌体式对后世诗歌影响深远,历代文人都有仿此形式所作的诗,亦称"乐府诗",如唐中期由白居易、元稹等发起的"新乐府运动"。汉乐府诗歌主要分为两部分:一部分是供执政者祭祀祖先神明使用的效庙歌辞,其性质与《诗经》中"颂"相同;另一部分则是采集民间流传的民歌,这部分的文学成就和价值最大。《饮马长城窟行》是汉乐府古题,相传古长城边有水窟,可供饮马,曲名由此而来。这首诗在《文选》载为"古辞",未署作者。

青青河畔草,绵绵思远道[2]。
远道不可思,夙昔梦见之。
梦见在我旁,忽觉在他乡。
他乡各异县,展转[3]不相见。
枯桑知天风,海水知天寒。
入门各自媚[4],谁肯相为言?
客从远方来,遗[5]我双鲤鱼[6],
呼儿烹[7]鲤鱼,中有尺素书。
长跪[8]读素书,书中竟何如?
上言加餐饭[9],下言长相忆。

【注释】

[1] 行:乐府诗歌的一种体裁,有"奔放"的含义,所以此类作品大多放情长歌,与"歌"的性质相似,常合称"歌行体"。

[2] 远道:借指远行在外的丈夫。

[3] 展转:展,通"辗"。丈夫在四处漂泊。

[4] 媚:亲爱。指与家人团聚。

[5] 遗(wèi):赠与。

[6] 双鲤鱼:古人常用雕刻成鲤鱼形状的木盒盛放书信。

[7] 烹:一语双关。意指打开木盒。

[8] 长跪:古代坐姿。臀部离开脚跟并伸直腰身,表示恭敬之意。

[9] 加餐饭:增加饭量。意指保重身体。

【赏析】

　　"汉乐府"是继《诗经》后中国古代民歌的又一集大成之作。以四言体式为主的《诗经》，善于抒情而不长于叙事描写。与《诗经》相比，随着汉语语言文字的不断丰富，"汉乐府"首先从样式上对诗歌的发展起到了积极的推动作用，实现了从四言诗向杂言诗和五言诗的过渡。"汉乐府"中多以女性题材诗歌为主，详于叙事，注重剪裁，善于铺陈，精心结构，善于刻画人物形象和突出人物性格。"汉乐府"在中国文学史上有极高的地位，可与《诗经》《楚辞》相提并论。《饮马长城窟行》》是首可以入乐的"乐府诗"，作者的名字已不可考，但从所述内容来看，应是属于民间诗歌，时代大概是在五言诗发展已相当成熟的汉末。

　　"闺怨"是中国古诗中的常用题材，历代都不乏表现这个主题的佳作，本诗就是其中之一。全诗可分为三个层次：首先是描写思妇对长期漂泊在外的丈夫日思夜梦，时喜时悲，从现实到梦境都浸满相思之情。接下来又不免抒发自己寒门独居的幽怨委屈，自家的形单影只和人家的团圆幸福形成鲜明的对比，更添孤寂凄凉之感。诗的结尾处情节突转，思妇终于盼来了丈夫托人捎回的书信，但在片刻的惊喜欣慰之余，还是未能得知丈夫的归期，这封书信让思妇的希望化为泡影，又重新陷入新一轮的失落期盼中。全诗始终笼罩在哀伤凄婉的诗境中。

　　本诗在语言艺术和修辞手法上也有很多特点。它将叙述和抒情结合起来，结合特定的情境，表现了思妇一波三折的情感变化，情感真挚动人。运用比兴、顶真、谐音双关等多种修辞手法，增强了诗歌的艺术表现力，开篇的"青青河畔草，绵绵思远道"，以河畔连绵不绝的青草起兴，触发了思妇对丈夫源源不断的思念。接下来的几句首尾相衔，使语句上递下接，语气连贯，环环相扣，朗朗上口，叙事流畅。语言质朴自然，雅俗共赏。本诗是"汉乐府"诗歌中最广为传诵的"闺怨诗"。

【思考练习】

　　1. 翻译诗中的名句"枯桑知天风，海水知天寒"，并分析这两句诗在表现女主人公的思想感情上所起的作用。

　　2. 本诗中运用了哪些修辞手法？

却东西门行

曹 操

【作者简介】

曹操(155—220),字孟德,小名阿瞒,沛国谯县(今安徽亳州)人。东汉末年杰出的政治家、军事家和诗人。三国中曹魏的奠基人和主要缔造者。曹操精于兵法,善作诗歌,在曹操父子的推动下形成了以曹氏父子(曹操、曹丕、曹植)为代表的建安文学,以慷慨悲凉、刚健遒劲的文学风格为主,史称"建安风骨",在文学史上留下了光辉的一笔。曹操的诗歌往往表现出宽广雄浑的气度和胸襟,建功立业的豪情壮志与人生苦短的忧闷惆怅常交织在一起。形式上多为乐府诗。

> 鸿雁出塞北,乃在无人乡。
> 举翅万里余,行止自成行。
> 冬节食南稻,春日复北翔。
> 田中有转蓬[1],随风远飘扬。
> 长与故根绝,万岁不相当[2]。
> 奈何[3]此征夫,安得去[4]四方。
> 戎马不解鞍,铠甲不离傍。
> 冉冉[5]老将至,何时反[6]故乡。
> 神龙藏深泉[7],猛兽[8]步高冈。
> 狐死归首丘[9],故乡安可忘。

【注释】

[1] 转蓬:飞蓬,菊科植物,古诗中常以飞蓬比喻征夫游子背井离乡的漂泊生活。
[2] 不相当:不相逢,不相聚。
[3] 奈何:如何,有"可叹、可怜"之意。
[4] 去:离开,避免。
[5] 冉冉:渐渐地。
[6] 反:通"返"。
[7] 深泉:应作"深渊",唐人抄写古书时常把"渊"字改为"泉",以避唐高祖李渊之讳。
[8] 猛兽:应作"猛虎",唐人抄写古书时常把"虎"字改写作"猛兽",以避李渊之父李虎之讳。
[9] 狐死归首丘:典出《礼记·檀弓》:"古之人有言曰:'狐死正首丘,仁也'。"屈原《哀郢》:"鸟飞反故乡兮,狐死必首丘。"首丘,头向着自己的窟穴。狐死首丘是古来的一种说法,用以比喻人不该忘记故乡,也比喻暮年思念家乡。

【赏析】

曹操作为"建安文学"和"建安风骨"的先行者，在汉末乱世中虽叱咤风云，但也对乱世中平民百姓的颠沛流离之苦深有感触。曹操在诗歌创作中勇于开拓创新，独树一帜。鲁迅在《魏晋风度及文章与药及酒之关系》中称曹操为"改造文章的宗师"。如果魏晋是"文学的自觉时代"，那么曹操正是这一自觉时代的开拓者和先行者。曹操的诗歌绝大多数是杂言体和五言体，而杂言体和五言体正是汉乐府民歌诗体的主要形式。钟嵘在《诗品》中说："曹公古直，甚有悲凉之句。""直"一指直抒胸臆，直率坦诚；二指诗歌语言古朴简洁，不事雕饰。曹操诗歌具有鲜明的民歌特色，但较之汉乐府民歌在人文关怀和思想深度上又更进一步，诗歌整体蕴涵着直率、悲凉、大气的英雄情怀。《却东西门行》就是这样一首体现曹操诗歌风格的佳作。

这是一首五言古诗，以沉郁悲凉之笔写征夫思乡之情，给人以含蓄深沉、内蕴丰富之感。诗歌开头运用比兴的表现手法，以"鸿雁"和"转蓬"起兴。用"出塞北""无人乡""万里余""自成行"一系列的语言修饰来表现"鸿雁"远离故土的孤寂寥落；同时又描绘出"转蓬"任风飘荡，无所依附的漂泊之感。两种意象互文见意，都意在引出主题。

完成了诗歌开头的层层铺垫后，诗歌的主角"征夫"终于登场，将自己对于艰险的军旅生活、垂垂老矣的生命之叹、郁结于心的思乡之苦和对于无休止战争的厌恶之情都一吐为快。而在这些复杂的情感中，思乡而不得归是"征夫"最为苦恨之处。虽未直写"忧思愁怨"字眼，却字字皆是此意。诗人本色朴素的诗句更有打动读者的力量。

诗歌结尾处又前后呼应，以比兴作结。采用了"神龙""猛兽""狐狸"这些传说或典故中的同一类别意象，野兽们尚且有自己的归宿，而"征夫"归家的愿望还不知何时才能实现。特别是诗歌的最后一句，以"狐死首丘"的典故来表达自己永怀故土的坚定信念，让人读来不禁动容，是历来被世人称颂的名句。

鸿雁、转蓬、神龙、猛兽、狐狸，其意象不尽相同，诗人却善于撷取它们有助于表现主题的相似特征来描写，所以整首诗仍然给人以浑然一体、水到渠成之感。诗歌旨在写军旅题材的思乡主题，虽充满悲凉凄切情调，但结处以神龙、猛兽等作比，悲凉中摒弃了柔弱之气，增添了刚健遒劲之力，体现了"建安风骨"的特色，也符合诗人的身份。

【思考练习】

1. 谈谈比兴手法在诗歌中的运用以及所达到的艺术效果。
2. 将此诗与曹操的五言乐府诗《苦寒行》加以比较，试分析它们的异同。

《饮酒》二首

陶渊明

【作者简介】

陶渊明（约365—427），一名潜，字元亮，号五柳先生，世称靖节先生，浔阳柴桑（今江西省九江市）人。曾任江州祭酒、彭泽县令等职，后辞官隐居，躬耕乡野。东晋末期南朝宋初期著名诗人、辞赋家、散文家，是中国诗歌史上田园诗派的开创者。他的田园诗巧妙地将情、景、理三者结合起来描述农村风光和田园生活，诗歌风格清新自然、平淡简洁、细腻含蓄。代表作有《饮酒》《归园田居》《桃花源记》《五柳先生传》《归去来兮辞》《桃花源诗》等。陶渊明的诗文中融合了儒释道三家的思想观念，对后世历代文人影响深远。他的诗歌可分为饮酒诗、咏怀诗和田园诗三大类。是中国文学史上第一个大量写饮酒诗的诗人，《饮酒》二十首是他创作的以饮酒咏怀为内容的组诗。

余闲居寡欢，兼比[1]夜已长，偶有名酒，无夕不饮。顾影独尽，忽焉复醉。既醉之后，辄题数句自娱，纸墨遂多，词无诠次[2]。聊命故人书之，以为欢笑尔。

饮酒（其一）

衰荣无定在，彼此更共之[3]。
邵生瓜田中，宁似东陵时[4]。
寒暑有代谢，人道每如兹。
达人解其会[5]，逝[6]将不复疑。
忽与[7]一觞酒，日夕欢相持。

饮酒（其五）

结庐[8]在人境，而无车马喧。
问君[9]何能尔？心远地自偏。
采菊东篱下，悠然见南山。
山气日夕佳[10]，飞鸟相与[11]还。
此中[12]有真意，欲辨已忘言[13]。

【注释】

[1] 比：近来。
[2] 诠次：先后顺序。
[3] 共之：相互交替，相互转换。
[4] 邵生瓜田中，宁似东陵时：《史记·萧相国世家》记载，秦东陵侯邵平，秦亡后沦

为平民，在西汉京城长安城东种瓜为生，瓜美，时人称为"东陵瓜"。宁，难道。

[5] 解其会：理解（上述）的道理。

[6] 逝：通"誓"。

[7] 忽与：随意。

[8] 结庐：建房，筑屋。

[9] 君：作者自称。此句与下句是设问句，自问自答。

[10] 日夕佳：傍晚山色秀丽。日夕，傍晚时分。

[11] 相与：结伴，同行。

[12] 此中：此间的情与景，意指隐居生活。

[13] 忘言：无法用语言来表达。

【赏析】

从古至今，无数文人都喜爱和推崇陶渊明，不仅是因为他寄意田园、淡泊宁静的人生哲学，以及清丽脱俗、浑然天成的艺术风格，关键还在于他为中国的知识分子提供了一种崭新的生活模式和理想的人格范式。陶渊明少时受儒家思想影响，怀有兼济天下的壮志，但因于门阀制度对政治的垄断，终其一生都无法在仕途施展才华。中年后思想逐渐变化，追求心灵的宁静与淡泊。最终再"不愿为五斗米折腰"，辞官归家，义无反顾地走上了归隐田园之路。但他的隐居是不与黑暗现实同流合污的反抗行为，不同于逃避现实的悲观之举。《饮酒》二十首假托"醉酒"，实则借酒排遣，或鞭挞是非颠倒的官场丑态，或感慨世俗社会的沧海桑田，或表现诗人归隐田园的怡然自得。

"衰荣无定在"为饮酒组诗第一首，写衰荣无定，世事不常，应当达观处之，饮酒自娱。这是整个组诗的总纲。诗歌开篇就提出了"衰荣无常"的哲理，并引用秦末汉初的东陵侯邵平的典故来佐证自己的观点。就诗人而言，他的家族也曾显赫一时，但到自己这一辈已衰败潦倒。东陵侯的荣衰既是史事，也暗藏着诗人对时势和家族的感叹。既然人生无常，世事多变，诗人更加坚守归隐田园、宁静淡泊的心境。诗歌虽是以议论抒情为主，却言之有物，感情真挚，议论有力。用精当的比喻，揭示出深刻的哲理，又引典型的历史人物论证之，增强了作品的感人力量，读来耐人咀嚼寻味。

"结庐在人境"为饮酒组诗第五首，且是《饮酒》组诗中的名篇。归隐后的陶渊明躬耕田园，接近劳动人民，歌颂劳动，这是他与大多数只将田园生活视为审美对象的文人最大的不同之处，也使得他的田园诗歌更加生动和鲜活。诗歌前四句看似简朴平淡，却是结构缜密。第一句平平道出，第二句转折，第三句承上发问，第四句回答作结，完全表现出诗人超凡脱俗、回归本真的思想境界。后四句描绘出一幅东篱采菊、飞鸟投林的夕阳美景，特别是"采菊东篱下，悠然见南山"已成为千百年来人们所憧憬的生活状态。最后二句，是全诗的总结，人生的真谛无法用语言来表述，包含禅学的意蕴，它提示了全诗的形象所要表达的深层意义。给予读者无尽的想象和思索，体现了诗歌"只可意会，不能言传"的艺术魅力。

【思考练习】
1. 比较两首诗歌,分析它们在思想情感和艺术手法上的异同。
2. 谈谈你对"采菊东篱下,悠然见南山"这一千古名句的理解。
3. 课外阅读《饮酒》组诗中的其他诗篇。

王维诗二首

王 维

【作者简介】

王维（701—761），字摩诘，祖籍山西祁县，唐朝著名"山水田园派"诗人，后世尊称为"诗佛"。佛教中有《维摩诘经》，是智者维摩诘居士与弟子讲学之书，王维的名和字取于此。王维生前，人们就认为他是"当代诗匠，又精禅理"（苑咸《〈酬王维〉序》）。王维的诗、文、书、画都很著名，又精通音乐，善弹琴、琵琶。王维的诗歌以山水田园题材为主，也有部分脍炙人口的边塞诗作。在诗歌体裁上擅长五律和五绝。诗歌风格绘影绘形，有写意传神、形神兼备之妙，被苏轼赞为"味摩诘之诗，诗中有画，观摩诘之画，画中有诗"（《东坡题跋·书摩诘蓝田烟雨图》）。无论是名山大川的壮丽宏伟，或是边疆关塞的壮阔荒寒，还是小桥流水的恬静，都能在王维诗中呈现出完美无比的鲜活形象，着墨无多，意境高远，诗情与画意完全融合成为一个整体。王维是继魏晋南北朝时期的陶渊明、谢灵运、谢朓之后艺术成就最高、影响最大的"山水田园派"诗人。与同时代的另一著名诗人孟浩然风格相似，常被后人并称为"王孟"。

汉江临泛

楚塞三湘接[1]，荆门九派通[2]。
江流天地外，山色有无中。
郡邑浮前浦[3]，波澜动远空。
襄阳好风日[4]，留醉与山翁[5]。

终南山

太乙近天都[6]，连山到海隅[7]。
白云回望合，青霭入看无[8]。
分野中峰变[9]，阴晴众壑殊。
欲投人处[10]宿，隔水问樵夫。

【注释】

[1] 楚塞三湘接：楚塞，古楚国的疆界。三湘，湘江合漓水称漓湘，合蒸水称蒸湘，合潇水称潇湘。

[2] 荆门九派通：荆门，今湖北荆门南。九派，九条支流。郭璞《江赋》："流九派于浔阳。"长江的九条支流到浔阳（今江西九江）全部汇合。

[3] 浦：水岸两边。

[4] 风日：风景天气。

［5］留醉与山翁：与，效仿。山翁，晋人山简。《晋书·山简传》说他曾任征南将军，镇守襄阳。山简性喜山水，豪放潇洒，常饮酒赏景，尽醉方归。

［6］太乙近天都：太乙，终南山的别名，在长安城南约四十里①处。西起甘肃天水，东至河南陕县，绵延八百余里。天都，因太乙为洞天之最，故曰天都，一指唐都长安。

［7］海隅：海角。

［8］白云回望合，青霭入看无：这两句诗互文见义。即"白云入看无，回望合；青霭入看无，回望合"。白云，白雾。青霭，比白雾更淡的雾气。

［9］分野中峰变：中峰南北，属于不同的分野。古代天文学家将天空十二星辰的位置与地上州郡区域相对应，称某地为某星之分野。

［10］人处：人户，人家。

【赏析】

　　王维的诗歌创作大致分为两个阶段。前期充满政治抱负，怀有济世苍生之志，创作了很多咏政诗、边塞诗，风格也较为热烈豪放；四十岁后，随着政治体制日益腐败，逐步转变为远避政治斗争，追求闲适生活的心境，并寄情于山水，此乃其山水田园诗歌创作的思想基础。陶、谢以来，山水田园生活已经成为历代诗歌创作的重要题材。王维学陶之自然浑成，取谢之细丽精工，加之其本身具备很高的文学、绘画和音乐修养，因此与前人比较，他扩大了这类诗的内容，增添了它的艺术风采，使山水诗的成就达到前所未有的高度，这是他对中国古典诗歌的突出贡献。

　　这两首诗都是王维最擅长的五言律诗中的代表作。《汉江临泛》充分展现了诗人"画中有诗，诗中有画"的艺术风格。以语言文字为画笔，精于布局，远近相映，疏密相间，动静相衬，浓淡相宜，以情写意，又融情于景，给人以心旷神怡、驰骋天地的审美愉悦。诗歌的前六句描绘诗人泛舟汉江时所观赏到的水光山色，并将自己的主观感受融入其中。极远处有流出"天地外"的汉江，极近处有足下随波摇动的船舟，天地间的一切美景都纳入诗中，让读者尽情地去想象一幅浩瀚宽广的汉江泛舟图。特别是颈联两句，"浮""动"两个动词下得极妙，使诗人笔下之景有了灵动飘逸之感，故意用这种动与静的错觉，进一步渲染了汉江的磅礴水势。尾联诗人引用山简的典故，表明自己和古人乐山好水的相同志趣，流露出乐观豁达的思想情绪。

　　《终南山》旨在突出终南山的高峻奇险。作者以游览为线索，移步换景，从不同视角对终南山进行描绘。首联是远观，用夸张手法写出了终南山险峻绵延的山势；颔联写"身在此山中"的所观所感，用互文见义的手法来表现终南山中云雾缭绕、变幻莫测、梦幻迷离的奇妙景象；颈联从"会当凌绝顶"的角度，终于将终南山的磅礴山势一览无遗，突出了山之高大、景象之变换无穷；尾联感叹暮色将近，还未将终南山细细玩赏，只能投宿山中人家待明日再游，侧面烘托出终南山的山水魅力。仅仅四十字的五律，诗人就能传神刻画如此巍峨的一座大山的全貌，且为读者留有丰富的想象空间，可见诗人山水田园诗歌独特的艺术效果。

---

① 1里＝500米。

【思考练习】

1. 分析《汉江临泛》颈联两句的艺术表现手法。
2. 《终南山》一诗中的景物描写角度是如何转换的?
3. 比较两首诗歌,理解王维山水田园诗歌的风格。

春江花月夜

张若虚

【作者简介】

张若虚（约660—约720），初唐诗人，扬州人。曾任兖州兵曹，与贺知章、张旭、包融并称为"吴中四士"。张若虚的诗仅存两首于《全唐诗》中，但其中的《春江花月夜》却是唐诗的代表作之一。被赞为"孤篇横绝，竟为大家"（见王闿运《王志·论唐诗诸家源流》），更是被现代著名诗人和诗歌理论家闻一多先生誉为"诗中的诗，顶峰中的顶峰"（《宫体诗的自赎》）。

春江潮水连海平，海上明月共潮生。
滟滟[1]随波千万里，何处春江无月明。
江流宛转绕芳甸[2]，月照花林皆似霰[3]。
空里流霜[4]不觉飞，汀[5]上白沙看不见。
江天一色无纤尘，皎皎空中孤月轮。
江畔何人初见月，江月何年初照人。
人生代代无穷已[6]，江月年年只相似。
不知江月待何人，但[7]见长江送流水。
白云[8]一片去悠悠，青枫浦上不胜愁[9]。
谁家今夜扁舟子[10]，何处相思明月楼。
可怜楼上月徘徊，应照离人妆镜台。
玉户帘中卷不去，捣衣砧[11]上拂还来。
此时相望不相闻，愿逐月华流照君。
鸿雁长飞光不度[12]，鱼龙潜跃水成文[13]。
昨夜闲潭梦落花，可怜春半[14]不还家。
江水流春去欲尽，江潭落月复西斜。
斜月沈沈[15]藏海雾，碣石潇湘[16]无限路。
不知乘月几人归，落月摇情[17]满江树。

【注释】

[1] 滟滟：波光粼粼的样子。
[2] 芳甸：花草丛生的原野。
[3] 霰（xiàn）：小雪珠。这里指月光洒在花树上营造出来的朦胧意境。
[4] 流霜：流动的白霜。意指月光飞泻大地。
[5] 汀：水边平地，这里指江畔沙滩。

[6] 无穷已：没有止境。穷，穷尽。已，停止。

[7] 但（dān）：只是。

[8] 白云：喻指远方游子。

[9] 青枫浦上不胜（shēng）愁：青枫浦，地名，在今湖南浏阳境内，这里指游子思妇离别之地。不胜，承受不起。

[10] 扁（piān）舟子：小船，这里代指在江湖中飘泊的游子。

[11] 捣衣砧（zhēn）：捶捣衣物时下面垫的扁平石头。

[12] 鸿雁长飞光不度：鸿雁飞得再远，也飞不出月光洒满的地方。度，通"渡"。

[13] 鱼龙潜跃水成文：游鱼在水底跳跃，激起水面层层涟漪。鱼龙，指鲤鱼，古人常以鲤鱼为信使。文，通"纹"，水纹。

[14] 春半：春天已过半。

[15] 沈沈：通"沉沉"。

[16] 碣石潇湘：碣石，山名，在渤海西北边上，今河北境内。潇湘，湘江与潇水的汇合之处，在今湖南境内。碣石潇湘代指天南地北。

[17] 摇情：触动着人们的离愁别绪。

【赏析】

《春江花月夜》为乐府吴声歌曲名，原词已不传。古曲为琵琶曲，曲名为《夕阳箫鼓》。相传南朝陈后主叔宝和隋炀帝都曾做过此曲，但都没有脱离宫体诗的陈旧形式。张若虚率先将这一旧题改编为七言歌行，以"古题写新词"，立意独辟蹊径，一洗宫体诗的艳丽之气，给人以澄澈空明、清丽自然的感觉。后世包括词、曲在内的多种文学形式都受到该诗的影响，从而也奠定了张若虚在中国诗歌史上"孤篇盖全唐"的独特地位。

《春江花月夜》将诗歌的情感、画境、哲理融为一体，堪为中国古诗中意境美的典范之作。此诗也彰显了盛唐初期诗歌的艺术水准，表明唐诗在意境上的造诣已经逐步达到巅峰状态。

《春江花月夜》以标题中的春、江、花、月、夜五种景物来构建全篇意象，其中"月"字又为诗眼，承载了诗人太多的情感和思想。以"月"的千姿百态、千变万化绘制了一幅幽美且恢弘的自然画卷，众多意象又交织出完整的诗歌意境。同时又将"月"拟人化，辅以一系列有特殊寓意的特定情景，来烘托游子思妇深挚而又缠绵的离愁别绪。《春江花月夜》以游子思妇的传统题材落笔，将短暂人生里的离愁别绪表达得淋漓尽致，但又不仅仅纠缠于男女之情。其中蕴涵了对恋人浓烈的相思、对青春流逝的慨叹、对故乡深挚的怀念、对他人真诚的祝福。让读者感同身受，置身诗中，共同去体会人生中的五味杂陈，有淡淡的哀愁，但又绝不消沉颓废，将人生的情感写得美到了极致。

全诗充分展现了诗人深厚的语言艺术功力，从语言的字、音、意上都给予读者美不胜收的艺术享受。全诗三十六句，四句一转韵，平仄交替，高低音相间，随着诗歌情感的变化而起伏。本诗之所以被誉为"孤篇横绝，竟为大家"，不仅仅是由于它语言优美清新，情感深沉，意境幽远。更重要的是它超越了多数同类题材诗歌的眼界，体现了诗人对人生和历史的思考，展示出诗人超越时代的宇宙意识，也使诗歌具有了不同凡响的哲理意蕴。诗人对生命短暂的惆怅，对青春易逝的忧伤，对人类不朽的自信，体现了诗人从容、乐观、豁达的人生观,也折射出盛唐时代的气度和风华。诗歌总体表现出"哀而不伤"的主题基调。

【思考练习】

1. 背诵全诗,体会诗歌在韵律上的美感。
2. 对《春江花月夜》的意境美进行分析和综述。
3. 张若虚凭借《春江花月夜》奠定了在唐诗中的独特地位,赢得了"孤篇盖全唐"的美誉。请将他与唐诗大家李白、杜甫、白居易等人进行比较。
4. 赏析张若虚存世的另一首诗歌《代答闺梦还》。

宣州谢朓楼饯别校书叔云[1]

李 白

【作者简介】

李白（701—762），字太白，号青莲居士，唐朝著名诗人，有"诗仙"之美誉，是继屈原以后最伟大的浪漫主义诗人，成就达到盛唐诗歌艺术的巅峰。祖籍陇西郡成纪县（今甘肃平凉市静宁县南），出生于西域碎叶城（今吉尔吉斯斯坦境内），5岁随父迁至绵州昌隆（今四川江油青莲乡）。李白的诗大多以描写自然山水和内心情感为主，风格雄奇奔放，俊逸清新，富有浪漫主义精神，具有"笔落惊风雨，诗成泣鬼神"（杜甫诗句）的艺术魅力。李白在唐代就已享有盛名，对后世诗歌影响巨大，堪称"中华诗坛第一人"。

弃我去者，
昨日之日不可留。
乱我心者，
今日之日多烦忧。
长风[2]万里送秋雁，
对此可以酣高楼[3]。
蓬莱文章[4]建安骨[5]，
中间小谢[6]又清发[7]。
俱怀逸兴壮思飞，
欲上青天览[8]明月。
抽刀断水水更流，
举杯消愁愁更愁。
人生在世不称意，
明朝散发弄扁舟。

【注释】

[1] 此诗选自瞿蜕园、朱金城《李白集校注》（上海古籍出版社1980年版）卷十八。此诗作于天宝末年（755）李白在宣城期间饯别秘书省校书郎李云之作。宣州，今安徽宣城。谢朓楼，南齐著名诗人谢朓任宣城太守时所创建，又称北楼、谢公楼。

[2] 长风：远风，大风。

[3] 酣高楼：在高楼上畅饮。

[4] 蓬莱文章：李白对李云文章的赞美之喻。蓬莱，传说中的海中神山，为仙府，相传为仙界藏书之地，东汉时借指藏书之东观，唐代用来借指掌管图籍的秘书省。

[5] 建安骨：汉末建安时期，"三曹父子"和"建安七子"等作家形成的诗歌流派的风格，以慷慨悲凉和风骨遒劲而著称，后人称之为"建安风骨"。

[6] 小谢：指谢朓，字玄晖，南朝齐诗人。谢灵运与之并称为"大谢"和"小谢"。
[7] 清发：清新秀发的诗风。此指李白以谢朓自喻。
[8] 览：通"揽"，摘取。

【赏析】

　　李白是中国诗歌史上成就最卓越的诗人之一。从艺术成就上来讲，李白的乐府、歌行及绝句成就为最高。其歌行完全打破诗歌创作的一切固有格式，空无依傍，笔法多端，达到了任意随性、变幻莫测、摇曳多姿的神奇境界。李白的诗歌主观抒情色彩十分浓烈，具有排山倒海、一泻千里的气势。《宣州谢朓楼饯别校书叔云》就是李白自然与豪放风格完美结合的歌行体诗歌的代表作。

　　李白一生都自负济世之才，欲以天下为己任，但屡遭现实的排挤和捉弄，政治上失意潦倒，使得李白只能到美酒中去寻求慰藉，并在诗歌中保持自己的尊严与理想，肆意表现自己豪放坦率、一吐为快的性情。在此诗中，诗人的思想情感波澜起伏，变化无端，在艺术结构上显得腾挪跌宕，大开大合，丝毫没有起承转合的精心雕琢。内容和形式保持着和谐的统一。

　　此诗开篇突兀，从"高楼饯别"主题旁逸斜出，以两个长句发端，直抒胸臆，强烈地烘托出理想与现实的尖锐矛盾所引起的诗人郁结与忧愤的心情。接下来两句却豁然开朗，描绘出一幅万里秋雁图，诗人暂时放下一切愁绪，展现他豪迈豁达的真性情。接下来才切入主题，以"蓬莱文章""建安风骨"来赞美李云文章的刚健遒劲，而且使用得恰如其分，暗合李云的身份，自己却以"清发"的小谢自居，流露出诗人率真自信的个性。"青天揽月"一句将诗人的飘逸豪情推向了高潮，至此诗人完全抛开世间的一切尘俗烦恼，得到了暂时的洒脱心境，也象征着诗人一直所追求的高洁理想。然而，"抽刀断水""举杯消愁"一下子将诗人的心情拖回现实，这一落千丈的境地是诗人无法超越的，尽管如此，他也永不为之屈服，这两句让读者感同身受诗人内心的痛苦和激愤。诗尾表明了诗人决意退隐江湖，寄情山水，在浊世中保存一身傲骨的志向，充满了叛逆和反抗精神，既是个人无法对抗时代的无奈之举，也是诗人在现实中的最好选择。

　　此诗情感激愤奔放，虽有低沉愁怨之处，但整体仍然洋溢着乐观积极的人生态度和飘逸潇洒的言行举止，这才是此诗的主旋律。

【思考练习】

　　1. 分析"抽刀断水水更流，举杯消愁愁更愁"两句的艺术手法和思想情感。

　　2. 将此诗与李白的乐府诗名作《将进酒》相比较，试分析两者在艺术表现和思想情感上的异同之处。

　　3. 背诵此诗。

登 高

杜 甫

【作者简介】

杜甫（712—770），字子美，祖籍襄阳（今属湖北），生于河南巩县，盛唐时期伟大的现实主义诗人。因曾居长安城南少陵，曾任检校工部员外郎，后世称之为"杜少陵""杜工部"。杜甫生活在唐朝由盛转衰的历史时期，其诗多涉笔社会动荡、政治黑暗、人民疾苦，记录了唐代由盛转衰的历史巨变，表达了崇高的儒家仁爱精神和强烈的忧患意识。他忧国忧民，人格高尚，诗艺精湛，被后世尊称为"诗圣"，他的诗也被称为"诗史"。杜甫与李白合称"李杜"。他的诗词以古体、律诗见长，诗歌风格以"沉郁顿挫"为主。杜甫一生写诗一千五百多首，有《杜工部集》传世，整体成就非常高，代表作有"三吏""三别""秋兴八首"等。

风急天高猿啸哀，
渚[1]清沙白鸟飞回[2]。
无边落木[3]萧萧[4]下，
不尽长江滚滚来。
万里[5]悲秋常作客[6]，
百年[7]多病独登台。
艰难苦恨[8]繁霜鬓[9]，
潦倒新停[10]浊酒杯。

【注释】

[1] 渚（zhǔ）：水中的陆地。
[2] 飞回：飞舞盘旋。
[3] 落木：秋天的落叶。
[4] 萧萧：风吹树叶的声音。
[5] 万里：相隔万里的故乡。
[6] 作客：在异乡为客，意指漂泊四方。
[7] 百年：一生，一辈子。
[8] 苦恨：极其遗憾。苦，非常。恨，遗憾。
[9] 繁霜鬓：形容白发苍苍的样子。繁，增多，增加。霜鬓，霜雪一样的鬓发。
[10] 新停：刚刚停止。

【赏析】

《登高》是一首七言律诗，此诗通过诗人登高的所见、所闻、所感，描绘了大江边的深秋景象，抒发了诗人对艰难身世的感慨和动荡时势的忧患。

《登高》作于767年秋，当时安史之乱平息已有四年，但地方割据势力又开始四处作乱，杜甫本入剑南节度使严武幕府，在严武病逝后他失去政治和生活依靠，只好离开经营了五六年的成都草堂，南下夔州。暮年穷途的杜甫生活困窘，病魔缠身。某一秋日，他独自登上夔州白帝城外的高台，登高临眺，百感交集。望中所见，激起意中所触。萧瑟的秋江景色，引发了他身世飘零的感慨，渗入了他老病孤愁的悲哀。杨伦称赞此诗为"杜集七言律诗第一"（《杜诗镜铨》），胡应麟《诗薮》更推崇此诗精光万丈，是古今七言律诗之冠。

此诗前四句写诗人登上高台后的所见所闻，描绘了一幅寒气肃杀、天高风急、猿啸哀鸣、急风卷叶的悲凉秋景图。急风、啸猿、清渚、白沙、飞鸟、落叶、长江一系列的意象都营造出浓郁的"悲秋"氛围。颔联更为千古名句，仰望秋叶凋零，漫天遍野，萧萧而下；俯察长江激涌，滚滚而来，天际奔去。"无边"之于"不尽"，"萧萧下"之于"滚滚来"，堪称绝对。既写出了天地万物的雄浑壮阔之感，又突出了作者郁结于心的沉郁悲凉之情，彰显了诗人出神入化的笔力。前四句语言中不著一字"秋"，却又字字皆语"秋"，让我们充分体会了诗人沉郁顿挫的诗歌风格。

在前四句景物描写的层层铺垫之下，后四句开始直抒胸臆，诗人在感触自然秋景的同时，也不由得抒发人生暮秋之年的内心悲苦。"独在异乡为异客"的羁旅之愁和"多病独登台"的孤独之感，就如那落叶和长江一般，绵延不尽，无法排挤。情与景交织融合为一体，诗歌的主旨更见深沉。尾联处更以"繁霜鬓"来表明自己为了个人前途和国家命运已是身心交瘁，但对潦倒愁苦的现状无可奈何，只能借酒消愁，却还举杯又止的矛盾心情。

纵观整首诗，布局极为严谨，前半部分的四句重在写景，后半部分的四句重在抒情，但无论是写景还是抒情，都是情景交融，景中含情；每一句各有偏重，在写法上又有错综之妙。意境深沉，含蓄不尽；慷慨激越，动人心弦。

【思考练习】

1. 体会《登高》中情景交融的诗歌艺术手法。
2. **课堂讨论**：共同回忆曾经学过的杜甫诗歌，试着吟诵出来。并讨论杜甫诗歌"沉郁顿挫"的风格在诗歌中是如何表现的。

长恨歌[1]

白居易

【作者简介】

白居易（772—846），中唐著名诗人，汉族，字乐天，号香山居士，祖籍太原。出身于仕宦之家，书香门第。自幼绝顶聪明，且读书刻苦，有"昼课赋，夜课书，间又课诗，不遑寝息矣，以至于口舌生疮，手肘成胝"之言。文学上积极倡导"新乐府运动"，主张"文章合为时而著，诗歌合为事而作"，写下了不少感叹时世、反映人民疾苦的诗篇，对后世颇有影响。是我国文学史上重要的诗人。晚年好佛，人称"诗佛"，自号乐天居士。一生诗作颇丰，以讽喻诗最为有名。其诗语言通俗易懂，"老妪能解"。晚年长期居住在洛阳香山，号"香山居士"。在洛阳去世，葬于洛阳香山。

汉皇重色思倾国[2]，御宇[3]多年求不得。
杨家有女初长成，养在深闺人未识。
天生丽质难自弃，一朝选在君王侧[4]。
回眸一笑百媚生，六宫粉黛无颜色[5]。
春寒赐浴华清池[6]，温泉水滑洗凝脂[7]。
侍儿扶起娇无力，始是新承恩泽时[8]。
云鬓花颜金步摇[9]，芙蓉帐暖度春宵。
春宵苦短日高起，从此君王不早朝。
承欢侍宴无闲暇，春从春游夜专夜。
后宫佳丽三千人，三千宠爱在一身。
金屋妆成娇侍夜[10]，玉楼宴罢醉和春。
姊妹弟兄皆列土[11]，可怜光彩生门户。
遂令天下父母心，不重生男重生女[12]。
骊宫[13]高处入青云，仙乐风飘处处闻。
缓歌慢舞凝丝竹[14]，尽日君王看不足。
渔阳鼙鼓动地来，惊破《霓裳羽衣曲》[15]。
九重城阙烟尘生[16]，千乘万骑西南行。
翠华摇摇行复止，西出都门百余里。
六军不发无奈何，宛转蛾眉[17]马前死。
花钿委地无人收，翠翘金雀玉搔头[18]。
君王掩面救不得，回看血泪相和流。
黄埃散漫风萧索，云栈萦纡登剑阁[19]；
峨嵋山[20]下少人行，旌旗无光日色薄。

蜀江水碧蜀山青，圣主朝朝暮暮情。
行宫见月伤心色，夜雨闻铃肠断声[21]。
天旋地转回龙驭[22]，到此踌躇不能去；
马嵬[23]坡下泥土中，不见玉颜空死处。
君臣相顾尽沾衣，东望都门信马归。
归来池苑皆依旧，太液芙蓉未央[24]柳。
芙蓉如面柳如眉，对此如何不泪垂！
春风桃李花开日，秋雨梧桐叶落时。
西宫南内[25]多秋草，落叶满阶红不扫。
梨园弟子[26]白发新，椒房阿监青娥[27]老。
夕殿萤飞思悄然，孤灯挑尽[28]未成眠。
迟迟[29]钟鼓初长夜，耿耿星河欲曙天[30]。
鸳鸯瓦冷霜华[31]重，翡翠衾寒谁与共[32]？
悠悠生死别经年，魂魄不曾来入梦。
临邛道士鸿都[33]客，能以精诚致魂魄。
为感君王辗转思，遂教方士殷勤[34]觅。
排空驭气[35]奔如电，升天入地求之遍。
上穷碧落下黄泉[36]，两处茫茫皆不见。
忽闻海上有仙山，山在虚无缥缈间。
楼阁玲珑五云[37]起，其中绰约[38]多仙子。
中有一人字太真，雪肤花貌参差[39]是。
金阙西厢叩玉扃[40]，转教小玉报双成[41]。
闻道汉家天子使，九华帐[42]里梦魂惊。
揽衣推枕起徘徊，珠箔银屏迤逦[43]开。
云鬓半偏新睡觉[44]，花冠不整下堂来。
风吹仙袂飘飘举，犹似《霓裳羽衣舞》。
玉容寂寞泪阑干[45]，梨花一枝春带雨。
含情凝睇[46]谢君王，一别音容两渺茫。
昭阳殿[47]里恩爱绝，蓬莱宫[48]中日月长。
回头下望人寰处，不见长安见尘雾。
唯将旧物表深情，钿盒金钗寄将去[49]。
钗留一股盒一扇，钗擘黄金盒分钿[50]。
但教心似金钿坚，天上人间会相见。
临别殷勤重寄词，词中有誓两心知。
七月七日长生殿[51]，夜半无人私语时。
在天愿作比翼鸟，在地愿为连理枝[52]。
天长地久有时尽，此恨绵绵[53]无绝期。

【注解】

[1] 选自王应麟《唐诗》（时代文艺出版社2003年出版）。唐宪宗元和元年（公元806年），白居易任周至（今属陕西）县尉。一日，与友人陈鸿、王质夫到马嵬驿附近的仙游寺游览，谈及李隆基与杨贵妃事。王质夫认为，像这样的事情，如无大手笔加工润色，就会随着时间的推移而消没。他鼓励白居易："乐天深于诗，多于情者也，试为歌之，何如？"于是，白居易写下了这首长诗。陈鸿同时写了一篇传奇《长恨歌传》。

[2] 汉皇：原指汉武帝。此处借指唐玄宗李隆基。唐人文学创作常以汉称唐。重色：爱好女色。倾国：绝色女子。

[3] 御宇：驾驭宇内，即统治天下。汉贾谊《过秦论》："振长策而御宇内。"

[4] "杨家"四句：蜀州司户杨玄琰之女杨玉环，17岁被册封为玄宗之子寿王李瑁之妃。后被唐玄宗看中，命其出宫为道士，道号太真。27岁被玄宗册封为贵妃。白居易此谓"养在深闺人未识"，是作者有意为帝王避讳的说法。丽质：美丽的姿质。

[5] 六宫粉黛：指宫中所有嫔妃。无颜色：意谓相形之下，都失去了美好的姿容。

[6] 华清池：即华清池温泉，在今陕西省临潼县南的骊山下。

[7] 凝脂：形容皮肤白嫩滋润，犹如凝固的脂肪。

[8] 侍儿：宫女。新承恩泽：刚得到皇帝的宠幸。

[9] 金步摇：一种金首饰，用金银丝盘成花之形状，上面缀着垂珠之类，插于发髻，走路时摇曳生姿。

[10] 金屋：据《太真外传》，杨玉环在华清宫的住所名端正楼。此言金屋，系用汉武帝"金屋藏娇"语意。

[11] 姊妹句：杨玉环被册封贵妃后，家族沾光受宠。

[12] 不重生男重生女：陈鸿《长恨歌传》云，当时民谣有"生女勿悲酸，生男勿喜欢""男不封侯女作妃，看女却为门上楣"等。

[13] 骊宫：即华清宫，因在骊山下，故称骊宫。

[14] 凝丝竹：指弦乐器和管乐器伴奏出舒缓的旋律。

[15] 渔阳：郡名，辖今北京市平谷县和天津市的蓟县等地，当时属于平卢、范阳、河东三镇节度史安禄山的辖区。天宝十四载（755）冬，安禄山在范阳起兵叛乱。鼙（pí）鼓：古代骑兵用的小鼓，此借指战争。霓裳羽衣曲：舞曲名，据说为唐开元年间西凉节度使杨敬述所献，经唐玄宗润色并制作歌辞，改用此名。乐曲着意表现虚无缥缈的仙境和仙女形象。天宝后曲调失传。

[16] 九重城阙：九重门的京城，此指长安；烟尘生：指发生战事。

[17] 六军：泛指禁卫军。蛾眉：古代美女的代称，此指杨贵妃。

[18] 花钿（diàn）：用金翠珠宝等制成的花朵形首饰。委地：丢弃在地上。翠翘：像翠鸟长尾一样的头饰。金雀：雀形金钗。玉搔头：玉簪。

[19] 云栈：高入云霄的栈道。萦（yíng）纡（yū）：萦回盘绕。剑阁：又称剑门关，在今四川剑阁县北，是由秦入蜀的要道。此地群山如剑，峭壁中断处，两山对峙如门。诸葛亮相蜀时，凿石驾凌空栈道以通行。

[20] 峨嵋山：在今四川峨眉山市。玄宗奔蜀途中，并未经过峨嵋山，这里泛指蜀中

高山。

[21] 夜雨闻铃肠断声：《明皇杂录·补遗》："明皇既幸蜀，西南行。初入斜谷，霖雨涉旬，于栈道雨中闻铃音与山相应。上既悼念贵妃，采其声为《雨霖铃曲》以寄恨焉。"这里暗指此事。

[22] 天旋日转：指时局好转。回龙驭：皇帝的车驾归来。

[23] 马嵬（wéi）：地名。

[24] 太液：汉宫中有太液池。未央：汉有未央宫。此处借指唐长安皇宫。

[25] 西宫南内：皇宫之内称为大内。西宫即西内太极宫，南内为兴庆宫。玄宗返京后，初居南内。上元元年（760），权宦李辅国假借肃宗名义，胁迫玄宗迁往西内，并流贬玄宗亲信高力士、陈玄礼等人。

[26] 梨园弟子：指玄宗当年训练的乐工舞女。

[27] 椒房：后妃居住之所，因以花椒和泥抹墙，故称。阿监：宫中的侍从女官。青娥：年轻的宫女。

[28] 孤灯挑尽：古时用油灯照明，为使灯火明亮，过了一会儿就要把浸在油中的灯草往前挑一点。挑尽，说明夜已深。按，唐时宫廷夜间燃烛而不点油灯，此处旨在形容玄宗晚年生活环境的凄苦。

[29] 迟迟：迟缓。报更钟鼓声起止原有定时，这里用以形容玄宗长夜难眠时的心情。

[30] 耿耿：微明的样子。欲曙天：长夜将晓之时。

[31] 鸳鸯瓦：屋顶上俯仰相对合在一起的瓦。霜华：霜花。

[32] 翡翠衾：布面绣有翡翠鸟的被子。谁与共：与谁共。

[33] 临邛：今四川邛崃县。鸿都：东汉都城洛阳的宫门名，这里借指长安。

[34] 方士：有法术的人。这里指道士。殷勤：尽力。

[35] 排空驭气：即腾云驾雾。

[36] 穷：穷尽，找遍。碧落：即天空。黄泉：指地下。

[37] 玲珑：华美精巧。五云：五彩云霞。

[38] 绰约：体态轻盈柔美。

[39] 参差：仿佛，差不多。

[40] 金阙：金碧辉煌的神仙宫阙。叩：叩击。玉扃（jiōng）：玉石做的门环。

[41] 转教小玉报双成：意谓仙府庭院重重，须经辗转通报。小玉，吴王夫差侍女。双成，传说中西王母的侍女。这里皆借指杨贵妃在仙山的侍女。

[42] 九华帐：绣饰华美的帐子。九华：重重花饰的图案。

[43] 珠箔（bó）：珠帘。银屏：饰银的屏风。迤（yǐ）逦（lǐ）：接连不断地。

[44] 新睡觉：刚睡醒。觉，醒。

[45] 玉容寂寞：此指神色黯淡凄楚。阑干：纵横交错的样子。这里形容泪痕满面。

[46] 凝睇：凝视。

[47] 昭阳殿：汉成帝宠妃赵飞燕的寝宫。此借指杨贵妃住过的宫殿。

[48] 蓬莱宫：传说中的海上仙山。这里指贵妃在仙山的居所。

[49] 旧物：指生前与玄宗定情的信物。寄将去：托道士带回。

[50] 钗留二句：把金钗、钿盒分成两半，自留一半。擘（bò），分开，剖裂。盒分钿，

将钿盒上的图案分成两部分。

[51] 长生殿：在骊山华清宫内，天宝元年造。按"七月"以下六句为作者虚拟之词。

[52] 比翼鸟：传说中的鸟名，据说只有一目一翼，雌雄并在一起才能飞。连理枝：两棵树的枝干连在一起，叫连理。古人常用此二物比喻情侣相爱、永不分离。

[53] 恨：遗憾。绵绵，连绵不断。

【赏析】

《长恨歌》是白居易诗作中脍炙人口的名篇。在这首长篇叙事诗里，作者以精练的语言，优美的形象，叙事和抒情结合的手法，叙述了唐玄宗、杨贵妃在安史之乱中的爱情悲剧：他们因荒淫误国导致战乱频生，最终二人也阴阳两隔，自己也只能在寂寞中承受这一苦果。

唐玄宗、杨贵妃都是历史名人，诗人并不拘泥于历史，而是借着历史的一点影子，根据当时人们的传说，街坊的歌唱，从中蜕化出一个回旋曲折、婉转动人的故事，用回环往复、缠绵悱恻的艺术形式，描摹、歌咏出来。由于诗中的故事、人物都是艺术化的，是现实中人复杂真实地再现，所以能够让后世读者产生无限遐想。

诗歌开卷第一句："汉皇重色思倾国"，看来寻常，实则统领全篇，它既揭示了故事的悲剧因素，又调动了读者阅读全诗兴致。紧接着，诗人用极其省俭的语言，叙述了安史之乱前，唐玄宗如何重色、求色，终于得到了"回眸一笑百媚生，六宫粉黛无颜色"的杨贵妃。描写了杨贵妃的美貌、娇媚，进宫后因有色而得宠，不但自己"新承恩泽"，而且"姊妹弟兄皆列土"。反复渲染唐玄宗得贵妃以后在宫中如何纵欲，如何行乐，如何终日沉湎于歌舞酒色之中。所有这些，就酿成了安史之乱："渔阳鼙鼓动地来，惊破《霓裳羽衣曲》"。这一部分写出了"长恨"的内因，是悲剧故事的基础。诗人通过这一段宫中生活的写实，不无讽刺地向我们描述了故事的男女主人公：一个重色轻国的帝王，一个娇媚得宠的妃子。还形象地暗示我们，唐玄宗的迷色误国，就是这一悲剧的根源。

字里行间，诗人详细地描述了安史之乱发生后，皇帝兵马仓皇逃入西南的情景，特别是在这一动乱中唐玄宗和杨贵妃爱情的毁灭。"六军不发无奈何，宛转蛾眉马前死。花钿委地无人收，翠翘金雀玉搔头。君王掩面救不得，回看血泪相和流"，写的就是他们在马嵬坡生离死别的一幕。杨贵妃的死，在整个故事中，是一个关键性的情节，在这之后，他们的爱情才成为一场悲剧，接着，从"黄埃散漫风萧索"至"魂魄不曾来入梦"，诗人抓住了人物精神世界里揪心的"恨"，用酸恻动人的语调，婉转形容和描述了杨贵妃死后唐玄宗在蜀中的寂寞悲伤，还都路上的追怀忆旧，回宫以后睹物思人。触景生情，一年四季物是人非事事休的种种感触。缠绵悱恻的相思之情，使人觉得回肠荡气。正由于诗人把人物的感情渲染到这样的程度，后面道士的到来，仙境的出现，便给人一种真实感，不以为纯粹是一种空中楼阁了。

从"临邛道士鸿都客"至诗的末尾，写道士帮助唐玄宗寻找杨贵妃。诗人采用的是浪漫主义的手法，忽而上天，忽而入地，"上穷碧落下黄泉，两处茫茫皆不见"。后来，在海上虚无缥缈的仙山上找到了杨贵妃，让她以"玉容寂寞泪阑干，梨花一枝春带雨"的形象在仙境中再现，殷勤迎接汉家的使者，含情脉脉，托物寄词，重申前誓，照应唐玄宗对她的思念，进一步深化、渲染"长恨"的主题。诗歌的末尾，用"天长地久有时尽，此恨绵绵无绝期"结笔，点明题旨，回应开头，而且做到"清音有余"，给读者以联想、回味的余地。

《长恨歌》是一首抒情成分很浓的叙事诗，诗人在叙述故事和人物塑造上，采用了我国传统诗歌擅长的抒写手法，将叙事、写景和抒情和谐地结合在一起，形成诗歌抒情上回环往复的特点。诗人时而把人物的思想感情注入景物，用景物来烘托人物的心境；时而抓住人物周围富有特征性的景物、事物，通过人物对它们的感受来表现内心的感情，层层渲染，恰如其分地表达人物蕴蓄在内心深处的难言之情。

【思考练习】

1. 对《长恨歌》的主题思想，历来有不同认识，有人认为是讽刺荒淫，有人认为是歌颂爱情，有人认为是讽刺与爱情的双重主题曲。你的意见如何？理由是什么？
2. 简要分析概括本诗刻画的李隆基和杨玉环两个人物形象的特点。
3. 试结合诗中第二部分对景物的描写，说明它们是怎样表达情感的。

无题四首[1]

李商隐

【作者简介】

李商隐（813—858），字义山，号玉溪生，唐怀州河内（今河南沁阳）人。唐文宗太和三年，得到天平军节度使令狐楚赏识，聘为幕僚。令狐楚病逝后，李商隐仕途不顺，便入了泾原节度使王茂元的幕府。王茂元将其女儿嫁给了他，这就使他牵入"牛李党争"，46岁便在悲愤和寂寞中死去。李商隐政治上的坎坷、家庭的不幸，练就了他的诗情。其诗不仅词采飞扬，对仗精工，而且情意绵绵、寄意深远，意象和情感扑朔迷离，有神秘隽永之感。创造性地丰富了诗的抒情艺术。他的诗歌创作，常以清词丽句构造优美的形象，寄情深微，意蕴幽隐，富有朦胧婉曲之美。

之 一

来是空言去绝踪，月斜楼上五更钟。
梦为远别啼难唤，书被催成墨未浓。
蜡照半笼金翡翠[2]，麝薰微度[3]绣芙蓉。
刘郎[4]已恨蓬山远，更隔蓬山一万重。

之 二

飒飒东风细雨来，芙蓉塘外有轻雷。
金蟾[5]啮锁烧香入，玉虎[6]牵丝汲井回。
贾氏窥帘韩掾少[7]，宓妃留枕魏王才[8]。
春心莫共花争发，一寸相思一寸灰。

【注释】

[1] 选自王应麟主编的《宋词》（时代文艺出版社2003年出版）。
[2] 金翡翠：饰以金翠的帷帐。
[3] 度：透过。
[4] 刘郎：指汉武帝。武帝曾派方士往海外求蓬莱仙人不死之药。
[5] 金蟾：蟾善闭气。古人用于饰锁。
[6] 玉虎：辘轳。
[7] 贾氏句：《世说新语·惑溺》："韩寿美姿容，贾充辟以为掾。贾女子青锁中见寿，悦之。与之通。充秘之，以女妻寿。"少，年轻。
[8] 宓妃句：魏曹植作《洛神赋》，叙述他与洛河神女宓妃相遇事。宓妃，这里指甄后。魏王，曹植。

【赏析】

　　"无题"诗篇，是李商隐的创造。这类诗作并非成于一时一地，多数描写爱情，其内容或因不便明言，或因难用一个恰当的题目表现，所以命为"无题"。其中有的可能别有寄寓，也可能用恋爱之事以为依托。

　　"无题"之一是《无题四首》中的一首，历来争论较多。有人说是诗人思念情人的情诗，有人说是女主人公对情人的思念；有人说是写给亡故妻子王氏的悼亡诗；有人说是通过爱情来寄托诗人与令狐绹的关系；还有人说抒发的是君臣际会无期的慨叹。可以说，这是义山无题诗中最难索解的诗篇之一。

　　本诗从内容上看，应是写恋爱受阻的悲哀。诗人对她的思念之情深重，而被思念的人却是那么遥远，梦醒时惆怅更甚，使诗人通宵陷入痛苦和怨恨中。

　　"无题"之二抒写了一位幽闺中的女子对爱情热切的追求和失意后的痛苦。诗的首联以凄迷的春景衬托女子的愁苦和怅惘：东风飒飒送来细雨阵阵，芙蓉塘外响着一声声的轻雷。颔联写在这迷蒙的春雨中，这位女子怅然若失之情：她寂寞幽居，手摇玉饰的轱辘，独自汲水而返。这位女子为何如此地惆怅？第三联交代缘由：贾氏暗恋韩寿，宓妃赠枕与曹植。韩寿英俊，曹植多才，女子思念的男子兼有英俊之貌和迷人之才，使她倾慕，使她相思。然而女子不能得到这位男子的爱情，她怨恨至极。悲愤地喊出：春心千万不要和春花竞相开放，寸寸相思只会化作寸寸灰烬。

　　这是一位女子在相思无望中的呐喊！她全身心地投入到这场单相思中，换来的却是痛苦和绝望。

【思考练习】

1. 分析两首诗的写作手法及表情达意有何异同？
2. 阅读李商隐的其他几首无题诗，谈谈这类无题诗表达的主要情感是什么？

八声甘州[1]

柳 永

【作者简介】

柳永（约987—约1053）北宋著名词人，婉约派最具代表性的人物。崇安（今福建武夷山）人，原名三变，字景庄，后改名永，字耆卿，排行第七，又称柳七。宋仁宗朝进士，官至屯田员外郎，故世称柳屯田。他自称"奉旨填词柳三变"，以毕生精力作词，并以"白衣卿相"自诩。其词多描绘城市风光和歌伎生活，尤长于抒写羁旅行役之情，长词慢调的大量创作亦由他始。铺叙刻画，情景交融，语言通俗，音律谐婉，在当时流传极其广泛，人称"凡有井水饮处，皆能歌柳词"，对宋词的发展有重大影响。

对潇潇[2]暮雨洒江天，一番洗清秋。渐霜风凄紧[3]，关河[4]冷落，残照当楼。是处红衰翠减[5]，苒苒物华[6]休。惟有长江水，无语东流。

不忍登高临远，望故乡渺邈，归思难收。叹年来踪迹，何事苦淹留[7]？想佳人妆楼凝望[8]，误几回、天际识归舟[9]？争知[10]我，倚阑干处，正恁[11]凝愁[12]！

【注释】

[1] 选自王应麟主编的《宋词》（时代文艺出版社2003年版）。
[2] 潇潇：雨声急骤。《诗·郑风·风雨》："风雨潇潇。"
[3] 霜风凄紧：形容秋风寒冷萧瑟。
[4] 关河：山河关隘。
[5] 是处红衰翠减：是处，到处；红衰翠减，花朵凋零，绿叶枯萎。李商隐《赠荷花实弹花》的"此荷此叶常相映，红衰翠减愁煞人"句。
[6] 苒苒，通"冉冉"，渐渐。屈原《离骚》："老冉冉其将至兮。"物华：美好的景致。南朝梁柳恽《赠吴均》诗之一："主念已郁陶，物华复如此"。
[7] 淹留：久留；屈原《离骚》："时缤纷其变易兮，又何可以淹留。"
[8] 凝望：一本作"长望""颙（yóng）望"。
[9] 天际识归舟：谢朓《之宣城郡出新林浦向板桥》诗："天际识归舟，云中辨江树。"天际识归舟指多少次将远处来的船误认作是丈夫的归舟，极写思情之深。
[10] 争知：怎知。
[11] 恁：如此，这样。
[12] 凝愁：愁思凝结难解。

【赏析】

柳永是较早把游子羁旅情怀纳入词中的词人。这首传颂千古的名作，章法结构细密，写景抒情融为一体，以铺叙见长。其主题是游子思归。通过描写羁旅行役之苦，表达了强烈的思归情绪，语浅而情深。白描手法，再加上通俗的语言，将这复杂的意绪表达得明白如话。本词是柳永同类作品中艺术成就最高的一首，其中佳句"不减唐人高处"（苏东坡语）。

诗人在暮雨潇潇、霜风凄紧的秋日登高临远，满目山河冷落，残照当楼，万物萧疏，大江东流，不由勾起作者思乡怀人的愁情；这种愁情却无人可与诉知，真令人伤感悲戚。全词意境舒阔高远，气魄沉雄清劲；写景层次清晰有序，抒情淋漓尽致。语言凝练，气韵精妙。千百年来深受词家叹服欣赏。

开头两句写雨后江天，澄澈如洗。一个"对"字，已写出登临纵目、望极天涯的境界。当时，天色已晚，暮雨潇潇，洒遍江天，千里无垠。自"渐霜风"句起，以一个"渐"字，领起四言三句十二字。"渐"字承上句而言，当此清秋复经雨涤，于是时光景物，遂又生一番变化。"是处红衰翠减，苒苒物华休。"词意由苍莽悲壮，而转入细致沉思，由仰观而转至俯察，又见处处皆是一片凋落之景象。

"不忍"句点明背景是登高临远，云"不忍"，又多一番曲折、多一番情致。至此，词以写景为主，情寓景中。但下片妙处在于词人善于推己及人，本是自己登高远眺，却偏想故园之闺中人，应也是登楼望远，伫盼游子归来。"误几回"三字更觉灵动。结句篇末点题。"倚阑干"与"对"，与"当楼"，与"登高临远"，与"望"，与"叹"，与"想"，都相关联、相辉映。词中登高远眺之景，皆为"倚阑干"时所见；思归之情又是从"凝愁"中生发；而"争知我"三字化实为虚，使思归之苦，怀人之情表达得更为曲折动人。

【思考练习】

1. 上片以哪些意象组合，营造了怎样的氛围？
2. 谈谈你对"想佳人妆楼凝望，误几回、天际识归舟"的理解。

水龙吟·次韵章质夫《杨花词》[1]

苏 轼

【作者简介】

苏轼(1037—1101),字子瞻,号东坡居士,北宋眉州眉山(今四川眉山)人,二十二岁中进士。他的政治态度比较复杂,也要求改革,但反对王安石的变法主张。一生宦海沉浮,仕途坎坷。卒谥文忠。苏轼才情奔放,为宋代杰出作家。诗、散文、词、书法、绘画均有造诣和成就。其散文与欧阳修并称"欧苏",乃"唐宋八大家"之一;诗与黄庭坚并称"苏黄";词与辛弃疾并称"苏辛",均对当时及后世有深远的影响。著述颇富,《东坡乐府》存词三百五十余首。其作品大大突破了词仅仅是"艳科"的传统樊篱,使词成为"无意不可入,无事不可言",与诗文一样反映社会和人生的文学形式。词人将怀古伤今、感旧咏物、记游咏史、抒志叙情、说玄谈禅、山川景物、田园风光等一一写入词中,词从"樽前""花间"走向较为广阔的社会和人生,这在词史上具有开疆拓土之功。

似花还似非花,也无人惜从教[2]坠。抛家傍路,思量却是,无情有思[3]。萦损柔肠[4],困酣娇眼[5],欲开还闭。梦随风万里,寻郎去处,又还被莺呼起[6]。

不恨此花飞尽,恨西园、落红难缀。晓来雨过,遗踪何在?一池萍碎。春色三分,二分尘土,一分流水[7]。细看来、不是杨花,点点是离人泪。

【注释】

[1] 这首词大约是宋哲宗元祐二年(公元 1087 年),苏轼在汴京任翰林学士时所作。次韵:用原作之韵,并按照原作用韵次序进行创作,称为次韵。章质夫:名楶(jié),浦城(今福建蒲城县)人。当时正任荆湖北路提点刑狱,经常和苏轼诗词酬唱。

[2] 从教:任凭。

[3] 无情有思:言杨花看似无情,却自有它的愁思。韩愈《晚春》诗"杨花榆荚无才思,唯解漫天作雪飞。"这里反用其意。思:心绪,情思。

[4] 萦:萦绕、牵念。柔肠:柳枝细长柔软,故以柔肠为喻。白居易《杨柳枝》:"人言柳叶似愁眉,更有愁肠如柳枝。"

[5] 困酣:困倦之极。娇眼:美人娇媚的眼睛,比喻柳叶。古人诗赋中常称初生的柳叶为柳眼。

[6] "梦随"三句:化用唐代金昌绪《春怨》诗:"打起黄莺儿,莫教枝上啼。啼时惊妾梦,不得到辽西。"

[7] "春色"三句:化用叶青臣《贺圣朝》词意:"三分春色二分愁,更一分风雨。"

【赏析】

苏轼之词以豪放为风格,然而也有不少细腻婉约之作,本词便是一篇情致极为细腻的惜花辞章。这是一首非常有名的咏物词。当时苏轼正谪居黄州。其好友章质夫曾写《水龙吟》一首，内容是咏杨花的。因为该词写得形神兼备、笔触细腻、轻灵生动，达到了相当高的艺术水平，因而受到当时文人的推崇赞誉，盛传一时。苏东坡也很喜欢章质夫的《水龙吟》，并和了这首《水龙吟·次韵章质夫〈杨花词〉》寄给章质夫，还特意告诉他不要给别人看。章质夫慧眼识珠，赞赏不已，也顾不得苏东坡的特意相告，赶快送给他人欣赏，才使得这首千古绝唱得以传世。

    本篇构思巧妙，刻画细致，咏物与拟人浑然一体。上片惜杨花之飘坠，下片抒发哀悼杨花委尘之悲恨，表现了思妇极其缠绵悱恻的情思，达到了物与神合一的境界，词中自出新意，风神绵邈，情韵俱佳，为咏物妙作。全词用拟人化手法，亦物亦人，通过杨花随风飘转的情景，刻画出一位梦绕魂牵、幽怨绵绵的思妇形象。构思新颖，想象丰富。起笔便不同凡响，用语精妙。"'似花还似非花'两句，咏杨花确切，不得咏他花"。"抛家傍路"三句转入拟人手法："无情有思"引出下面几句的内容。"萦损柔肠"三句写"思"的状态，描写杨花轻盈朦懒似美人之眼欲睁又闭，想象奇妙无比，神采飞动。"梦随风万里"三句写"思"的内容，是万里寻夫。刚停而又被莺呼起。写尽杨花轻盈飘动而无定所的神韵。

    下片则愈出愈奇。先以落红隐衬杨花，说"不恨"只是由笔传情，实则"有恨"。"晓来雨过"而问询杨花遗踪，所看到的是"一池萍碎"。词人认为这碎萍便是杨花化成，悖理而有情，更能显出对杨花的一往情深。接下去再深描一笔，点出杨花的归宿。那些漫天飞舞的杨花都到哪里去了呢？这就是有二成变成了尘土，一成变成绿萍。杨花已尽，春色已尽。再画龙点睛，"细看来，不是杨花，点点是离人泪。"以情收束全词，干净利落而余味无穷。此词取神貌，空灵婉转、精妙绝伦、压倒古今，为咏物词的极品。

【思考练习】
1. 对比阅读章质夫的《杨花词》，谈谈本文写杨花的妙处。
2. 指出这首词中你最喜欢的一句并加以理解。

踏莎行

秦 观

【作者简介】

秦观（1049—1100），北宋词人。字少游、太虚，号淮海居士，扬州高邮（今属江苏高邮）人。三十六岁中进士。曾任蔡州教授、太学博士、国史院编修官等职位。在新旧党之争中，因和苏轼关系密切而屡受新党打击。秦观是"苏门四学士"之一，以词闻名，文辞为苏轼所赏识。其词风格婉约纤细、柔媚清丽，情调低沉感伤，愁思哀怨。向来被认为是婉约派的代表词人之一。对后来的词家有显著的影响。其词大多描写男女情爱和抒发仕途失意的哀怨，文字工巧精细，风格凄迷幽婉，清丽典雅，音律谐美，情韵兼胜。他的词可分为两类：一类是比较早期的词，表现了一种柔婉幽微的感受；一类是他经过政治挫伤以后，所写的寄慨身世的词。代表作有《鹊桥仙》《淮海集》《淮海居士长短句》（又名《淮海词》）。

雾失楼台，月迷津渡[1]，桃源望断无寻处。可堪[2]孤馆闭春寒，杜鹃声里斜阳暮。驿寄梅花[3]，鱼传尺素，砌成此恨无重数。郴江幸自[4]绕郴山，为谁流下潇湘去？

【注释】

[1] 津渡：渡口。

[2] 可堪：哪堪。

[3] 驿寄梅花：引用陆凯寄赠范晔的诗："折梅逢驿使，寄与陇头人。江南无所有，聊赠一枝春。"作者以远离故乡的范晔自比。

[4] 幸自：本身。

【赏析】

这是一首寄托个人身世之感的抒情词。宋哲宗绍圣初年，秦观因受"元祐党人"的牵连，先贬为杭州通判，继之，又因"影附苏轼，增损《实录》"再贬监处州酒税，最后又被迁徙郴州。政治上连续的挫折与打击，生活上一再的变动和颠簸，使一个曾经怀有远大理想的词人感到理想破灭，前途渺茫，心情因之也极度低沉。这首词形象地刻画了作者被贬郴州时的孤独处境和屡遭贬谪而产生的不满之情。就作者的遭遇和词中所反映的情绪看，似不能简单地把这首词归结为一般的羁旅相思之作。

上片写谪居中寂寞凄冷的环境。开篇二句便勾勒出一个夜雾凄迷、月色昏黄的画面。第三句明确点出："桃源望断无寻处"。词中的"桃源"，一是指湖南武陵（今桃源县）桃花源，作者贬往郴州，虽与桃花源相隔甚远，但作者来到湖南，自然要联想到《桃花源记》中的桃源。二是桃源在古诗词中，不仅是避乱隐居的处所，而且也是大多数有理想、有抱负的知识分子理想寄托之所在。所以，这第三句写的既是现实中的桃源县，又是写作者的理想。然而，即使作者望穿双眼，"桃源"仍无处可寻。以上三句，形象地反映出作者屡遭贬谪之后的极度灰心失望的情绪。"可堪"二字是感情的直接抒发。"闭"字准确生动，含有多层意思。一是衬托荒凉而又寂寞的环境，说明作者于此几乎断绝与人的来往，故"门虽设而长关"；二是逃避袭人的"春寒"，闭户不出；三是妄图借此阻止进入耳鼓的杜鹃的哀啼；四是妄图阻挡映入眼帘的落山的夕阳。作者此时独处"孤馆"，并且遭受着"春寒"的袭击，耳之所听者，"鹃声"，目之所见者，"斜阳"。本来"雾失楼台""桃源望断"就已使作者生愁，凄苦难耐，又怎忍受得了"孤馆""春寒""鹃声""斜阳"的交叉袭击呢！

下片由叙实开始，写远方友人殷勤致意、安慰，写被贬谪的不满心情。"驿寄梅花"三句承"闭"字加以展开。"闭"在"孤馆"之中的情况又如何呢？一般说来，有了"梅花"和"尺素"这样的礼物和音信，似可略慰远谪他乡的客子之心了，然而事与愿违，这一切反而加重了孤寂怨恨之情。"砌成此恨无重数"便是发自作者内心的最强音。"砌"字新颖、生动而有力。有此一"砌"字，于是那一封封书信、一束束梅花，便仿佛变成一块块砖头，层层垒起，甚至发展到"无重数"这一极限。作者心情的沉重是可想而知了。"郴江幸自绕郴山，为谁流下潇湘去"便是即景生情，寓情于景的警句。表面看，这两句似在写远望思乡之情，不过表现出一种羁旅相思之情而已。实际上，"郴江"离开了"郴山"，并非简单地比喻人的分别，联系秦观政治上的不幸遭遇，这两句是有深刻的含义的。这就是，按作者的志愿，本该在朝廷里为国家做一番有益的事业，犹如"郴江"紧紧围绕"郴山"旋转一般。然而，如今却不知为什么被贬到这荒远地区，就像眼前的"郴江"一样，离开了它日夜萦绕的"郴山"，竟然匆促地向潇湘涌流而去。

总之，这首词最佳处在于虚实相间，互为生发。上片以虚带实，下片化实为虚，以上下两结饮誉词坛。

【思考练习】

1. 近代学者王国维《人间词话》："少游词境最为凄婉，至'可堪孤馆闭春寒，杜鹃声里斜阳暮'，则变为凄厉矣"，谈谈你对此的理解。

2. 朋友亲人的来信让人欣慰不已，但词人怎么却说"砌成此恨无重数"？词人的"恨"是什么？

声声慢[1]

李清照

【作者简介】

李清照（1084—约1151），宋代著名婉约派女词人，号易安居士。父亲李格非很有学问，母亲王氏知书能文，文学气氛浓厚的士大夫家庭造就了李清照多方面的文学艺术成就。公元1101年，李清照18岁和太学生赵明诚结婚。前期生活优裕，与丈夫共同致力于书画金石的搜集整理，其词多写大家闺秀的生活情趣、闺怨离愁，如《醉花阴》。后来因北宋灭亡，被迫南渡，其夫也因病辞世，生活艰辛，过着颠沛流离、居无定所、形单影只的寡居生活，最终在凄苦中死于杭州。南渡后，生活的苦难使她一改其前期清新明快的词风而充满了哀婉凄凉，含蓄深沉，多写其悼亡之悲、故国之思和亡国之痛，如《菩萨蛮》《武陵春》《声声慢》等。

寻寻觅觅，冷冷清清，凄凄惨惨戚戚。乍暖还寒时候，最难将息[2]。三杯两盏淡酒，怎敌他晚来风急。雁过也，最伤心，却是旧时相识。

满地黄花堆积。憔悴损，如今有谁堪摘[3]？守着窗儿，独自怎生[4]得黑？梧桐更兼细雨，到黄昏，点点滴滴。这次第[5]，怎一个愁字了得。

【注释】

[1] 声声慢：原调名《胜胜慢》。慢：即慢词、慢曲，为词的长调。
[2] 将息：调养休息，保养安宁。
[3] 堪摘：乐意摘取。堪：所欲，想要。
[4] 怎生：怎么。
[5] 次第：情境，况味。

【赏析】

本词是作者南渡后的作品，通过描写残秋所见、所闻、所感，抒发自己孤寂落寞、悲凉愁苦的心绪。词风深沉凝重、哀婉凄苦，一改前期词作的开朗明快。

上片主要用清冷之景来衬托孤寂、凄凉的心境。词一开始，作者就用了一连串的叠字和齿音，使个人的"愁"形象化。这样遣词，一方面造成一种声音的乐调音节美，另一方面又生动地表现了词人若有所失的茫然心理。在这种心绪中，词人想借三杯两盏淡酒来消愁，自然无济于事。于是借物抒情，说薄酒抵御不了晚来风急之寒。正当这伤心的时候，见到空中北燕南飞，更引起愁思万缕。

下片由秋日高空转入自家庭院。园中开满了菊花，秋意正浓。联想自己因忧愁而憔悴瘦损，如同人不摘花，花当自损一样。丈夫死后，自己愁上加愁。作者处于如此冷清寂寞的境地与心境里，度日如年，怎么才能挨到天黑时分呢？秋风细雨、桐叶声声，这淅淅沥沥的秋雨，滴洒在梧桐叶上，到黄昏时仍然未停，犹如滴在作者的心头，令本来就难以平静的她，如今更为感伤。最后，词人以"这次第"三个字，一笔收笼，表现出大家手笔。词人是说上述这些愁苦的表现，怎么可以用一个"愁"字来概括呢！

这首词始终紧扣悲秋之意，尽得六朝抒情小赋之神髓；又以接近口语的朴素清新的语言谱入新声，写尽了作者晚年的凄苦悲愁，是一首独具个性的抒情名作。

【思考练习】

1. 朗读第一句词，谈谈"凄凄惨惨戚戚"这种感觉是如何产生的？

2. 本文作者借助"雁"传情达意，在此词中，你还能找到类似的意象吗？这些意象有什么特殊的含义？

3. 对比阅读李清照的《一剪梅》和《声声慢》，说说二者表达的情感有何区别？

圆圆[1] 曲

吴伟业

【作者简介】

吴伟业（1609—1672），明末清初诗人。字骏公，号梅村，别署鹿樵生、灌隐主人、大云道人，江南太仓（今属江苏）人。少时"笃好《史》《汉》，为文不趋俗"（《镇洋县志》），受张溥赏识，收为学生。崇祯四年（1631）中进士，授翰林编修，后任东宫讲读官、南京国子监司业等职。南明福王时，拜少詹事，因与马士英、阮大铖不合，仅任职两月便辞官归里。清朝顺治十年（1653），被迫赴京出仕。初授秘书院侍讲，后升国子监祭酒。三年后奔母丧南归，从此隐居故里直至去世。吴伟业生活在明清易代之际，他屈节仕清，一直认为是"误尽平生"的憾事，在诗文中多有表露。与钱谦益、龚鼎孳并称"江左三大家"，又为娄东诗派开创者。作品有《梅村家藏稿》五十八卷，《梅村诗馀》，传奇《秣陵春》，杂剧《通天台》《临春阁》，史乘《绥寇纪略》等。

鼎湖[2]当日弃人间，破敌收京下玉关[3]。
恸哭六军俱缟素[4]，冲冠一怒为红颜。
红颜流落非吾恋，逆贼天亡自荒宴。
电扫黄巾定黑山，哭罢君亲再相见[5]。
相见初经田窦[6]家，侯门歌舞出如花。
许将戚里空侯伎[7]，等取将军油壁车[8]。
家本姑苏浣花里[9]，圆圆小字[10]娇罗绮。
梦向夫差苑里游[11]，宫娥拥入君王起。
前身合是采莲人[12]，门前一片横塘[13]水。
横塘双桨去如飞，何处豪家[14]强载归？
此际岂知非薄命，此时惟有泪沾衣。
薰天意气连宫掖，明眸皓齿无人惜。
夺归永巷闭良家，教就新声倾坐客[15]。
坐客飞觞红日暮，一曲哀弦向谁诉？
白皙通侯[16]最少年，拣取花枝屡回顾。
早携娇鸟出樊笼，待得银河几时渡[17]？
恨杀军书抵死催，苦留后约将人误。
相约恩深相见难，一朝蚁贼满长安[18]。
可怜思妇楼头柳，认作天边粉絮看。
遍索绿珠围内第，强呼绛树出雕阑[19]。
若非壮士[20]全师胜，争得蛾眉匹马还？

蛾眉马上传呼时，云鬟不整惊魂定。
蜡炬迎来在战场，啼妆满面残红印[21]。
专征箫鼓向秦川，金牛道上车千乘。
斜谷云深起画楼，散关月落开妆镜[22]。
传来消息满江乡，乌桕红经十度霜[23]。
教曲伎师怜尚在，浣纱女伴忆同行。
旧巢共是衔泥燕，飞上枝头变凤凰。
长向尊前悲老大，有人夫婿擅侯王。
当时只受声名累，贵戚名豪竞延致。
一斛明珠万斛愁，关山漂泊腰肢细。
错怨狂风飏落花，无边春色来天地[24]。
尝闻倾国与倾城，翻使周郎受重名。
妻子岂应关大计，英雄无奈是多情。
全家白骨成灰土，一代红妆照汗青[25]。
君不见[26]，馆娃初起鸳鸯宿，越女如花看不足。
香径尘生鸟自啼，屧廊人去苔空绿[27]。
换羽移宫[28]万里愁，珠歌翠舞古梁州[29]。
为君别唱吴宫曲，汉水[30]东南日夜流！

【注释】

[1] 圆圆：陈圆圆，本姓邢，名沅，字畹芬，小字圆圆，苏州名妓，吴三桂之妾。

[2] 鼎湖：相传黄帝铸鼎于荆山（今河南阌乡境内）下，鼎成，乘龙升天。后人用为帝王或帝王崩逝的代词。这里指明崇祯帝在李自成军队入北京后被迫自杀。

[3] "破敌"句：指吴三桂引清兵击败李自成军。吴三桂，字长白，武举出身。明末人，辽东总兵，封平西伯，驻防山海关。李自成的农民军攻克北京，他引清兵入关。帮助清兵击败农民军，封平西王。接着又进攻南明所据守的云贵地区，杀明永历帝。康熙十二年（1673年），他举兵叛清，十七年，在衡州（今湖南衡阳）称帝，不久病死。玉关：指山海关。

[4] 缟（gǎo）素：指吴三桂军队为崇祯帝服丧。

[5] "红颜"四句：作者拟吴三桂口气，说举兵南下是为了报国仇家恨，不是因为陈圆圆被掳。逆贼：指李自成军。荒宴：饮酒荒淫。黄巾，黑山：都是东汉末的农民军，这里指李军。亲：指吴三桂之父吴襄。初降于李自成，吴三桂引清兵入关，自成遂杀其全家。

[6] 田窦：田蚡，窦婴，都是西汉得势的外戚，这里指崇祯帝国丈田弘遇。

[7] 戚里：本为西汉初外戚居住地，此指田弘遇家。空侯伎：弹箜篌的歌伎。空侯：即箜篌，古乐器名。

[8] 将军：指吴三桂。油壁车：亦称油碧车，以油漆涂饰车壁，多供贵妇人乘坐。

[9] 姑苏：今江苏苏州。浣花里：借用唐妓女薛涛居浣花溪事。

[10] 小字：小名。

[11]"梦向"二句：写圆圆的愿望，以西施作比，暗示圆圆曾被送入皇宫。夫差：春秋时吴王，其宫苑在苏州。

[12] 前身：前生。采莲人：指西施。

[13] 横塘：在苏州西南。

[14] 豪家：田弘遇家（一说是另一外戚周奎家）。陈圆圆被某权贵从妓院赎出，后献入宫廷。

[15]"熏天"四句：指田贵妃受到宠爱，势焰熏天，圆圆进宫，得不到皇帝赏识，出宫成为田家歌伎。宫掖，皇宫旁屋。永巷：宫中长巷，宫女居住的地方。良家，指田弘遇家。

[16] 白皙：面色白。通侯：汉代列侯中的最高一等。此写吴三桂风流得志。

[17] 银河几时渡：用牛郎织女银河相会的典故，说吴与陈匆匆离别，赶赴山海关驻防，难料后会之期。

[18] 蚁贼：对李自成军的蔑称。长安：指代明朝的都城北京。

[19]"可怜"四句：写陈圆圆被掳。思妇楼头柳，用王昌龄《闺怨》诗典故，喻指圆圆已为良家妇女。粉絮：白色柳絮，喻指歌伎。绿珠：西晋石崇家伎。内第，内宅。绛树，三国魏时歌女。

[20] 壮士：指吴三桂。

[21]"蜡炬"二句：写吴三桂迎归圆圆。蜡炬：即蜡烛。此指吴三桂迎归圆圆时的盛大排场。残红印，脸上的胭脂被泪水留下乱痕。

[22]"专征"四句：写吴三桂追击农民军去陕西，以平西王身份开藩南郑，圆圆随行得享富贵。秦川，关中别名，指陕西。金牛道，汉中入川的栈道。斜谷、散关，陕西地名。

[23]"传来"二句：圆圆富贵的消息传到苏州，已是她离开十年之后了。江乡：苏州在长江边。乌桕，树名，深秋时叶变红。十度霜，经霜十次，指十年。

[24]"当时"六句：就陈圆圆遭际而感慨。写圆圆因受声名之累，不断漂泊，以致腰肢瘦损，岂料得大富贵。一斛珠，形容圆圆当年身价之高。万斛愁，形容愁怨之深。

[25]"尝闻"六句：就吴三桂行为而议论。吴三桂因陈圆圆而开关迎降清兵，因而导致全家被农民军所杀。周郎，三国时的周瑜，这里用来比吴三桂。

[26] 君不见：以下用春秋时吴王夫差宠爱西施的事作陪衬，暗示吴、陈好景不长。

[27]"管娃"四句：管娃，宫名，遗址在吴县灵岩山。香径：即采香径。屟（xiè）廊：即响屟廊。传说都是夫差为西施构筑的。越女，指西施。

[28] 换羽移宫：以音调变化比喻人事变迁，这里指改朝换代。羽、宫：不同音调。

[29] 古梁州：指南郑，时吴三桂开藩在此。

[30] 汉水：南郑临着汉水。李白《江上吟》："功名宝贵若常在，汉水亦应西北流。"故这里有吴王的故事正在汉水之畔重演的意味。

【赏析】

这是《梅村集》最著名的一首七言歌行，讽刺吴三桂为了宠妾陈圆圆而引清入关的卖国行径，寄托自己在那"天崩地裂"的时代对人生、命运的感慨。全诗"用元白叙事之体，拟王骆用事之法，调既流转，语复奇丽，千古高唱矣"。

作者长于叙事，通过时序语气的变化，以及夹叙夹议等手法，使叙述灵动多姿。如开篇叙吴三桂山海关倒戈，然后倒叙吴与陈当年初见，然后再倒叙陈的少年时光；接下来顺叙陈归豪门、入宫掖、放出宫，然后与初见接榫；再叙陈、吴分手，陈被掳，三桂倒戈，于开篇处接榫；再下去写陈、吴重逢，写陈的富贵，等等。如此摇曳变化的叙事之作，在我国古代诗歌中是十分罕见的。

　　本篇的另一特点是善于用典。大处言，夫差西施之典贯穿全篇；小处言，薛涛、绿珠、绛树、周郎随处皆是。作者用典不仅身份、景况贴合，而且颇多巧思。如吴王之于吴三桂，田蚡之于田宏遇等，有的是字面巧合，有的由字面之巧合引发联想，从而使作品意味更加深长。作者写的是当代事实，又是很敏感的题材，自己的态度不能直接表露，所以采用了正话反说、自相矛盾等手法，产生了很好的反讽效果。

　　如果我们再生发开去，考索一下《圆圆曲》的哲学意蕴时，我们便会发现该诗包含着一种"人生悖论"。人处在历史进程中不得不做出唯一的选择，并对自己的选择负责。这种选择因为无法验证而极为盲目，潜含着成为错误的极大可能。特别是在历史紧要关头，一人之举措牵涉历史进程方向时，原本渺小的个体生命所做的微不足道的抉择，一下子被无限放大了，被"历史"强加上了众多负累，于是在历史上占据着显要的位置。陈圆圆何曾想到过要"一代红妆照汗青"？吴三桂又岂能料到清朝带给中华民族的一切？我们今天从《圆圆曲》这首优秀诗作中，可以应该看到吴伟业对人生、历史、命运的慨叹。

【思考练习】

　　1. 请说说这首诗的叙事特点。
　　2. 找出诗中所用的典故，说一说典故的作用。
　　3. 吴三桂是个颇受争议的人物，有人赞赏他对爱情的忠贞，有人谴责他断送了大明江山，还有人认为他的人生经历根本就是一个悲剧。对这些，你有何看法？

木兰花令·拟古决绝词

纳兰性德

【作者简介】

纳兰性德（1655—1685），满洲人，字容若，号楞伽山人，是清朝大学士明珠的公子，时人誉为"清代第一词人"。他的诗词不但在清代词坛享有很高的声誉，在整个中国文学史上，也以"纳兰词"在词坛占有光彩夺目的一席之地。他生活于满汉融合的时期，其贵族家庭之兴衰具有关联于王朝国事的典型性。他虽出生富贵、侍从帝王，却向往平淡的生活。这一特殊的生活环境与背景，加之他个人的超逸才华，使其诗词的创作呈现独特的个性特征和鲜明的艺术风格。著有《通志堂集》《饮水词》等。

人生若只如初见[1]，何事秋风悲画扇[2]。等闲变却故人心，却道故人心易变[3]！骊山语罢清宵半，泪雨零铃终不怨[4]。何如薄幸锦衣郎，比翼连枝当日愿[5]！

【注释】

[1]"人生"句：恋人之间如果总是能像刚恋爱的时候那样海誓山盟、卿卿我我的，就不会出现时间长了，感情淡了，甚至变心负心（秋扇见捐）的情况了。

[2]"何事"句：此用汉代班婕妤被弃典故。班婕妤为汉成帝妃，被赵飞燕谗害，退居冷宫，后有诗《怨歌行》，以秋扇为喻抒发被弃之怨情。南北朝梁刘孝绰《班婕妤怨》诗又点明"妾身似秋扇"，后遂以秋扇比喻女子被弃。这里是说开始时相亲相爱，后来却成了今日的相离相弃。

[3]"等闲"二句：故人一说理解成恋人，一说理解成情人。意思是说如今轻易地变了心，却反而说情人间就是容易变心的。

[4]"骊山"二句：《太真外传》载，唐明皇与杨玉环曾于七月七日夜，在骊山华清宫长生殿里盟誓。这里指李杨二人当初发愿立誓，后来虽然一方为另一方而死，也不生怨。比喻感情忠贞，至死不渝。

[5]"何如"二句：何如，怎么样？引用七夕长生殿的典故，谴责薄幸郎虽然当日也曾订下海誓山盟，如今却背情弃义！

【赏析】

王国维《人间词话》中有云："词以境界为最上""能写真景物，真感情者，谓之有境界"。不假雕饰而有真性情者，一是南唐李后主李煜，另一位便是纳兰性德。

此调原为唐教坊曲，后用为词牌。始见《花间集》韦庄词。有不同体格，俱为双调。但《太和正音谱》谓：《花间集》载《木兰花》《玉楼春》两调，其七字八句者为《玉楼春》体，故本首是为此体，共五十六字。上、下片除第三句外，余则皆押仄声韵。

词题说这是一首拟古之作，其所拟之《决绝词》本是古诗中的一种，是以女子的口吻控诉男子的薄情,从而表态与之决绝。如古辞《白头吟》:"闻君有两意,故来相决绝。"唐元稹有《古决绝词》三首等。这里的拟作是借用汉唐典故而抒发"闺怨"之情。词情哀怨凄惋(婉),屈曲缠绵。由此而论,则这"闺怨"便是一种假托了,这怨情的背后,似乎更有着深层的痛楚,无非借闺怨作隐约的表达罢了。故有人以为此篇是别有隐情,无非是借失恋女子的口吻,谴责那负心的薄情郎。

【思考练习】
1. 结合纳兰性德的其他词,分析"纳兰词"的特点。
2. 收集古诗词中关于描写男女主人公爱情的名言警句。

你是人间四月天

林徽因

【作者简介】

　　林徽因（1904—1955），原名林徽音，"新月派"女诗人。福建闽侯人。被胡适誉为中国一代才女。在文学方面，她一生著述甚多，包括散文、诗歌、小说、剧本、译文和书信等。此外，作为中国第一位女性建筑学家，1949年以后曾做过三件大事：参与国徽设计，改造传统景泰蓝，参加天安门人民英雄纪念碑设计，为民族、为国家做出了巨大的贡献。

　　　　　　　　我说你是人间的四月天，
　　　　　　　　笑响点亮了四面风，轻灵
　　　　　　　　在春的光艳中交舞着变。

　　　　　　　　你是四月早天里的云烟，
　　　　　　　　黄昏吹着风的软，星子在
　　　　　　　　无意中闪，细雨点洒在花前。

　　　　　　　　那轻，那娉婷，你是，鲜妍
　　　　　　　　百花的冠冕你戴着，你是
　　　　　　　　天真，庄严，你是夜夜的月圆。

　　　　　　　　雪化后那片鹅黄，你像；新鲜
　　　　　　　　初放芽的绿，你是；柔嫩喜悦
　　　　　　　　水光浮动着你梦期待中白莲。

　　　　　　　　你是一树一树的花开，是燕
　　　　　　　　在梁间呢喃，——你是爱，是暖，
　　　　　　　　是希望，你是人间的四月天！

【赏析】

　　林徽因是公认的文学"才女"，然而她的作品存世仅几十首诗歌，数篇散文，三个短篇小说，以及半出话剧，合在一起也就不过10余万字。她的文字，都是情感的真实体验。她认为，"生活必须体验丰富的情感，把自己变得丰富、宽大，能优容，能了解，能同情种种'人性'，能懂得自己，不苛刻自己，也不苛责旁人。不难自己所不能，也不难别人所不能。""人活着的意义基本的是在能体验情感，能体验还得有智慧、有思想来分别了解那情感……自己的或别人的！如果再能表现你自己所体验、所了解的那种在文字上……使得别人也更得点人生意义，那应该是所有的意义了"。

　　《你是人间四月天》是一首充满爱怜和欢欣的诗。从标题看，没有一个字够得上玄奥、鲜艳，但组合在一起，我们只能惊叹这位女子的才情了。在西方，"四月天"通常指艳阳、生机、丰硕与富饶。诗人以温暖明媚的"四月天"——四月的软风、烟云、艳光、细雨，四月的百花、绿芽、梁间呢喃的燕——赞唱"爱"，无论这爱是母子间的人伦之爱，夫妻间的性情之爱，还是情人间的灵魂之爱，都是极妥帖感人的。林徽因的诗与文都极富艺术个性。比如她喜欢用"你"字。在这首仅仅15行的短诗中，诗人用了11个"你"，仿佛时刻提醒着"你"的注意。读她的作品就像坐在对面和她谈话，就像置身她的沙龙，丝毫不给人距离感。诗作选词严谨，断句更是不落凡俗，直接造成了句法的多变和欧化，读来别有韵味。

这首诗的魅力和优秀并不仅仅在于意境的优美和内容的纯净，还在于形式的纯熟和语言的华美。诗中采用重重叠叠的比喻，意象美丽而丝毫无雕饰之嫌，反而在华美的修饰中更见清新自然的感情流露。形式上，诗歌采用新月诗派的诗美原则：讲求格律的和谐、语言的雕塑美和音律的乐感。这首诗可以说是这一原则的完美体现，词语的跳跃和韵律的和谐几乎达到了极致。

【思考练习】
1. 诗歌选取了哪些意象来吟咏"四月天"？表现了作者怎样的情感？
2. 结合本诗谈谈"新月派"诗歌创作的画面美。

面朝大海，春暖花开

海 子

【作者简介】

海子（1964—1989）原名查海生，在农村长大。1979年15岁时考入北京大学法律系，大学期间开始诗歌创作。1983年自北大毕业分配至北京中国政法大学哲学教研室工作。后来卧轨自杀，年仅25岁。在诗人短暂的生命里，用超乎寻常的热情和勤奋创作了近200万字的作品，结集出版了《土地》《海子、骆一禾作品集》《海子的诗》《海子诗全编》等。成名作有《亚洲铜》《阿尔的太阳》《麦地》《面朝大海，春暖花开》等。

  从明天起，做一个幸福的人
  喂马，劈柴，周游世界
  从明天起，关心粮食和蔬菜
  我有一所房子，面朝大海，春暖花开

  从明天起，和每一个亲人通信
  告诉他们我的幸福
  那幸福的闪电告诉我的
  我将告诉每一个人

  给每一条河每一座山取一个温暖的名字
  陌生人，我也为你祝福
  愿你有一个灿烂的前程
  愿你有情人终成眷属
  愿你在尘世获得幸福
  我只愿面朝大海，春暖花开

【赏析】

这首被热爱海子的人们格外喜爱的《面朝大海，春暖花开》写于1989年1月13日。两个多月后，1989年3月26日，海子在河北省山海关附近卧轨自杀。透过这首诗表面的轻松欢快我们可以探究诗人最后的生存思考。原来诗人一直都在渴望倾听远离尘嚣的美丽回音，他与世俗的生活相隔遥远，甚而一生都在企图摆脱尘世的羁绊与牵累。

第一章描写的是一幅作者向往的生活图景。诗人清楚地告诉我们："幸福"是指普通而平凡的生活——"喂马，劈柴""关心粮食和蔬菜"，自由而温暖的生活——"周游世界""面朝大海，春暖花开"。海子对大海既陌生（他出生、成长、读书、工作，都远离大海），又极为向往（他有许多诗都写到大海）。"大海""春暖花开"两个意象，透露了诗人内心的意向，寄托着诗人无限美好的遐想：他很想走出封闭，他渴望人间的温暖。诗人在诗中描写的是一幅极为普通、平凡、自由、温暖的生活图景，来表达他对"幸福"的渴望。

第二章，"从明天起"，言外之意就是今天仍然过得极为艰难和不幸。"和每一个亲人通信/告诉他们我的幸福"。为什么要告诉亲人自己所向往的幸福图景，目的是表达自己有心孝敬父母，但却不能改变他们的贫穷，自己有心关爱弟弟，但不可能使他们走出封闭，自己内心那种痛苦、无奈、愧疚的复杂心情。目的是让亲人明白自己的一片孝心。这里诗人运用"闪电"这个意象，清楚地告诉读者：作者心中明白，那田园牧歌般的平凡普通、自由温馨的生活，对自己来说，是"闪电"一样可望而不可即的一种美丽的愿望。

第三章中为什么说"陌生人，我也为你祝福/愿你有一个灿烂的前程/愿你有情人终成眷属/愿你在尘世获得幸福/我只愿面朝大海，春暖花开"？因为作者心中明白，现在自己仅能"给每一条河每一座山取一个温暖的名字"，只能祝愿"陌生人"，"有一个灿烂的前程，有情人终成眷属，在尘世获得幸福"。"尘世"二字透露了诗人对于"幸福"的特殊情感：他不愿轻易放弃，但这些"幸福"属于陌生人，已经不可能属于自己了。"我只愿面朝大海，"字面上是"只愿"，但实际意思是"只能"，言词中蕴藏的是对"尘世"充满无可奈何的愤激的心情。

【思考练习】
1. 诗人似乎已经找到了"幸福"，却为何要"从明天起"做一个幸福的人？
2. 诗人笔下的"幸福"与常人的幸福观有什么异同？
3. 面朝大海，就会看见春暖花开吗？谈谈你的理解。
4. 结合海子的其他诗歌，以"我眼中的诗人海子"为题写一篇评论。

致橡树

舒 婷

【作者简介】

舒婷（1952— ）原名龚佩瑜，祖籍福建泉州。下过乡，当过工人，后从事专业写作。当代女诗人，朦胧诗派的代表作家之一，与北岛、顾城齐名。舒婷擅长自我情感律动的内省，在捕捉复杂细致的情感体验方面表现出女性独有的敏感。又能在一些常常被人们漠视的常规现象中发现尖锐深刻的诗化哲理（《神女峰》《惠安女子》），并把这种发现写得既富有思辨力量，又楚楚动人。她的诗擅长运用比喻、象征、联想等艺术手法表达内心感受，常常通过假设、让步等特殊句式把复杂、丰富的情感表现得曲折尽致。在朦胧的氛围中流露出理性的思考，朦胧而不晦涩，是浪漫主义和现代主义风格相结合的产物。主要著作有诗集《双桅船》《会唱歌的鸢尾花》《始祖鸟》，散文集《心烟》等。

我如果爱你——
绝不像攀援的凌霄花，
借你的高枝炫耀自己；
我如果爱你——
绝不学痴情的鸟儿，
为绿荫重复单调的歌曲；
也不止像泉源，
常年送来清凉的慰藉；
也不止像险峰，
增加你的高度，衬托你的威仪。
甚至日光。
甚至春雨。
不，这些都还不够！
我必须是你近旁的一株木棉，
做为树的形象和你站在一起。
根，紧握在地下，
叶，相触在云里。
每一阵风过，
我们都互相致意，
但没有人，
听懂我们的言语。
你有你的铜枝铁干，
像刀、像剑，

也像戟。
　　我有我的红硕花朵，
　　像沉重的叹息，
　　又像英勇的火炬。
　　我们分担寒潮、风雷、霹雳；
　　我们共享雾霭、流岚、虹霓，
　　仿佛永远分离，
　　却又终身相依。
　　这才是伟大的爱情，
　　坚贞就在这里：
　　爱——
　　不仅爱你伟岸的身躯，
　　也爱你坚持的位置，足下的土地。

【赏析】

　　《致橡树》是朦胧诗派的代表作之一。她热情而坦诚地歌唱了诗人的人格理想，比肩而立，各自以独立的姿态深情相对的橡树和木棉，可以说是我国爱情诗中一组品格崭新的象征形象。诗歌以新奇瑰丽的意象、恰当贴切的比喻表达了诗人心中理想的爱情观。诗中的比喻和奇特的意象组合都代表了当时的诗歌新形式，具有开创性意义。

　　全诗共36行。1~13行借用一系列自然物进行象征类比，对攀附（"凌霄花"）和单方面奉献（"险峰"）这两种以一方的压抑、萎缩和牺牲为爱的前提的爱情观作了深刻的否定；并以对立的价值观面对现代爱情理想，与前者构成深刻有力的反衬。14~31行正面抒写理想的爱情观：爱情的双方在人格上完全平等，既保持各自的独立个性，又互相支持，携手并进。32~36行写真正的爱情就应该既爱对方的人品，也爱他的理想——忠于祖国。

　　"橡树"的形象象征着刚硬的男性之美，而有着"红硕的花朵"的木棉显然体现着具有新的审美气质的女性人格，她抛弃了旧式女性纤柔、妩媚的秉性，而充溢着丰盈、刚健的生命气息，这正与诗人所歌咏的女性独立自重的人格理想互为表里。橡树是高大威仪的，有魅力的，有深度的，并且有着丰富的内涵——"高枝"和"绿荫"就是一种意指，此处采用了衬托的手法。诗人不愿要附庸的爱情，不愿做趋炎附势的凌霄花，依附在橡树的高枝上而沾沾自喜。诗人也不愿要奉献施舍的爱情，不愿做整日为绿荫鸣唱的小鸟，不愿做一厢情愿的泉源，不愿做盲目支撑橡树的高大山峰。诗人不愿在这样的爱情中迷失自己。爱情需要以人格平等、个性独立、互相尊重倾慕、彼此情投意合为基础。

　　诗人以橡树为对象，表达了爱情的热烈、诚挚和坚贞。诗中的橡树不是一个具体的对象，而是诗人理想中的情人象征。因此，这首诗一定程度上不是单纯倾诉自己的热烈爱情，而是要表达一种爱情的理想和信念，通过亲切具体的形象来发挥，颇有古人托物言志的意味。

【思考练习】

1. 本诗描绘了哪些意象?它们是如何来传达诗人的爱情观的?
2. 分析诗中所用的象征、比喻等手法对主题所起的作用。
3. 结合本诗谈谈你对"爱情"的理解。

啊，船长！我的船长！

[美] 惠特曼

【作者简介】

惠特曼（1819—1892），19世纪美国杰出的民主主义诗人，出生在纽约附近长岛的一个贫苦农民家庭。当过杂役、木匠、排字工人、新闻工作者和编辑等，他只受过几年初等教育，后来靠自学阅读了大量世界文学名著。惠特曼在艺术创作过程中，大胆革新，打破长期以来诗歌因袭的格律，首创后来称为"自由体"的新诗形式，即以短句作为韵律的基础，大量采用重叠句、平行句和夸张的形象语言，并吸收了一部分劳动人民的语汇和少量外来语，大大提高了诗歌的表现力。他的主要作品有《为了你，民主》《大路之歌》《今天的军营静悄悄》《起义之歌》《啊，法国之星》和散文《民主展望》等。这些诗歌都编入了《草叶集》。这部优秀诗集成为美国近代文学史上一座光辉的里程碑，是美国民族文学的典范。

啊，船长！我的船长！我们艰苦的航程已经终结；
航船历经艰险，我们争取的胜利已经获得；
港口在望，钟声可闻，人们欢声雷动，
一双双眼睛迎着我们的船从容返航，显得威严而英武：
可是，呵，心呀！心呀！心呀！
啊，鲜红的血液长流，
我们的船长躺在甲板上，他死去了，浑身冰冷。

啊，船长！我们的船长哟！起来，听听钟声；
起来吧——旌旗为你飘动——军号为你长鸣；
花朵和彩带装饰的花环敬献给你——海岸的人群向你簇拥；
动荡的人群为你高呼，他们那热情的面孔转朝着你，向你致敬；
哦，我的船长！亲爱的父亲哟！
请把你的头枕在这只胳膊上！
是你倒在甲板上了啊，真像做梦，
你已经死了，浑身冰冷。

我的船长他默不作声，惨白的嘴唇纹丝不动；
我的父亲，我的胳膊已无知觉，他失去脉搏，失去生命；
航船安然无恙地下锚了，它的旅程已经终结；
艰辛的航程已成过去，胜利的航船驶入港湾，大功已经告成：
啊！海岸哟！欢呼吧，钟哟，长鸣吧！
我内心悲痛，脚步沉重，

我踯躅在船长停卧的甲板上，
他死去了，浑身冰冷。

【赏析】

  1783年，美国脱离英国的统治独立后，国内存在着雇佣劳动制和黑人奴隶制。1860年11月，以反对奴隶制而著名的林肯当选为美国总统。南方几个州宣布脱离联邦政府而独立，1861年4月，又首先出兵叛乱，引发了内战。林肯总统上任不到半年，就领导联邦政府军，在广大人民的支持下，经过了四年的奋战，击败了南方叛军，维护了美国的统一，废除了黑人奴隶制。南北战争是美国历史上第二次资产阶级民主革命。这次革命的成功促进了美国资本主义的发展。林肯总统为美国历史写下了光辉的一页，功勋卓著。在全国欢庆大胜利的时刻，对民主怀有刻骨仇恨的南方奴隶主派间谍暗杀了林肯总统。林肯总统逝世后，惠特曼接连写了3首悼诗，以表达对林肯总统的痛悼与怀念之情。

  《啊，船长，我的船长》是其中第二首，与其《紫丁香》齐名。对于惠特曼来说，林肯是"我的时代和国家的最可爱的、最睿智的灵魂"，他衷心地爱护他。惠特曼喜欢把人生比作航程，在这里把内战中的美国比作在海上航行的船只，而林肯是它的舵手，所以"船长"这一形象在他心目中早已存在。加之，林肯死后那几天，有一条新闻报道在广泛流传着，说林肯在被刺前夕曾梦见一艘满帆的船驶入海港，于是一个历史航程与船长的艺术形象便被确立了。

  诗人把林肯比喻成船长，把美国比喻成一只大船。在第1段中，这只大船在船长的指引下，"艰苦航程已经终结""历经艰险""显得威严而英武"，突出大船的凯旋，借以表现林肯的功业；在第2段中，"旗帜正为你飘扬，军号正为你发出长鸣""花朵和彩带装饰的花环敬献给你""动荡的人群为你高呼，他们那热情的面孔转朝着你，向你致敬"，表现了广大人民对林肯的爱戴、拥护和敬仰；在第3段中，"航船安然无恙地下锚了，它的旅程已经终结""大功已经告成"，从历史意义的角度，对林肯的功勋作出极高的评价。诗人在诗中一步步地深入表现林肯的功勋，使人倍感诗人对林肯的推崇之情。

  这首诗作者主要运用象征的手法来描述林肯这个人物的形象，赞美林肯的业绩，表达对林肯的敬仰与爱戴之情。

【思考练习】

  1. 请谈谈自己对林肯的了解。

  2. 诗的三节结尾的人称变化为"他——你——他"，这种人称的变化反映了诗人怎样的感情变化？

  3. 课外阅读《致西伯利亚的囚徒》，谈谈其感情基调与本文有什么不同？

当你老了

[爱尔兰] 叶 芝

【作者简介】

威廉·巴特勒·叶芝（1865—1939），爱尔兰诗人、剧作家，爱尔兰文艺复兴运动的领袖，1923年诺贝尔文学奖获得者。获奖的理由是"用鼓舞人心的诗篇，以高度的艺术形式表达了整个民族的精神风貌"。其诗吸收浪漫主义、唯美主义、神秘主义、象征主义和玄学诗的精华，几经变革，最终熔炼出独特的风格。叶芝早年的创作具有浪漫主义的华丽风格，善于营造梦幻般的氛围，后期作品更趋近现实主义。其艺术被视为英语诗从传统到现代过渡的缩影。诗人艾略特曾誉之为"20世纪最伟大的英语诗人"。代表作品有《钟楼》《盘旋的楼梯》《驶向拜占庭》等。

当你老了，头发白了，睡思昏沉，
炉火旁打盹，请取下这部诗歌，
慢慢读，回想你过去眼神的柔和，
回想它们昔日浓重的阴影；

多少人爱你青春欢畅的时辰，
爱慕你的美丽，假意或真心，
只有一个人爱你那朝圣者的灵魂，
爱你衰老了的脸上痛苦的皱纹；

垂下头来，在红火闪耀的炉子旁，
凄然地轻轻诉说那爱情的消逝，
在头顶的山上它缓缓地踱着步子，
在一群星星中间隐藏着脸庞。

【赏析】

1889年1月30日，23岁的叶芝遇见了22岁的女演员昂德·冈——一位驻爱尔兰英军上校的女儿。昂德·冈不仅美貌非凡，而且富有同情心。她在感受到爱尔兰人民受到英裔欺压的悲惨状况后，毅然放弃了都柏林上流社会的社交生活，投身到了争取爱尔兰民族独立的运动之中。因为这一点，昂德·冈在叶芝的心中平添了一轮光晕。

诗人对她一见钟情，但他两次求婚均遭到了拒绝。1903年，昂德·冈嫁给了爱尔兰民族运动政治家约翰·麦克布莱德。她的丈夫去世后，叶芝再次求婚仍遭拒绝，终生也未能与之结合。无望的痛苦激发着叶芝的创作灵感，他因此写下了很多有关昂德·冈的诗歌，《当你老了》就是其中的一首。

《当你老了》这首诗述说着一个无望的爱情故事，叶芝在诗句中不言所倾慕对象的美丽动人，青春魅力，而是跨越几十年时光，进入一个虚拟世界，想象她老了的情景，含蓄地道出了自己对她忠贞不渝的爱：曾经，爱你的人很多，现在，只有我一个人依然爱你，爱你的一切，连同你的衰老，你的痛苦。那份爱，深切、热烈、持久，然而，却又是那样悄无声息，甘于寂寞地隐藏在一群星星之间。

这首爱情诗是独特的，其独特来自诗人真挚的情感。本诗与其说是诗人在想象中讲述少女的暮年，不如说是诗人在向少女、向滔滔流逝的岁月表达自己天地可鉴的真情。从这个意义上讲，打动我们的正是诗中流溢出的那股哀伤无望，却又矢志无悔的真挚情感。

【思考练习】

1. 当我们老了，青春不再，容颜消逝，爱情远离，不免沮丧失落，结合诗中的描述，想象诗中"你"的晚景。

2.《当你老了》是叶芝抒写爱情的名作，后世多有仿作，结合课堂所学，你能谈谈这首诗成功的原因吗？

第二单元

散 文

概　　述

　　散文的内涵随着社会的发展而不断变化。在古代,它跟韵文、骈文相区别,即除诗、词、曲、赋以外的文学作品和非文学作品,包括经、史、子、传等,都统称为散文。在现代,它是跟诗歌、小说、戏剧并列的一种文学体裁。广义的散文,包括杂文、随笔、小品文、游记、报告文学等;狭义的散文,专指以记叙、议论、抒情为主,取材广泛,笔法灵活,文情并茂的文章。

　　散文是中国文学史上最早出现的文学样式之一,它的源头可以追溯到殷商时期。商朝的甲骨卜辞、西周的青铜铭文和《易经》的卦、爻辞等,记载了占卜、分封、赏赐等多方面的内容,是中国最早的记事文字,可看做是散文的萌芽。

　　春秋战国时期是中国散文发展的第一个黄金时期,以诸子散文和历史散文大量涌现为特征。这一时期,由于政治宽松,思想活跃,言论自由,诸子纷纷著书立说,阐述各自的观点和主张。《论语》和《孟子》是儒家思想的代表作品。《论语》虽然是语录体散文,但含义深刻,对中国人价值观、伦理观的形成具有极其重要的影响。《孟子》继承和发展了孔子的学说,语言生动、气势磅礴,展现了高超的论辩艺术。《礼记》是另一部重要的儒家思想资料汇编,它的内容广博,包罗万象,有些篇章具有极高的文学价值。《老子》和《庄子》是道家思想的代表作品。《老子》虽仅五千字,但蕴涵着丰富的辩证思想和睿智的人生思考。《庄子》想象丰富、文笔生动,极具浪漫主义色彩,代表了先秦散文的最高成就。历史散文的兴盛是这一时期的另一突出成就,代表作品有《尚书》《春秋》《左传》《国语》和《战国策》等。《左传》是中国第一部叙事详细的编年体史书,内容丰富,在叙事和写人方面具有很高的艺术成就,标志着我国的历史散文发展到了一个崭新的阶段。

　　在秦代,由于秦始皇采取了严酷的政策摧残文化、压制思想,因此有"秦世无文"的说法。李斯是秦代文学的唯一代表,他的《谏逐客书》论据充分,大量运用排比、铺陈、对偶等手法,气势奔放,文采斐然。

两汉时期，司马迁的《史记》将历史散文推到了前所未有的高峰。司马迁首创了"纪传"为主的史学体裁，在叙事技巧、人物塑造、语言运用和结构安排方面都具有很高的艺术价值，他的"实录"精神也对后世的创作产生了深远影响。

唐宋时期，古文运动的开展和唐宋八大家的出现极大影响了散文创作，使中国散文进入了重要的转折期。此时，散文的功能由应用性向文学性转变，内容以写景、抒情、言志为主，这标志着散文正式从经、史、子、传中分离出来，成为一种独立的文学体裁。韩愈，古文运动的倡导者，唐宋八大家之首，他大力提倡并身体力行地创作散文。他的散文既写景抒情，又叙事议论，扩大和丰富了散文的表达内容，建立了新的散文美学规范，使中国散文走向了高峰。

明清散文继承和发展了古文运动的精神，唐宋派、公安派、桐城派等都是这一时期散文创作的主要流派，还出现了以归有光、魏禧、方苞、龚自珍等为代表的散文大家。晚清时期，以梁启超、康有为、谭嗣同等为代表的资产阶级改良派，在散文的内容和形式上进行了重大突破，为"五四"时期的文体改革打下了基础。

"五四"新文化运动后，散文成为中国现代文学中成熟最早、成就最高的文类。这一时期最早出现的散文作品是以议论文为主的杂感文，代表作家有鲁迅、李大钊、周作人、胡适等。20世纪30年代，各种体式的散文都取得了一定成就，如朱自清的游记散文、丰子恺的哲理散文、林语堂的小品文等。

抗日战争和解放战争时期，反映民族矛盾和阶级矛盾的报告文学开始兴盛。

新中国成立后的前17年，散文创作异常繁荣，出现了很多歌颂社会主义制度和劳动者的作品。

"文化大革命"结束后，散文再次繁荣，特别是20世纪80年代中后期至今，散文创作成绩尤为突出，有以季羡林、张中行、余秋雨等为代表的学者散文，也有以史铁生、贾平凹等以真实表露自我情感体验为特色的抒情散文。他们的创作都给当代散文注入了新内容。

现代散文根据描写的重点，可分为记叙性散文、抒情性散文和议论性散文三种。记叙性散文以记叙事件、人物、景物为主要内容，以叙事较完整，人物形象鲜明，景物情感化为主要特征。抒情性散文以抒发作者思想感情和内心体验为主，与其他散文比较，它的情感更强烈，想象更丰富，语言更具有诗意，借景抒情和托物言志是这类散文最常用的手法。议论性散文以发表议论为主,它也以情动人,但它更以理服人;它既有生动的形象,更有严密的逻辑;它熔形、情、理于一炉,合政论与文艺于一体。

对散文的鉴赏,第一步要抓"文眼",理清散文的线索。散文虽取材广泛,内容博杂,但"形散神聚",所有的材料都统一在"神"之下,因此鉴赏散文,必须抓住集中表达作者思想感情、反映文章主旨的"文眼",通过分析"文眼"来弄清文章的线索是时间、地点,还是人物、感情等。如《给亡妇》一文,"孩子和我平分你的世界"是本文的"文眼",作者对亡妻的怀念是本文的"神",文章叙述的亡妻所有事迹都统一在作者对亡妻深深的怀念之中。

鉴赏散文的第二步是体验散文的情感。散文是言情的艺术,"一切景语即情语",不仅抒情散文,包括叙事散文和议论散文,都会通过借景抒情、寄情于物或托物言志等手法来表情达意,所以鉴赏散文,重点要通过分析作者对事物的描绘来感知作者蕴藏于其间的情。如《我的伊豆》一文,文章以描绘伊豆的风物为主,全文没有直接抒情的句子,但阅读后不难发现作者将自己对伊豆深深的爱融入了对伊豆风光的描绘之中。

第三步是探究散文的写作技巧。要分析文章的表达方式、表现手法、语言修辞等内容。特别是语言,不同的作家有不同语言风格,如林语堂的语言风趣幽默,朱自清的语言清新真挚。品味不同散文的语言,对我们增强语言表达能力,提高写作水平,提升文学素养,都是大有裨益的。

除此以外,在阅读散文时我们还必须发挥丰富的想象和联想,因为优美的散文是作家想象和联想的结果;还要充满感情地阅读散文,因为单靠理性的思索,是不能够领悟散文的妙境和真谛的。

《老子》三章

老　子

【作者简介】

老子（约前571—前471）又名李耳，伯阳，老聃，楚国苦县（今河南鹿邑东）厉曲仁里人，做过周朝"守藏室之史"（管理藏书的史官）。老子是春秋时期伟大的哲学家、思想家，道家学派的创始人，其学说的核心是"道""无为"，被道教尊为教祖。著有《老子》，又称《道德经》。

上善若水（第八章）

上善若水[1]。水善利万物而不争，处众人之所恶[2]，故几于道[3]。居善地[4]，心善渊[5]，与善仁[6]，言善信[7]，正善治[8]，事善能[9]，动善时[10]。夫唯[11]不争，故无尤[12]。

曲则全（二十二章）

曲则全[13]，枉则直[14]，洼则盈[15]，敝[16]则新，少则得，多则惑[17]。是以圣人抱一为天下式[18]。不自见[19]，故明[20]；不自是[21]，故彰；不自伐[22]，故有功；不自矜[23]，故能长。夫唯不争，故天下莫能与之争。古之所谓"曲则全"者，岂虚言[24]哉！诚全而归之[25]。

大成若缺（第四十五章）

大成[26]若缺，其用不弊[27]。大盈若冲[28]，其用不穷。大直若屈[29]，大巧若拙，大辩若讷[30]。躁胜寒，静胜热[31]。清静为天下正[32]。

【注释】

[1] 上善若水：最高的善就像水一样。上，最。
[2] 处众人之所恶：指水总是居处于众人所厌恶的地方。恶：讨厌，厌恶。
[3] 几于道：接近于道。几，接近。
[4] 居善地：像水那样甘心停留在卑下的地方。居，停留。
[5] 心善渊：心态要像水那样博大深沉。渊，沉静、深沉。
[6] 与善仁：在与人交往方面能够做到像水那样亲善仁爱。与，交往。
[7] 言善信：言语像水一样不失其真。信，诚实。
[8] 正善治：为政理事能像水一样有条理。正，同"政"，治理国家；治，有条理，不紊乱。
[9] 事善能：做起事情来能像水那样得心应手。
[10] 动善时：行动起来能像水那样合乎天时、应乎自然，比喻善于把握时机。

[11] 唯：只有。

[12] 尤：过错、过失。

[13] 曲则全：委屈反而能保全。曲，委屈；全，保全。

[14] 枉则直：弯曲反而能伸展。枉，弯曲。

[15] 洼则盈：低洼之处反而能充盈。

[16] 敝：凋敝，破旧。

[17] 惑：困惑，迷惑。

[18] 圣人抱一为天下式：圣人坚守"道"，是天下人的榜样。抱，守；一，道；式，模式，榜样。

[19] 自见（xiàn）：自我炫耀，自我表现。见，通"现"。

[20] 明：彰明。

[21] 自是：自以为正确。

[22] 自伐：自我夸耀。伐，夸耀。

[23] 自矜：自傲。矜，骄傲。

[24] 虚言：空话，经不起推敲的言辞。

[25] 全而归之：全性保真，达到目的。

[26] 大成：最为完满的东西。

[27] 弊：破败。

[28] 冲：古字为"盅"，虚空。

[29] 屈：曲。

[30] 讷：拙嘴笨舌。

[31] 躁胜寒，静胜热：疾走、运动可以战胜寒冷，清净可以战胜炎热。躁，疾走，运动。

[32] 清静为天下正：清静自守是天下的正道。

【赏析】

《老子》又名《道德经》，是中国哲学史上第一部具有完整哲学体系的著作。《道德经》分为上、下两册，共八十一章。上册是从一到三十七章为《道经》，下册四十四章之后为《德经》。"自然无为"是《老子》一书的主旨。整个哲学思想由"道"展开。

《老子》全书仅仅五千言，言约义丰，博大精深。其思想涵盖了宇宙观、人生观和社会政治观。提出了天地万物的起源与存在这一哲学命题，试图总结宇宙的起源和万物运行的规律；揭示了事物互相对立依存且相互转化的关系，如"有无相生，难易相成""祸兮福之所倚，福之祸之所伏"。全书充满了智慧，蕴涵了深邃的哲理，足以启人心智。对中国哲学的发展有着很大的影响。

课文所选三章都是老子关于人生观方面的内容。

第八章讲的是具有完美德行的人应该像水一样。在自然界中，老子十分推崇赞美的就是水。"上善若水"，老子以水来比喻上善之德，是因为水具有一种特殊的品德，一是柔，二是停留在卑下的地方，三是滋润万物而不与万物争，跟"道"十分接近。文中用了七个并列排比句，表现水的七种智慧，从七个角度说明水的七善，用水来与人生相对照，十分贴切。现实生活中，妥善运用这七善，就能达到"夫唯不争，故无尤"的境界。

第二十二章论述老子"以退为进"的处世之道。"曲则全，枉则直，洼则盈，敝则新，少则得，多则惑"。看似简单的几句话却蕴涵了丰富的哲理：以曲才能求全，以枉才能求直，以洼才能求盈，以敝才能求新，以少才能求得。所以圣人守道，作为天下的法则。不自我表现，反而更凸显；不自以为是，反而更显著；不自夸邀功，反而有功劳；不自大自满，反而能够长久。正因为不和人争，所以全天下没有人能和他争。

第四十五章论述"大成"与"缺"，"大盈"与"冲"，"大直"与"曲"，"大巧"与"拙"，"大辩"与"讷"之间的辩证关系。老子认为，任何事物均具有正反两方面，矛盾的双方在一定的条件下会相互转化。如何防止矛盾的有利方面向不利的一方面转化呢？或者说如何达到完满的状态呢？老子提出了预先容纳反面状态的方法。真正的"成、盈、直、巧、辩"在展现时，都要容纳"缺、冲、曲、拙、讷"，才是最完满的，这是因为明白"物极必反"的道理。所以不论什么事物，只有容纳了它的反面才是最完备、最理想的状态，也才能"其用不弊""其用无穷"，避免走向反面。

在艺术上，老子善用比喻、排比，语言韵散结合，行文参差错落，句式连环而又多变，文气流畅而富有诗意，用优美的诗一般的语言，来表达抽象的哲理和思辨的命题，在当时先秦散文中独具一格。

【思考练习】

1. 第二十二章开头的一组排比句蕴涵了怎样的哲理？
2. 课外阅读《道德经》，理解老子的哲学思想，加深对中国传统文化的认识。
3. 背诵课文。

《论语》四章

孔 子

【作者简介】

孔子（前551—前479），名丘，字仲尼，鲁国陬邑（今山东曲阜）人。出生在没落的贵族家庭，除了中年一段短暂从政经历外，一生主要从事教育和文化活动，是我国古代伟大的思想家、政治家、教育家，儒家学派创始人。其思想核心是"仁"，在政治上，提倡"仁者爱仁""克己复礼"；在教育上，主张"有教无类""因材施教"，积极创办私学，普及文化教育。晚年致力于整理"六经"（《诗》《书》《礼》《易》《乐》《春秋》），对保存和传播我国古代文化做出了重要贡献。他创立的儒家学说对中华民族思想文化的发展有极其深远的影响。

为政第二（第二十二章）

子曰："人而[1]无信，不知其可也。大车无輗[2]，小车无軏[3]，其何以[4]行之哉？"

里仁第四（第五章）

子曰："富与[5]贵，是人之所欲也，不以其道得之，不处[6]也；贫与贱，是人之所恶[7]也，不以其道得之[8]，不去[9]也。君子去仁，恶[10]乎成名？君子无终食之间违[11]仁，造次[12]必于是，颠沛[13]必于是。"

公冶长第五（第二十六章）

颜渊、季路侍[14]。子曰："盍[15]各言尔志。"子路曰："愿车马，衣轻裘[16]，与朋友共，敝之而无憾[17]。"颜渊曰："愿无伐善[18]，无施劳[19]。"子路曰："愿闻子之志。"子曰："老者安之，朋友信之，少者怀之[20]。"

先进第十一（第二十六章）

子路、曾皙、冉有、公西华侍坐[21]。

子曰："以吾一日长乎尔[22]，毋吾以[23]也。居则[24]曰：'不吾知[25]也。'如或知尔，则何以[26]哉？"

子路率尔[27]而对曰："千乘之国[28]，摄[29]乎大国之间，加之以师旅[30]，因之以饥馑[31]。由也为[32]之，比及[33]三年，可使有勇，且知方[34]也。"

夫子哂[35]之。

"求！尔何如？"

对曰："方六七十[36]，如[37]五六十，求也为之，比及三年，可使足民[38]。如[39]其礼乐，以俟[40]君子。"

"赤！尔何如？"

对曰："非曰能之，愿学焉。宗庙之事[41]，如会同[42]，端章甫[43]，愿为小相[44]焉。"

"点！尔何如？"

鼓瑟希[45]，铿尔[46]，舍瑟而作[47]。对曰："异乎三子者之撰[48]。"

子曰："何伤乎？亦各言其志也。"

曰："莫[49]春者，春服既成。冠者[50]五六人，童子六七人，浴乎沂[51]，风乎舞雩[52]，咏而归。"

夫子喟然叹曰："吾与[53]点也！"

三子者出，曾皙后。曾皙曰："夫三子者之言何如？"

子曰："亦各言其志也已矣。"

曰："夫子何哂由也？"

曰："为国以礼，其言不让[54]，是故哂之。唯求则非邦也与[55]？安见方六七十如五六十而非邦者也？唯赤则邦也与？宗庙、会同，非诸侯而何？赤也为之小[56]，孰能为之大？"

【注释】

[1] 而：连词，表转折，却。

[2] 輗（ní）：古代用牛拉的车叫大车，车辕前的一道横木与车辕两端连接，起关联作用的木销子（榫头）叫輗。

[3] 軏（yuè）：古代用马拉的车叫小车，把横木两端固定在车辕上，起关联作用的木销子（榫头）叫軏。

[4] 何以：何，疑问代词。是动词"以"的宾语，前置。何以，用什么，靠什么。

[5] 与：连词，和。

[6] 处（chǔ）：居住，引申为享受、接受。

[7] 恶（wù）：憎恶、讨厌。

[8] 不以其道得之："得之"应改为"去之"。自古即如此，不必强改。

[9] 去：避开、摆脱。

[10] 恶（wū）：疑问副词。怎样，如何。

[11] 终食之间：吃完一顿饭的工夫；违，违背，离开。

[12] 造次：紧迫，仓促。

[13] 颠沛：颠沛流离，处于困境。

[14] 侍：服侍，在旁边陪着。

[15] 盍：何不。

[16] 裘：皮袍。轻裘，轻暖的皮衣。

[17] 敝之而无憾：谓即使坏了也不抱怨。敝：坏，破旧。

[18] 无伐善：不夸耀自己的善行。伐，夸耀。

[19] 施劳：不把劳役之事加在他人的身上。

[20] "老者"三句的意思是：让老年人安享快乐，让朋友们信任我，让年轻人受到关怀而崇敬我。

[21] 子路、曾皙、冉有、公西华侍坐：子路，姓仲名由，字子路，又称季路；曾皙

（xī），名点，字皙，曾参的父亲；冉有，名求，字子有；公西华，姓公西，名赤，字子华。此四人均为孔子的弟子。侍坐，陪坐孔子身边。

[22] 以吾一日长乎尔：以，因为；乎，于，比；尔，你们。

[23] 毋吾以：以，因为。吾以，即"以吾"，因为我。

[24] 居：平时。则：辄，常常。

[25] 吾知：即"知吾"，了解我。

[26] 何以：即"以何"，用什么。这句意为：你们用什么来从政？

[27] 率尔：轻率、不假思索的样子。

[28] 千乘（shèng）之国：拥有一千辆车的诸侯国。古代按土地出兵车，能出一千辆兵车为四境各有一百里的诸侯国，乘，兵车。

[29] 摄：处在……边缘。

[30] 师旅：军队，此指战争。

[31] 因之以饥馑：因之，犹"继之"；饥馑，饥荒。

[32] 为：治理。

[33] 比及：等到。

[34] 方：指明辨是非的道理。

[35] 哂（shěn）：微笑。

[36] 方六七十：指四境每边只有六七十里长的小国家。

[37] 如：或，或者。

[38] 足民：使人民富足。

[39] 如：至于。

[40] 俟（sì）：等待。

[41] 宗庙之事：指诸侯祭祀祖先之事。宗庙，古代帝王、诸侯、大夫、士祭祀祖先的地方。

[42] 如会同：如，或；会，诸侯国之间的盟会；同，诸侯国共同朝见天子。

[43] 端章甫：端，玄端，古人用整幅布做的一种礼服。章甫，一种礼帽。此处均用作动词，指穿礼服、戴礼帽。

[44] 相：在诸侯国盟会或祭祀时，主持赞礼和司仪的人。相分卿、大夫、士三个等级，"小相"指最低的士

[45] 鼓瑟希：鼓，弹，用作动词；希，指瑟的声音逐渐稀疏，已近尾声。

[46] 铿（kēng）尔：相当于"铿然"，象声词，形容推瑟发出的声音。

[47] 舍瑟而作：舍，放下；作，起，站起来。

[48] 撰：述说。

[49] 莫：同"暮"。

[50] 冠（guàn）者：指成年人。古时男子到20岁须行冠礼，表示进入成年。

[51] 沂（yí）：水名，在今山东曲阜南。此水有温泉流入，暮春时即可入浴。

[52] 风乎舞雩（yú）：风，吹风，乘凉；舞雩，鲁国祭天求雨之处，在今山东曲阜东南。

[53] 与（yù）：赞同。

[54] 让：谦让。

[55] 唯求则非邦也与：难道冉有说的就不是治国大事吗？唯，句首语气词；邦，国家；与，同"欤"，语气词。

[56] 小：小相。下句中的"大"指大相。

【赏析】

　　《论语》是一部记录孔子及其弟子言行的优秀的语录体散文集，成书大概在春秋战国之交，由孔子弟子及其再传弟子所记录整理。内容涉及哲学、政治、经济、教育、文艺等诸多方面，比较集中地体现了孔子的政治主张、教育思想、伦理道德观念和品德修养，是研究孔子生活、思想重要而可靠的资料，是儒家的一部经典著作。《论语》没有严格的编纂体例，有语录体、对话体和叙事体。每一条就是一章，集章为篇，以每一篇第一章开始的一句话的两个字为标题，共20篇，篇与篇之间没有紧密的联系。《论语》的文学性突出表现在运用人物自己的语言直接抒发各自内心的感受，生动、具体，极富感情色彩。在行文上也十分简练、精到，往往三言两语，却言简意赅，发人深省，对后世文学产生了深远的影响。

　　课文所选四章，分别用不同的形式和内容体现了孔子的道德观、人生观以及政治思想和教育理念。

　　第一章和第二章以语录体的形式，阐述做人、做君子的道德标准。语言简洁但内容深刻，比如第一章讲"信"，儒家思想中不管讲仁义礼信，还是讲孝悌忠信，都离不开"信"字，它是儒家传统伦理准则之一，也是儒家思想中最核心的理念之一。第二章用富贵和贫贱两种处境对比，表达了君子利欲观和对"仁"的一贯立场，作为一个君子应该时时刻刻坚守仁德，保持一颗仁爱之心。宁愿安贫守道，也不愿为富不仁。

　　第三章采用对话体的形式，通过师生关于人生理想的对话，表现了他们各自的人生理想，体现出儒家"仁者爱人"的崇高境界。

　　第四章则采用叙事体，通过对孔子问志、学生言志、孔子评志的描述，生动再现了子路、曾皙、冉有、公西华他们迥然不同的志趣，体现了孔子循循善诱的教育方法和"治国以礼"的政治思想。本段以"志"为中心，按照问志、述志、评志的顺序安排结构，层次清晰，结构严谨；值得重视的是，此章对人物形象的刻画十分传神，孔子的和蔼平易，循循善诱；子路的性急率直，自信鲁莽；冉有的谦逊态度，委婉言辞；公西华的得体辞令，外交家风采；曾皙的恬淡洒脱、隐士作风都塑造得栩栩如生，个性鲜明。作为语录体散文，这种对人物形象的生动描写和刻画，显示出了不同凡响的艺术功力。因而这一章成为了《论语》中文学性最强的篇章之一。

【思考练习】

　　1. 谈谈你对《论语》第二十六章中"信"的理解和看法。

　　2. "君子爱财，取之有道"，谈谈你对其中"道"的理解。

　　3. 如何理解孔子所说的"吾与点也"这句话？

人皆有不忍之心[1]

孟 子

【作者简介】

孟子（前372—前289），名轲，字子舆，鲁国邹（今山东省邹县东南）人，战国时代伟大的思想家和政治家。孟子师承于孔子的孙子子思，推崇孔子，继承并发展了孔子的儒家学说，成为仅次于孔子的一代儒家宗师，有"亚圣"之称，与孔子并称为"孔孟"。性善论是孟子学说理论的出发点，其主要主张"仁政""王道"理论。他将孔子的德治思想发展为仁政学说，并把伦理和政治紧密地结合起来，并概括了"仁""义""礼""智"的四种道德规范及"父子有亲，君臣有义，夫妇有别，长幼有序，朋友有信"五种人伦关系。他是儒家最主要的代表人物之一，其思想对后世的影响很大。其主要言行和思想在《孟子》一书中有集中的反映。

孟子曰："人皆有不忍人之心[2]。先王有不忍人之心，斯有不忍人之政矣。以不忍人之心，行不忍人之政，治天下可运之掌上。所以谓人皆有不忍人之心者，今人乍[3]见孺子将入于井，皆有怵惕[4]恻隐[5]之心——非所以内交[6]于孺子之父母也，非所以要誉[7]于乡党朋友也，非恶其声而然也。由是观之，无恻隐之心，非人也；无羞恶之心，非人也；无辞让之心，非人也；无是非之心，非人也。恻隐之心，仁之端[8]也；羞恶之心，义之端也；辞让之心，礼之端也；是非之心，智之端也。人之有是四端也，犹其有四体也。有是四端而自谓不能者，自贼者也；谓其君不能者，贼其君者也。凡有四端于我[9]者，知皆扩而充之矣，若火之始然[10]，泉之始达。苟能充之，足以保[11]四海；苟不充之，不足以事父母。"

【注释】

　　[1] 本文选自《孟子·公孙丑上》，标题为编者所加。公孙丑：姓公孙，名丑，孟子弟子。
　　[2] 不忍人之心：怜悯心，同情心。
　　[3] 乍：突然、忽然。
　　[4] 怵惕（chù tì）：惊惧。
　　[5] 恻隐：哀痛，同情。
　　[6] 内交：即结交，内，同"纳"。
　　[7] 要（yāo）誉：博取名誉。要，同"邀"，求。
　　[8] 端：开端，起源，源头。
　　[9] 我：同"己"。
　　[10] 然：同"燃"。
　　[11] 保：定，安定。

【赏析】

　　《孟子》一书是孟子言行的记录和思想的反映。孟子一生周游列国，对当时的诸侯宣传他的政治主张，贯彻他的政治理想。由于他的学说不合当时统治者的需要，所以他最后还是只得回家讲学。他的弟子和再传弟子将其游说各国的言行加以记录，整理而成《孟子》。

　　就文章的写作体例和论辩语言而言，《孟子》较《论语》有了很大的进步。它不再是片断的语录，而已发展成为语言流畅、感情强烈、层次分明的完整的散文形式，对后世散文的发展产生了较大的影响。

　　课文所选文段从人性的前提推导政治，即从人人都有"不忍人之心"的仁心推导仁政，由于"不忍人之心"是人所固有的，由此得出结论：实行仁政也应该是天经地义的。

　　孟子认为，人都有"不忍人之心"。为了证明此论点，文中设定了一个具体的情景：突然看见一个孩子要掉进井里，人们共同的一种惊惧、同情心理。由此证明善是人的本性。证明"恻隐之心""羞恶之心""辞让之心""是非之心"是人固有的本性。并进一步阐述，恻隐之心是仁的发端，羞恶之心是义的发端，辞让之心是礼的发端，是非之心是智的发端。这四端就如同人的四肢一样，是人天生具备的品德，这种品德是立身的前提，是治国齐家的根本。只要将这种本性推而广之，就能治国平天下。

　　孟子的文章以"好辩"著称。这篇文章，简洁明快，思路清晰，论证简洁，只是通过简单的举例加以证明。另外就是排比、比喻、正反对比等手段的运用，增强了文章的艺术效果。

【思考练习】

　　1. 请简要说说"四心"（恻隐之心、羞恶之心、辞让之心、是非之心）在当今道德建设中的意义。

　　2. 阅读下面这段话，完成文后练习。

　　景春①曰："公孙衍②、张仪岂不诚大丈夫哉？一怒而诸侯惧，安居而天下熄。"

　　孟子曰："是焉得为大丈夫乎？子未学礼乎？<u>丈夫之冠③也，父命之；女子之嫁也，母命之，往送之门，戒之曰：'往之女家，必敬必戒，无违夫子！'以顺为正者，妾妇之道也。</u>居天下之广居，立天下之正位，行天下之大道；得志，与民由之；不得志，独行其道。<u>富贵不能淫，贫贱不能移，威武不能屈，此之谓大丈夫</u>"。

　　注释：①景春：战国时纵横家。②公孙衍：魏国人，号犀首，当时著名的说客。张仪：战国时纵横家的代表人物，主张连横，为秦扩张势力。③古时男子年二十行加冠礼，表示成年。

　　（1）将画线句子译成现代汉语。

　　（2）上文中，孟子阐述了怎样的主张？

逍遥游（节选）[1]

庄 子

【作者简介】

庄子（约前369—前286），名周，字子休，战国时宋国蒙（今河南商丘）人。道家学派的代表人物，老子思想学派的继承者和发展者，先秦庄子学派的创始人，与老子并称"老庄"。曾做过漆园小吏，一生穷困潦倒，轻视高官厚禄，是一个有棱有角、锋芒毕露的人。庄子主张无为，要求适己任性。主张精神上的逍遥自在，试图达到一种不需要依赖外力的逍遥境界。他提出要顺从自然的法则，主张顺从天道，摒弃"人为"和人性中的那些"伪"的杂质。主张自然而然的生活，反对政治宣传、礼乐教化。《庄子》是其思想的集中反映。

北冥[2]有鱼，其名为鲲[3]。鲲之大，不知其几千里也；化而为鸟，其名为鹏[4]。鹏之背，不知其几千里也；怒而飞，其翼若垂天[5]之云。是鸟也，海运则将徙于南冥[6]。南冥者，天池[7]也。《齐谐》者，志[8]怪者也。《谐》之言曰："鹏之徙于南冥也，水击[9]三千里，抟扶摇[10]而上者九万里，去以六月息者[11]也。"野马[12]也，尘埃也，生物之以息相吹[13]也。天之苍苍，其正色邪？其远而无所至极邪[14]？其[15]视下也，亦若是则已矣。且夫水之积也不厚[16]，则其负大舟也无力。覆杯水于坳堂之上[17]，则芥[18]为之舟；置杯焉则胶，水浅而舟大也。风之积也不厚，则其负大翼也无力。故九万里则风斯在下矣[19]，而后乃今培风[20]；背负青天而莫之夭阏者[21]，而后乃今将图南。蜩与学鸠[22]笑之曰："我决[23]起而飞，枪榆枋[24]，时则不至，而控[25]于地而已矣，奚以之九万里而南为[26]？"适莽苍[27]者，三飡而反[28]，腹犹果然[29]；适百里者，宿[30]舂粮；适千里者，三月聚粮。之二虫[31]，又何知？小知[32]不及大知，小年[33]不及大年。奚以知其然也？朝菌[34]不知晦朔，蟪蛄[35]不知春秋，此小年也。楚之南，有冥灵[36]者，以五百岁为春，五百岁为秋；上古有大椿[37]者，以八千岁为春，八千岁为秋，此大年也。而彭祖乃今以久特闻[38]，众人匹[39]之，不亦悲乎！

汤之问棘也是已[40]："穷发[41]之北，有冥海者，天池也。有鱼焉，其广数千里，未有知其修[42]者，其名为鲲。有鸟焉，其名为鹏，背若太山[43]，翼若垂天之云，抟扶摇羊角[44]而上者九万里，绝[45]云气，负青天，然后图南且适南冥也。斥鴳[46]笑之曰：'彼且奚适也！我腾跃而上，不过数仞[47]而下，翱翔蓬蒿之间，此亦飞之至[48]也。而彼且奚适也！'"此小大之辩[49]也。

故夫知效一官[50]，行比一乡[51]，德合一君，而徵一国者[52]，其自视也亦若此矣。而宋荣子犹然笑之[53]。且举世誉之而不加劝[54]，举世非之而不加沮[55]，定乎内外[56]之分，辩乎荣辱之境，斯已矣。彼其于世，未数数然[57]也。虽然，犹有未树[58]也。夫列子[59]御风而行，泠然[60]善也，旬有五日[61]而后反。彼于致福者[62]，未数数然也。此虽免乎行，犹有所待者也[63]。若夫乘天地之正[64]，而御六气之辩[65]，以游无穷者，彼且恶[66]乎待哉！故曰：至人无己[67]，神人无功[68]，圣人无名[69]。

【注释】

[1] 本文选自《庄子·内篇》。

[2] 冥：北海。冥，亦作溟，指海。

[3] 鲲：传说中的一种大鱼。

[4] 鹏：根据《说文》《字林》等典籍，即"凤"的古字。《说文》曰："凤飞，群鸟从以万数，故以朋为朋党字。"这里用作大鸟之名。

[5] 怒而飞，其翼若垂天之云：怒而飞，鼓翼奋飞；垂天，天边，垂，同"陲"，边际。

[6] 海运则将徙于南冥：海运，海水涌动，这里指汹涌的海涛；徙，迁移。

[7] 天池：天然的大池。

[8]《齐谐》，书名。志：记载。

[9] 击：拍打。这里指鹏鸟奋飞双翼拍打水面。

[10] 抟（tuán）扶摇：抟，环绕而上。一说"抟"作"搏"，拍击的意思。扶摇，又名叫"飙"，盘旋而上的大风、狂飙。

[11] 去以六月息者：去，离，这里指离开北海；息，风。

[12] 野马：春天林泽中的雾气，雾气浮动状如野马，故名"野马"。

[13] 生物之以息相吹：生物，有生机之物。息，在这里指有生命的东西呼吸所产生的气息。

[14] 极邪：极，尽；邪，同"耶"。

[15] 其：代天。

[16] 积也不厚：积，积蓄；厚，深。

[17] 覆杯水于坳（ào）堂之上：覆，倾倒；坳，低凹处。"坳堂"指厅堂地面的坑凹处。

[18] 芥：小草。

[19] 风斯在下矣：风就在（大鹏之）下。斯，语助词。

[20] 而后乃今培风：而后乃今，意思是这之后方才，以下同此解。培：通"凭"，凭借。

[21] 莫之夭阏（è）者：莫，没有什么。夭阏，又写作"夭遏"，意思是遏阻，阻拦。"莫之夭阏"即"莫夭阏之"的倒装。

[22] 蜩（tiáo）与学鸠：蜩，蝉。学鸠，一种小灰雀，这里泛指小鸟。

[23] 决：迅飞的样子。

[24] 枪榆枋：枪，突过；榆枋，两种树名。

[25] 控：投下，落下来。

[26] 奚以之九万里而南为：奚以，何以；之，去到；为，句末疑问语气词。

[27] 适莽苍：适，往，去到；莽苍，指迷茫看不真切的郊野。

[28] 三飡（cān）而反：飡，同"餐"；反，同"返"。

[29] 腹犹果然：犹，还；果然，饱的样子，果，充实。

[30] 宿（xiǔ）：这里指一夜。

[31] 之二虫：之，这；二虫，指蜩与学鸠。
[32] 知（zhì）：通"智"，智慧。
[33] 小年：寿命短。年，指寿命。
[34] 朝菌：朝生暮死的一种菌。
[35] 蟪蛄（huì gū）：即寒蝉，春生夏死或夏生秋死。
[36] 冥灵：大木名。一说，大龟名。
[37] 大椿：传说中的古树名。
[38] 彭祖乃今以久特闻：彭祖，传说中的长寿者；乃今，而今；以，凭；特，独；闻，闻名于世。
[39] 匹：配，比。
[40] 汤之问棘也是已：汤，商汤；棘，商汤时的大夫；已，矣。
[41] 穷发：传说中北极的不毛之地。
[42] 修：长。
[43] 太山：大山，一说泰山。
[44] 羊角：风名，其旋转而上似羊角。
[45] 绝：穿过。
[46] 斥鷃（ān）：一种小鸟。
[47] 仞：古代长度单位，周制为八尺，汉制为七尺，这里应从周制。
[48] 至：极点。
[49] 辩：通"辨"。辨别，区分的意思。
[50] 知效一官：才智只能胜任较低的官职。效：功效，这里含有胜任的意思，官：官职。
[51] 行比一乡：品行顺合一方之人；行，品行；比，合。
[52] 而徵一国者：徵，取信。这句说，才能可以取信于一国之人。
[53] 而宋荣子犹然笑之：宋荣子，即宋钘（xíng），战国宋人，战国时期的思想家，其思想近于墨家；犹然，讥笑的样子。
[54] 举世誉之而不加劝：举，全；劝，勉励，努力。
[55] 举世非之而不加沮：非，责难，批评；沮，沮丧。
[56] 内外：内我与外物。这里分别指自身和身外之物，在庄子看来，自主的精神是内在的，荣誉和非难都是外在的，而只有自主的精神才是重要的，可贵的。
[57] 数数（shuò shuò）然：汲汲然，指急迫用世，谋求名利的样子。
[58] 树：树立（至德）。
[59] 列子：列御寇，郑国人，战国时代思想家。
[60] 泠（líng）然：轻盈美好的样子。
[61] 旬有五日：旬，十天；有，又。
[62] 致福者：致，这里有寻求的意思；致福，求福。
[63] 犹有所待者也：待，凭借，依靠；有所待：有依靠的东西。
[64] 乘天地之正：乘，遵循，凭借；天地，这里指万物，整个自然界；正，本，这里指自然的本性。

[65] 御六气之辩：御，含有因循、顺着的意思；六气，指阴、阳、风、雨、晦、明；辩，通作"变"，变化。

[66] 恶（wū）：何，什么。

[67] 至人无己：至人，这里指道德修养最高尚的人；无己，清除外物与自我的界限，达到忘我的境界。

[68] 神人无功：神人，这里指精神世界完全超脱于物外的人；无功，不建树功业，无意于求功。

[69] 圣人无名：圣人，这里指思想修养臻于完美的人。无名，不追求名誉地位，无意于求名。

【赏析】

《庄子》亦称《华南经》，道家学派的经典著作，共33篇，包括内篇7篇，外篇15篇，杂篇11篇。一般认为内篇是庄子自著，外篇和杂篇是庄子后学所作。庄子的散文在先秦诸子中独具风格，其创作大量采用生动形象、幽默机智的寓言故事，构思奇特，想象丰富，语言文字汪洋恣肆、仪态万方，善于运用大胆的夸张、奇谲的譬喻、辛辣的讽刺，艺术境界恢弘，富于浪漫主义色彩。

《逍遥游》是《庄子》中的代表作，列于《内篇》之首。着重阐发作者的人生观和自由观，其主要思想就是"无名，无功，无己"。《逍遥游》全文分两大部分。第一部分是总论，论述世间万物都是"有所待"而不自由的，自己追求的是"无所待"的最高境界。第二部分通过一系列寓言故事，论述第一部分提出的"至人无己""神人无功""圣人无名"的命题，以及通过"无为"达到这一境界的主张。这里节选的是第一部分。

"逍遥"指闲放不拘，恬适自得；"游"，指遨游于自然界和人类社会，《逍遥游》旨在提倡一种无牵无碍、绝对自由的境界，即"无待"的境界。"无待"相对于"有待"而言，"有待"就是有所依赖，有所凭借，"无待"就是无所依赖，无所凭借，"无待"是对"有待"的超越和扬弃。作者认为，大鹏高飞九万里，有赖于"风斯在下"；"知效一官、行比一乡，德合一君，而征一国者"，它们自鸣得意，也不过像腾跃几丈的斥鴳小雀一样；淡漠了功名荣辱的宋荣子，也还是"犹有未树"；能"御风而行"的列子，也还是"犹有所待"。只有摆脱各种束缚和依赖，因循自然的本性，顺应天气的变化，而悠游于无穷，才算是"无待"的境界。为了达到这样的境界，庄子奉劝人们要放弃对功名、利禄、权势的追求，做到"无己""无功""无名"，而与自然，与"道"融为一体。

在艺术上，本篇充分体现了庄子的创作风格。首先，本文通过奇特的想象、大胆的夸张，创造出一系列极度变形的形象，如开头写鲲的神奇变化，鹏的遨游太空，想象十分奇特。写鹏的南徙，一"击"，一"抟"，"三千里""九万里""扶摇"直上，意境非常的壮阔。丰富的想象使文章汪洋恣肆，充满浪漫主义色彩。其次，庄子还善于用寓言说理，《逍遥游》运用大量的寓言把"无所待"的思想寄托于生动的形象之中。例如，鲲、鹏、蜩、学鸠、斥鴳，有的是根据神话故事加工的，有的是自己想象的，但都纳入他的寓言中，寄托他的思想，使人不知不觉进入他所创造的意境，接受感染。最后，多种修辞手法，如比喻、夸张、拟人等的运用，是文章的又一特点。这些都增强了文章的表达效果。

【思考练习】

1. 如何理解"逍遥游"的境界?
2. 善用比喻是《庄子》的特点,请结合本文作具体分析。
3. 庄子文章的语言很美,请选择《逍遥游》中你最喜欢的段落谈谈你的感受。

大同[1]

《礼记·礼运》

【作品简介】

《礼记》是战国至秦汉年间儒家学者解释说明经书《仪礼》的文章选集,由西汉礼学家戴德和他的侄子戴圣编订。它是一部(儒家思想)礼学文献的资料汇编。其内容主要是记载和论述先秦的礼制、礼仪,解释仪礼;记录孔子和弟子等的问答,记述修身做人的准则。其作者不止一人,写作时间也有先有后。其中多数篇章可能是孔子的七十二弟子及学生们的作品,还兼收先秦的其他典籍。其内容广博,门类繁杂,涉及政治、法律、道德、哲学、历史、祭祀、文艺、日常生活、历法、地理等诸多方面,包罗万象,集中体现了先秦儒家的政治、哲学和伦理思想,是研究中国古代礼制或研究儒家学术思想史的重要资料。与《仪礼》《周礼》合称为"三礼",在汉以后成为儒家"五经"之一,对中国文化产生过深远的影响。

《礼记》中的篇章,无论议论文还是记叙文,或结构谨严,文笔凝练;或形象生动,意味隽永,具有很高的文学价值。

昔者仲尼与于蜡宾[2],事毕,出游于观[3]之上,喟然而叹。仲尼之叹,盖叹鲁[4]也。言偃[5]在侧曰:"君子[6]何叹?"孔子曰:"大道之行[7]也,与三代之英[8],丘未之逮[9]也,而有志焉[10]。"

"大道之行也,天下为公[11]。选贤与能[12],讲信修睦[13]。故人不独亲其亲,不独子其子[14],使老有所终[15],壮有所用[16],幼有所长[17],矜寡孤独废疾者[18],皆有所养[19]。男有分[20],女有归[21]。货,恶其弃于地也,不必藏于己[22];力,恶其不出于身也,不必为己[23]。是故,谋闭而不兴[24],盗窃乱贼而不作[25],故外户而不闭[26],是谓大同。"

"今大道既隐[27],天下为家[28]。各亲其亲,各子其子,货力为己;大人世及以为礼[29],城郭沟池以为固[30],礼义以为纪[31],以正君臣[32],以笃[33]父子,以睦[34]兄弟,以和[35]夫妇,以设制度,以立田里[36],以贤勇知[37],以功为己[38]。故谋用是作[39],而兵[40]由此起。禹、汤、文、武、成王、周公,由此其选也[41]。此六君子者,未有不谨于礼者也。以著其义[42],以考其信[43],著有过[44],刑仁讲让[45],示民有常[46],如有不由此[47]者,在势者去[48],众以为殃[49],是谓小康[50]。"

【注释】

[1] 本文选自《礼运》的开头三章。同:和,平。大同:高度的和平,实际指原始共产社会局面,是当时知识分子由于对现实不满而产生的复古思想。

[2] 与(yù)于蜡(zhà)宾:参加到蜡祭陪祭者的行列里边。与,参加;蜡,古代国君年终祭祀叫蜡;宾,指陪祭者。

[3] 观(guàn):宗庙门外两旁的高建筑物,又名阙。

[4] 盖叹鲁:盖,大概。叹鲁,叹息鲁国礼乐的衰败。鲁国是周公的封地,比其他诸

侯国的礼制地位高。西周东迁以后，周礼尽在鲁，而以鲁国为代表的周礼的崩溃，引发孔子对上古理想社会的向往。

[5] 言偃：孔子的弟子，姓言名偃，字子游。

[6] 君子：指孔子。

[7] 大道之行：指广大无私的时代，这里指尧舜时代。大道，指原始共产社会的那种准则。行，实行。

[8] 三代之英：三代，指夏、商、周；英，杰出的人物，即禹、汤、文王、武王。

[9] 未之逮（dài）：逮，赶上。之，代词，指"大道之行与三代之英"的时代，是"逮"的宾语。

[10] 有志焉：指有志于此。孔子这句话是说，大道实行的时代和三代英明之主当政的时代，我都没有赶上，可是我心里向往。

[11] 天下为公：天下一切都是公共的。这里指君主的选举方法。天子选举贤人并将王位禅让给他，而不传给自己的子孙。

[12] 选贤与能：与，通"举"，推荐。能，有才能的人，选贤与能即选贤举能。

[13] 讲信修睦：讲信，讲求信用；修睦，调整人与人之间的关系，使它达到和睦。讲信修睦即讲求诚信，谐调和睦。

[14] 人不独亲其亲，不独子其子：人们不只是把自己的父母当作父母来侍奉，不只是把自己的子女当做子女来抚养。

[15] 老有所终：老，老人。有所终，有善终。所：代词。下面三个"所"字同。

[16] 壮有所用：壮年人有其用处。

[17] 幼有所长（zhǎng）：幼，儿童。有所长，得到抚养教育，健康成长。

[18] 矜寡孤独废疾者：矜，同"鳏（guān）"，无妻之夫。寡，无夫之妇。孤，孤儿。独，无子女的老人。废，残废的人。疾，生病的人。

[19] 有所养：得到供养和保障。

[20] 男有分（fèn）：男子都有自己的职分，安于自己的职业。分：职分，职务。

[21] 女有归：女子都有自己的夫家，安于自己的家庭。归：出嫁，这里指夫家。

[22] 货，恶其弃于地也，不必藏于己：货，财物；弃，扔；财物，（人们）恨它被扔在地上（都想收起来），但不一定藏在自己家里。

[23] 力，恶其不出于身也，不必为己：身，自身；力气，（人们）恨它不从自己身上使出来，但不一定为了自己。

[24] 谋闭而不兴：奸谋闭塞而不萌发。谋，指奸诈之心。闭，闭塞。兴，起，生。

[25] 盗窃乱贼而不作：盗窃、造反和害人的事情不发生。乱，指造反；贼，指害人。作，兴起。

[26] 外户而不闭：出门不用上锁，外：用如动词。外户：从外面把门扇合上。闭：用门闩插门。

[27] 隐：消失不见。

[28] 天下为家：天下成为私家的。这里指天子传位给自家的子孙而不禅让给贤人。

[29] 大人世及以为礼：指天下诸侯，"世及以为礼"，把血缘世袭当做礼法制度。大人，指天下诸侯。父传位与子叫"世"，兄传位给弟叫"及"。"世及"是介词，"以"的宾

语。下两句同。

[30] 城郭沟池以为固：将城、壕沟等作为坚固的工事。沟池：指护城河。固：这里指赖以防守的建筑及工事。

[31] 纪：纲纪，准则。

[32] 以正君臣：即"以之正君臣"，用来规范君臣关系。

[33] 笃：用如动词，即"使……淳厚"。

[34] 睦：用如动词，即"使……和睦"。

[35] 和：用如动词，即"使……和谐"。

[36] 以立田里：这里指有关田里的制度。立：规范。里：天地与住宅。

[37] 以贤勇知（zhì）：把有勇有谋的当做贤人。贤，用如动词，意动用法，知，后来写作"智"。

[38] 立功为己：立功做事，只是为了自己，不为他人（依孔颖达说）。

[39] 故谋用是作：所以奸谋由此而萌发。用，由；"是"和下文"兵由此起"的"此"字，都代表上文"今大道既隐……以功为己"这段的情况。

[40] 兵：指战乱。

[41] 禹、汤、文、武、成王、周公，由此其选也：指（在大道既隐的时代）禹、汤、文、武、成王、周公因此成为三代诸王中的杰出人物。选：指选拔出来的人物，也就是杰出的人物。

[42] 以著其义：即"以之著其义"，用"礼"来表彰合乎道义的事。"以"下省宾语"之"（指礼）。著：显露，彰显。这里是使动用法。其：指下文"示民有常"的"民"。

[43] 以考其信：用"礼"来成就合符信义的事。考：成全。

[44] 著有过："以著其有过"之省。用"礼"来揭露过失。著：彰明，这里是使动用法，有揭露的意思。

[45] 刑仁讲让：把合于仁的行为定为法则，提倡谦让。刑，同"型"，规则，法则。讲：提倡。让：不争，礼让。

[46] 示民有常："以示民有常"之省。用"礼"指示给人民要有常规。

[47] 由：用；此：指礼。

[48] 在势者去：在位的人将被罢黜。势：势力，权力，这里指职位。去：退。

[49] 众以为殃：老百姓以此（指统治不用礼）为祸害。

[50] 小康：小安。康。安康。小康对大同而言，含有不及"大同"的意思。

【赏析】

西汉前期，《礼记》一共有131篇，相传西汉经师戴德和其侄子戴圣各自辑录了《礼记》。戴德所辑录的称《大戴礼记》，原有85篇，仅存39篇。戴圣所辑录的称为《小戴礼记》，有49篇，《小戴礼记》即我们今天看到的《礼记》。东汉末年，郑玄为《小戴礼记》作了出色的注解，后来这个注释本便盛行不衰，并由解释经文的著作逐渐成为经典。

《礼运》篇中假托孔子与弟子言偃的对话，描绘了一幅大同世界的理想蓝图，表达了作者的政治理想。大同社会就是一个公有制的社会，在这样的社会中，有能力的人能各尽其用，社会有完善的选举管理体制；人与人之间讲求信义，关系和睦，有良好的人际关系；人人都有爱心；人与人之间没有私心，人性中保持着最完美善良的一面；有完善的社会保障体制，老、壮、幼各年龄阶段的人都能有所终、有所用、有所长，老弱病残人都能得到安顿。还有人人为公的社会道德；各尽其力的劳动态度。总之这是一个人人向往的理想社会。

与大同世界相比较，小康社会是私有制的社会，人人为公的社会道德没有了，各尽其力的劳动态度没有了。所有这些，都来自权力的私有，"大人世及以为礼"。在这样的社会里，礼仪成了社会的纲纪，用以规范一切行为道德。

文章结构严谨，文笔凝练。开头一段假托孔子与言偃的对话，勾勒出了孔子的形象。第二、三段用"小康"与"大同"作对比，同时又大量地运用排比句式，气势强劲，具有慑服人心的力量。

【思考练习】

1. "大同"表达了作者什么样的政治理想？
2. 分析文中最主要的修辞手法。

垓下之围[1]

司马迁

【作者介绍】

司马迁（约前145—？），字子长，夏阳（今陕西韩城南）人。西汉史学家、文学家。他的先代，世为周朝史官。其父亲司马谈，精熟天文、史学，通晓诸子学术，曾为汉武帝时期太史令。司马迁少而好学，曾向今文家董仲舒和古文家孔安国学习经学，二十以后，游踪几乎遍及全国。汉武帝元封三年（公元前108年），继任太史令。太初元年（公元前104年）开始着手编写《史记》。天汉二年（公元前99年），他为了替投降匈奴的李陵辩解，触怒武帝，被下狱治罪处以宫刑。出狱后任中书令。为了完成《史记》的写作，他忍辱含垢，发愤著书，在征和初年（公元前92年）左右基本完成，成书后不久即去世。

项王军壁垓下[2]，兵少食尽，汉军及诸侯兵围之数重。夜闻汉军四面皆楚歌[3]，项王乃大惊曰："汉皆已得楚乎？是何楚人之多也！"项王则夜起，饮帐中。有美人名虞，常幸从[4]；骏马名骓[5]，常骑之。于是项王乃悲歌忼慨[6]，自为诗曰："力拔山兮气盖世，时不利兮骓不逝，骓不逝兮可奈何，虞兮虞兮奈若何[7]！"歌数阕[8]，美人和之。项王泣数行下，左右皆泣，莫[9]能仰视。

于是项王乃上马骑[10]，麾下壮士骑从者八百余人，直夜溃围[11]南出，驰走。平明[12]，汉军乃觉之，令骑将灌婴以五千骑追之。项王渡淮，骑能属者[13]，百余人耳。项王至阴陵[14]，迷失道，问一田父，田父绐[15]曰："左。"左，乃陷大泽中，以故汉追及之。项王乃复引兵而东，至东城[16]，乃有二十八骑。汉骑追者数千人。项王自度不得脱[17]，谓其骑曰："吾起兵至今，八岁矣，身[18]七十余战，所当者[19]破，所击者服，未尝败北[20]，遂霸有天下。然今卒[21]困于此，此天之亡我，非战之罪也。今日固[22]决死，愿为诸君快战[23]，必三胜之，为诸君溃围、斩将、刈[24]旗，令诸君知天亡我，非战之罪也。"乃分其骑以为四队，四向[25]。汉军围之数重。项王谓其骑曰："吾为公取彼一将。"令四面骑驰下，期山东为三处[26]。于是项王大呼，驰下，汉军皆披靡[27]，遂斩汉一将。是时，赤泉侯[28]为骑将，追项王，项王瞋目而叱[29]之，赤泉侯人马俱惊，辟易[30]数里。与其骑会为三处，汉军不知项王所在，乃分军为三，复[31]围之。项王乃驰，复斩汉一都尉，杀数十百人。复聚其骑，亡其两骑耳。乃谓其骑曰："何如？"骑皆伏[32]曰："如大王言！"

于是项王乃欲东渡乌江[33]。乌江亭长檥[34]船待，谓项王曰："江东虽小，地方千里，众数十万人，亦足王也。愿大王急渡！今独臣有船，汉军至，无以渡。"项王笑曰："天之亡我，我何渡为！且籍与江东子弟八千人渡江而西，今无一人还，纵江东父兄怜而王我[35]，我何面目见之？纵彼不言，籍独不愧于心乎？"乃谓亭长曰："吾知公长者[36]。吾骑此马五岁，所当无敌，尝一日行千里，不忍杀之，以赐公。"乃令骑皆下马步行，持短兵接战。独籍所杀汉军数百人。项王身亦被十余创[37]，顾[38]见汉骑司马吕马童，曰："若非吾故人[39]乎？"马童面之[40]，指王翳曰[41]："此项王也。"项王乃曰："吾闻汉购我头千金，邑万户，吾为若德[42]。"乃自刎而死。王翳取其头，余骑相蹂践争项王，相杀者数十人。最其后，郎中骑杨喜、骑司马吕马童、郎中吕胜、杨武各得其一体。五人共会其体，皆是。故分其地为五：封吕马童为中水侯，封王翳为杜衍侯，封杨喜为赤泉侯，封杨武为吴防侯，封吕胜为涅阳侯。

……[43]

太史公[44]曰：吾闻之周生[45]曰，"舜目盖重瞳子[46]"，又闻项羽亦重瞳子，羽岂其苗裔[47]邪？何兴之暴[48]也！夫秦失其政，陈涉首难，豪杰蜂起，相与并争，不可胜数。然羽非有尺寸[49]，乘势起陇亩[50]之中，三年，遂将五诸侯[51]灭秦，分裂[52]天下，而封王侯，政[53]由羽出，号为"霸王"，位虽不终[54]，近古以来未尝有也。及羽背关怀楚[55]，放逐义帝[56]而自立，怨王侯叛己，难矣[57]。自矜功伐[58]，奋其私智而不师古[59]，谓霸王之业，欲以力征经营天下，五年卒亡其国，身死东城，尚不觉悟，而不自责，过矣[60]。乃引[61]"天亡我，非用兵之罪也"，岂不谬[62]哉！

【注释】

[1] 本文节选自《史记·项羽本纪》。垓下：地名，故址在今安徽亳县东南的城父村。

[2] 壁：营垒，此处用作动词，即筑营驻扎；垓下：地名，故址在今安徽亳县东南的城父村。亦说在安徽省灵璧县东南沱河北岸的韦集。

[3] 四面楚皆歌：四面八方响起了用楚方言所唱的歌曲。喻指楚方多已降汉。

[4] 幸从：得到宠爱，跟随在项羽身边。

[5] 骓（zhuī）：毛色黑白相间的马。古时常以毛色为马命名。

[6] 忼慨：同"慷慨"。

[7] 奈若何：将你怎么办。若：你。

[8] 阕：乐歌终了一次为一阕。

[9] 莫：没有人。

[10] 骑（jì）：名词，一人骑一马称为一骑。

[11] 直夜：当夜；溃围：突破重围。

[12] 平明：天亮时。

[13] 骑能属者：能跟从而来的骑兵。属：随从。

[14] 阴陵：秦时地名，故址在今安徽定远县西北。

[15] 绐（dài）：欺骗。

[16] 东城：秦时地名，故址在今安徽定远县东南。

[17] 度（duó）：揣测，估计。脱：脱身。

[18] 身：亲身参加。

[19] 所当者：所遇到的敌人。

[20] 尝：曾。败北：战败，败走。

[21] 卒：最终。

[22] 固：必，一定。

[23] 快战：痛痛快快地打一仗。

[24] 刈（yì）：割，砍。

[25] 四向：面朝四个方向。
[26] 期山东为三处：约定在山的东面分三处集合。期：约定。山东：山的东面。为三处：意谓分三处集合。
[27] 披靡：溃败散乱的样子。
[28] 赤泉侯：汉将杨喜，后封赤泉侯。赤泉：地名，在今河南淅川西。
[29] 瞋（chēn）目：瞪大眼睛；叱（chì）：大声呵斥。
[30] 辟易：倒退。
[31] 复：又，再。
[32] 伏：同"服"。
[33] 乌江：地名，即今安徽和县东北之乌江浦。
[34] 亭长：乡官。秦、汉时的制度，秦汉时十里为一亭，设亭长。舣（yǐ）：将船靠岸。
[35] 王我：让我为王。
[36] 长者：性情谨厚之人。
[37] 创：创伤。
[38] 顾：回头。
[39] 若：你。故人：旧相识。
[40] 面之：面对着项王。
[41] 指王翳曰：指着项羽对王翳说。
[42] 吾为若德：我就给你个好处吧。
[43] 此处略过项羽死后葬于鲁国、汉王赐诸项刘姓而分封之事。
[44] 太史公：即太史令，司马迁自称。《史记》每篇传记文后均设"史太公曰"一段文字，以抒发他对传主一生行事、遭遇的总结性意见。
[45] 周生：汉时儒生，姓周，名不详。
[46] 重瞳子：旧时传说指一只眼睛有两个眸子。
[47] 苗裔：后代。
[48] 暴：突然，骤然。
[49] 尺寸：很小的地方，极言项羽可以依靠的外在条件之少。
[50] 陇亩：田间，指民间。指项羽自民间下层起事。
[51] 将：率领。五诸侯：齐、赵、韩、魏、燕五国。此处泛指楚以外的各路义军。
[52] 分裂：分疆裂土，分封诸侯。
[53] 政：政令。
[54] 不终：没有持续下去，指没有取得较好的结果。
[55] 背关怀楚：放弃关中，怀归楚地。指项羽放弃扼守关中要地，回家乡彭城建都。
[56] 放逐义帝：项羽之叔项梁起义立楚怀王的孙子熊心为怀王，灭秦后项羽尊他为义帝。后项羽自为西楚霸王，徙义帝往长沙郴县，并派人于途中杀之。
[57] 难矣：意思是项羽在这样不利的局面下还希望诸侯助己成就大业，那太难了。
[58] 自矜功伐：自矜：自夸，自负。功伐：武力征伐之能。
[59] 奋：发扬。私智：一己之能。师古：以古先王为师，即效法先王。

[60] 过矣：简直是大错特错。
[61] 引：援引，以……为理由。
[62] 谬：荒谬。

【赏析】

　　《史记》被鲁迅誉为是"史家之绝唱，无韵之《离骚》"，这两句话概括了《史记》在史学和文学方面取得的伟大成就。在史学方面，《史记》秉承"穷天人之际，通古今之变，成一家之言"的宗旨，以人物活动为中心再现历史，全面记述了上自传说中的黄帝，下至汉武帝近三千年的历史。内容包括本纪、表、书、世家和列传共五部分，一百三十篇，五十二万余字，是我国第一部纪传体通史，开创了中国纪传体史学的体例，对后世史学影响深远。

　　同时，《史记》还开创了我国传记文学的先河。在《史记》中，司马迁本着"不虚美、不隐恶"的精神，秉笔直书，饱含情感，刻画了众多既有鲜明个性又具典型意义的栩栩如生的历史人物形象。叙事传神畅达，情节曲折；语言明白晓畅，文字生动精当；文章气势磅礴，充满激情，堪称古典散文的典范，具有很高的文学价值。

　　《垓下之围》是《史记·项羽本纪》中最为精彩的篇章之一。在这篇文章中，司马迁以悲愤热烈的激情，饱蘸着赞美和哀婉的浓墨，描画了一个性格多重、形象丰富的艺术形象，谱写了一曲悲壮的英雄赞歌：项羽虽最终失败，但仍不失英雄本色。

　　本文描述了项羽垓下被围后的三个场景：一是霸王别姬，二是东城突围，三是乌江自刎，最后再加上"太史公曰"的一段评述。"霸王别姬"先以四面楚歌，渲染危急情势，制造悲凉气氛；后写诀别虞姬，表现英雄末路的心境。"东城突围"包括三个层次：一是阴陵失道，陷于大泽；二是兵败被围，恃勇自负；三是东城快战，连斩敌将。"乌江自刎"也分三步写：一是不肯渡江；二是赠马亭长；三是自杀赠头。篇末司马迁对项羽一生功过成败作了评价。

　　整篇文章构思巧妙，层次井然，善于将一系列复杂的事件安排得有条不紊，丝毫没有杂乱之感。作者在激烈的军事冲突中，使情节发展疾徐得当，节奏疏密有致。对垓下突围中的诸场面，描摹得十分精彩。各场景之间连接紧密，过渡自然，结构浑然一体，气势磅礴。

　　另外，本篇在刻画人物性格方面也是相当成功的。《垓下之围》中的项羽是个悲剧英雄，但作者并没有着力渲染他的悲剧性，而是更多地注重多角度、多层面来丰富他的英雄色彩，让其外在形象和内心世界都展现得十分鲜明，从而使人物形象浑厚而富于立体感。篇末"太史公"的评论，还是相当扼要而中肯的。首先充分肯定了他在灭秦过程中的历史功劳和伟大业绩，同时也态度鲜明地批评了他缺乏政治远见、专恃武力以经营天下的致命错误，对他的失败寄予了深深的惋惜与同情。

【思考练习】

1. 司马迁是从哪些方面来刻画项羽这个悲剧形象的？
2. 你怎样看待项羽这一历史人物？
3. 对项羽拒渡乌江，唐宋诗人多有题咏，如：
"胜败兵家事不期，包羞忍耻是男儿。江东子弟多才俊，卷土重来未可知。"（杜牧《题

乌江亭》)

"百战疲劳壮士哀,中原一败势难回。江东子弟今虽在,肯与君王卷土来?"(王安石《叠题乌江亭》)

"争帝图王势已倾,八千兵败楚歌声。乌江不是无船渡,耻向东吴再起兵。(胡曾《乌江》)

"生当作人杰,死亦为鬼雄。至今思项羽,不肯过江东。"(李清照《夏日绝句》)

请谈谈你自己的看法。

答李翊书[1]

韩 愈

【作者介绍】

韩愈（768—824），字退之，河南河阳（今河南孟州西）人。唐代文学家，因祖籍昌黎，世称韩昌黎。谥号"文"，又称韩文公。三岁而孤，由嫂抚养；自幼苦读，通六经、百家之学。贞元八年（792）进士。几度为节度使幕僚。贞元十九年任监察御史时，因上书请免租赋被贬为阳山（今广东阳山）令。宪宗初年召为国子博士，转史馆修撰等。元和十二年（817年）因军功升刑部侍郎，后因谏迎佛骨被贬为潮州（今属广东）刺史。穆宗时召为国子祭酒，累官至吏部侍郎、京兆尹。

韩愈在政治上主张中央集权，反对藩镇割据，思想上尊儒排佛；文学上倡导古文，提倡散文，反对六朝以来的骈偶文风，为古文革新运动的领袖，开辟了唐代以来古文新的发展道路。韩愈的诗作、文章俱佳，其诗力求新奇，重气势，有独创之功；其散文气势雄健，说理缜密，成就尤其卓越，为"唐宋八大家"之首。苏轼称之为"文起八代之衰"，对我国文学发展产生了极其深远的影响。著有《韩昌黎文集》。

六月二十六日，愈白。李生足下：生之书辞甚高，而其问何下而恭也。能如是，谁不欲告生以其道[2]？道德之归也有日矣，况其外之文[3]乎？抑愈所谓望孔子之门墙而不入其宫者[4]，焉足以知是且[5]非邪？虽然，不可不为生言之。

生所谓"立言"者，是也[6]；生所为者与所期[7]者，甚似而几[8]矣。抑不知生之志，蕲胜于人而取于人邪[9]？将蕲至于古之立言者邪？蕲胜于人而取于人，则固胜于人而可取于人矣；将蕲至于古之立言者，则无望其速成，无诱于势利，养其根而俟其实，加其膏而希其光[10]。根之茂者其实遂[11]，膏之沃者其光晔[12]，仁义之人，其言蔼如也[13]。

抑又有难者。愈之所为，不自知其至犹未也。虽然，学之二十余年矣。始者，非三代两汉之书不敢观，非圣人之志不敢存。处若忘[14]，行若遗[15]，俨乎[16]其若思，茫乎其若迷[17]。当其取于心而注于手也[18]，惟陈言[19]之务去，戛戛[20]乎其难哉！其观于人，不知其非笑之为非笑也[21]。如是者亦有年，犹不改[22]，然后识古书之正伪[23]，与虽正而不至[24]焉者，昭昭然白黑分矣，而务去之[25]，乃徐有得也。当其取于心而注于手也，汩汩然[26]来矣。其观于人也，笑之则以为喜，誉之则以为忧，以其犹有人之说者存也[27]。如是者亦有年，然后浩乎其沛然[28]矣。吾又惧其杂也，迎而距之，平心而察之[29]，其皆醇也，然后肆[30]焉。虽然，不可以不养也，行之乎仁义之途，游之乎《诗》《书》[31]之源。无迷其途，无绝其源，终吾身而已矣。

气[32]，水也；言，浮物也。水大而物之浮者大小毕[33]浮。气之与言犹是也，气盛，则言之长短与声之高下者皆宜[34]。虽如是，其敢自谓几于成乎？虽几于成，其用于人也奚取焉[35]？虽然，待用于人者，其肖于器邪？用与舍属诸人[36]。君子则不然。处心有道[37]，行己有方，用则施诸人，舍则传诸其徒，垂诸文而为后世法。如是者，其亦足乐乎，其无足乐也？

有志乎古者希矣，志乎古必遗[38]乎今，吾诚乐而悲之。亟称其人[39]，所以劝之，非敢褒其可褒而贬其可贬也。问于愈者多矣，念生之言不志乎利，聊相为言之。愈白。

【注释】

[1] 本文选自《韩昌黎文集校注》，作于唐德宗贞元十七年（801）。李翊，贞元十八年（802）进士。在这封信里，韩愈应李翊的求教，介绍了自己学习古文的经验，强调学习古文必须从道德修养入手，提出了做文章应气盛言宜的主张。

[2] 道：指仁义之道。

[3] 文：文章。

[4] 抑愈所谓望孔子之门墙而不入其宫者：抑：转折连词，相当于现代汉语的"不过""可是"。《论语·子张》："夫子之墙数仞，不得其门而入，不见宗庙之美，百官之富"。这里用此典，是自谦之辞，说自己没有学问。

[5] 且：还是，或。

[6] 生所谓"立言"者，是也：你所谓"立言"这句话，是对的。

[7] 期：期望。

[8] 几：近，接近。

[9] 蕲胜于人而取于人邪：蕲（qí）：同祈，求。胜于人：胜过人。取于人：指被人取而用之，即被人学习。

[10] 养其根而俟其实，加其膏而希其光：俟（sì）：等待。根、膏：都指"道"。实、光：都指"文"。

[11] 遂：成。这里指顺利地成熟。

[12] 膏之沃者其光晔：沃：肥美，这里指油脂多而好。晔（yè）：明亮。

[13] 仁义之人，其言蔼如也：仁义之人有了仁义作根，说出话来必然气势充沛。蔼如：茂盛的样子。

[14] 处若忘：待着的时候好像忘掉了什么。

[15] 行若遗：走着的时候好像丢掉了什么。

[16] 俨乎：过于庄重的样子。

[17] 茫乎其若迷：茫乎，等于说"茫茫然"。迷：迷惑，昏迷。从"处若忘"到"茫乎其若迷"都是形容学习时苦思冥想、用心专一的样子。

[18] "当其"句：当自己把心里想的写出来的时候。

[19] 陈言：陈腐的言论。

[20] 戛戛（jiá jiá）：很吃力的样子。

[21] 不知其非笑之为非笑也：非，非难。笑，讥笑。这句话是说，不怕别人讥笑自己的文章不合时俗。

[22] 不改：指不改上述学习的路子和对非笑所抱的态度。

[23] 正伪：指古书中所载之道的是非真假。正伪的标准即上文所说的"圣人之志"，也就是儒家的思想。

[24] 不至：指没有达到顶点。

[25] 去之：指去掉"古书之伪，与虽正而不至焉者"。
[26] 汩汩（gǔgǔ）然：水流急速的样子，这里形容文思敏捷。
[27] "以其"句：大意是，因为其中还存有时人之说，即尚存"陈言"。说：指意见。
[28] 浩乎其沛然：浩乎、沛然，都是水势汹涌的样子，这里指文笔奔放。
[29] "吾又"三句：这里是说在写之前，先从正反两方面来研究它的意思，并且平心静气地加以考虑。距：同"拒"。
[30] 肆：指放手去写。
[31] 诗：《诗经》；书：《尚书》。《诗书》：这里泛指古代经典著作。
[32] 气：指思想修养。
[33] 毕：尽。
[34] "气之与言……高下者皆宜"句：就是说气盛了就能驾驭语言，做到运用自如。
[35] 其用于人也奚取焉：被人用时，人家能得到什么呢？也就是不见得有可以被人取用的东西。
[36] "虽然……用与舍属诸人"句：等待别人用的人，就像器物一样，用和不用，都由别人摆布。
[37] 处心有道：处，处理，安排。心，指思想。道，指方法。
[38] 遗：弃，指被今人所弃。
[39] 亟称其人：亟，屡次。其人，指志乎古的人。

【赏析】

《答李翊书》是韩愈在唐德宗贞元十七年写给李翊的复信，是一篇书信体论说文。文中围绕"无望其速成，无诱于势利"，通过对自己治学为文经历的阐述，提出了"气盛言宜""务去陈言"的文学主张，是韩愈宣传其"古文"理论的重要文章之一。

全文共有五个段落。首尾两段前后呼应，对李翊的来信作酬答，第二、三、四段展开议论，是本文的核心部分。第一段说明复信原因，认为李翊文辞水平很高，而且谦虚恭敬，谁都乐意告以其道，而自己只不过望见孔子的门墙，而未登堂入室。第五段是结尾，勉励李翊要坚持自己的志向，说明写出自己看法的意图，并照应开头。中间三段作为主体部分，虽各有侧重，但总体上是韩愈结合自己的实践提出并论述文章修养的一个完整体系：道德修养（养其本）——艰苦磨炼（由"徐有得""亦有年"到"然后肆焉"）——文道和谐统一（"气盛"至"言之短长与声之高下者皆宜"）。

文章在第二段提出中心论点："无望其速成，无诱于势利。"韩愈认为，无论是学习古文或写作文章，都必须从道德修养入手，使自己成为"仁义之人"，只有具备了好的道德修养，人才会"气盛"，而"气盛，则言之短长与声之高下者皆宜"，才能作出好的文章来。

第三段作者以自己学习古文的经过和体会阐明这一论点。首先文章紧扣"道"与"文"的关系谈学习古文的三个阶段。初始阶段要孜孜以求，虚心写作。"非三代两汉之书不敢视，非圣人之志不敢存"深思默想。用笔时，务去陈词滥调，求创新，别人的讥笑也毫不介意。这样要经历好多年，再进入第二阶段，"然后识古书之正伪"，分清黑白，这也是功夫逐渐加深的结果。在写作时，才可文思泉涌，汩汩不绝，并还能以闻喜则忧的态度来对待别人的批评。第三阶段是冷静省察，弃杂存醇，这是功夫成熟的标志。写作时方能挥洒自如，一泻千里，放笔写去。第四段他用"水"与"浮物"的关系作比方来形象的说明"气盛言宜"的道理，既透彻生动又通俗易懂；整篇文章既说为文、为人，又说立言、立行，交相错综，委婉而不乏直率，谦谨而极尽坦诚，自如洒脱而又十分严谨。文章由浅入深，反复强调了主旨，且语言含蓄、形象、晓畅，值得我们细细品味。

【思考练习】
1. 如何理解本文提出的作家品德、学问修养与文章写作的关系？
2. 课文中运用了哪些形象的比喻，说明了什么抽象的道理？

学问之趣味[1]

梁启超

【作者简介】

梁启超（1873—1929），字卓如，号任公，别号饮冰室主人，广东新会人。中国近代维新派代表人物，著名的思想家、教育家和文学家，被公认为是中国历史上一位百科全书式的人物。前期积极投身资产阶级改良运动，1895年组织参与"公车上书"，1898年参与"百日维新"。戊戌变法失败后，流亡日本，思想上渐趋保守。后期专心学术研究，在文学、史学、哲学、经学、法学、宗教学、书法艺术等诸多领域均有所建树。著作合编为《饮冰室合集》。

梁启超在文学上首倡近代各种文体的革新，提出文体改良的"诗界革命"和"小说界革命"，并在散文、诗歌、小说、戏曲的创作中积极实践，成就突出，尤以散文影响最大。他的散文在内容与形式上有重大突破，内容以宣传新思想新生活为主，形式上融合韵语骈语，使用浅近的文言，并吸收外来新词新语和外国语法，以增强语言表现力。他的散文激情洋溢，恣肆热烈，以崭新的题材、主题和风格开创了一代新文风。代表作有《少年中国说》等。

我是个主张趣味主义的人，倘若用化学划分"梁启超"这件东西，把里头所含一种元素名叫"趣味"的抽出来，只怕所剩下的仅有个0了。我以为凡人必须常常生活于趣味之中，生活才有价值；若哭丧着脸挨过几十年，那么，生活便成沙漠，要他何用？中国人见面最喜欢用的一句话："近来做何消遣？"这句话我听着便讨厌。话里的意思，好像生活得不耐烦了，几十年日子没有法子过，勉强找些事情来消他遣他。一个人若生活于这种状态之下，我劝他不如早日投海。我觉得天下万事万物都有趣味，我只嫌二十四点钟不能扩充到四十八点，不够我享用。我一年到头不肯歇息。问我忙什么，忙的是我的趣味，我以为这便是人生最合理的生活，我常常想动员别人也学我这样生活。

凡属趣味，我一概都承认他是好的。但怎么才算趣味？不能不下一个注脚。我说："凡一件事做下去不会生出和趣味相反的结果的，这件事便可以为趣味的主体。"赌钱有趣味吗？输了，怎么样？吃酒，有趣味吗？病了，怎么样？做官，有趣味吗？没有官做的时候，怎么样……诸如此类，虽然在短时间内像有趣味，结果会闹到俗语说的"没趣一齐来"，所以我们不能承认他是趣味。凡趣味的性质，总是以趣味始，以趣味终。所以能为趣味之主体者，莫如下面的几项：一、劳作；二、游戏；三、艺术；四、学问。诸君听我这段话，切勿误会：以为我用道德观念来选择趣味。我不问德不德，只问趣不趣。我并不是因为赌钱不道德才排斥赌钱，因为赌钱的本质会闹到没趣，闹到没趣便破坏了我的趣味主义，所以排斥赌钱。我并不是因为学问是道德才提倡学问，因为学问的本质，能够以趣味始，以趣味终，最合于我的趣味主义条件，所以提倡学问。

学问的趣味，是怎么一回事呢？这句话我不能回答。凡趣味总要自己领略，自己未曾领略得到时，旁人没有法子告诉你。佛典说的："如人饮水，冷暖自知。"你问我这水怎样的冷，我便把所有形容词说尽，也形容不出给你听，除非你亲自喝一口。我这题目：《学问之趣味》，并不是要说学问是如何如何的有趣味，只是要说如何如何便会尝得着学问的趣味。

诸君要尝学问的趣味吗？据我所经历过的，有下列几条路应走：

第一，无所为。趣味主义最重要的条件是"无所为而为"。凡有所为而为的事，都是以另一件事为目的而以这一件事为手段。为达目的起见，勉强用手段；目的达到时，手段便抛却。例如学生为毕业证书而做学问，著作家为版权而做学问，这种做法，便是以学问为手段，便是有所为。有所为虽然有时也可以为引起趣味的一种方法，但到趣味真发生时，必定要和"所为者"脱离关系。你问我"为什么做学问？"我便答道："不为什么。"再问，我便答道："为学问而学问。"或者答道："为我的趣味。"诸君切勿以为我这些话是故弄玄虚，人类合理的生活本来如此。小孩子为什么游戏？为游戏而游戏。人为什么生活？为生活而生活。为游戏而游戏，游戏便有趣；为体操分数而游戏，游戏便无趣。

第二，不息。"鸦片烟怎样会上瘾？""天天吃。""上瘾"这两个字，和"天天"这两个字是离不开的。凡人类的本能，只要哪部分搁久了不用，它便会麻木，会生锈。十年不跑路，两条腿一定会废了。每天跑一点钟，跑上几个月，一天不跑时，腿便发痒。人类为理性的动物，"学问欲"原是固有本能之一种，只怕你出了学校便和学问告辞，把所有经管学问的器官一齐打落冷宫，把学问的胃口弄坏了，便山珍海味摆在面前也不愿意动筷了。诸君啊！诸君倘若现在从事教育事业或将来想从事教育事业，自然没有问题，很多机会来培养你的学问胃口。若是做别的职业呢，我劝你每日除本业正当劳作之外，最少总要腾出一点钟，研究你所嗜好的学问。一点钟哪里不消耗了，千万不要错过，闹成"学问胃弱"的征候，白白自己剥夺了一种人类应享之特权啊！

第三，深入的研究。趣味总是慢慢地来，越引越多，像倒吃甘蔗，越往下才越得好处。假如你虽然每天定有一点钟做学问，但不过拿来消遣消遣，不带有研究精神，趣味便引不起来。或者今天研究这样，明天研究那样，趣味还是引不起来。趣味总是藏在深处，你想得着，便要进去。这个门穿一穿，那个门张一张，再不曾看见"宗庙之美，百官之富"[2]，如何能有趣味？我方才说："研究你所嗜好的学问。"嗜好两个字很要紧。一个人受过相当教育之后，无论如何，总有一两门学问和自己脾胃相合，而已经懂得大概，可以作加工研究之预备的。请你就选定一门作为终身正业（指从事学者生活的人说），或作为本业劳作以外的副业（指从事其他职业的人说）。不怕范围窄，越窄越便于聚精神；不怕问题难，越难越便于鼓勇气。你只要肯一层一层地往里面钻，我保你一定被他引到"欲罢不能"的地步。

第四，找朋友。趣味比方电，越磨擦越出。前两段所说，是靠我本身和学问本身相磨擦；但仍恐怕我本身有时会停摆，发电力便弱了。所以常常要仰赖别人帮助。一个人总要有几位共事的朋友，同时还要有几位共学的朋友。共事的朋友，用来扶持我的职业；共学的朋友和共玩的朋友同一性质，都是用来磨擦我的趣味。这类朋友，能够和我同嗜好一种学问的自然最好，我便和他搭伙研究。即或不然——他有他的嗜好，我有我的嗜好，只要彼此都有研究精神，我和他常常在一块或常常通信，便不知不觉把彼此趣味都磨擦出来了。得着一两位这种朋友，便算人生大幸福之一。我想只要你肯找，断不会找不出来。

我说的这四件事，虽然像是老生常谈，但恐怕大多数人都不曾会这样做。唉！世上人多么可怜啊！有这种不假外求不会蚀本不会出毛病的趣味世界，竟白没有几个人肯来享受！古书说的故事"野人献曝"[3]；我是尝冬天晒太阳的滋味尝得舒服透了，不忍一人独享，特地恭恭敬敬地来告诉诸君。诸君或者会欣然采纳吧？但我还有一句话：太阳虽好，总要诸君亲自去晒，旁人却替你晒不来。

【注释】

[1] 本文选自《梁启超文选》下册。

[2] 宗庙之美，百官之富：引自《论语·子张》："夫子之墙数仞，不得其门而入，不见宗庙之美，百官之富。"本指孔子的学问渊博，入门一窥奥妙者少。此处指从研究学问中发现的无穷乐趣。

[3] 野人献曝（pù）：也作"野人献日""田父献曝"，本意指农夫向君主贡献晒太阳取暖的方法。比喻贡献的不是珍贵的东西，后用作为向人提建议时的自谦语。

【赏析】

1920 年，梁启超结束在欧洲的游历回到祖国。此时的他逐渐疏远了政治，将重点转向文化教育和学术研究活动。从 1921 年开始，他在北京、天津、上海、南通等地的高校做了多场演讲。本文是他 1922 年 8 月 6 日在南京东南大学为暑期学校学员做的讲演，演讲稿曾发表在 8 月 12 日的《时事新报·学灯》上。此后商务印书馆将这次江南讲学的演讲稿加以整理，出版了三卷本的《梁任公学术讲演集》，本文也收入其中。

本文采用总—分—总的论述结构。作者在文章开篇就表明了自己"主张趣味主义"的观点，认为"凡人必须常常生活于趣味之中，生活才有价值"。接下来论述了"怎么才算趣味"，指出只有学问能够"以趣味始，以趣味终"，最符合他的趣味主义条件，所以提倡在学问中发掘趣味。如何发掘，作者用自己的亲身经历指出了四个途径。作者认为首先要"无所为"，即做学问不能带有任何功利的目的，"有所为而为"是感受不到趣味的；其次要"不息"，即做学问要持之以恒，不能有丝毫的懈怠；第三是要进行"深入的研究"，不能浅尝辄止，停留在问题的表面，或仅仅是一知半解，钻研得越深，越会感受到学问的无限趣味；第四要"找朋友"，这个朋友不是一般意义上的朋友，而是在做学问的道路中能够从专业上或精神上相互支持和促进的朋友。如果具备了这四点，也就寻求到了获得学问之趣味的方法。四个分论点的提出采用序号加论点的形式，使文章的条理更清晰，文意更简洁明确。文章最后指出，要感受学问之趣味，必须身体力行，亲自体会。

本文是一篇演讲词，作者联系亲身经历，运用比喻、设问、反问等修辞手法，以平易生动的语言、简短的句式，将抽象的概念作了深入浅出的论述。文章结构严谨，说理透彻，语言生动，娓娓而谈，让人受益匪浅。

【思考练习】

1. 如何理解文章提出的"无所为而为"与"为学问而学问"？它们是否矛盾？
2. 文中"学问胃弱"指什么？
3. 联系实际，谈谈你在学习的过程中体会过怎样的乐趣？

秋天的况味[1]

林语堂

【作者简介】

　　林语堂（1895—1976），福建龙溪（漳州）人，原名和乐，后改名语堂。中国当代著名语言学家、文学家、全球知名学者。1919—1923年留学美国、德国，获文学硕士及语言学博士学位。回国后曾先后担任北京大学教授、北京女子师范大学教务长和英文系主任、厦门大学文学院院长、中华民国外交部秘书等职。1945年任新加坡南洋大学校长，1966年定居台湾，1967年受聘为香港中文大学研究教授，1976年在香港逝世。

　　林语堂曾是《语丝》杂志主要撰稿人之一，还先后创办了《论语》《人间世》《宇宙风》等杂志，并用英文写作了《生活的艺术》《吾国与吾民》《京华烟云》《风声鹤唳》等文化著作和长篇小说，为东西方文化的交流做出了极大贡献。他编有《开明英文读本》《开明英文文法》等经典教材，晚年编写的《当代汉英词典》是其最重要的学术著作之一。林语堂还是个发明家，他发明的"明快中文打字机"获得了美国专利，是当时最为轻巧简便、最易操作的中文打字机。

　　林语堂著作丰富，文章特色鲜明，内容复杂，历来争议颇多。其中，他的小品文追求幽默的情味，具有突出的艺术个性，融会了东西方的智慧，从学养文化方面另辟一径，在当时和后来都有极大的影响力。

　　秋天的黄昏，一人独坐在沙发上抽烟，看烟头白灰之下露出红光，微微透露出暖气，心头的情绪便跟着那蓝烟缭绕而上，一样的轻松，一样的自由。不转眼缭烟变成缕缕的细丝，慢慢不见了，而那霎时，心上的情绪也跟着消沉于大千世界，所以也不讲那时的情绪，而只讲那时的情绪的况味。待要再划一根洋火，再点起那已点过三四次的雪茄，却因白灰已积得太多，点不着，乃轻轻的一弹，烟灰静悄悄地落在铜炉上，其静寂如同我此时用毛笔写在中纸上一样，一点的声息也没有。于是再点起来，一口一口的吞云吐露，香气扑鼻，宛如偎红倚翠温香在抱情调。于是想到烟，想到这烟一股温煦的热气，想到室中缭绕暗淡的烟霞，想到秋天的意味。这时才想起，向来诗文上秋的含义，并不是这样的，使人联想的是肃杀，是凄凉，是秋扇，是红叶，是荒林，是萎草。然而秋确有另一意味，没有春天的阳气勃勃，也没有夏天的炎烈迫人，也不像冬天之全入于枯槁凋零。我所爱的是秋林古气磅礴气象。有人以老气横秋骂人，可见是不懂得秋林古色之滋味。在四时中，我于秋是有偏爱的，所以不妨说说。秋是代表成熟，对于春天之明媚娇艳，夏日之茂密浓深，都是过来人，不足为奇了，所以其色淡，叶多黄，有古色苍茏之慨，不单以葱翠争荣了。这是我所谓秋的意味。大概我所爱的不是晚秋，是初秋，那时暄气[2]初消，月正圆，蟹正肥，桂花皎洁，也未陷入凛冽萧瑟气态，这是最值得赏乐的。那时的温和，如我烟上的红灰，只是一股熏熟的温香罢了。或如文人已排脱下笔惊人的格调，而渐趋纯熟练达，宏毅坚实，其文读来有深长意味。这就是庄子所谓"正得秋而万宝成"[3]结实的意义。在人生上最享乐的就是这一类的事。比如酒以醇以老为佳。烟也有和烈之辨。雪茄之佳者，远胜于香烟，因其味较和。倘是烧得得法，慢慢地吸完一支，看那红光炙发，有无穷的意味。鸦片吾不知，然看见人在烟灯上烧，听那微微哗剥的声音，也觉得有一种诗意。大概凡是古老，纯熟，熏黄，熟练的事物，都使我得到同样的愉快。如一只熏黑的陶锅在烘炉上用慢火炖猪肉时所发出的锅中徐吟的声调，是使我感到同观人烧大烟一样的兴趣。或如一本用过二十年而尚未破烂的字典，或是一张用了半世的书桌，或如看见街上一块熏黑了老气横秋的招牌，或是看见书法大家苍劲雄深的笔迹，都令人有相同的快乐，人生世上如岁月之有四时，必须要经过这纯熟时期，如女人发育健全遭遇安顺的，亦必有一时徐娘半老的风韵，为二八佳人所绝不可及者。使我最佩服的是邓肯的佳句："世人只会吟咏春天与恋爱，真无道理。须知秋天的景色，更华丽，更恢奇[4]，而秋天的快乐有万倍的雄壮，惊奇，都丽[5]。我真可怜那些妇女识见褊狭[6]，使她们错过爱之秋天的宏大的赠赐。"若邓肯[7]者，可谓识趣之人。

一九四一年一月

【注释】

[1] 本文写于1941年1月，后收入《我的话·行素集》。
[2] 暄气：暑热之气。
[3] 正得秋而万宝成：出自《庄子·杂篇·庚桑楚》"夫春气发而百草生，正得秋而万宝成。"春天阳气勃发百草生长，秋天庄稼成熟果实累累。人生的旅途中，秋寓意着成熟与收获。
[4] 恢奇：杰出，不平常。
[5] 都（dōu）丽：华丽，美丽。
[6] 褊（biǎn）狭（xiá）：指土地狭窄或气量狭小。
[7] 邓肯：伊莎朵拉·邓肯，美国著名舞蹈家，一位特立独行的新女性。她崇尚个性自由，以披头赤脚在舞台上进行表演的形式来排斥芭蕾的僵化与严苛。她创立了自成一格的舞蹈体系，被誉为"一代舞后"和"现代舞之母"，著作有《邓肯自传》和《论舞蹈艺术》。林语堂看完邓肯的自传后，最大的感触就是邓肯的坦诚，对美和爱的追求是那样的自然和执著，不加半分遮掩。

【赏析】

在林语堂的著作中，散文和随笔价值很高。他提倡"以自我为中心，以闲适为笔调"的创作宗旨，写作了大量风格幽默、闲适、独抒性灵的小品文，本文即是这类作品的代表。

全文只有一千多字，不分段落，文字随作者的思绪飘动而变化，随兴而起，随兴而止。烟是林语堂的最爱，他常通过品烟来感受人生的滋味。文章从"我"独坐沙发抽烟开始。一烟在手，独坐黄昏，在缥烟明灭、香气飘浮的宁静氛围中，林语堂的思绪也如白色缥缈的烟雾慢慢飘散开去。烟给了他温暖、和煦、温和、温香的感受，这样的感受正同于秋给他的感受，文章自然地由烟而及秋。这段关于抽烟的内容花了近三百字，但丝毫不感累赘多余，却正体现了林语堂小品文随兴所至的特点。接下来他谈到了他所爱的秋。他爱的秋不是古诗文里的肃杀、凄凉，而是值得赏乐的圆月、肥蟹和桂花，这样的秋正如"烟上的红灰"，有

"一股熏熟的温香"，这样的秋如"纯熟练达，宏毅坚实""深长意味"的文章。这样的秋被林语堂比作雪茄、鸦片、用过二十年而尚未破烂的字典、用过半世的书桌、一块老气横秋的招牌，甚至"一只熏黑的陶锅在烘炉上用慢火炖猪肉时所发出的徐吟的声调"，这样的秋"确有另一意味"。作者运用独特的比喻来象征、描摹、渲染秋天的意味，选用看似随意的几件事物，完美地勾勒、烘托出秋的氛围，文章也更显自然洒脱。文章最后用邓肯赞美秋天的佳句作结，体现了作者随兴而止的创作手法，也给读者留下了咀嚼品味的空间。

本文修辞手法多样，比喻的运用增添了文章的趣味性，对偶、排比等手法的运用使本文在音韵上更具美感。本文句式变换十分丰富，文白语句的交错、长句短句的交错、整句散句的交错，使文章自然活泼、疏密有致。

本文写得随性但不散漫，可以明显地感受到作者既是在赞美秋，更是浓缩了"正得秋而万宝成"的人生体验。文章用自然、亲切的笔调娓娓闲谈，展现出作者从容、洒脱、睿智、豁达的人生观。

【思考和练习】

1. 文章为何用了大量笔墨来写烟？
2. 在林语堂的笔下，秋天的成熟表现在哪些方面？由秋的意味，作者展开了哪些丰富的联想？
3. 你对秋有怎样的体悟？

给亡妇

朱自清

【作者简介】

朱自清（1898—1948），原名自华，号秋实，后改名自清，字佩弦，现代著名散文家、诗人、学者。朱自清原籍浙江绍兴，因在扬州度过青少年时期，遂自称"扬州人"。幼年在私塾读书，深受中国传统文化的影响。1920年毕业于北京大学哲学系，其后在多所中学及清华大学从事教学工作。1931年8月，留学英国，进修语言学和英国文学，后又漫游欧洲五国，1932年7月回国，任清华大学中国文学系主任。1938年3月任西南联合大学中国文学系主任，并当选为中华全国文艺界抗敌协会理事。1948年6月，患严重胃病的朱自清在《抗议美国扶日政策并拒绝领取美援面粉宣言》上签字，8月12日，身体极度虚弱的朱自清因胃穿孔在北大医院去世。

朱自清是"五四"新文化运动的拓荒者和创业者之一，对中国现代文学的发展做出了杰出贡献。他最初以诗出名，曾发表抒情长诗《毁灭》和一些短诗，表现抨击黑暗、追求光明、反帝反封建的革命精神。从20世纪20年代中期起，致力于文学研究和散文创作。作为学者的朱自清在诗歌理论、古典文学、新文学史和语文教育诸方面研究上都有实绩。论著有《新诗杂话》《诗言志辨》《经典常谈》和《中国新文学研究纲要》等。他的散文创作具有极高的艺术价值，被誉为"现代散文大师"。他的散文，有写景文、旅行记、抒情文和杂文随笔诸类。其文结构精巧、布局缜密，善于用朴实清新、优美典雅的语言创造出情景交融、以形传神的艺术境界。散文代表作有《背影》《桨声灯影里的秦淮河》《荷塘月色》《春》《匆匆》等。

谦，日子真快，一眨眼你已经死了三个年头了。这三年里世事不知变化了多少回，但你未必注意这些个，我知道。你第一惦记的是你几个孩子，第二便轮着我。孩子和我平分你的世界，你在日如此；你死后若还有知，想来还如此的。告诉你，我夏天回家来着：迈儿长得结实极了，比我高一个头。闰儿父亲说是最乖，可是没有先前胖了。采芷和转子都好。五儿全家夸她长得好看；却在腿上生了湿疮，整天坐在竹床上不能下来，看了怪可怜的。六儿，我怎么说好，你明白，你临终时也和母亲谈过，这孩子是只可以养着玩儿的，他左挨右挨，去年春天，到底没有挨过去。这孩子生了几个月，你的肺病就重起来了。我劝你少亲近他，只监督着老妈子照管就行。你总是忍不住，一会儿提，一会儿抱的。可是你病中为他操的那一份儿心也够瞧的。那一个夏天他病的时候多，你成天儿忙着，汤呀，药呀，冷呀，暖呀，连觉也没有好好儿睡过。那里有一分一毫想着你自己。瞧着他硬朗点儿你就乐，干枯的笑容在黄蜡般的脸上，我只有暗中叹气而已。

从来想不到做母亲的要像你这样。从迈儿起，你总是自己喂乳，一连四个都这样。你起初不知道按钟点儿喂，后来知道了，却又弄不惯；孩子们每夜里几次将你哭醒了，特别是闷热的夏季。我瞧你的觉老没睡足。白天里还得做菜，照料孩子，很少得空儿。你的身子本来坏，四个孩子就累你七八年。到了第五个，你自己实在不成了，又没乳，只好自己喂奶粉，另雇老妈子专管她。但孩子跟老妈子睡，你就没有放过心；夜里一听见哭，就竖起耳朵听，工夫一大就得过去看。十六年初，和你到北京来，将迈儿、转子留在家里；三年多还不能去接他们，可真把你惦记苦了。你并不常提，我却明白。你后来说你的病就是惦记出来的；那个自然也有份儿，不过大半还是养育孩子累的。你的短短的十二年结婚生活，有十一年耗费在孩子们身上；而你一点不厌倦，有多少力量用多少，一直到自己毁灭为止。你对孩子一般儿爱，不问男的女的，大的小的。也不想到什么"养儿防老，积谷防饥"，只拼命的爱去。你对于教育老实说有些外行，孩子们只要吃得好玩得好就成了。这也难怪你，你自己便是这样长大的。况且孩子们原都还小，吃和玩本来也要紧的。你病重的时候最放不下的还是孩子。病的只剩皮包着骨头了，总不信自己不会好；老说："我死了，这一大群孩子可苦了。"后来说送你回家，你想着可以看见迈儿和转子，也愿意；你万想不到会一走不返的。我送车的时候，你忍不住哭了，说："还不知能不能再见？"可怜，你的心我知道，你满想着好好儿带着六个孩子回来见我的。谦，你那时一定这样想，一定的。

除了孩子，你心里只有我。不错，那时你父亲还在；可是你母亲死了，他另有个女人，你老早就觉得隔了一层似的。出嫁后第一年你虽还一心一意依恋着他老人家，到第二年上，我和孩子可就将你的心占住，你再没有多少工夫惦记他了。你还记得第一年我在北京，你在家里。家里来信说你待不住，常回娘家去。我动气了，马上写信责备你。你教人写了一封覆信，说家里有事，不能不回去。这是你第一次，也可以说第末次的抗议，我从此就没给你写信。暑假时带了一肚子主意回去，但见了面，看你一脸笑，也就拉倒了。打这时候起，你渐渐从你父亲的怀里跑到我这儿。你换了金镯子帮助我的学费，叫我以后还你；但直到你死，我没有还你。你在我家受了许多气，又因为我家的缘故受你家里的气，你都忍着。这全为的是我，我知道。那回我从家乡一个中学半途辞职出走。家里人讽你也走。哪里走！只得硬着头皮往你家去。那时你家像个冰窖子，你们在窖里足足住了三个月。好容易我才将你们领出来了，一同上外省去。小家庭这样组织起来了。你虽不是什么阔小姐，可也是自小娇生惯养的，做起主妇来，什么都得干一两手；你居然做下去了，而且高高兴兴地做下去了。菜照例满是你做，可是吃的都是我们；你至多夹上两三筷子就算了。你的菜做得不坏，有一位老在行大大地夸奖过你。你洗衣服也不错，夏天我的绸大褂大概总是你亲自动手。你在家老不乐意闲着；坐前几个"月子"，老是四五点就起床，说是躺着家里事没条没理的。其实你起来也还不是没条理；咱们家那么多孩子，哪儿来条理？在浙江住的时候，逃过两回兵难，我都在北平。真亏你领着母亲和一群孩子东藏西躲的；末一回还要走多少里路，翻一道大岭。这两回差不多只靠你一个人。你不但带了母亲和孩子们，还带了我一箱箱的书；你知道我是最爱书的。在短短的十二年里，你操的心比人家一辈子还多；谦，你那样身子怎么经得住！你将我的责任一股脑儿担负了去，压死了你；我如何对得起你！

你为我的捞什子书也费了不少神；第一回让你父亲的男佣人从家乡捎到上海去。他说了几句闲话，你气得在你父亲面前哭了。第二回是带着逃难，别人都说你傻子。你有你的想头："没有书怎么教书？况且他又爱这个玩意儿。"其实你没有晓得，那些书丢了也并不可惜；不过教你怎么晓得，我平常从来没和你谈过这些个！总而言之，你的心是可感谢的。这十二年里你为我吃的苦真不少，可是没有过几天好日子。我们在一起住，算来也还不到五个年头。无论日子怎么坏，无论是离是合，你从来没对我发过脾气，连一句怨言也没有。——

别说怨我，就是怨命也没有过。老实说，我的脾气可不大好，迁怒的事儿有的是。那些时候你往往抽噎着流眼泪，从不回嘴，也不号啕。不过我也只信得过你一个人，有些话我只和你一个人说，因为世界上只你一个人真关心我，真同情我。你不但为我吃苦，更为我分苦；我之有我现在的精神，大半是你给我培养着的。这些年来我很少生病。但我最不耐烦生病，生了病就呻吟不绝，闹那伺候病的人。你是领教过一回的，那回只一两点钟，可是也够麻烦了。你常生病，却总不开口，挣扎着起来；一来怕搅我，二来怕没人做你那份儿事。我有一个坏脾气，怕听人生病，也是真的。后来你天天发烧，自己还以为南方带来的疟疾，一直瞒着我。明明躺着，听见我的脚步，一骨碌就坐起来。我渐渐有些奇怪，让大夫一瞧，这可糟了，你的一个肺已烂了一个大窟窿了！大夫劝你到西山去静养，你丢不下孩子，又舍不得钱；劝你在家里躺着，你也丢不下那份儿家务。越看越不行了，这才送你回去。明知凶多吉少，想不到只一个月工夫你就完了！本来盼望还见得着你，这一来可拉倒了。你也何尝想到这个？父亲告诉我，你回家独住着一所小住宅，还嫌没有客厅，怕我回去不便哪。

　　前年夏天回家，上你坟上去了。你睡在祖父母的下首，想来还不孤单的。只是当年祖父母的坟太小了，你正睡在圹[1]底下。这叫做"抗圹"，在生人看来是不安心的；等着想办法哪。那时圹上圹下密密地长着青草，朝露浸湿了我的布鞋。你刚埋了半年多，只有圹下多出一块土，别的全然看不出新坟的样子。我和隐[2]今夏回去，本想到你的坟上来；因为她病了没来成。我们想告诉你，五个孩子都好，我们一定尽心教养他们，让他们对得起死了的母亲——你！谦，好好儿放心安睡吧，你。

1932年10月11日作

【注释】

　　[1] 圹（kuàng）：墓穴，亦指坟墓。抗圹，指靠近旧圹下首的墓穴。
　　[2] 隐：指朱自清的第二任妻子陈竹隐。

【赏析】

　　本文被誉为"天地间第一等至情文学"。朱自清在1916年遵父母之命与名医之女武钟谦结婚。武钟谦是位传统的中国女性，性格贤淑温柔，在与朱自清生活的12年中，整日为丈夫和儿女们操劳，抚育儿女，照顾丈夫，终于积劳成疾，于1929年因肺病不治而亡，年仅31岁。朱自清在发妻病逝三年之际，追怀亡妻生前种种，情难自禁，写下《给亡妇》一文，表达自己对亡妻的无限思念。

　　文章以对亡妻的亲切呼唤起首，一声"谦"表现出作者对爱妻永别的痛苦与思念之情。接下来，作者以与亡妻拉家常的笔调开始回忆，以丈夫替亡妻述说的方式开始全文。知妻者莫若夫，亡妻对儿女、对丈夫的爱，不会因世事的变化、生命的终止而变更，一句"孩子和我平分你的世界"统领全文，成为本文构思的文眼。接下来作者分别从亡妻为母为妻两方面，通过回忆一系列感人的生活细节，哭诉、追忆了她婚后12年里对儿女的千般照顾和对自己的万种恩情，抒发了自己对亡妻的无限感激和刻骨铭心的深切思念。作为母亲，"从来想不到做母亲的要像你这样""一点不厌倦，有多少力量用多少，一直到自己毁灭为止""只拼命的爱去"。作为妻子，"除了孩子，你心里只有我""将我的责任一股脑儿担负了去","为了"我","你在我家受了许多气""你都忍着";"你为我的捞什子书也费了不少神",佣人"说了几句闲话,你气得在你父亲面前哭了";为了"我","你常生病,却总不开口",怕搅着"我"。字字有情,句句含意,这是丈夫发自肺腑的感激、自咎、追悔与哀悼!文章最后以上坟为话题,告慰亡妻"尽心教养五个孩子""让他们对得起死了的母亲——你";文末一句"谦,好好儿放心安睡吧,你。"一句,与文章起首第一句和第二、三段的末句遥相呼应,以丈夫低回婉转的呼唤形成一种回环复唱的抒情韵调,给人以缠绵悱恻、余音不尽的艺术感受,令人荡气回肠,催人泪下。

作为悼亡的文章,本文的独特性在于全文没有展示"我"对亡妻的怀念,而是将亡妻作为抒情主体,表现亡妻对"我"和孩子们的不舍与爱。这种错位的写法,使得本文在情感上超越了生与死、天与地的界限,在艺术上富有与众不同的无穷韵味。透过文字,我们能体会到作者将自己对亡妻的爱隐藏在了亡妻对"我"的不舍与惦念之中,深切地感受到作者对亡妻深深的思念和哀悼。

本文感情真挚质朴,作者在表达哀思之时,摒弃了雕琢与藻饰,用最朴素的语言来表达至诚的情感。第二人称的叙述方式与加工锤炼的口语体语言,表现了"五四"以后白话散文发展的新方向。

【思考练习】

1. 本文在叙事结构上有何特点?
2. 分析本文在细节上的魅力。
3. 归纳本文的语言特点。
4. 讨论:本文写于1932年10月,而在1932年7月,作者刚刚与第二任妻子举行了婚礼,作者为何会在新婚三月之时写这样一篇表达对前妻深深怀念的文章呢?据说作者第二任妻子陈竹隐是一位新女性,与武钟谦在性格上差距很大。你对此有何看法?

渐

丰子恺

【作者简介】

丰子恺（1898—1975），曾用名丰润、丰仁，号子恺，字仁，我国现代著名画家、文学家、书法家、翻译家和艺术教育家。1898年11月，丰子恺出生于浙江崇德县（今浙江桐乡市）。幼年接受私塾教育，1914年考入浙江省立第一师范学校，师从著名学者李叔同及夏丏尊，学习音乐、绘画和国文。1921年留学日本，回国后担任过中学教师、大学教授、编辑等职，在艺术创作、艺术教育、文学创作及文艺编译等方面都有建树。新中国成立后任中国美协常务理事、美协上海分会主席、上海中国画院院长等职，并致力于外国文学作品的翻译工作。译作有屠格涅夫的《猎人笔记》和日本古典名著《源氏物语》等。文化大革命期间，丰子恺遭受残酷迫害，罹患肺癌，于1975年9月含恨长逝。

丰子恺一生著作颇丰，共达一百八十多部，内容涉及绘画、文学、音乐、书法、艺术理论与翻译等诸多方面。他的漫画作品用西洋画的技巧来表现中国人的形象，将古代诗趣融入现代生活，创造出一种具有"温柔敦厚"的中国文化气息的漫画，代表作有《子恺漫画》《子恺漫画全集》等。他的文学创作以散文为主，内容多表现艺术、儿童和人生的感悟，风格质朴无华，总能在简单普遍的现象中发掘出深刻而巧妙的见解。代表作有《缘缘堂随笔》《缘缘堂再笔》《缘缘堂续笔》等。

使人生圆滑进行的微妙的要素，莫如"渐"；造物主骗人的手段，也莫如"渐"。在不知不觉之中，天真烂漫的孩子"渐渐"变成野心勃勃的青年；慷慨豪侠的青年"渐渐"变成冷酷的成人；血气旺盛的成人"渐渐"变成顽固的老头子。因为其变更是渐进的，一年一年地、一月一月地、一日一日地、一时一时地、一分一分地、一秒一秒地渐进，犹如从斜度极缓的长远的山坡上走下来，使人不察其递降的痕迹，不见其各阶段的境界，而似乎觉得常在同样的地位，恒久不变，又无时不有生的意趣与价值，于是人生就被确实肯定，而圆滑进行了。假使人生的进行不像山坡而像风琴的键板，由 do 忽然移到 re，即如昨夜的孩子今朝忽然变成青年；或者像旋律的"接离进行"由 do 忽然跳到 mi，即如朝为青年而夕暮忽成老人，人一定要惊讶、感慨、悲伤，或痛感人生的无常，而不乐为人了。故可知人生是由"渐"维持的。这在女人恐怕尤为必要：歌剧中，舞台上的如花的少女，就是将来火炉旁边的老婆子，这句话，骤听使人不能相信，少女也不肯承认，实则现在的老婆子都是由如花的少女"渐渐"变成的。

人之能堪受境遇的变衰，也全靠这"渐"的助力。巨富的纨绔子弟因屡次破产而"渐渐"荡尽其家产，变为贫者；贫者只得做佣工，佣工往往变为奴隶，奴隶容易变为无赖，无赖与乞丐相去甚近，乞丐不妨做偷儿……这样的例，在小说中，在实际上，均多得很。因为其变衰是延长为十年二十年而一步一步地"渐渐"地达到的，在本人不感到什么强烈的刺激。故虽到了饥寒病苦刑笞交迫的地步，仍是熙熙然[1]贪恋着目前的生的欢喜。假如一位千金之子忽然变了乞丐或偷儿，这人一定愤不欲生了。

这真是大自然的神秘的原则，造物主的微妙的工夫！阴阳潜移，春秋代序，以及物类的衰荣生杀，无不暗合于这法则。由萌芽的春"渐渐"变成绿荫的夏；由凋零的秋"渐渐"变成枯寂的冬。我们虽已经历数十寒暑，但在围炉拥衾的冬夜仍是难于想象挥扇的夏日的心情；反之亦然。然而由冬一天一天地、一时一时地、一分一分地、一秒一秒地移向夏，由夏一天一天地、一时一时地、一分一分地、一秒一秒地移向冬，其间实在没有显著的痕迹可寻。昼夜也是如此；傍晚坐在窗下看书，书页上"渐渐"地黑起来，倘不断地看下去（目力能因为光的渐弱而渐渐加强），几乎永远可以认识书页上的字迹，即不觉昼之已变为夜。黎明凭窗，不瞬目地注视东天，也不辨自夜向昼的推移的痕迹。儿女渐渐长大起来，在朝夕相见的父母全不觉得，难得见面的远亲就相见不相识了。往年除夕，我们曾在红蜡烛底下守候水仙花的开放，真是痴态！倘水仙花果真当面开放给我们看，便是大自然的原则的破坏，宇宙的根本的摇动，世界人类的末日临到了！

"渐"的作用，就是用每步相差极微极缓的方法来隐蔽时间的过去与事物的变迁的痕迹，使人误认其为恒久不变。这真是造物主骗人的一大诡计！这有一件比喻的故事：某农夫每天朝晨抱了犊而跳过一沟，到田里去工作，夕暮又抱了它跳过沟回家。每日如此，未尝间断。过了一年，犊已渐大，渐重，差不多变成大牛，但农夫全不觉得，仍是抱了它跳沟。有一天他因事停止工作，次日再就不能抱了这牛而跳沟了。造物的骗人，使人留连于其每日每时的生的欢喜而不觉其变迁与辛苦，就是用这个方法的。人们每日在抱了日重一日的牛而跳沟，不准停止。自己误以为是不变的，其实每日在增加其苦劳！

我觉得时辰钟是人生的最好的象征了。时辰钟的针，平常一看总觉得是"不动"的；其实人造物中最常动的无过于时辰钟的针了。日常生活中的人生也如此，刻刻觉得我是我，似乎这"我"永远不变，实则与时辰钟的针一样的无常！一息尚存，总觉得我仍是我，我没有变，还是留连着我的生，可怜受尽"渐"的欺骗！

"渐"的本质是"时间"。时间我觉得比空间更为不可思议，尤之时间艺术的音乐比空间艺术的绘画更为神秘。因为空间姑且不追究它如何广大或无限，我们总可以把握其一端，认定其一点。时间则全然无从把握，不可挽留，只有过去与未来在渺茫之中不绝地相追逐而已。性质上既已渺茫不可思议，分量上在人生也似乎太多。因为一般人对于时间的悟性，似乎只够支配搭船乘车的短时间；对于百年的长期间的寿命，他们不能胜任，往往迷于局部而不能顾及全体。试看乘火车的旅客中，常有明达的人，有的宁牺牲暂时的安乐而让其座位于老弱者，以求心的太平（或博暂时的美誉）；有的见众人争先下车，而退在后面，或高呼"勿要轧[2]，总有得下去的！""大家都要下去的！"然而在乘"社会"或"世界"的大火车的"人生"的长期的旅客中，就少有这样的明达之人。所以我觉得百年的寿命，定得太长。像现在的世界上的人，倘定他们搭船乘车的期间的寿命，也许在人类社会上可减少许多凶险残惨的争斗，而与火车中一样的谦让、和平，也未可知。

然人类中也有几个能胜任百年的或千古的寿命的人。那是"大人格""大人生"。他们能不为"渐"所迷，不为造物所欺，而收缩无限的时间并空间于方寸的心中。故佛家能纳须弥于芥子[3]。中国古诗人（白居易）说：蜗牛角上争何事？石火光中寄此身。"[4]英国诗人 Blake 也说："一粒沙里见世界，一朵花里见天国；手掌里盛住无限，一刹那便是永劫。"[5]

【注释】

[1] 熙熙然：和谐愉快的样子。

[2] 轧（gá）：挤，拥挤。

[3] 纳须弥于芥子：须弥，须弥山，佛教中的诸山之王。芥子，芥菜的种子，极其微小。纳须弥于芥子，言偌大的须弥山纳于芥子之中，暗喻佛法精妙，无处不在。

[4] 蜗牛角上争何事？石火光中寄此身：白居易《对酒五首·其二》"蜗牛角上争何事？石火光中寄此身。随贫随富且欢乐，不开口笑是痴人。"白居易此诗化用了《庄子·则阳》里的典故（《庄子·则阳》：有国于蜗之左角者，曰触氏；有国于蜗之右角者，曰蛮氏。时相与争地而战，伏尸数万。意指空间狭小，人生短暂。）

[5] 一粒沙里见世界，一朵花里见天国；手掌里盛住无限，一刹那便是永劫：英国诗人威廉·布莱克《天真的预示》，喻生命虽然短暂，但却蕴涵着永恒的意义。

【赏析】

本文选自丰子恺散文集《缘缘堂随笔》。

在众多的散文作家中，丰子恺的散文自成一格。郁达夫曾这样评价他的散文："清幽玄妙，细腻深沉，富有哲学味。"丰子恺善于在平淡无奇、司空见惯的日常生活中得到领悟，并挖掘出人生的深意。本文就是这样的一篇作品。

"渐"本是一个抽象的副词，表明时间慢慢推移，事物一点点变化的过程。在文中，"渐"被作者具体化了，它是"使人生圆滑进行的微妙的要素"，是"造物主骗人的手段"，它的作用就是"在不知不觉之中"把"天真烂漫的孩子""变成野心勃勃的青年"；把"慷慨豪侠的青年""变成冷酷的成人"；把"血气旺盛的成人""变成顽固的老头子"。作者信手拈来多个事例，在看似漫不经心中引导读者体会到"渐"的本质就是伴随人生始终的时间。"渐"的特征就是"使人不察其递降的痕迹，不见其各阶段的境界"。人生的各阶段在"渐"的作用下逐步推进，同时"人之能堪受境遇的变衰，也全靠这'渐'的助力"，因此，巨富的纨绔子弟因破产逐步变为贫者、佣工、奴隶、无赖、乞丐、偷儿的过程也就变得自然而顺理成章了。"渐"不光对人生有如此作用，大自然的原则，宇宙的根本都合于"渐"的作用。作者又从季节的更替、昼夜的推移、儿女的成长及植物的花开几方面论述了自然规律中也无不暗合于"渐"的法则。通过"渐"在人生阶段、人生际遇与自然社会三方面的表现，文章得出了"'渐'的作用，就是用每步相差极微极缓的方法来隐蔽时间的过去与事物的变迁的痕迹，使人误认其为恒久不变"的结论，并指出"这真是造物主骗人的一大诡计！"正因为时间有"渐"这种特殊的存在形式，所以人往往被这一大诡计所迷惑，而沉溺于一种习惯状态，"抱犊跳沟""不动的时针""不变的自我"都成了人的习惯。这样的例子在生活中因其平常而不易被人察觉，所以受尽了"渐"的欺骗。为了进一步揭去"渐"的外衣，作者指出更为严重的是"因为一般人对于时间的悟性，似乎只够支配搭船乘车的短时间；对于百年的长期间的寿命，他们不能胜任，往往迷于局部而不能顾及全体"。此时作者将片刻的时间上升到了人生的整个历程，指出人们在某一事件的处理上或某一时段的过程中，能做一个明达的人，但在"乘'社会'或'世界'的大火车的'人生'的长期的旅客中"却少有这样的明达之人。这是多么深邃而睿智的见解！人性的弱点和矛盾蒙蔽了人们的双眼，让人囿于狭隘的时空，去斤斤计较那微不足道的得失。最后作者提出了击败这一"大诡计"的方法，就是"大人格""大人生"，"不为'渐'所迷，不为造物所欺，而收缩无限的时间并空间于方寸的心中"。

文章用明白如话的语言，通过例证、喻证、夹叙夹议等方式，对事物进行细腻描摹，对深奥抽象的道理作深入浅出的分析。文字简洁老练，朴素隽永而深含哲理。

【思考练习】

1. "渐"的本质是什么？
2. 文末"大人格""大人生"具体指什么样的人？
3. 如何理解白居易和 Blake 的诗？
4. 小作文：你是否感到"渐"对你的影响，这影响是好是坏？你今后该如何把握自己的生命？请你写四百字左右的感受与体会。

一只特立独行[1]的猪

王小波

【作者简介】

王小波（1952—1997），北京人，当代著名作家。1952年出生于北京，年轻时在云南、山东插队当知青，后做民办老师，返城后当过工人，1978年考入中国人民大学贸易经济系商品学专业，1984年留学美国，获匹兹堡大学文学硕士学位，回国后在北京大学和中国人民大学任教，1992年辞职成为自由撰稿人。1997年4月11日因心脏病突发逝世于北京。

王小波的创作以小说和杂文随笔为主。内容多以他经历过的生活和所处的时代为背景，表现他对于生命的思考和生活的态度。他的作品具有很强的问题意识和批判精神，他善于从某个荒诞的经历或某一具体文化思想问题入手，通过其特有的智性幽默形式来解析社会和文化的荒谬滑稽，用幽默的笔触来展示严肃的题材，于戏谑笑骂之中表现自己的态度。王小波无论为人、为文都颇有特立独行的意味，他的作品充分展现出他浓郁的自由精神和独立人格。小说代表作为《时代三部曲》（《黄金时代》《白银时代》《青铜时代》），杂文集代表有《我的精神家园》《沉默的大多数》等。小说《黄金时代》和《未来世界》分别获第13届和第16届台湾《联合报》文学奖中篇小说大奖，与张元合著的电影剧本《东宫·西宫》于1997年4月，获阿根廷国际电影节最佳编剧奖。

插队的时候，我喂过猪，也放过牛。假如没有人来管，这两种动物也完全知道该怎样生活。它们会自由自在地闲逛，饥则食，渴则饮，春天来临时还要谈谈爱情；这样一来，它们的生活层次很低，完全乏善可陈。人来了以后，给它们的生活做出了安排：每一头牛和每一口猪的生活都有了主题。就它们中的大多数而言，这种生活主题是很悲惨的：前者的主题是干活，后者的主题是长肉。我不认为这有什么可抱怨的，因为我当时的生活也不见得丰富了多少，除了八个样板戏，也没有什么消遣。有极少数的猪和牛，它们的生活另有安排。以猪为例，种猪和母猪除了吃，还有别的事可干。就我所见，它们对这些安排也不大喜欢。种猪的任务是交配，换言之，我们的政策准许它当个花花公子。但是疲惫的种猪往往摆出一种肉猪（肉猪是阉过的）才有的正人君子架势，死活不肯跳到母猪背上去。母猪的任务是生崽儿，但有些母猪却要把猪崽儿吃掉。总的来说，人的安排使猪痛苦不堪。但它们还是接受了：猪总是猪啊。

对生活做种种设置是人特有的品性。不光是设置动物，也设置自己。我们知道，在古希腊有个斯巴达，那里的生活被设置得了无生趣，其目的就是要使男人成为亡命战士，使女人成为生育机器，前者像些斗鸡，后者像些母猪。这两类动物是很特别的，但我以为，它们肯定不喜欢自己的生活。但不喜欢又能怎么样？人也好，动物也罢，都很难改变自己的命运。

以下谈到的一只猪有些与众不同。我喂猪时，它已经有四五岁了，从名分上说，它是肉猪，但长得又黑又瘦，两眼炯炯有光。这家伙像山羊一样敏捷，一米高的猪栏一跳就过；它还能跳上猪圈的房顶，这一点又像是猫——所以它总是到处游逛，根本就不在圈里呆着。所有喂过猪的知青都把它当宠儿来对待,它也是我的宠儿——因为它只对知青好,容许他们走到三米之内,要是别的人,它早就跑了。它是公的,原本该劁[2]掉。不过你去试试看,哪怕你把劁猪刀藏在身后,它也能嗅出来,朝你瞪大眼睛,嗷嗷地吼起来。我总是用细米糠熬的粥喂它,等它吃够了以后,才把糠对到野草里喂别的猪。其他猪看了嫉妒,一起嚷起来。这时候整个猪场一片鬼哭狼嚎,但我和它都不在乎。吃饱了以后,它就跳上房顶去晒太阳,或者模仿各种声音。它会学汽车响、拖拉机响,学得都很像;有时整天不见踪影,我估计它到附近的村寨里找母猪去了。我们这里也有母猪,都关在圈里,被过度的生育搞得走了形,又脏又臭,它对它们不感兴趣;村寨里的母猪好看一些。它有很多精彩的事迹,但我喂猪的时间短,知道得有限,索性就不写了。总而言之,所有喂过猪的知青都喜欢它,喜欢它特立独行的派头儿,还说它活得潇洒。但老乡们就不这么浪漫,他们说,这猪不正经。领导则痛恨它,这一点以后还要谈到。我对它则不止是喜欢——我尊敬它,常常不顾自己虚长十几岁这一现实,把它叫做"猪兄"。如前所述,这位猪兄会模仿各种声音。我想它也学过人说话,但没有学会——假如学会了,我们就可以做倾心之谈。但这不能怪它,人和猪的音色差得太远了。

后来,猪兄学会了汽笛叫,这个本领给它招来了麻烦。我们那里有座糖厂,中午要鸣一次汽笛,让工人换班。我们队下地干活时,听见这次汽笛响就收工回来。我的猪兄每天上午十点钟总要跳到房上学汽笛,地里的人听见它叫就回来——这可比糖厂鸣笛早了一个半小时。坦白地说,这不能全怪猪兄,它毕竟不是锅炉,叫起来和汽笛还有些区别,但老乡们却硬说听不出来。领导上因此开了一个会,把它定成了破坏春耕的坏分子,要对它采取专政手段——会议的精神我已经知道了,但我不为它担忧——因为假如专政是指绳索和杀猪刀的话,那是一点门都没有的。以前的领导也不是没试过,一百人也逮不住它。狗也没用:猪兄跑起来像颗鱼雷,能把狗撞出一丈开外。谁知这回是动了真格的,指导员带了二十几个人,手拿五四式手枪;副指导员带了十几人,手持看青的火枪,分两路在猪场外的空地上兜捕它。这就使我陷入了内心的矛盾:按我和它的交情,我该舞着两把杀猪刀冲出去,和它并肩战斗,但我又觉得这样做太过惊世骇俗——它毕竟是只猪啊;还有一个理由,我不敢对抗领导,我怀疑这才是问题之所在。总之,我在一边看着。猪兄的镇定使我佩服之极:它很冷静地躲在手枪和火枪的连线之内,任凭人喊狗咬,不离那条线。这样,拿手枪的人开火就会把拿火枪的打死,反之亦然;两头同时开火,两头都会被打死。至于它,因为目标小,多半没事。就这样连兜了几个圈子,它找到了一个空子,一头撞出去了;跑得潇洒之极。以后我在甘蔗地里还见过它一次,它长出了獠牙,还认识我,但已不容我走近了。这种冷淡使我痛心,但我也赞成它对心怀叵测的人保持距离。

我已经四十岁了,除了这只猪,还没见过谁敢于如此无视对生活的设置。相反,我倒见过很多想要设置别人生活的人,还有对被设置的生活安之若素[3]的人。因为这个原故,我一直怀念这只特立独行的猪。

【注释】

[1] 特立独行:操守独特高洁,不随波逐流。(《礼记·儒行》:"世治不轻,世乱不沮,同弗与,异弗非也,其特立独行有如此者。"也指特殊,与众不同。)

[2] 劁(qiāo):阉割牲口。

[3] 安之若素：安然处之，和往常一样，指在反常或困苦危难情况下，能安然处之，毫不在意。亦作"甘之若素"。

【赏析】

在王小波众多的杂文中，本文无疑是极具特色的一篇。文章的主角是一只猪。这只猪颠覆了所有的猪性：猪本该肥，它却瘦；猪本该笨拙，它却敏捷如山羊和猫；猪本该在又臭又脏的猪圈中浑浑噩噩地打发日子，它却总是到处游逛。它因为模仿了收工的汽笛声，而被定成了"破坏春耕的坏分子"，指导员和副指导员带领几十个荷枪实弹的人要对它进行"专政"，它却机智、从容、潇洒地跑了。文章赞美这头猪的反叛，肯定它的不畏强权，更赞同它无视人对它生活的设置。很显然，猪在本文只是一个隐喻，猪身上体现的是王小波的自由精神。王小波热爱自由，然而他也被迫接受被他人安排或设置的生活：王家家训规定小孩不许学文科，所以他大学考取了理科专业，但他却在美国取得了文学硕士学位。回国后，他担任会计系的讲师，最后却辞职干起了专职写作。他一生的经历从插队下乡到上学、留学，从任教到写作，他总是在一次次的被设置、被安排中成功突围，所以他自己就是一个特立独行的人。不幸的是，有太多"想要设置别人生活的人"，还有许多"对被设置的生活安之若素的人"。文章的主题就是要抒发对强权霸道者的痛恨，贬斥逆来顺受者的懦弱，对猪的赞美，其实也就是对自由的赞美和对自由精神的向往。

本文具有鲜明的戏谑与反讽特点。文中的猪被赋予了人的各种特性，"我"戏称它为"猪兄"，文章用"交情""并肩战斗""怀念"等词语来表现"我"与猪之间的深厚感情，这本是戏谑的写法，但当文中写到这只浑然不知"政治"为何物的猪被定性为"破坏春耕的坏分子"并被几十人实施"专政"时，此时文章表现出的是一种黑色幽默，其作用是要用这一匪夷所思的事件来展现一个时代的荒谬。文章结合个人经验又超越个人经验，充满了理性的力量，在作者犀利批判的背后，表现出的是作者强烈的社会的责任感和对人的关怀。文章的故事给我们带来轻松幽默，文章的思想却让人深思警醒。

【思考练习】

1. 本文表达了什么主题？"特立独行"的含义是什么？
2. 猪在文中具有怎样的象征意义？"我"在文中又是一个怎样的角色？
3. 本文采用了哪些艺术手法来表现主题？
4. 你被他人安排、设置过生活吗？如果有，如何处理？

都江堰

余秋雨

【作者简介】

　　余秋雨（1946—）浙江省余姚县人（今浙江慈溪市）。当代知名学者、作家。1968年8月毕业于上海戏剧学院戏剧文学系，1962年开始发表作品。1983年之后，出版了一系列学术著作，如《戏剧思想史》《中国戏剧史》《艺术创造论》等，先后获全国戏剧理论著作奖、上海市哲学社会科学著作奖、全国优秀教材一等奖等。1986年被破格晋升为正教授，成为当时中国大陆最年轻的文科正教授。同年被文化部、人事部授予第一批"国家级突出贡献专家"称号。2004年被联合国教科文组织、北京大学等单位选为"中国十大艺术精英"和"中国文化传播坐标人物"。历任上海戏剧学院院长、上海剧协副主席、澳门科技大学人文艺术学院院长等职。著有系列散文集《文化苦旅》《山居笔记》《霜冷长河》《千年一叹》《行者无疆》等作品，获中国作家协会鲁迅文学奖、中国出版奖、我国台湾《联合报》读书人最佳书奖（连续两届）、马来西亚最受欢迎的华语作家奖、香港电台最受欢迎书籍奖等，特别是他的《文化苦旅》和《山居笔记》颇受读者欢迎，发行量之大令人吃惊。他以极富人文关怀的笔调书写历史，借游记来寄托文化情思，表现出深刻的人文气息，是对传统游记的突破和革新。他的散文语言通俗、文字优美，融理性与感性、哲思与诗情于一体，在对传统历史和文化进行介绍的同时也对民族性、人性等问题进行深刻反思，开辟出文化散文的新风。

　　目前对余秋雨散文的争议也颇多，很多人针对他文章中文史知识的硬伤提出了批评，还有人认为他散文过于煽情、矫情，主观臆断。

一

　　我以为，中国历史上最激动人心的工程不是长城，而是都江堰。

　　长城当然也非常伟大，不管孟姜女们如何痛哭流涕，站远了看，这个苦难的民族竟用人力在野山荒漠间修了一条万里屏障，为我们生存的星球留下了一种人类意志力的骄傲。长城到了八达岭一带已经没有什么味道，而在甘肃、陕西、山西、内蒙一带，劲厉[1]的寒风在时断时续的颓壁残垣间呼啸，淡淡的夕照、荒凉的旷野溶成一气，让人全身心地投入对历史、对岁月、对民族的巨大惊悸，感觉就深厚得多了。

　　但是，就在秦始皇下令修长城的数十年前，四川平原上已经完成了一个了不起的工程。它的规模从表面上看远不如长城宏大，却注定要稳稳当当地造福千年。如果说，长城占据了辽阔的空间，那么，它却实实在在地占据了邈远的时间。长城的社会功用早已废弛，而它至今还在为无数民众输送汩汩清流。有了它，旱涝无常的四川平原成了天府之国，每当我们民族有了重大灾难，天府之国总是沉着地提供庇护和濡养[2]。因此，可以毫不夸张地说，它永久性地灌溉了中华民族。

　　有了它，才有诸葛亮、刘备的雄才大略，才有李白、杜甫、陆游的川行华章。说得近一点，有了它，抗日战争中的中国才有一个比较安定的后方。

它的水流不像万里长城那样突兀在外，而是细细浸润、节节延伸，延伸的距离并不比长城短。长城的文明是一种僵硬的雕塑，它的文明是一种灵动的生活。长城摆出一副老资格等待人们的修缮，它却卑处一隅，像一位绝不炫耀、毫无所求的乡间母亲，只知贡献。一查履历，长城还只是它的后辈。

它，就是都江堰。

二

我去都江堰之前，以为它只是一个水利工程罢了，不会有太大的游观价值。连葛洲坝都看过了，它还能怎么样？只是要去青城山玩，得路过灌县县城，它就在近旁，就乘便看一眼吧。因此，在灌县下车，心绪懒懒的，脚步散散的，在街上胡逛，一心只想看青城山。

七转八弯，从简朴的街市走进了一个草木茂盛的所在。脸面渐觉滋润，眼前愈显清朗，也没有谁指路，只向更滋润、更清朗的去处走。忽然，天地间开始有些异常，一种隐隐然的骚动，一种还不太响却一定是非常响的声音，充斥周际。如地震前兆，如海啸将临，如山崩即至，浑身起一种莫名的紧张，又紧张得急于趋附。不知是自己走去的还是被它吸去的，终于陡然一惊，我已站在伏龙观前，眼前，急流浩荡，大地震颤。

即便是站在海边礁石上，也没有像这里强烈地领受到水的魅力。海水是雍容大度的聚会，聚会得太多太深，茫茫一片，让人忘记它是切切实实的水，可掬可捧的水。这里的水却不同，要说多也不算太多，但股股叠叠都精神焕发，合在一起比赛着飞奔的力量，踊跃着喧嚣的生命。这种比赛又极有规矩，奔着奔着，遇到江心的分水堤，刷地一下裁割为二，直窜出去，两股水分别撞到了一道坚坝，立即乖乖地转身改向，再在另一道坚坝上撞一下，于是又根据筑坝者的指令来一番调整……也许水流对自己的驯顺有点恼怒了，突然撒起野来，猛地翻卷咆哮，但越是这样越是显现出一种更壮丽的驯顺。已经咆哮到让人心魄俱夺，也没有一滴水溅错了方位。阴气森森间，延续着一场千年的收伏战。水在这里，吃够了苦头也出足了风头，就像一大拨翻越各种障碍的马拉松健儿，把最强悍的生命付之于规整，付之于企盼，付之于众目睽睽。看云看雾看日出各有胜地，要看水，万不可忘了都江堰。

三

这一切，首先要归功于遥远得看不出面影的李冰。

四川有幸，中国有幸，公元前251年出现过一项毫不惹人注目的任命：李冰任蜀郡守。此后中国千年官场的惯例，是把一批批有所执持[3]的学者遴选为无所专攻的官僚，而李冰，却因官位而成了一名实践科学家。这里明显地出现了两种判然不同的政治走向，在李冰看来，政治的含义是浚理[4]，是消灾，是滋润，是濡养，它要实施的事儿，既具体又质朴。他领受了一个连孩童都能领悟的简单道理：既然四川最大的困扰是旱涝，那么四川的统治者必须成为水利学家。

前不久我曾接到一位极有作为的市长的名片，上面的头衔只印了"土木工程师"，我立即追想到了李冰。

没有证据可以说明李冰的政治才能，但因有过他，中国也就有过了一种冰清玉洁的政治纲领。

他是郡守，手握一把长锸[5]，站在滔滔的江边，完成了一个"守"字的原始造型。那把长锸，千年来始终与金杖玉玺、铁戟钢锤反复辩论。他失败了，终究又胜利了。

他开始叫人绘制水系图谱。这图谱，可与今天的裁军数据、登月线路遥相呼应。

他当然没有在哪里学过水利。但是，以使命为学校，死钻几载，他总结出的治水三字经（"深淘滩，低作堰"）和八字真言（"遇湾截角，逢正抽心"），直到20世纪仍是水利工程的圭臬[6]。他的这点学问，永远水气淋漓，而后于他不知多少年的厚厚典籍，却早已风干，松脆得无法翻阅。

他没有料到，他治水的韬略很快被替代成治人的计谋；他没有料到，他想灌溉的沃土将会时时成为战场，沃土上的稻谷将有大半充作军粮。他只知道，这个人种要想不灭绝，就必须要有清泉和米粮。

他大愚，又大智。他大拙，又大巧。他以田间老农的思维，进入了最澄彻的人类学的思考。

他未曾留下什么生平资料，只留下硬扎扎的水坝一座，让人们去猜想。人们到这儿一次次纳闷：这是谁呢？死于两千年前，却明明还在指挥水流。站在江心的岗亭前，"你走这边，他走那边"的吆喝声、劝诫声、慰抚声，声声入耳。没有一个人能活得这样长寿。

秦始皇筑长城的指令，雄壮、蛮吓、残忍；他筑堰的指令，智慧、仁慈、透明。

有什么样的起点就会有什么样的延续。长城半是壮胆半是排场，世世代代，大体是这样。直到今天，长城还常常成为排场。

都江堰一开始就清朗可鉴，结果，它的历史也总显出超乎寻常的格调。李冰在世时已考虑事业的承续，命令自己的儿子做3个石人，镇于江间，测量水位。李冰逝世400年后，也许3个石人已经损缺，汉代水官重造高及3米的"三神石人"测量水位。这"三神石人"其中一尊即是李冰雕像。这位汉代水官一定是承接了李冰的伟大精魂，竟敢于把自己尊敬的祖师，放在江中镇水测量。他懂得李冰的心意，唯有那里才是他最合适的岗位。这个设计竟然没有遭到反对而顺利实施，只能说都江堰为自己流泻出了一个独特的精神世界。

石像终于被岁月的淤泥掩埋，20世纪70年代出土时，有一尊石像头部已经残缺，手上还紧握着长锸。有人说，这是李冰的儿子。即使不是，我仍然把他看成是李冰的儿子。一位现代作家见到这尊塑像怦然心动，"没淤泥而蔼然含笑，断颈项而长锸在握"，作家由此而向现代官场衮衮诸公诘问：活着或死了应该站在哪里？

出土的石像现正在伏龙观里展览。人们在轰鸣如雷的水声中向他们默默祭奠。在这里，我突然产生了对中国历史的某种乐观。只要都江堰不坍，李冰的精魂就不会消散，李冰的儿子会代代繁衍。轰鸣的江水便是至圣至善的遗言。

四

继续往前走，看到了一条横江索桥。桥很高，桥索由麻绳、竹篾编成。跨上去，桥身就猛烈摆动，越犹豫进退，摆动就越大。在这样高的地方偷看桥下会神志慌乱，但这是索桥，到处漏空，由不得你不看。一看之下，先是惊吓。脚下的江流，从那么遥远的地方奔来，一派义无反顾的决绝势头,挟着寒风,吐着白沫,凌厉锐进。我站得这么高还感觉到了它的砭肤冷气,估计它是从雪山赶来的罢。但是,再看桥的另一边,它硬是化作许多亮闪闪的河渠,改恶从善。人对自然力的驯服,干得多么爽利。如果人类干什么事都这么爽利,地球早已是另一副模样。

但是,人类总是缺乏自信,进进退退,走走停停,不停地自我耗损,又不断地为耗损而再耗损。结果,仅仅多了一点自信的李冰,倒成了人们心中的神。离索桥东端不远的玉垒山麓,建有一座二王庙,祭祀李冰父子。人们在虔诚膜拜,膜拜自己同类中更像人一点的人。钟鼓钹磬,朝朝暮暮,重一声,轻一声,伴和着江涛轰鸣。

李冰这样的人,是应该找个安静的地方好好纪念一下的,造个二王庙,也合民众心意。

实实在在为民造福的人升格为神,神的世界也就会变得通情达理、平适可亲。中国宗教颇多世俗气息,因此,世俗人情也会染上宗教式的光斑。一来二去,都江堰倒成了连接两界的桥墩。

我到边远地区看傩戏,对许多内容不感兴趣,特别使我愉快的是,傩戏中的水神河伯,换成了灌县李冰。傩戏中的水神李冰比二王庙中的李冰活跃得多,民众围着他狂舞呐喊,祈求有无数个都江堰带来全国的风调雨顺,水土滋润。傩戏本来都以神话开头的,有了一个李冰,神话走向实际,幽深的精神天国一下子贴近了大地,贴近了苍生。

【注释】

[1] 劲厉:谓风势猛烈而寒冷。
[2] 濡养:养育,滋养。
[3] 执持:此处指掌握有某种特长或技能。
[4] 浚理:疏浚,整理。
[5] 锸(chā):一种挖土的工具。
[6] 圭臬(guī niè):原指古代测日影的仪器。现喻事物的标准、准则和法度。

【赏析】

本文选自《文化苦旅》,是余秋雨散文的代表作之一。

全文共四部分,第一部分将都江堰与长城进行对比。开篇第一句作者出人意料地提出"我以为,中国历史上最激动人心的工程不是长城,而是都江堰。"的观点。长城历来被认为是中国古代最伟大的工程,是中华民族的骄傲和象征,而作者却颠覆了这一观点,让人震惊不已。紧接着作者从修建年代、实用价值、社会功用等几方面将长城和都江堰进行了对比,以此来证明开篇的观点。第二部分描绘都江堰的壮景。作者采用先抑后扬的写法,先故意制造出都江堰不值一游的错觉,接着如大幕徐徐拉开,作者向读者展现了他对都江堰由远及近,由模糊到清晰,由小觑到惊叹的变化过程,以此来表现都江堰之水的与众不同。作者对水的描绘十分传神,他写道"水在这里,吃够了苦头也出足了风头,就像一大拨翻越各种障碍的马拉松健儿,把最强悍的生命付之于规整,付之于企盼,付之于众目睽睽"。短短的一句里同时运用了拟人、比喻、排比三种修辞手法,对水流作了极为生动的描绘。第三部分介绍修建都江堰的李冰。前面的写景写水,最终是为了写人。文章由对都江堰的关注自然推及到了对建造者李冰的描写。作者通过对李冰"大智""大巧"的形象和性格的描写,颂扬了他的智慧与精神。作者还将李冰与秦始皇作对比，进一步表现李冰政治纲领的"冰清玉洁"。第四部分将李冰和全人类作了对比，把李冰放在人类发展的进程中，指出"人类总是缺乏自信，进进退退，走走停停，不断自我耗损，又不断地为耗损而再耗损"，而李冰"对自然力的驯服，干得多么爽利"，因而李冰成了"人们心中的神"，李冰的价值被作者给予了极大的肯定。在文中，都江堰已经不仅仅是一项水利工程，更成为中国先进文化的一个符号，李冰也不仅仅是个治水专家，更是中国知识分子的杰出代表。

本文结构安排独特，从赞叹工程的伟大写到工程创建人的伟大，从对都江堰与李冰的赞美，转到对中国历史文化的反思；在对山水风物的描绘中表现出对传统文化精神和古代知识分子政治人格的独特反思。本文语言独具特色，作者力避熟语，或改造熟语，或创造新词，给读者以新鲜的感受。文中还多用"四字词语"，既增添了文章的音韵美，也使文章的形象色彩更浓。本文运用了比较、比喻、拟人等多种修辞手法，内容厚重深沉，充满强烈的哲思。

【思考练习】

1. 作者将长城与都江堰作比较有何作用？
2. 为什么说李冰"大愚，又大智""大拙，又大巧"？
3. 本文的叙述方式有何特征？
4. 本文与其他游记散文相比，有何独特之处？
5. 讨论：文中说都江堰"可以毫不夸张地说，它永久性地灌溉了中华民族。"你对此有何评价？你认为文章第四部分与前三部分在文意上的衔接是否紧密？

好运设计

史铁生

【作者简介】

史铁生（1951—2010），当代著名作家。1951年出生于北京，1967年毕业于清华大学附属中学，1969年去延安插队，1972年因病治疗无效致双腿瘫痪，1981年患严重肾病，1998年开始做透析，2010年12月31日，因突发脑溢血去世。

1979年史铁生发表了他的第一篇小说《法学教授及其夫人》，此后陆续发表多部作品。多年来，他与疾病顽强抗争，在病榻上创作出了大量优秀的文学作品。他的作品多次获得国内外重要文学奖项，并被译为多国文字。代表作有《我的遥远的清平湾》《奶奶的星星》《我与地坛》《务虚笔记》《命若琴弦》《病隙碎笔》等。他的作品内容拙朴，风格清新，语言优美，富有哲理和幽默感。华语文学传媒大奖给他的授奖词是"他用残缺的身体，说出了最为健全而丰满的思想。他体验到的是生命的苦难，表达出的却是存在的明朗和欢乐，他睿智的言辞，照亮的反而是我们日益幽暗的内心"。

要是今生遗憾太多，在背运的当儿，尤其在背运之后情绪渐渐平静了或麻木了，你独自待一会儿，抽支烟，不妨想一想来世。你不妨随心所欲地设想一下（甚至是设计一下）自己的来世。你不妨试试。在背运的时候，至少我觉得这不失为一剂良药——先可以安神，而后又可以振奋。就像输惯了的赌徒把屡屡的败绩置于脑后，输光了裤子也还是对下一局存着饱满的好奇和必赢的冲动。这没有什么不好。这有什么不好吗？无非是说迷信，好吧，你就迷信它一回。无非是说这不科学，行，况且对于走运和背运的事实，科学本来无能为力。无非说这是空想，这是自欺，是做梦，没用，那么希望有用吗？希望是不是必得在被证明了是可以达到的之后才能成立？当然，这些差不多都是废话，背了运的时候哪想得起来这么多废话？背了运的时候只是想走运有多么好，要是能走运有多好。到底会有多好呢？想想吧，想想没什么坏处，干嘛不想一想呢？我就常常这样去想，我常常浪费很多时间去做这样的蠢事。

我想，倘有来世，我先要占住几项先天的优越：聪明、漂亮和一副好身体。命运从一开始就不公平，人一生下来就有走运的和不走运的。譬如说一个人很笨，生来就笨，这该怨他自己吗？然而由此所导致的一切后果却完全要由他自己负责——他可能因此在兄弟姐妹之中是最不被父母喜爱的一个，他可能因此常受老师的斥责和同学们的嘲笑，他于是便更加自卑，更加委顿，饱受了轻蔑终也不知这事到底该怨谁。再譬如说，一个人生来就丑，相当丑，再怎么想办法去美容都无济于事，这难道是他的错误，是他的罪过？不是。好，不是。那为什么就该他难得姑娘们的喜欢呢？因而婚事就变得格外困难，一旦有个漂亮姑娘爱上他却又赢得多少人的惊诧和不解，终于有了孩子，不要说别人就连他自己都希望孩子长得千万别像他自己。为什么就该他是这样呢？为什么就该他常遭取笑，常遭哭笑不得的外号，或者常遭怜悯，常遭好心人小心翼翼地对待呢？再说身体，有的人生来就肩宽腿长、潇洒英俊

（或者婀娜妩媚、娉娉婷婷），生来就有一身好筋骨，跑得也快跳得也高，气力足耐力又好，精力旺盛，而且很少生病，可有的人却与此相反生来就样样都不如人。对于身体，我的体会尤甚。譬如写文章，有的人写一整天都不觉得累，可我连续写上三四个钟头眼前就要发黑。譬如和朋友们一起去野游，满心欢喜妙想联翩地到了地方，大家的热情正高雅趣正浓，可我已经累得只剩了让大家扫兴的份儿了。所以我真希望来世能有一副好身体。今生就不去想它了，只盼下辈子能够谨慎投胎，有健壮优美如卡尔·刘易斯[1]一般的身材和体质，有潇洒英俊如周恩来一般的相貌和风度，有聪明智慧如阿尔伯特·爱因斯坦一般的大脑和灵感。

既然是梦想不妨就让它完美些罢。何必连梦想也那么拘谨、那么谦虚呢？我便如醉如痴并且极端自私自利地梦想下去。

降生在什么地方也是件相当重要的事。二十年前插队的时候，我在偏远闭塞的陕北乡下，见过不少健康漂亮尤其聪慧超群的少年。当时我就想，他们要是生在一个恰当的地方他们必都会大有作为，无论他们做什么他们都必定成就非凡。但在那穷乡僻壤，吃饱肚子尚且是一件颇为荣耀的成绩，哪还有余力去奢想什么文化呢？所以他们没有机会上学，自然也没有书读，看不到报纸电视，甚至很少看得到电影，他们完全不知道外面的世界是什么样子，便只可能遵循了祖祖辈辈的老路，日出而作日入而息，春种秋收夏忙冬闲，日复一日年复一年。光阴如常地流逝，然后他们长大了，娶妻生子成家立业，才华逐步耗尽，变作纯朴而无梦想的汉子。然后，可以料到，他们也将如他们的父辈一样地老去，唯单调的岁月在他们身上留下注定的痕迹。而人为什么要活这一回呢？却仍未在他们苍老的心里成为问题。然后，他们恐惧着、祈祷着、惊慌着，听命于死亡随意安排。再然后呢？再然后倘若那地方没有变化，他们的儿女必定还是这样地长大、老去，磨钝了梦想，一代代去完成同样的过程。或许这倒是福气？或许他们比我少着梦想，所以也比我少着痛苦？他们会不会也设想过自己的来世呢？没有梦想或梦想如此微薄的他们又是如何设想自己的来世呢？我不知道。我不知道。我只希望我的来世不要是他们这样，千万不要是这样。

那么降生在哪儿好呢？是不是生在大城市，生在个贵府名门就肯定好呢？父亲是政绩斐然的总统，要不是个家财万贯的大亨，再不就是位声名赫赫的学者，或者父母都是不同寻常的人物，你从小就在一个备受宠爱、备受恭维的环境中长大，呈现在你面前的是无忧无虑的现实，绚烂辉煌的前景，左右逢源的机遇，一帆风顺的坦途……不过这样是不是就好呢？一般来说这样的境遇也是一种残疾，也是一种牢笼。这样的境遇经常造就蠢材，不蠢的几率很小，有所作为的比例很低，而且大凡有点水平的姑娘都不肯高攀这样的人；固然他们之中也有智能超群的天才，也有过大有作为的人物，也出过明心见性的悟者，但毕竟几率很小比例很低。这就有相当大的风险，下辈子务必慎重从事，不可疏忽大意不可掉以轻心，今生多舛来生再受不住是个蠢材了。

生在穷乡僻壤，有孤陋寡闻之虞，不好。生在贵府名门，又有骄狂愚妄之险，也不好。

生在一个介于此二者之间的位置上怎么样？嗯，可能不错。

既知晓人类文明的丰富璀璨，又懂得生命路途的坎坷艰难，这样的位置怎么样？嗯，不错。

既了解达官显贵奢华而危惧的生活，又能体会平民百姓清贫而深情的岁月，这位置如何？嗯！不错，好！

既有博览群书并入学府深造的机缘，又有浪迹天涯独自在社会上闯荡的经历；既能在关键时刻得良师指点如有神助，又时时事事都要靠自己努力奋斗绝非平步青云；既饱尝过人情友爱的美好，又深知了世态炎凉的正常，故而能如罗曼·罗兰[2]所说："看清了这个世界，而后爱它"——这样的位置可好？好。确实不错。好虽好，不过这样的位置在哪儿呢？

在下辈子。在来世。只要是好，咱可以设计。咱不慌不忙仔仔细细地设计一下吧。我看没理由不这样设计一下。甭灰心，也甭沮丧，真与假的说道不属于梦想和希望的范畴，还是随心所欲地来一回"好运设计"吧。

你最好生在一个普通知识分子的家庭。

也就是说，你父亲是知识分子，但千万不要是那种炙手可热过于风云的知识分子，否则，贵府名门式的危险和不幸仍可能落在你头上：你将可能没有一个健全、质朴的童年，你将可能没有一群烂漫无猜的伙伴，你将会错过唯一可能享受到纯粹的友情、感受到圣洁的忧伤的机会，而那才是童年，才是真正的童年。一个人长大了若不能怀恋自己童年的痴迷，若不能默然长思或仍耿耿于怀孩提时光的往事，当是莫大的缺憾；对于我们的"好运设计"，则是个后患无穷的错误。你应该有一大群来自不同家庭的男孩儿和女孩儿做你的朋友，你跟他们一块认真地吵架并且翻脸，然后一块哭着和好如初。把你的秘密告诉他们，把他们告诉给你的秘密对任何人也不说。你们订一个暗号，这暗号一经发出你们一个个无论正在干什么也得从家里溜出来，密谋一桩令大人们哭笑不得的事件。当你父母不在家的时候，随便找个理由把你的好朋友都叫来——比如说为了你的生日或为了离你的生日还差一个多月，你们痛痛快快随心所欲地折腾一天，折腾饿了就把冰箱里能吃的东西都吃光，然后继续载歌载舞地庆祝，直到不小心把你父亲的一件贵重艺术品摔成分文不值，你们的汗水于是被冻僵了一会儿，但这是个机会，是你为朋友们献身的时刻，你脸色煞白但拍拍胸脯说这怕什么、这没啥了不起，随后把朋友们都送走，你独自胆战心惊地策划一篇谎言（要是你家没有猫，你记住：邻居家不一定都没有猫）。你还可以跟你的朋友们一起去冒险，到一个据说最可怕的地方，比如离家很远的一片野地、一幢空屋、一座孤岛、孤岛上废弃的古刹、古刹四周阴森零落的荒冢……都是可供选择的地方。你从自己家的抽屉里而不要从别人家的抽屉里拿点钱，以备不时之需；你们瞒过父母，必要的话还得瞒过姐姐或弟弟；你们可以不带那些女孩子去，但如果她们执意要跟着也就别无选择，然后出发，义无反顾。把你的新帽子扯破了新鞋弄丢了一只这没关系，把膝盖碰出了血往白衬衫上洒了一瓶紫药水这没关系，作业忘记做了还在书包里装了两只活蛤蟆一只死乌鸦这都毫无关系，你母亲不会怪你，因为当晚霞越来越淡继而夜色越来越重的时候，你父亲也沉不住气了，他正要动身去报案，你们突然都回来了，累得一塌糊涂但毕竟完整无缺地回来了，你母亲庆幸还庆幸不过来呢，还会再存什么别的奢望吗？"他们回来啦，他们回来啦！"仿佛全世界都和平解放了，一群平素威严的父亲都乖乖地跑出来迎接你们，同样多的一群母亲此刻转忧为喜光顾得摩挲[3]你们的脸蛋和亲吻你们的脑门儿："你们这是上哪儿去了呀，哎哟天哪，你们还知道回来吗！"你就大模大样地躺在沙发上呼吃唤喝，"累死了，哎呀真是累死了！"——你就这样，没问题，再讲点莫须有的惊险故事既吓唬他们也陶醉自己，你就得这样，只要这样，一切帽子、裤子、鞋、作业和书包、活蛤蟆以及死乌鸦，就都微不足道了。（等你长到我这样的年龄时，你再告诉他们那些惊险的故事都是你为了逃避挨揍而获得的灵感，那时你年老的父母肯定不会再补揍你一顿，而仍可能摩挲你的脸甚至吻你的脑门儿了。）但重要的是，这次冒险你无论如何得安全地回来——就像所有的戏剧还没打算结束时所需要的那样，否则接下去的好运就无法展开了。不错，你的童年就应该是这样的，就应该按照这样的思路去设计，一个幸运者的童年就得是这样。我的纸写不下了，待实施的时候应该比这更丰富多彩。比如你还可颇具分寸地惹一点小祸，一个幸运的孩子理应惹过一点小祸，而且理应遇到过一些困难，遇到过一两个骗子、一两个坏人、一两个蠢货和一两个不会发愁而很会说笑话的人。一个幸运的孩子应该有点野性。当然你的父亲是个地地道道的知识分子，因为一个幸运的人必须从小受到文化的熏陶，野到什么份儿上都不必忧虑，但要有机会使你崇尚知识，之所以把你父亲设计为知识分子，全部的理由就在于此。

你的母亲也要有知识，但不要像你父亲那样关心书胜过关心你。也不要像某些愚蠢的知识妇女，料想自己功名难就，便把一腔希望全赌在了儿女身上，生了个女孩就盼她将来是个居里夫人，养了个男娃就以为是养了个小贝多芬。这样的母亲千万别落到咱头上，你不听她的话，你觉得对不起她，你听了她的话，你会发现她对不起你。她把你像幅名画似的挂在墙上后退三步眯起眼睛来观赏你，把你像颗话梅似的含在嘴里颠来倒去地品味你，你呢？站在那儿吱吱嘎嘎地折磨一把挺好的小提琴，长大了一想起小提琴就发抖，要不就是没日没夜地背单词背化学方程式，长大了不是傻瓜就是暴徒。你的母亲当然不是这样。有知识不是有文凭，你的母亲可以没有文凭。有知识不是被知识霸占，你的母亲不是知识的奴隶。有知识不能只是有对物的知识，而是得有对人的了悟。一个幸运者的母亲，必然是一个幸运的母亲，一个明智的母亲，一个天才的母亲，她自打当了母亲她就得了灵感，她教育你的方法不是来自于教育学，而是来自她对一切生灵乃至天地万物由衷的爱，由衷的颤栗与祈祷，由衷的镇定和激情。在你幼小的时候她只是带着你走，走在家里，走在街上，走到市场，走到郊外，她难得给你什么命令，从不有目的地给你一个方向，走啊走啊你就会爱她，走啊走啊，你就会爱她所爱的这个世界。等你长大了，她就放你到你想要去的地方去，她深信你会爱这个世界，至于其他她不管，至于其他那是你的自由你自己负责，她只有一个愿望，就是你能常常回来，你能有时候回来一下。

在你两三岁的时候你就光是玩，成天就是玩，别着急背诵《唐诗三百首》和弄通百位数以内的加减法，去玩一把没有钥匙的锁和一把没有锁的钥匙，去玩撒尿和泥，然后用不着洗手再去玩你爷爷的胡子。到你四五岁的时候你还是玩，但玩得要高明一点了，在你母亲的皮鞋上钻几个洞看看会有什么效果，往你父亲的录音机里撒把沙子听听声音会不会更奇妙。上小学的时候，我看你门门功课都得上三四分就够了，剩下的时间去做些别的事，以便让你父母有机会给人家赔几块玻璃。一上中学尤其一上高中，所有的熟人几乎都不认识你了，都得对你刮目相看：你在数学比赛上得奖，在物理比赛上得奖，在作文比赛上得奖，在外语比赛上你没得奖但事后发现那不过是老师的一个误判。但这都并不重要，这些奖啊奖啊奖啊并不足以构成你的好运，你的好运是说你其实并没花太多时间在功课上，你爱好广泛，多能多才，奇想迭出，别人说你不务正业你大不以为然，凡兴趣所至仍神魂聚注若癫若狂。

你热爱音乐，古典的交响乐，现代的摇滚乐，温文尔雅的歌剧清唱剧，粗犷豪放的民谣村歌，乃至悠婉凄长的叫卖，孤零萧瑟的风声，温馨闲适的节日的音讯，你都听得心醉神迷，听得怆然而沉寂，听出激越和威壮，听到玄缈与空冥。你真幸运，生存之神秘注入你的心中使你永不安规守矩。

你喜欢美术，喜欢作画，喜欢雕塑，喜欢异彩纷呈的烧陶，喜欢古朴稚拙的剪纸，喜欢在渺无人迹的原野上独行，在水阔天空的大海里驾舟，在山林荒莽中跋涉，看大漠孤烟看长河落日，看鸥鸟纵情翱翔看老象坦然赴死。你从色彩感受生命，由造型体味空间，在线条上嗅出时光的流动，在连接天地的方位发现生灵的呼喊。你是个幸运的人，因为你真幸运，你于是匍匐在自然造化的脚下，奉上你的敬畏与感恩之心吧，同时上苍赐予你不屈不尽的创造情怀。

你幸运得简直令人嫉妒，因为体育也是你的擅长。9″91，懂吗？2∶5′59″，懂吗？就是说，从一百米到马拉松不管多长的距离没有人能跑得过你；2.45m，8.91m，知道这是什么意思吗？就是说没人比你跳得高也没人比你跳得远；突破23m、80m、100m，就是说，铅球也好，铁饼也好，标枪也好，在投掷比赛中仍然没有你的对手。当然这还不够，好运气哪有个够呢？差不多所有的体育项目你都行：游泳、滑雪、溜冰、踢足球、打篮球，乃至击剑、马术、射击，乃至铁人三项……你样样都玩得精彩、洒脱、漂亮。你跑起来浑身的肌肤像波浪一样滚动，像旗帜一般飘展；你跳起来仿佛土地也有了弹性，空中也有着依托；你劈波戏水，屈伸舒卷，鬼没神出；在冰原雪野，你翻转腾挪，如风驰电掣；生命在你那儿是一个节日，是一个庆典，是一场狂欢……那已不再是体育了，你把体育变得不仅仅是体育了，幸运的人，那是舞蹈，那是人间最自然最坦诚的舞蹈，那是艺术，是上帝选中的最朴实最辉煌的艺术形式，这时连你在内，连你的肉体你的心神，都是艺术了。你这个幸运的人，世界上最幸运的人，偏偏是你被上帝选作了美的化身。

接下来你到了恋爱的季节。你十八岁了，或者十九或者二十岁了。这时你正在一所名牌大学里读书，读一个最令人仰慕的系最令人敬畏的专业，你读得出色，各种奖啊奖啊又闹着找你。现在你的身高已经是一米八八，你的喉结开始突起，嘴唇上开始有了黑色但还柔软的胡须，就是在这时候你的嗓音开始变得浑厚迷人，就是在这时候你的百米成绩开始突破十秒，你的动静坐卧举手投足都流溢着男子汉的光彩……总之，由于我们已经设计过的诸项优点或说优势，明显地追逐你的和不露声色地爱慕着你的姑娘们已是成群结队，你经常在教室里看见她们异样的目光，在食堂里听到她们对你喊喊嚓嚓的议论。在晚会上她们为你的歌声所倾倒，在运动会上她们被你的身姿所激动而忘情地欢呼雀跃，但你一向只是拒绝，拒绝，婉言而真诚地拒绝，善意而巧妙地逃避，弄得一些自命不凡的姑娘们委屈得流泪。但是有一天，你在运动场上正放松地慢跑，你忽然看见一个陌生的姑娘也在慢跑，她的健美一点不亚于你，她修长的双腿和矫捷的步伐一点不亚于你，生命对她的宠爱、青春对她的慷慨这些绝不亚于你，而她似乎根本没有发现你，她顾自跑着目不斜视，仿佛除了她和她的美丽，这世界上并不存在其他东西，甚至连她和她的美丽她也不曾留意，只是任其随意流淌，任其自然地涌荡。而你却被她的美丽和自信震慑了，被她的优雅和茁壮惊呆了，你被她的倏然降临搞得心恍神惚手足无措（我们同样可以为她也作一个"好运设计"，她是上帝的一个完美的作品，为了一个幸运的男人这世界上显然该有一个完美的女人，当然反过来也是一样），于是你不跑了，伏在跑道边的栏杆上忘记了一切，光是看她。她跑得那么轻柔，那么从容，那么飘逸，那么灿烂。你很想冲她微笑一下向她表示一点敬意，但她并不给你这样的机会，她跑了一圈又一圈却从来没有注意到你，然后她走了。简单极了，就是说她跑完了该走了，就走了。就是说她走了，走了很久而你还站在原地。就是说操场上空空旷旷只剩了你一个人，你头一回感到了惆怅和孤零——她不知道你是谁，你也不知道她从哪儿来。但你把她记在了心里。但幸运之神仍然和你在一起。此后你又在图书馆里见到过她，你费尽心机总算弄清了她在哪个系。此后你又在游泳池里见到过她，你拐弯抹角从别人那儿获悉了她的名字。此后你又在滑冰场上见到过她，你在她周围不露声色地卖弄你的千般技巧万种本事，终于引起了她的注意。此后你又在领奖台上和她站到过一起，这一回她对你笑了笑使你一生再也没能忘记。此后你又在朋友家里和她一起吃过一次午饭（你和你的朋友为此蓄谋已久），这下你们到底算认识了，你们谈了很多，谈得融洽而且热烈。此后不是你去找她，就是她来找你，春夏秋冬春夏秋冬，不是她来找你就是你去找她，春夏秋冬……总之，总而言之，你们终成眷属。你是一个幸运的人——至少我们的"幸运设计"是这样说的——所以你万事如意。

也许你已经注意到了，我们的"好运设计"至此显得有些潦草了。是的。不过绝不是我们不能把它搞得更细致、更完善、更浪漫、更迷人，而是我忽然有了一点疑虑，感到了一点困惑，有一道淡淡的阴影出现了并正在向我们靠近，但愿我们能够摆脱它，能够把它消解掉。

阴影最初是这样露头的：你能在一场如此称心、如此顺利、如此圆满的爱情和婚姻中饱尝幸福吗？也就是说，没有挫折，没有坎坷，没有望眼欲穿的企盼，没有撕心裂肺的煎熬，没有痛不欲生的痴癫与疯狂，没有万死不悔的追求与等待，当成功到来之时你会有感慨万端的喜悦吗？在成功到来之后还会不会有刻骨铭心的幸福？或者，这喜悦能到什么程度？这幸福能被珍惜多久？会不会因为顺利而冲淡其魅力？会不会因为圆满而阻塞了渴望，而限制了想象，而丧失了激情，从而在以后漫长的岁月中只是遵从了一套经济规律、一种生理程序、一个物理时间，心路却已荒芜，然后是腻烦，然后靠流言蜚语排遣这腻烦，继而是麻木，继而用插科打诨加剧这麻木——会不会？会不会是这样？地球如此方便如此称心地把月亮搂进了自己的怀中，没有了阴晴圆缺，没有了潮汐涨落，没有了距离便没有了路程，没有了斥力也就没有了引力，那是什么呢？很明白，那是死亡。当然一切都在走向那里，当然那是一切的归宿，宇宙在走向静寂。但此刻宇宙正在旋转，正在飞驰，正在高歌狂舞，正借助了星汉迢迢，借助了光阴漫漫，享受着它的路途，享受着坍塌后不死的沉吟，享受着爆炸后辉煌的咏叹，享受着追寻与等待，这才是幸运，这才是真正的幸运，恰恰死亡之前这波澜壮阔的挥洒，这精彩纷呈的燃烧才是幸运者得天独厚的机会。你是一个幸运者，这一点你要牢记。所以你不能学那凡夫俗子的梦想，我们也不能满意这晴空朗日水静风平的设计。所谓好运，所谓幸福，显然不是一种客观的程序，而完全是心灵的感受，是强烈的幸福感罢了。幸福感，对了。没有痛苦和磨难你就不能强烈地感受到幸福，对了。那只是舒适只是平庸，不是好运不是幸福，这下对了。

现在来看看，得怎样调整一下我们的"设计"，才能甩掉那道不祥的阴影，才能远远地离开它。也许我们不得不给你加设一点小小的困难，不太大的坎坷和挫折，甚至是一些必要的痛苦和磨难，为了你的幸福不致贬值我们要这样做，当然，会很注意分寸。

仍以爱情为例。我们想是不是可以这样：一开始，让你未来的岳父岳母对你们的恋爱持反对态度，他们不大看得上你，包括你未来的大舅子、小姨子、大舅子的夫人和小姨子的男朋友等一干人马都看不上你。岳父说要是这样他宁可去死。岳母说要是这样她情愿少活。大舅子于是奉命去找了你们单位的领导说你破坏了一个美满的家庭。小姨子流着泪劝她的姐姐三思再三思，爹有心脏病娘有高血压。岳父便说他死不瞑目。岳母说她死后做鬼也不饶过你们。你是个幸运的人你真没看错那个姑娘，她对你一往情深始终不渝，她说与其这样不如她先于他们去死，但在死前她有必要提个问题："请问他哪点不如你们？请问他有哪点不好？"是呀，他哪点不好呢？你，是说你，你有哪点不好呢？不仅这姑娘的父母无言以对，就连咱们也无以作答。按照已有的设计，你好像没有哪点不好，你简直无懈可击，那两个老人倘不是疯子不是傻瓜不是心理变态，他们为什么会反对你成为他们的女婿呢？所以对此得做一点修改，你不能再是一个完人，你得至少有一个弱点，甚至是一种很要紧的缺欠，一种大凡岳父岳母都难以接受的缺欠，然后你在爱情的鼓舞下，在那对蛮横老人颇合逻辑的蔑视的刺激下，痛下决心破釜沉舟发愤图强历尽艰辛终于大功告成终于光彩照人终于震撼了那对老人，令他们感动令他们愧悔于是心悦诚服地承认了你这个女婿，使你热泪盈眶欣喜若狂忽然发现天也是格外的蓝地球也是出奇的圆柔情似水佳期如梦幸福地久天长……是不是得这样呢？得这样。大概是得这样。

什么样的缺欠呢？你看给你设计什么样的缺欠比较适合？

笨？不不，这不行，笨很可能是一件终生的不幸，几乎不是努力可以根本克服的，此一点应坚决予以排除。

丑呢？不，丑也不行，丑也是无可挽回的局面，弄不好还会殃及后代，不行，这肯定不行。

无知呢，行不行？不，这比笨还不如，绝对的（或相当严重的）无知与白痴没什么区别；而相对的无知又不是一项缺欠，我们每个人都是这样。

你总得作一点让步嘛。譬如说木讷一点，古板一点行吗？缺乏点活力，缺乏点朝气，缺乏点个性，缺乏点好奇心，譬如说这样，行吗？噢，你居然还在问行吗，再糟糕不过！接下来你会发现他还缺乏勇气，缺乏同情，缺乏感觉，遇事永远不会激动，美好不能使其赞叹，丑恶也不令其憎恶，他既不懂得感动也不懂得愤怒，他不怎么会哭又不大会笑，这怎么能行？他还是活的吗？他还能爱吗？他还会为了爱而痛苦而幸福吗？不行。

那么狡猾一点可以吗？狡猾，唉，其实人们都多多少少地有那么一点狡猾，这虽不是优点但也不必算作缺点，凡要在这世界上生存下去的种类，有点狡猾也是在所难免。不过有一点需要明确：若是存心算计别人、不惜坑害别人的狡猾可不行。那样的人我怕大半没什么好下场。那样的人同样也不会懂得爱（他可能了解性，但他不懂得爱；他可能很容易猎获性器的快感，但他很难体验性爱的陶醉，因为他依靠的不是美的创造而仅仅是对美的赚取），况且这样的人一般来说都没什么真正的才华和魅力，否则也无需选用了狡猾。不行。无论从哪个角度想，狡猾都不行。

要不，有一点病？噢老天爷，千万可别，您饶了我吧，无论如何帮帮忙，下辈子万万不能再有病了，绝对不能。咱们辛辛苦苦弄这个"好运设计"因为什么您知道不？是的您应该知道，那就请您再别提病，一个字也别再提。

只是有一点小病呢？小病也不行，发烧感冒拉肚子？不不，这没用，有点小病不构成对什么人的威胁，也不能如我们所期望的那样最终使你的幸福加倍，有也是白有。但这绝不是说你没病则已，有就有它一种大病，不不！绝没有这个意思；你必须要明白，在任何有期徒刑（注意：有期）和有一种大病之间，要是你非得做出选择不可的话，你要选择前者，前者！对对，没有商量的余地。

要是你得了一种大病，别急听我说完，得了一种足以使你日后的幸福升值的大病，而这病后来好了，完全好了，这怎么样？唔，这倒值得考虑。你在病榻上躺了好几年，看见任何一个健康的人你都羡慕，你想你是他们中间的任何一个你都知足，然后你的病好了，完好如初，这怎么样？说下去。你本来已经绝望了，你想即便不死未来的日子也是无比暗淡，你想与其这样倒不如死了痛快,就在这时你的病情突然有了转机。说下去。在那些绝望的白天和黑夜,你祷告许愿,你赌咒发誓,只要这病还能好,再有什么苦你都不会觉得苦再有什么难你也不会觉得难,一文不名呀,一贫如洗呀,这都有什么关系呢?你将爱生活,爱这个世界,爱这世界上所有的人……这时,就在这时奇迹发生了,一个奇迹使你完全恢复了健康,你又是那么精力旺盛健步如飞了,这样好不好?好极了,再往下说。你本来想只要还能走就行,可你现在又能以9″91的速度飞跑了;你本来想要是再能跳就好了,可你现在又可以跳过2.45m了;你本来想只要还能独立生活就够了,可现在你的用武之地又跟地球一样大了;你本来想只要还能算个人不至于把谁吓跑就谢天谢地了,可现在喜欢你的好姑娘又是数不胜数铺天盖地而来了。往下说呀,别含糊,说下去。当然你痴心不改——这不是错误,大劫大难之后人不该失去锐气,不该失去热度,你镇定了但仍在燃烧,你平稳了却更加浩荡,你依然爱着那个姑娘,爱得山高海深不可动摇,这时候你未来的老丈人老丈母娘自然也不会再反对你们的结合了,不仅不反对而且把你看作是他们的光彩,是他们的荣耀,是他们晚年的福气,是他们九泉之下的安慰。此刻你是多么幸福,你同你所爱的人在一起,在蓝天阔野中跑,在碧波白浪中游,你会是怎样的幸福!现在就把前面为你设计的那些好运气都搬来吧,现在可以了,把它们统统搬来吧,劫难之后失而复得,现在你才真正是一个幸福的人了。苦尽甜来,对,这才是最为关键的好运道。

　　苦尽甜来,对,只要是苦尽甜来其实怎么都行,生生病呀,失失恋呀,要要饭呀,挨挨揍呀(别揍坏了),被抄抄家呀,坐坐冤狱呀,只要能苦尽甜来其实都不是坏事。怕只怕苦也不尽,甜也不来。其实都用不着甜得很厉害,只要苦尽也就够了。其实都用不着什么甜,苦尽了也就很甜了。让我们为此而祈祷吧。让我们把这作为一条基本原则,无论如何写进我们的"好运设计"中去吧,无论如何安排在头版头条。

　　问题是,苦尽甜来之后又怎样呢?苦尽甜来之后又当如何?哎哟,那道阴影好像又要露头。苦尽甜来之后要是你还没死,以后的日子继续怎样过呢?我们应当怎样继续为你设计好运呢?好像问题还是原来的问题,我们并没能把它解决。当然现在你可以不断地忆苦思甜,不断地知足常乐,我们也完全可以把你以后的生活设计得无比顺利,但这样下去我们是不是绕了一圈又回到那不祥的阴影中去了?你将再没有企盼了吗?再没有新的追求了吗?那么你的心路是不是又要荒芜,于是你的幸福感又要老化、萎缩、枯竭了呢?是的,肯定会是这样。幸福感不是能一次给够的,一次幸福感能维持多久这不好计算,但日子肯定比它长,比它长的日子却永远要依靠着它。所以你不能失去距离,不能没有新的企盼和追求,你一时失去了距离便一时没有了路途,一时没有了企盼和追求便一时失去了兴致和活力,那样我们势必要前功尽弃,那道阴影必会不失时机地又用无聊、用乏味、用腻烦和麻木来纠缠你,来恶心你,同时葬送我们的"好运设计"。当然我们不会答应。所以我们仍要为你设计新的距离,设计不间断的企盼和追求。不过这样你就仍然要有痛苦,一直要有。是的是的,一时没有了痛苦的衬照便一时没有了幸福感。

　　真抱歉,我们没想到会是这样。我们一向都是好意,想使你幸福,想使你在来世频交好运,没想到竟还得不断地给你痛苦。那道讨厌的阴影真是把咱们整惨了。看看吧,看看是否还有办法摆脱它。真对不起,至少我先不吹牛了,要是您还有兴趣咱们就再试试看,反正事已至此,我想也不必草草率率地回心转意。看在来世的分上,就再试试吧。

　　看来,在此设计中不要痛苦是不大可能了。现在就只剩了一条路:使痛苦尽量小些,小到什么程度并没有客观的尺度，总归小到你能不断地把它消灭就行了。就是说，你能够不断地克服困难，你能够不断地跨越距离，你能够不断地实现你的愿望，这就行了。痛苦可以让它不断地有，但你总是能把它消灭，这就行了，这样你就巧妙地利用了这些混账玩意儿而不断地得到幸福感了。只要这样行，接下来的事由我们负责。我们将根据以上要求为你设计必要的才能、必要的机运、必要的心理素质、意志品质，以及必要的资金、器械、设施、装备，乃至大夫护士、贤妻良母、孝子乖孙等一系列优秀的后勤服务。总之，这些我们都能为你设计，只要一个人永远是个胜利者这件事是可能的，只要无论什么样的痛苦总归是能被消灭的这件事是可能的，只要这样，我们的"好运设计"就算成了。只好也就这样了，这样也就算成了。

不过，这是不是可能的？你见没见过永远的胜利者？好吧，没见过并不说明这是不可能的，没见过的我们也可以设计。你，譬如说你就是一个永远的胜利者，那么最终你会碰见什么呢？死亡。对了，你就要碰见它，无论如何我们没法使你不碰见它，不感到它的存在，不意识到它的威胁。那么你对它有什么感想？你一生都在追求，一直都在胜利，一向都是幸福的，但当死亡来临的时候你想你终于追求到了什么呢？你的一切胜利到底都是为了什么呢？这时你不沮丧，不恐惧，不痛苦吗？你从来没碰到过不可逾越的障碍，从来没见过不可消除的痛苦，你就像一个被上帝惯坏了的孩子，从来不知道什么叫失败，从来没遭遇过绝境，但死神终于驾到了，死神告诉你这一次你将和大家一样不能幸免，你的一切优势和特权（即那"好运设计"中所规定的）都已被废黜，你只可俯首帖耳听凭死神的处治，这时候你必定是一个最痛苦的人，你会比一生不幸的人更痛苦（他已经见到了的东西你却一直因为走运而没机会见到），命运在最后跟你算总账了（它的账目一向是收支平衡的），它以一个无可逃避的困境勾销你的一切胜利，它以一个不容置疑的判决报复你的一切好运，最终不仅没使你幸福反而给你一个你一直有幸不曾碰到的——绝望。绝望，当死亡到来之际这个绝望是如此的货真价实，你甚至没有机会考虑一下对付它的办法了。

怎么办？你怎么办？我们怎么办？你说事情不会是这样，你的胜利依旧还是胜利，它会造福于后人；你的追求并没有白费，它将为后人铺平道路；而这就是你的幸福，所以你不会沮丧不会痛苦你至死都会为此而感到幸福。这太好了，一个真正的幸运者就应该有这样的胸怀有如此高尚的情操——让我们暂时忘记我们只是在为自己设计好运吧，或者让我们暂时相信所有的人都能够享有同样的好运吧——一个幸运者只有这样才能最终保住自己的好运，才能使自己最终得享平安和幸福。但是——但是！就算我们没有发现您的不诚实，一个如您这般聪明高尚的人总该知道您正在把后人的路铺向哪儿吧？铺到哪儿才算成功了呢？铺到所有的人都幸福都没了痛苦的地方？那么他们不是又将面对无聊了吗？当他们迎候死亡时不是就不能再像您这样，以"为后人铺路"而自豪而高尚而心安理得了吗？如果终于不能使所有的人都幸福都没了痛苦，您的高尚不就成了一场骗局，您的胜利又怎么能胜得过阿Q呢？我们处在了两难境地。如果您再诚实点，事情可能会更难办：人类是要消亡的，地球是要毁灭的，宇宙在走向热寂[4]。我们的一切聪明和才智、奋斗和努力、好运和成功到底有什么价值？有什么意义？我们在走向哪儿？我们在朝哪儿走？我们的目的何在？我们的欢乐何在？我们的幸福何在？我们的救赎之路何在？我们真的已经无路可走真的已入绝境了吗？

是的，我们已入绝境。现在你就是对此不感兴趣都不行了，你想糊弄都糊弄不过去了，你曾经不是傻瓜你如今再想是也晚了，傻瓜从一开始就不对我们这个设计感兴趣，而你上了贼船，这贼船已入绝境，你没处可退也没处可逃。情况就是这样。现在我们只占着一项便宜，那就是死神还没驾到，我们还有时间想想对付绝境的办法，当然不是逃跑，当然你也跑不了。其他的办法，看看，还有没有。

过程。对，过程，只剩了过程。对付绝境的办法只剩它了。不信你可以慢慢想一想，什么光荣呀，伟大呀，天才呀，壮烈呀，博学呀，这个呀那个呀，都不行，都不是绝境的对手，只要你最最关心的是目的，而不是过程你无论怎样都得落入绝境，只要你仍然不从目的转向过程你就别想走出绝境。过程——只剩了它了。事实上你唯一具有的就是过程。一个只想（只想！）使过程精彩的人是无法被剥夺的，因为死神也无法将一个精彩的过程变成不精彩的过程，因为坏运也无法阻挡你去创造一个精彩的过程，相反你可以把死亡也变成一个精彩的过程，相反坏运更利于你去创造精彩的过程。于是绝境溃败了，它必然溃败。你立于目的的绝境却实现着、欣赏着、饱尝着过程的精彩，你便把绝境送上了绝境。梦想使你迷醉，距离就成了欢乐；追求使你充实，失败和成功都是伴奏；当生命以美的形式证明其价值的时候，幸福是享受，痛苦也是享受。现在你说你是一个幸福的人你想你会说得多么自信，现在你对一切神灵鬼怪说谢谢你们给我的好运，你看看谁还能说不。

过程！对，生命的意义就在于你能创造这过程的美好与精彩，生命的价值就在于你能够镇静而又激动地欣赏这过程的美丽与悲壮。但是，除非你看到了目的的虚无你才能够进入这审美的境地，除非你看到了目的的绝望你才能找到这审美的救助。但这虚无与绝望难道不会使你痛苦吗？是的，除非你为此痛苦，除非这痛苦足够大，大得不可消灭大得不可动摇，除非这样你才能甘心从目的转向过程，从对目的的焦虑转向对过程的关注，除非这样的痛苦与你同在，永远与你同在，你才能够永远欣赏到人类的步伐和舞姿，赞美着生命的呼喊与歌唱，从不屈获得骄傲，从苦难提取幸福，从虚无中创造意义，直到死神和天使一起来接你回去，你依然没有玩够，但你却不惊慌，你知道过程怎么能有个完呢？过程在到处继续，在人间、在天堂、在地狱，过程都是上帝巧妙的设计。

但是我们的设计呢？我们的设计是成功了呢还是失败了？如果为了使你幸福，我们不仅得给你小痛苦，还得给你大痛苦，不仅得给你一时的痛苦，还得给你永远的痛苦，我们到底帮了你什么忙呢？如果这就算好运，我，比如说我——我的名字叫史铁生，这个叫史铁生的人又有什么必要弄这么一份"好运设计"呢？也许我现在就是命运的宠儿？也许我的太多的遗憾正是很有分寸的遗憾？上帝让我终生截瘫就是为了让我从目的转向过程，所以有那么一天我终于要写一篇题为《好运设计》的散文，并且顺理成章地推出了我的好运？多谢多谢。可我不，可我不！我真是想来世别再有那么多遗憾，至少今生能做做好梦！

我看出来了——我又走回来了，又走到本文的开头去了。我看出来了，如果我再从头开始设计我必然还是要得到这样一个结尾。我看出来了，我们的设计只能就这样了。我不知道怎么办了，不知道还能怎么办。上帝爱我！——我们的设计只剩这一句话了，也许从来就只有这一句话吧。

1990年2月27日

【注释】

[1] 卡尔·刘易斯：美国田径天才，在1984—1996年连续四届奥运会中获9枚奥运会金牌，其中1984年洛杉矶奥运会一人独得4枚田径金牌。

[2] 罗曼·罗兰（Romain Rolland, 1866—1944）：法国思想家，文学家，批判现实主义作家、音乐评论家和社会活动家。

[3] 摩挲（suō）：抚摩，抚弄。

[4] 热寂：宇宙终极命运的一种猜想、假说。

【赏析】

史铁生，一个自称"职业是生病，业余在写作"的人，一个肢体残疾但精神高度丰满的人，在轮椅上不断思考着人生的价值，对人生的困境提出了独到而睿智的见解。

人人都希望拥有一个完美的人生，作者在本文中对完美人生进行了详细规划：你有良好的家世、优秀的父母、有趣的童年，聪明、漂亮、一副好身体，尽管也遇到了困难和挫折，但都被克服、解决了，你顺利地拥有了一切。这样的人生应该是完美人生了，但作者却清醒地看到了这样的事实：世上没有永远的胜利者！"好运设计"不但会让幸福感"老化、萎缩、枯竭"，而且命运会"以一个无可逃避的困境勾销你的一切胜利，以一个不容置疑的判决报复你的一切好运"。再完美的"好运设计"也敌不过人类的消亡、地球的毁灭和宇宙的热寂。人的救赎之路何在？人类已经无路可走陷入绝境了吗？问题尖锐而严峻，作者在深入思考后，终于发现了具有终极意义的精神寄托，这就是过程。生命的价值不在目的，而在过程。"生命的意义就在于你能创造这过程的美好与精彩，生命的价值就在于你能够镇静而又激动地欣赏这过程的美丽与悲壮"。当然生命的过程会有痛苦，而且是"大痛苦"，是"永远的痛苦"，但只要我们摆脱对"好运设计"的幻想，超越"目的的虚无"，就会在克服命运给我们设置的种种障碍和痛苦的过程中，体会出生命的趣味和色彩，领略到人生的真谛。

当下社会，生存竞争激烈，人们，尤其是年轻人往往会面临精神追求与生存竞争的冲突，不少年轻人在追求物质享受的过程中倍感心灵空虚，沉沦于物欲的泥淖中而不能自拔。在这样的背景下，史铁生提出了他的过程美学。他认为人类不应以生命的结果为生存目的，而应以生命过程的精彩而骄傲。史铁生的过程美学用时刻于过程中体验快乐幸福的做法将人生从无边的物欲挣扎中解脱出来。本文让我们理解了人生的价值所在，让我们能超脱功名利禄的束缚，在拼搏、奋进、创造的过程中，真正感受生命带给我们的精彩。史铁生对生命中的过程哲学，不仅以心想之，而且认真地践行之。他在生命的跋涉过程中，与疾病相伴，与困境周旋，但他却以自己精彩的生命历程对他的过程美学作了最好的诠释。

本文以第一人称和第二人称的形式书写，给人极强的现场感和真实感。作者仿佛一位多年老友正与读者娓娓而谈。他以自己的亲历体验，用朴实的语言，讲述着深刻的人生哲理。同时本文模糊了散文和小说的文体界限，既有无拘无束的想象又有跌宕起伏的矛盾冲突。平易近人，却又凝重深刻；坦白真诚，却又不失庄重；风趣幽默，却又蕴涵智慧。

【思考练习】

1. 本文的基调是欢乐还是忧伤？谈谈你读完此文后的感受。
2. 你做过白日梦吗？你的梦和现实的差距有多远？你为缩小这些差距做过努力吗？
3. 人应该如何看待生命中的缺憾？如何将这种缺憾变为前进的动力？
4. 课后阅读《病隙碎笔》，思考生命的意义何在？

我的伊豆

[日] 川端康成

【作者简介】

川端康成（1899—1972），日本著名作家。生于大阪，三岁父母双亡，跟随外祖父母生活，随后身边亲人陆续病故，十六岁时成为孤儿。亲人的亡故、身体的孱弱及生活方式的封闭，造就了川端康成忧郁、扭曲、孤独的性格，这种内心的寂寞感伤与忧郁悲哀成为贯穿他整个创作的主要基调。川端康成一生写了上百部长篇、中篇和短篇小说，此外还有许多散文、随笔、讲演、评论、诗歌、书信和日记等。他的作品内容主要分两类，一类是描写他的孤儿生活，表现对已故亲人的怀念与哀思，以及描写自己的爱情波折，叙述自己的失意和烦恼。另一类描写下层妇女（如舞女、艺妓、侍者等）的悲惨遭遇，表现她们对生活、爱情和艺术的追求。川端康成多次获得日本国内和国际的各种文艺大奖，1968年诺贝尔文学奖授予川端康成，表彰他"以丰富的情感，高超的技巧，表现了日本人的内心精华"。1972年4月16日，川端康成突然自杀身亡，未留下只言片语。川端康成的文学创作集唯美派和现代派于一身，融个性与民族性为一体，对日本文学的继承与发展作出了重大贡献。代表作有：《伊豆的舞女》《雪国》《千纸鹤》《古都》，散文《花未眠》被选入我国高中教材。

伊豆[1]是诗的故乡，世上的人这么说。

伊豆是日本历史的缩影，一个历史学家这么说。

伊豆是南国的楷模，我要再加上一句。

伊豆是所有的山色海景的画廊，还可以这么说。

整个伊豆半岛是一座大花园，一所大游乐场。就是说，伊豆半岛到处都具有大自然的惠赠，都富有美丽的变化。

如今，伊豆有三个入口：下田，三岛修善寺，热海。不管从哪里进去，首先迎接你的，是堪称伊豆的乳汁和肌体的温泉。然而，由于选择的入口不同，你定会感到有三个各不相同的伊豆呢。

北面的修善寺和南面的下田这两条通道，在天城山口相会合。山北称外伊豆，属田方郡，山南称内伊豆，属贺茂郡。南北两面不仅植物种类和花期各异，而且山南的天空和海色，都洋溢着南国的气息。天城火山脉东西约四十四公里，南北约二十四公里，占据着半岛的三分之一。海面的黑潮从三面包围着半岛。这山，这海，便是给伊豆增添光彩的两大要素。倘若把茶花当作海岸边的花，那么，石楠花就是天城山上的花。山谷幽邃，原生林木森严茂密，使你很难想象这原是个小小的半岛。天城山是闻名的狩鹿的场所，只有翻过这座山峦，才能尝到伊豆旅情的滋味。

开往热海的火车时髦得很，称为"罗曼车"[2]。情死[3]是热海的名产。热海是伊豆的都会，它是在关东温泉之乡中富有现代特征的城市。倘若把修善寺称为历史上的温泉，那么，热海便是地理上的温泉。修善寺附近，清静，幽寂；热海附近，热烈，俏丽。伊豆到伊东一带的海岸线，令人想起南欧来，这里显示着伊豆明朗的容颜。同是南国风韵，伊豆的海岸线多像一曲素朴的牧歌啊。

伊豆有热海、伊东、修善寺和长冈四大温泉，共有二三十个喷口，仅伊东就有数百处泉流。这些都是玄岳火山、天城火山、猫越火山、达磨火山的遗迹。伊豆，是男性火山之国的代表。此外，热海的间歇泉，下贺茂峰的吹上温泉，拍击着半岛南端的石廊崎的巨涛，狩野川的洪水，海岸线的岩壁，茂盛的植物……所有这些，都带着男性的威力。

然而，各处涌流的泉水，使人联想起女乳的温暖和丰足，这种女性般的温暖与丰足，正是伊豆的生命。尽管田地极少，但这里有合作村，有无税町[4]，有山珍海味，有饱享黑潮和日光馈赠，呈现着麦青肤色的温淑的女子。

铁路只有热海线和修善寺线，而且只通到伊豆的入口，在丹那线和伊豆环行线建成之前，这里的交通很是不便。代之而起的是四通八达的公共汽车。走在伊豆的旅途上，随时可以听到马车的笛韵和江湖艺人的歌唱。

主干道随着海滨和河畔延伸。有的由热海通向伊东，有的由下田通向东海岸，有的沿西海岸绵延开去，有的顺着狩野川畔直上天城山，再沿着河津川和逆川南下。温泉就散缀在这些公路的两旁。此外，由箱根到热海的山道，翻过猫越山的松崎道，由修善寺通向伊东的山道，所有这些山道，也都把伊豆当成了旅途中的乐园和画廊。

伊豆半岛西起骏河湾，东至相模湾，南北约五十九公里，东西最宽处约三十六公里，面积约四百零六平方公里，占静冈县的五分之一。面积虽小，但海岸线比起骏河、远江两地的总和还长。火山重叠，地形复杂，致使伊豆的风物极富于变化。

现在，人们都这么说，伊豆的长津吕是全日本气候最宜人的地方，整个半岛就像一个大花园。然而在奈良时代，这里却是可怕的流放地。到源赖朝举兵时，才开始兴旺发达起来。幕府末期，曾一度有外国黑船侵入。这里的史迹不可胜数，其中有范赖、赖家遭受禁闭的修善寺，有堀越御所的遗址，有北条早云的韭山城等。

请不要忘记，自古以来，伊豆在日本造船史上，发挥着重大的作用，这正因为伊豆是大海和森林的故乡啊。

【注释】

[1] 伊豆：日本著名的旅游胜地，以温泉和海景出名。有日本最大的温泉城市热海、有着1 200多年历史的修善寺以及伊豆山、伊东、长冈等温泉景点。

[2] 罗曼车：浪漫的车。

[3] 情死：即殉情而死，此处指男女殉情。

[4] 町：是日本行政区划名称，行政等级同市、村，相当于中国的镇。

【赏析】

伊豆是日本著名的旅游胜地，那里峰峦起伏、景色优美。川端康成曾数十次游览伊豆，先后写下了二十余篇关于伊豆的游记散文。

文章开篇便指出：伊豆是"诗的故乡""日本历史的缩影""南国的楷模""山色海景的画廊"。作者把对伊豆的不同感受进行排比并列，互相映衬，突出了伊豆的美和非凡的气韵。伊豆的美是多姿多彩的：三个入口会让人感受到伊豆各不相同三面，伊豆的山、海、温泉也都各尽其妙，变化多姿。同时伊豆的美丽在作者笔下又是人格化的，这里的火山是男性威力的代表，泉水又和女性的温柔相映成趣。作者还写了伊豆的铁路、汽车和道路，每一事物放到伊豆上，都成了伊豆美景的点缀，都与伊豆的自然风光辉映成趣。文章在写到伊豆的历史和造船的业绩后戛然而止，既是将伊豆自然山色之美引申到人文之美，同时又给读者留下无数关于伊豆的想象之美。

伊豆风光绚丽缤纷，作者却没有用浓墨重彩的语言加以渲染，取而代之的是宛如东方水墨画的白描手法，用朴素无华、纤细简约的语言展现了伊豆自然而纯朴的美和伊豆内在的神韵。

文章在描摹伊豆美景时，介绍了热海的"情死"的风俗。在此时谈论死亡似乎有损人们对美景的感受，但这恰好反映出弥漫在川端康成整个创作过程中的伤感基调。

【思考练习】
1. 文章的标题体现了川端康成对伊豆有着怎样的感情？
2. 本文的写作重点是伊豆的自然之美还是内在神韵之美？
3. 课后阅读川端康成的小说《伊豆的舞女》及《伊豆之旅》《伊豆的姑娘》《汤岛的回忆》等散文，探寻伊豆在川端康成生命历程中的作用和地位。

论老之将至

[英] 罗素

【作者简介】

伯特兰·阿瑟·威廉·罗素（1872—1970年），英国哲学家、数学家、社会学家，20世纪声誉卓著、影响深远的思想家、学者。

罗素学识渊博而勤奋，一生完成了几十部论著和数千篇论文，内容涉及哲学、数学、伦理学、社会学、教育、历史、宗教以及政治等多个方面。作为哲学家，他提出的"罗素悖论"以及与人合著的《数学原理》《西方哲学史》等作品对世界影响深远。作为社会活动家，他一生追求真理，积极参加政治运动，维护世界和平，反对侵略和战争。罗素的著作总是出色地把艰深的学术思想以深入浅出的方式向大众普及，具有很高的学术水平和文学价值。1950年，罗素以非文学性的作品《婚姻与道德》一书获得诺贝尔文学奖，表彰他以"哲学作品对人类道德文化做出了贡献"。罗素的著述，文字清新流利，观点明晰机智，自问世以来，改变了人们对生活的态度，激励和启发着富于进取的人们。

1920年罗素曾来华讲学，他对中国文化大加赞赏，并预言中国将在20世纪发挥积极的作用。

虽然有这样一个标题，这篇文章真正要谈的却是怎样才能不老。在我这个年纪，这实在是一个至关重要的问题。我的第一个忠告是，要仔细选择你的祖先。尽管我的双亲皆属早逝，但是考虑到我的其他祖先，我的选择还是很不错的。是的，我的外祖父67岁时去世，正值盛年，可是另外三位祖父辈的亲人都活到了80岁以上。至于稍远一些的亲戚，我只发现一位没能长寿，他死于一种很罕见的病症：被杀头。我的一位曾祖母是吉本[1]的朋友，她活到了92岁高龄，一直到死，她始终是让子孙们感到敬畏的人。我的外祖母，一辈子生了10个孩子，活了9个，还有一个早年夭折，此外还有过多次流产。可是守寡之后，她马上就致力于妇女的高等教育事业。她是格顿学院[2]的创办人之一，力图使妇女进入医疗行业。她总好讲起她在意大利遇到过的一位面容悲哀的老年绅士，她询问他忧郁的原因，他说他刚刚失去了两个孙子。"天哪！"她大叫道："我有72个孙子孙女，如果我每失去一个孙子就悲伤不止，那我就没法活了！" "奇怪的母亲。"他回答说。但是，作为她72个孙辈中的一员，我却要说我更喜欢她的见地。上了80岁，她开始感到有些难以入睡，她便经常在午夜时分至凌晨三时这段时间阅读科普方面的书籍。我想她根本就没有工夫去留意她在衰老。我认为，这就是保持年轻的最佳方法。如果你的兴趣和活动既广泛又浓烈，而且你又能从中感到自己仍然精力旺盛，那么你就不必去考虑你活了多少年这种纯粹的统计学情况，更不必去考虑你那也许不很长久的未来。

至于健康，由于我这一生几乎从未患过病，也就没什么有益的忠告。我吃喝皆随心所欲，醒不了的时候就睡觉。我做事情从不以它是否有益健康为根据，尽管实际上我做的事情通常是有益健康的。

从心理角度讲，老年人需防止两种危险。一是过分沉湎于往事。人不能生活在回忆当中，不能生活在对美好往昔的怀念和对去世友人的哀念之中。一个人应当把心思放在未来，放到需要自己去做点什么的事情上。要做到这一点并非轻而易举，往事的影响总是在不断地增加。人们总认为自己过去的情感要比现在强烈得多，头脑也比现在敏锐。假如真的如此，就该忘掉它，而如果可以忘掉它，那你自以为是的情况就可能并不是真的。

另一件应当避免的事是依恋年轻人，期望从他们的勃勃生气中获取力量。子女们长大成人之后，都想按照自己的意愿生活。如果你还像他们年幼时那样关心他们，你就会成为他们的包袱，除非他们是异常迟钝的人。我不是说不应该关心子女，而是说这种关心应该是含蓄的，假如可能的话，还应是宽厚的，而不应该过分地感情用事。动物的幼子一旦自立，大动物就不再关心它们了。人类则因其幼年时期较长而难于做到这一点。

我认为，对于那些具有强烈的爱好，其活动又恰当适宜、并且不受个人感情影响的人们，成功地度过晚年绝非难事。只有在这个范围里，长寿才真正有益；只有在这个范围里，源于经验的智慧才能不受压制地得到运用。告诫已经成人的孩子别犯错误是没有用的，因为一来他们不会相信你，二来错误原本就是教育所必不可少的要素之一。但是，如果你是那种受个人情感支配的人，你就会感到，不把心思都放在子女和孙儿女身上，你就会觉得生活很空虚。假如事实确实如此，那么当你还能为他们提供物质上的帮助，譬如支援他们一笔钱或者为他们编织毛线外套的时候，你就必须明白，绝不要期望他们会因为你的陪伴而感到快乐。

有些老人因害怕死亡而苦恼。年轻人害怕死亡是可以理解的。有些年轻人担心他们会在战斗中丧生。一想到会失去生活能给予他们的种种美好事物，他们就感到痛苦。这种担心并不是无缘无故的，而是情有可原的。但是，对于一位经历了人生的悲欢，履行了个人职责的老人，害怕死亡就有些可怜和可耻了。克服这种恐惧的最好办法是——至少我认为是——逐渐扩大你的兴趣范围并使其不受个人情感的影响，直至包围自我的围墙一点一点地离开你，而你的生活则越来越融合于大家的生活之中。每一个人的一生都应该像河水一样——开始是细小的，被限制在狭窄的两岸之间，然后热烈地冲过巨石，滑下瀑布。渐渐地，河道变宽了，河岸扩展了，河水流得更平稳。最后，河水流入了海洋，不再有明显的间断和停顿，而后便毫无痛苦地摆脱了自身的存在。能够这样理解自己的一生的老人，将不会因害怕死亡而痛苦，因为他所珍爱的一切都将继续存在下去。而且，如果随着精力的衰退，疲倦之感日渐增加，长眠并非是不受欢迎的念头。我渴望死于尚能劳作之时，同时知道他人将继续我所未竟的事业，我大可因为已经尽了自己之所能而感到安慰。

【注释】

[1] 爱德华．吉本（1737—1794），英国历史学家，著有《罗马帝国衰亡史》等著作。

[2] 格顿学院：剑桥大学的第一所女子学院，建于1869年。

【赏析】

新陈代谢、衰老死亡，这是大自然的规律。当我们面对衰老死亡时，会有怎样反应呢？是唉声叹气、愤愤不平？还是乐观豁达、坦然面对？罗素在本文中给了我们极好的建议。

作者在开篇就出人意料告诉读者，标题虽是"论老之将至"，但"真正要谈的却是怎样才能不老"。作者幽默地写道："在我这个年纪，这实在是一个至关重要的问题"。看起来作者似乎正处于即将步入老龄的人生阶段，其实作者写此文时已是八十多岁的高龄了。这样的年龄在大众眼中，早就应该行将就木了吧。读完全文，作者在文中给我们展示的却是一颗年轻、健康的心。

怎样才能不老呢？作者戏谑地给出了第一条忠告："要仔细选择你的祖先"。作者以自己坚定豁达的老祖母为例，告诫人们只有忘记衰老，才是保持年轻的最佳方法。第二条忠告是"随心所欲"。这样的忠告必定遭到养生专家的极力反对。其实这是作者根据自己的几十年的生活体验得出的经验，他认为如果已经形成的生活习惯无损于健康，就不必为了长寿而去刻意改变。第三条忠告，克服"生活在回忆当中"和"依恋年轻人"两种心理障碍。作者从逻辑上证明了"生活在回忆当中"是极其错误的：如果"人过去比现在强"正确，那么为了生活得轻松，就应该把这个不好的结论忘掉，就不能时时生活在回忆中；如果"人过去比现在强"错误，也就是现在比过去强，那忘掉过去就是轻而易举的事了，所以从逻辑上讲，无论怎样都不应该生活在回忆中。作者还尖锐地指出了人性中的矛盾：人都年轻过，年轻时都想"按照自己的意愿生活"，而当人老了的时候却用"关怀备至""谆谆教诲"来束缚年轻人，老年人"依恋年轻人"，其实是"期望从他们的勃勃生气中获取力量"的自私行为。文章最后提出了克服死亡的恐惧的方法是"扩大你的兴趣范围并使其不受个人情感的影响"，因为"那些具有强烈的爱好、其活动又都恰当适宜、并且不受个人情感影响的人们，成功地度过老年绝非难事"。作者认为只有克服了对死亡的恐惧，"老之将至"才不再让人感到惶惶不安。在文章的最后，作者将自己观点融进了诗化的语言"每一个人的生活都应该像河水一样——开始是细小的，被限制在狭窄的两岸之间，然后热烈地冲过巨石、滑下瀑布。渐渐地，河道变宽了，河岸扩展了，河水流得更平稳了。最后，河水流入了海洋，不再有明显的间断和停顿，尔后便毫无痛苦地摆脱了自身的存在。"

身为哲学家的罗素同时又是散文家，所以在本文里，我们既看到了他深邃的哲学思维对生死这一人类生命的永恒主题的精辟见解，又领略了他简洁明晰、平易朴实、诙谐幽默的文风。

罗素活到了98岁，他对生命的思考值得我们借鉴。

【思考练习】

1. 谈谈你对衰老和死亡的看法。
2. 中国的文学作品中也有很多对人生衰老死亡观点的阐述，如"塞上长城空自许，镜中衰鬓已先斑""老骥伏枥，志在千里。烈士暮年，壮心不已"。比较这些诗歌中的观点与罗素观点的区别。

能力训练

【思考、讨论、交流】

1. 通过对古典诗词的学习,你是否对此产生了热爱之情?你认为中国古典诗歌美在什么地方?
2. 选一首你最为欣赏的现代诗,跟大家交流一下你的感受。
3. 开办班级讲堂。4人一组,将全班分成若干小组,每组集体准备一篇散文赏析的讲稿,推举一人在班级讲堂中讲解(可制作PPT辅助讲解)。

【书面表达训练】

1. 选择自己感兴趣的主题尝试写作一首诗,古体诗、格律诗或现代白话诗皆可。评选中其中最优秀的5篇作品予以奖励。
2. 以《我看见了……》为标题写一篇500~1 000字的散文。评选中其中最优秀的5篇作品予以奖励。

【语言表达艺术训练】

朗诵表演

【要求】

1. 选择一首诗或一篇散文进行朗诵;
2. 最好能够配乐;
3. 每位同学的朗诵时间控制在3~8分钟。

第三单元

小 说

概　　述

　　"小说"一词，最早出现于《庄子·外物篇》，文中将"小说"和"大道"作比较，大道，宏观言论，即如散文、诗歌；小说，琐碎言语，有发牢骚之意。《汉书·艺文志》则将小说划为九流之末，但肯定了它作为文学类别的存在。魏晋时，小说有了比较完整的篇章结构，也摆脱了"残俗文学"的粗制滥造，自此，中国文学史上产生了具有现代意义的古代小说。

　　追溯中国小说的源头，先秦两汉应该算是中国古代小说的萌芽期，其基本形式是古代神话和寓言；魏晋时期则是小说的雏形期，产生了"志怪""志人"小说，代表作品有《搜神记》《神异记》《世说新语》等；到了唐代，可以说中国小说进入了定性期，小说的形式主要是传奇，这时的主流作品具有了强烈的现实色彩，产生了《李娃传》《莺莺传》等优秀作品，这些作品较前一时期更加注重刻画人物形象；宋代是小说的发展期，随着说书人的话本出现后，白话小说应运而生；到元明清时期，出现了成就较高的长篇章回小说，小说创作进入高潮期，中国古典小说至此达到全盛阶段。产生了《三国演义》《水浒》《西游记》《金瓶梅》"四大奇书"，"三言""二拍"等短篇小说集。小说成为了清代文学成就最高的艺术样式，特别是《儒林外史》《红楼梦》《聊斋志异》的出现，将中国古典小说推向了顶峰。

　　到了近代后期，"小说界革命"勃然兴起，小说成为晚清思想启蒙和文学革新运动中成绩卓著的领域，产生了被鲁迅先生称为"谴责小说"的《官场现形记》《二十年目睹之怪现象》《老残游记》《孽海花》等近代优秀作品。

　　"五四"新文化运动开始后的现代文学时期，小说创作获得了丰收。涌现了鲁迅、朱自清、冰心、茅盾、巴金、老舍、钱钟书、张爱玲、丁玲等一大批优秀现代文学作家。鲁迅的《狂人日记》开创了现代白话小说的先河，短篇小说集《呐喊》和《彷徨》，奠定了中国现实主义小说创作的坚实基础。文学研究会等新文学团体的出现以及"左联"的成立,进一步促进了小说创作的发展,优秀的中长篇小说相继问世。茅盾的《子夜》、巴金的《家》、老舍的《骆驼祥子》、叶圣陶的《倪焕之》、沈从文的《边城》等,都是中国现代长篇小说的经典之作。抗战时期还出现了《围城》《太阳照在桑乾河上》《暴风骤雨》《小二黑结婚》《白洋淀纪事》等诸多优秀作品。

新中国成立后的20世纪五六十年代,革命现实主义成为了小说的主流,涌现了《保卫延安》《红日》《林海雪原》《红岩》《登记》《创业史》《组织部新来的青年人》《红豆》等一大批优秀小说。1966年"文化大革命"的爆发,中国文学创作受到禁锢,部分作家进行秘密创作,张扬、赵振开等是"地下创作"的典型代表。

1976年"四人帮"粉碎后,文学禁锢被打破,"五四"文学所开辟的现实主义优良传统得到恢复和发扬。以对刚刚过去的那个荒谬时代的控诉和反思为写作题材的"伤痕文学"和"反思文学"成为了新时期首先涌动的创作潮流。"伤痕文学"的代表作品有刘心武的《班主任》、卢新华的《伤痕》等,"反思文学"的代表作品有王蒙的《布礼》、古华的《芙蓉镇》、张贤亮的《绿化树》等。另外还有反映顺应时代改革进程的"改革文学",如蒋子龙的《乔厂长上任记》、张洁的《沉重的翅膀》、高晓声的"陈焕生系列"小说等。在新时期,单一的文学局面被打破,文学的题材和艺术表现都得到了突破和拓展,爱情题材、知识分子题材、军旅题材、"文化寻根"题材……多姿多彩,竞相斗艳;意识流等现代主义创作手法与现实主义手法的交汇,使当代小说得到了迅猛发展,文学领域呈现出朝气蓬勃的多元格局。

20世纪80年代至今,中国文学进入了一个多主题或无主题的多元化时代。首先是"先锋小说"发起了声势浩大的叙述革命,从而结束了传统现实主义完整叙事的时代。各具特色的小说作家作品层出不穷:有以《活着》《许三观卖血记》等作品显示雄厚实力的余华;有被誉为"中国的乔伊斯兼卡夫卡"的王小波;有以王蒙为代表的"形式上的现代主义"小说;刘索拉为代表的"荒诞小说""观念上的现代主义"小说,马原等人"从观念到形式的现代主义"小说;刘恒、池莉、方方等作家的"新写实主义"小说;莫言、苏童、陈忠实的"新历史小说";王朔为代表的"新市民小说",林白、陈染、海男等女性作家的"女性文学"小说;近几年,传播便捷的网络小说也正以迅猛之势不断发展,出现了广受热捧的《第一次亲密接触》《我的团长我的团》等优秀网络小说,可以说当今是从内容到形式涵义更广的一个小说创作多元化时代。

小说作品从古至今如此多姿多彩,那么,我们该如何欣赏小说呢?

首先是必须了解小说的特点。小说是以刻画人物形象为中心，通过完整的故事情节和具体的环境描写来反映社会生活的文学样式。因此，欣赏小说就离不开人物、环境、情节这三个基本要素。

首先，从小说情节入手，把握结构，明确人物之间的关系。也就是要从故事的发生、发展、高潮、结局等环节中，了解人物的思想行为以及作者组织情节的艺术匠心。

然后再把握人物形象，理解内涵，感受魅力。鉴赏人物形象要结合作者的感情倾向来理解；结合作品对人物外貌、语言、行动、和心理的描写来分析。同时，分析人物要密切联系他们的生活背景，即环境描写，它们能帮助我们了解人物思想性格的形成，了解时代的变迁及具体生活环境的特色，从而更好的理解作品的思想内容。

除此之外，个性化的语言也是小说作品成功的重要因素，因此，品味语言也是欣赏小说的重要内容。欣赏小说语言要细心品味，联系语境、想象情景，欣赏遣词造句的佳妙之处，领悟言外之意。在此基础上，还应适当领会小说的表达技巧，如叙述方式、人称方式、结构技巧等。

本单元选编的小说共有8篇，从内容上看，既有展示中国古代大家族生活的《宝玉挨打》，也有表现中国"五四"时期知识分子爱情生活的《伤逝》；既有表现西方社会道德观念的《绳子》，也有表现特殊环境下复杂人性的《封锁》；既有表现中国旧知识分子爱情婚姻题材的《围城》，也有表现刚刚踏上社会的年轻人面对现实时复杂感受的《十八岁出门远行》等。这些作品涉及古今中外人类生活的多个层面。从表现手法来看，既有运用现实主义的细腻笔法真实再现当时社会状况的作品，也有不重描述故事而重在揭示哲理，充满象征意味的现代派作品。从编选篇目上看，既有鸿篇巨制的节选，也有中篇、短篇和小小说。该单元作品的编选旨在让同学们了解不同小说的特点，掌握小说欣赏的方法，提高小说鉴赏的水平。

宝玉挨打

曹雪芹

【作者简介】

曹雪芹（约1715—1763），名沾，字梦阮，号雪芹，又号芹圃、芹溪，中国清代伟大的文学家、诗人。一生爱好研究广泛，金石、诗书、绘画、园林、中医、织补、工艺、饮食等无所不通。他出身于一个"百年望族"的大官僚家庭，后因家庭的衰败而饱尝了人生的辛酸。在人生的最后阶段，他以坚韧不拔的毅力，历经十年，增删五次，写出了中国古典小说的巅峰之作《红楼梦》。死后遗留《红楼梦》前八十回书稿，后四十回散失。

却说王夫人唤上金钏儿的母亲来，拿了几件簪环，当面赏了；又吩咐请几个僧人念经超度他。金钏儿的母亲磕了头谢了出去。

原来宝玉会过雨村回来，听见了金钏儿含羞自尽，心中早已五内摧伤；进来又被王夫人数说教训了一番，也无可回说。看见宝钗进来，方得便走出，茫然不知何往，背着手，低着头，一面感叹，一面慢慢的信步走至厅上。刚转过屏门，不想对面来了一人，正往里走，可巧撞了个满怀。只听那人喝一声："站住！"宝玉唬了一跳，抬头看时，不是别人，却是他父亲。早不觉倒抽了一口凉气，只得垂手一旁站着。

贾政道："好端端的，你垂头丧气的干什么？方才雨村来了，要见你，那半天才出来！既出来了，全无一点慷慨挥洒的谈吐，仍是委委琐琐的，我看你脸上一团私欲愁闷气色！这会子又唉声叹气，你那些还不足，还不自在？无故这样，是什么缘故？"宝玉素日虽然口角伶俐，此时一心却为金钏儿感伤，恨不得也身亡命殒。如今见他父亲说这些话，究竟不曾听明白了，只是怔怔的站着。

贾政见他惶悚，应对不似往日，原本无气的，这一来倒生了三分气。方欲说话，忽有门上人来回："忠顺亲王府里有人来，要见老爷。"贾政听了，心下疑惑，暗暗思忖道："素日并不与忠顺府来往，为什么今日打发人来……"一面想，一面命："快请厅上坐。"急忙进内更衣。出来接见时，却是忠顺府长府官。一面彼此见了礼，归坐献茶。未及叙谈，那长府官先就说道："下官此来，并非擅造潭府，皆因奉命而来，有一件事相求。看王爷面上，敢烦老先生做主。不但王爷支情，且连下官辈亦感谢不尽！"

贾政听了这话，摸不着头脑，忙陪笑起身问道："大人既奉王命而来，不知有何见谕？望大人宣明，学生好遵谕承办。"那长府官冷笑道："也不必承办，只用老先生一句话就完了。我们府里有一个做小旦的琪官，一向好好在府，如今竟三五日不见回去。各处去找，又摸不着他的道路，因此各处察访。这一城内，十停人倒有八停人都说，他近日和衔玉的那位令郎相与甚厚。下官辈听了，尊府不比别家，可以擅来索取，因此，启明王爷。王爷亦说：'若是别的戏子呢，一百个也罢了；只是这琪官随机应答，谨慎老成，甚合我老人家的心境，断断少不得此人。'故此求老先生转致令郎，请将琪官放回：一则可慰王爷谆谆奉恩之意，二则下官辈也可免操劳求觅之苦。"说毕，忙打一躬。

贾政听了这话，又惊又气，即命唤宝玉出来。宝玉也不知是何原故，忙忙赶来。贾政便问："该死的奴才！你在家不读书也罢了，怎么又做出这些无法无天的事来？那琪官现是忠顺王爷驾前承奉的人，你是何等草莽，无故引逗他出来，如今祸及于我！"宝玉听了，唬了一跳，忙回道："实在不知此事。究竟'琪官'两个字，不知为何物，况更加以'引逗'二字！"说着，便哭。贾政未及开口，只见那长府官冷笑道："公子也不必隐饰。或藏在家，或知其下落，早说出来，我们也少受些辛苦。岂不念公子之德呢？"宝玉连说："实在不知，恐是讹传，也未见得。"那长府官冷笑两声，道："现有证据，必定当着老大人说出来，公子岂不吃亏？——既说不知此人，那红汗巾子怎得到了公子腰里？"

宝玉听了这话，不觉轰了魂魄，目瞪口呆，心下自思："这话他如何知道？他既连这样机密事都知道了，大约别的瞒不过他，不如打发他去了，免得再说出别的事来。"因说道："大人既知他的底细，如何连他置买房舍这样大事倒不晓得了？听得说，他如今在东郊，离城二十里，有个什么紫檀堡，他在那里置了几亩田地，几间房舍。想是在那里也未可知。"那长府官听了，笑道："这样说，一定是在那里了。我且去找一回。若有了便罢，若没有，还要来请教。"说着，便忙忙的告辞走了。

贾政此时气得目瞪口歪，一面送那官员，一面回头命宝玉："不许动！回来有话问你！"一直送那官去了，才回身时，忽见贾环带着几个小厮一阵乱跑，贾政喝命小厮："给我快打！"贾环见了他父亲，吓得骨软筋酥，赶忙低头站住。贾政便问："你跑什么？带着你的那些人都不管你，不知往那里去，由你野马一般！"喝叫："跟上学的人呢！"贾环见他父亲甚怒，便乘机说道："方才原不曾跑；只因从那井边一过，那井里淹死了一个丫头，我看脑袋这么大，身子这么粗，泡的实在可怕，所以才赶着跑过来了。"贾政听了，惊疑问道："好端端，谁去跳井？我家从无这样事情。自祖宗以来，皆是宽柔待下。——大约我近年于家务疏懒，自然执事人操克夺之权，致使弄出这暴殄轻生的祸来！若外人知道，祖宗的颜面何在！"喝命叫贾琏赖大来。

小厮们答应了一声，方欲去叫，贾环忙上前，拉住贾政袍襟，贴膝跪下，道："老爷不用生气。此事除太太屋里的人，别人一点也不知道。我听见我母亲说——"说到这句，便回头四顾一看。贾政知其意，将眼色一丢，小厮们明白，都往两边后面退去。贾环便悄悄说道："我母亲告诉我说：宝玉哥哥前日在太太屋里，拉着太太的丫头金钏儿强奸不遂，打了一顿，金钏儿便赌气投井死了。"

话未说完，把个贾政气得面如金纸，大叫："拿宝玉来！"一面说，一面便往书房去。喝命："今日再有人来劝我，我把这冠带家私一应就交与他和宝玉过去！我免不得做个罪人，把这几根烦恼鬓毛剃去，寻个干净去处自了，也免得上辱先人，下生逆子之罪！"

众门客仆从见贾政这个形景，便知又是为宝玉了。一个个咬指吐舌，连忙退出。贾政喘吁吁直挺挺的坐在椅子上，满面泪痕，一迭连声："拿宝玉来！拿大棍，拿绳来！把门都关上！有人传信到里头去，立刻打死！"众小厮们只得齐齐答应着，有几个来找宝玉。

那宝玉听见贾政吩咐他不许动，早知凶多吉少。那里知道贾环又添了许多的话。正在厅上旋转，怎得个人来往里头捎信，偏偏的没个人来，连焙茗也不知在那里。正盼望时，只见一个老妈妈出来，宝玉如得了珍宝，便赶上来拉他，说道："快进去告诉：老爷要打我呢！快去，快去！要紧，要紧！"宝玉一则急了，说话不明白；二则老婆子偏偏又耳聋，不曾听见是什么话，把"要紧"二字只听做"跳井"二字。便笑道："跳井让他跳去，二爷怕什么?"宝玉见是个聋子,便着急道:"你出去叫我的小厮来罢!"那婆子道:"有什么不了的事? 老早的完了。太太又赏了银子,怎么不了事呢?"

宝玉急得手脚正没抓寻处。只见贾政的小厮走来,逼着他出去了。贾政一见,眼都红了,也不暇问他在外流荡优伶,表赠私物;在家荒疏学业,逼淫母婢。只喝命:"堵起嘴来,着实打死!"小厮们不敢违,只得将宝玉按在凳上,举起大板,打了十来下。宝玉自知不能讨饶,只是呜呜的哭。贾政还嫌打的轻,一脚踢开掌板的,自己夺过板子来,狠命的又打了十几下。

宝玉生来未经过这样苦楚,起先觉得打的疼不过,还乱嚷乱哭;后来渐渐气弱声嘶,哽咽不出。众门客见打的不祥了,赶着上来,恳求夺劝。贾政那里肯听? 说道:"你们问问他干的勾当,可饶不可饶! 素日皆是你们这些人把他酿坏了,到这步田地,还来劝解! 明日酿到他弑父弑君,你们才不劝不成?"

众人听这话不好,知道气急了,忙乱着觅人进去给信。王夫人听了,不及去回贾母,便忙穿衣出来,也不顾有人没人,忙忙扶了一个丫头,赶往书房中来。慌得众门客小厮等避之不及。贾政正要再打,一见王夫人进来,更加火上浇油,那板子越下去的又狠又快。按宝玉的两个小厮忙松手走开。宝玉早已动弹不得了。

贾政还欲打时,早被王夫人抱住板子。贾政道:"罢了,罢了! 今日必定要气死我才罢!"王夫人哭道:"宝玉虽然该打,老爷也要保重! 且炎暑天气,老太太身上又不大好,打死宝玉事小,倘或老太太一时不自在了,岂不事大?"贾政冷笑道:"倒休提这话! 我养了这不肖的孽障,我已不孝! 平昔教训他一番,又有众人护持,不如趁今日结果了他的狗命,以绝将来之患!"说着,便要绳来勒死。王夫人连忙抱住哭道:"老爷虽然应当管教儿子,也要看夫妻分上! 我如今已五十岁的人,只有这个孽障,必定苦苦的以他为法,我也不敢深劝。今日越发要弄死他,岂不是有意绝我呢? 既要勒死他,索性先勒死我,再勒死他! 我们娘儿们不如一同死了,在阴司里也得个依靠!"说毕,抱住宝玉,放声大哭起来。

贾政听了此话,不觉长叹一声,向椅上坐了,泪如雨下。王夫人抱着宝玉,只见他面白气弱,底下穿着一条绿纱小衣,一片皆是血渍。禁不住解下汗巾去,由腿看至臀胫,或青或紫,或整或破,竟无一点好处,不觉失声大哭起"苦命的儿"来。因哭出"苦命的儿"来,又想起贾珠来,便叫着贾珠,哭道:"若有你活着,便死一百个,我也不管了!"

此时里面的人闻得王夫人出来,李纨、凤姐及迎探姊妹两个也都出来了。王夫人哭着贾珠的名字,别人还可,惟有李纨禁不住也抽抽搭搭的哭起来了。贾政听了,那泪更似走珠一般滚了下来。

正没开交处,忽听丫鬟来说:"老太太来了。"一言未了,只听窗外颤巍巍的声气说道:"先打死我,再打死他,就干净了!"

贾政见母亲来了,又急又痛,连忙迎出来。只见贾母扶着丫头,摇头喘气的走来。贾政上前躬身陪笑说道:"大暑热的天,老太太有什么吩咐,何必自己走来? 只叫儿子进去吩咐便了。"贾母听了,便止步喘息,一面厉声道:"你原来和我说话! 我倒有话吩咐,只是我一生没养个好儿子,却叫我和谁说去?"

贾政听这话不像,忙跪下含泪说道:"儿子管他也为的是光宗耀祖。老太太这话,儿子如何当的起?"贾母听说,便啐了一口,说道:"我说了一句话,你就禁不起;你那样下死手的板子,难道宝玉儿就禁的起了? 你说教训儿子是光宗耀祖,当日你父亲怎么教训你来着?"说着,也不觉泪往下流。贾政又陪笑道:"老太太也不必伤感,都是儿子一时性急。从此以后,再不打他了。"贾母便冷笑两声道:"你也不必和我赌气!你的儿子,自然你要打就打。——想来你也厌烦我们娘儿们,不如我们早离了你,大家干净!"说着,便命人:"去看轿!我和你太太宝玉儿立刻回南京去!"家下人只得答应着。

贾母又叫王夫人道:"你也不必哭了。如今宝玉儿年纪小,你疼他;他将来长大,为官作宦的,也未必想着你是他母亲了。你如今倒是不疼他,只怕将来还少生一口气呢!"贾政听说,忙叩头,说道:"母亲如此说,儿子无立足之地了!"贾母冷笑道:"你分明使我无立足之地,你反说起你来?只是我们回去了,你心里干净,看有谁来不许你打!"一面说,一面只命:"快打点行李车辆轿马回去!"贾政直挺挺跪着,叩头谢罪。

贾母一面说,一面来看宝玉,只见今日这顿打,不比往日,又是心疼,又是生气,也抱着哭个不了。王夫人与凤姐等劝解了一会,方渐渐的止住。

早有丫鬟媳妇等,上来要搀宝玉。凤姐便骂:"胡涂东西!也不睁开眼瞧瞧。这个样儿,怎么搀着走?还不快进去把那藤屉子春凳抬出来呢?"众人听了,连忙飞跑进去,果然抬出春凳来,将宝玉放上,随着贾母王夫人等进去,送至贾母屋里。彼时贾政见贾母怒气未消,不敢自便,也跟着进来,看看宝玉果然打重了,再看看王夫人一声"肉"一声"儿"的哭道:"你替珠儿早死了,留着珠儿,也免你父亲生气,我也不白操这半世的心了!这会子,你倘或有个好歹,撂下我,叫我靠那一个!"数落一场,又哭:"不争气的儿!"贾政听了,也就灰心,自己不该下毒手打到如此地步。先劝贾母,贾母含泪说道:"儿子不好,原是要管的,不该打到这个分儿。你不出去,还在这里做什么?难道于心不足,还要眼看着他死了才算吗?"贾政听说,方诺诺退出去了。

此时薛姨妈、宝钗、香菱、袭人、湘云等也都在这里。袭人满心委屈,只不好十分使出来。见众人围着,灌水的灌水,打扇的打扇,自己插不下手去,便索性走出门,到二门前,命小厮们找了焙茗来细问:"方才好端端的,为什么打起来?你也不早来透个信儿!"焙茗急的说:"偏我没在跟前!打到半中间,我才听见了。忙打听原故,却是为琪官儿和金钏儿姐姐的事。"袭人道:"老爷怎么知道了?"焙茗道:"那琪官儿的事,多半是薛大爷素昔吃醋,没法儿出气,不知在外头挑唆了谁来在老爷跟前下的蛆。那金钏儿姐姐的事,大约是三爷说的。——我也是听见跟老爷的人说。"

袭人听了这两件事都对景,心中也就信了八九分,然后回来,只见众人都替宝玉疗治。调停完备,贾母命好生抬到他屋里去。众人一声答应,七手八脚,忙把宝玉送入怡红院内自己床上卧好。又乱了半日,众人渐渐的散去了,袭人方才进前来经心服侍细问。

【赏析】

"宝玉挨打"是《红楼梦》中的著名事件之一。宝玉挨打的起因主要有三个:其一是宝玉会见官僚贾雨村时无精打采,令贾政很不满意。父亲贾政想让他多历练一些仕途经济上的经验,宝玉对此极其反感。其二,宝玉与琪官的交往激怒了忠顺王爷,给贾政无端招来政治纠纷。其三是贾环搬弄是非,污蔑宝玉逼死了金钏儿。宝玉不喜欢读书,却爱和丫鬟们厮混,贾政对此早有不满,如今听信谗言,才顿起教训之心。三个方面挨打的起因,归结起来,就是贾宝玉不愿意走仕途经济的思想行为,与贾政望子成龙、重整家业的期望背道而驰。

宝玉挨打的事件表面看是写父亲教训儿子这样一件普通小事，实际上它集中反映了大家族中的各种思想、各种派别之间的矛盾冲突：首先最突出的矛盾是封建卫道士贾政和封建叛逆者贾宝玉之间面对面的、直接的父子冲突；其次是以贾环为代表的庶出与嫡出的宝玉之间的派别矛盾，贾环诬陷宝玉，正反映了大家庭嫡庶之争的极端险恶；再其次，是贾母与贾政之间就如何管教宝玉的方法问题而产生的矛盾冲突，贾母溺爱孙子，但她并不反对儿子管孙子，只是对贾政痛下杀手的表现难以接受；最后还有王夫人与贾政之间的夫妻矛盾，贾政听信赵姨娘的逸言而不利于嫡党，王夫人以柔克刚，为自己和儿子宝玉争取利益。这一切都真实地反映了封建大家族内部的腐朽没落。

　　从"宝玉挨打"这件事我们可以看到，在封建社会里，美好、进步的新生力量，怎样抗拒着强大、腐朽的势力。这正是那一时代历史生活的本质反映。曹雪芹以生动的描写，深刻地表现了这一历史本质。

　　选文中围绕"宝玉挨打"这一事件，塑造了一群典型的人物形象。首先是贾政，他惧怕权势，听信逸言，性格顽固、暴躁，是一个在保守和落后的环境里产生的无能家长和昏聩官僚，这个封建主义的忠实信徒，外表看去好像很是"威严刚毅"，实际上却是平庸迂腐。

　　其次是贾宝玉，言谈机敏，不善应酬，矢志不移，性情温润，思想叛逆。兼有软弱和反抗的成分。

　　还有贾母极具威望，溺爱宝玉；王夫人善用心机，以退为进；还有具有管家风范的凤姐，混乱中指挥若定。

【思考和练习】

　　1. 分析宝玉挨打的主客观原因，从中感受封建家族的种种矛盾冲突。

　　2. 通过"宝玉挨打"这一件事分析作品中人物的思想性格特征，理解概括作品所反映的主题。

伤 逝
——涓生的手记
鲁 迅

【作者简介】

鲁迅（1881—1936），浙江绍兴人，原名周樟寿，后改为周树人，以笔名鲁迅闻名于世。出身于破落封建家庭，青年时代受进化论、尼采超人哲学和托尔斯泰博爱思想的影响。1902年去日本留学，原在仙台医学院学医，后弃医从文，希望借此改变国民精神。1918年5月，首次用"鲁迅"的笔名，发表中国现代文学史上第一篇白话小说《狂人日记》，奠定了新文学运动的基石。1918—1926年，陆续创作出版了小说集《呐喊》《彷徨》《故事新编》，杂文集《坟》《热风》《华盖集》《华盖集续编》，散文诗集《野草》，散文集《朝花夕拾》等专集。1927—1936年，创作了历史小说集《故事新编》中的大部分作品，创作了大量的杂文，收集在《而已集》《三闲集》《二心集》《南腔北调集》《伪自由书》《准风月谈》《花边文学》《且介亭杂文》等专集中。1936年10月19日，鲁迅逝世于上海，成千上万的普通人自动前来为他送行，在他的灵柩上覆盖着一面旗帜，上面写着"民族魂"（沈钧儒手书）三个字。鲁迅是20世纪中国伟大的思想家和文学家，他的精神深刻影响着一代又一代的读者和知识分子，他的文学创作为中国现代文学的发展奠定了深厚的基础，是我们民族宝贵的财富。

如果我能够，我要写下我的悔恨和悲哀，为子君，为自己。

会馆里的被遗忘在偏僻里的破屋是这样地寂静和空虚。时光过得真快，我爱子君，仗着她逃出这寂静和空虚，已经满一年了。事情又这么不凑巧，我重来时，偏偏空着的又只有这一间屋。依然是这样的破窗，这样的窗外的半枯的槐树和老紫藤，这样的窗前的方桌，这样的败壁，这样的靠壁的板床。深夜中独自躺在床上，就如我未曾和子君同居以前一般，过去一年中的时光全被消灭，全未有过，我并没有曾经从这破屋子搬出，在吉兆胡同创立了满怀希望的小小的家庭。

不但如此。在一年之前，这寂静和空虚是并不这样的，常常含着期待；期待子君的到来。在久待的焦躁中，一听到皮鞋的高底尖触着砖路的清响，是怎样地使我骤然生动起来呵！于是就看见带着笑窝的苍白的圆脸，苍白的瘦的臂膊，布的有条纹的衫子，玄色的裙。她又带了窗外的半枯的槐树的新叶来，使我看见，还有挂在铁似的老干上的一房一房的紫白的藤花。

然而现在呢，只有寂静和空虚依旧，子君却决不再来了，而且永远，永远地！……

子君不在我这破屋里时，我什么也看不见。在百无聊赖中，顺手抓过一本书来，科学也好，文学也好，横竖什么都一样；看下去，看下去，忽而自己觉得，已经翻了十多页了，但是毫不记得书上所说的事。只是耳朵却分外地灵，仿佛听到大门外一切往来的履声，从中便有子君的,而且橐橐地逐渐临近,——但是,往往又逐渐渺茫,终于消失在别的步声的杂沓中了。我憎恶那不像子君鞋声的穿布底鞋的长班的儿子,我憎恶那太像子君鞋声的常常穿着新皮鞋的邻院的搽雪花膏的小东西!

莫非她翻了车么?莫非她被电车撞伤了么?……

我便要取了帽子去看她,然而她的胞叔就曾经当面骂过我。

蓦然,她的鞋声近来了,一步响于一步,迎出去时,却已经走过紫藤棚下,脸上带着微笑的酒窝。她在她叔子的家里大约并未受气;我的心宁帖了,默默地相视片时之后,破屋里便渐渐充满了我的语声,谈家庭专制,谈打破旧习惯,谈男女平等,谈伊孛生,谈泰戈尔,谈雪莱……。她总是微笑点头,两眼里弥漫着稚气的好奇的光泽。壁上就钉着一张铜板的雪莱半身像,是从杂志上裁下来的,是他的最美的一张像。当我指给她看时,她却只草草一看,便低了头,似乎不好意思了。这些地方,子君就大概还未脱尽旧思想的束缚,——我后来也想,倒不如换一张雪莱淹死在海里的记念像或是伊孛生的罢;但也终于没有换,现在是连这一张也不知那里去了。

"我是我自己的,他们谁也没有干涉我的权利!"

这是我们交际了半年,又谈起她在这里的胞叔和在家的父亲时,她默想了一会之后,分明地,坚决地,沉静地说了出来的话。其时是我已经说尽了我的意见,我的身世,我的缺点,很少隐瞒;她也完全了解的了。这几句话很震动了我的灵魂,此后许多天还在耳中发响,而且说不出的狂喜,知道中国女性,并不如厌世家所说那样的无法可施,在不远的将来,便要看见辉煌的曙色的。

送她出门,照例是相离十多步远;照例是那鲇鱼须的老东西的脸又紧帖在脏的窗玻璃上了,连鼻尖都挤成一个小平面;到外院,照例又是明晃晃的玻璃窗里的那小东西的脸,加厚的雪花膏。她目不邪视地骄傲地走了,没有看见;我骄傲地回来。

"我是我自己的,他们谁也没有干涉我的权利!"这彻底的思想就在她的脑里,比我还透澈,坚强得多。半瓶雪花膏和鼻尖的小平面,于她能算什么东西呢?

我已经记不清那时怎样地将我的纯真热烈的爱表示给她。岂但现在,那时的事后便已模糊,夜间回想,早只剩了一些断片;同居以后一两月,便连这些断片也化作无可追踪的梦影。我只记得那时以前的十几天,曾经很仔细地研究过表示的态度,排列过措辞的先后,以及倘或遭了拒绝以后的情形。可是临时似乎都无用,在慌张中,身不由己地竟用了在电影上见过的方法了。后来一想到,就使我很愧恧,但在记忆上却偏只有这一点永远留遗,至今还如暗室的孤灯一般,照见我含泪握着她的手,一条腿跪了下去……

不但我自己的,便是子君的言语举动,我那时就没有看得分明;仅知道她已经允许我了。但也还仿佛记得她脸色变成青白,后来又渐渐转作绯红——没有见过,也没有再见的绯红;孩子似的眼里射出悲喜,但是夹着惊疑的光,虽然力避我的视线,张皇地似乎要破窗飞去。然而我知道她已经允许我了,没有知道她怎样说或是没有说。

她却是什么都记得:我的言辞,竟至于读熟了的一般,能够滔滔背诵;我的举动,就如有一张我所看不见的影片挂在眼下,叙述得如生,很细微,自然连那使我不愿再想的浅薄的电影的一闪。夜阑人静,是相对温习的时候了,我常是被质问,被考验,并且被命复述当时的言语，然而常须由她补足，由她纠正，像一个丁等的学生。

这温习后来也渐渐稀疏起来。但我只要看见她两眼注视空中，出神似的凝想着，于是神色越加柔和，笑窝也深下去，便知道她又在自修旧课了，只是我很怕她看到我那可笑的电影的一闪。但我又知道，她一定要看见，而且也非看不可的。

然而她并不觉得可笑。即使我自己以为可笑，甚而至于可鄙的，她也毫不以为可笑。这事我知道得很清楚，因为她爱我，是这样地热烈，这样地纯真。

去年的暮春是最为幸福，也是最为忙碌的时光。我的心平静下去了，但又有别一部分和身体一同忙碌起来。我们这时才在路上同行，也到过几回公园，最多的是寻住所。我觉得在路上时时遇到探索，讥笑，猥亵和轻蔑的眼光，一不小心，便使我的全身有些瑟缩，只得即刻提起我的骄傲和反抗来支持。她却是大无畏的，对于这些全不关心，只是镇静地缓缓前行，坦然如入无人之境。

寻住所实在不是容易事，大半是被托辞拒绝，小半是我们以为不相宜。起先我们选择得很苛酷，——也非苛酷，因为看去大抵不像是我们的安身之所；后来，便只要他们能相容了。看了二十多处，这才得到可以暂且敷衍的处所，是吉兆胡同一所小屋里的两间南屋；主人是一个小官，然而倒是明白人，自住着正屋和厢房。他只有夫人和一个不到周岁的女孩子，雇一个乡下的女工，只要孩子不啼哭，是极其安闲幽静的。

我们的家具很简单，但已经用去了我的筹来的款子的大半；子君还卖掉了她唯一的金戒指和耳环。我拦阻她，还是定要卖，我也就不再坚持下去了；我知道不给她加入一点股分去，她是住不舒服的。

和她的叔子，她早经闹开，至于使他气愤到不再认她做侄女；我也陆续和几个自以为忠告，其实是替我胆怯，或者竟是嫉妒的朋友绝了交。然而这倒很清静。每日办公散后，虽然已近黄昏，车夫又一定走得这样慢，但究竟还有二人相对的时候。我们先是沉默的相视，接着是放怀而亲密的交谈，后来又是沉默。大家低头沉思着，却并未想着什么事。我也渐渐清醒地读遍了她的身体，她的灵魂，不过三星期，我似乎于她已经更加了解，揭去许多先前以为了解而现在看来却是隔膜，即所谓真的隔膜了。

子君也逐日活泼起来。但她并不爱花，我在庙会时买来的两盆小草花，四天不浇，枯死在壁角了，我又没有照顾一切的闲暇。然而她爱动物，也许是从官太太那里传染的罢，不一月，我们的眷属便骤然加得很多，四只小油鸡，在小院子里和房主人的十多只在一同走。但她们却认识鸡的相貌，各知道那一只是自家的。还有一只花白的巴儿狗，从庙会买来，记得似乎原有名字，子君却给它另起了一个，叫作阿随。我就叫它阿随，但我不喜欢这名字。

这是真的，爱情必须时时更新，生长，创造。我和子君说起这，她也领会地点点头。

唉唉，那是怎样的宁静而幸福的夜呵！

安宁和幸福是要凝固的，永久是这样的安宁和幸福。我们在会馆里时，还偶有议论的冲突和意思的误会，自从到吉兆胡同以来，连这一点也没有了；我们只在灯下对坐的怀旧谭中，回味那时冲突以后的和解的重生一般的乐趣。

子君竟胖了起来，脸色也红活了；可惜的是忙。管了家务便连谈天的工夫也没有，何况读书和散步。我们常说，我们总还得雇一个女工。

这就使我也一样地不快活,傍晚回来,常见她包藏着不快活的颜色,尤其使我不乐的是她要装作勉强的笑容。幸而探听出来了,也还是和那小官太太的暗斗,导火线便是两家的小油鸡。但又何必硬不告诉我呢?人总该有一个独立的家庭。这样的处所,是不能居住的。

我的路也铸定了,每星期中的六天,是由家到局,又由局到家。在局里便坐在办公桌前钞,钞,钞些公文和信件;在家里是和她相对或帮她生白炉子,煮饭,蒸馒头。我的学会了煮饭,就在这时候。

但我的食品却比在会馆里时好得多了。做菜虽不是子君的特长,然而她于此却倾注着全力;对于她的日夜的操心,使我也不能不一同操心,来算作分甘共苦。况且她又这样地终日汗流满面,短发都粘在脑额上;两只手又只是这样地粗糙起来。

况且还要饲阿随,饲油鸡,……都是非她不可的工作。

我曾经忠告她:我不吃,倒也罢了;却万不可这样地操劳。她只看了我一眼,不开口,神色却似乎有点凄然;我也只好不开口。然而她还是这样地操劳。

我所预期的打击果然到来。双十节的前一晚,我呆坐着,她在洗碗。听到打门声,我去开门时,是局里的信差,交给我一张油印的纸条。我就有些料到了,到灯下去一看,果然,印着的就是:

```
奉

局长谕史涓生着毋庸到局办事

秘书处启    十月九号
```

这在会馆里时,我就早已料到了;那雪花膏便是局长的儿子的赌友,一定要去添些谣言,设法报告的。到现在才发生效验,已经要算是很晚的了。其实这在我不能算是一个打击,因为我早就决定,可以给别人去钞写,或者教读,或者虽然费力,也还可以译点书,况且《自由之友》的总编辑便是见过几次的熟人,两月前还通过信。但我的心却跳跃着。那么一个无畏的子君也变了色,尤其使我痛心;她近来似乎也较为怯弱了。

"那算什么。哼,我们干新的。我们……。"她说。

她的话没有说完;不知怎地,那声音在我听去却只是浮浮的;灯光也觉得格外黯淡。人们真是可笑的动物,一点极微末的小事情,便会受着很深的影响。我们先是默默地相视,逐渐商量起来,终于决定将现有的钱竭力节省,一面登"小广告"去寻求钞写和教读,一面写信给《自由之友》的总编辑,说明我目下的遭遇,请他收用我的译本,给我帮一点艰辛时候的忙。

"说做,就做罢!来开一条新的路!"

我立刻转身向了书案,推开盛香油的瓶子和醋碟,子君便送过那黯淡的灯来。我先拟广告;其次是选定可译的书,迁移以来未曾翻阅过,每本的头上都满漫着灰尘了;最后才写信。

我很费踌躇,不知道怎样措辞好,当停笔凝思的时候,转眼去一瞥她的脸,在昏暗的灯光下,又很见得凄然。我真不料这样微细的小事情,竟会给坚决的,无畏的子君以这么显著的变化。她近来实在变得很怯弱了,但也并不是今夜才开始的。我的心因此更缭乱,忽然有安宁的生活的影像——会馆里的破屋的寂静,在眼前一闪,刚刚想定睛凝视,却又看见了昏暗的灯光。

许久之后,信也写成了,是一封颇长的信;很觉得疲劳,仿佛近来自己也较为怯弱了。于是我们决定,广告和发信,就在明日一同实行。大家不约而同地伸直了腰肢,在无言中,似乎又都感到彼此的坚忍崛强的精神,还看见从新萌芽起来的将来的希望。

外来的打击其实倒是振作了我们的新精神。局里的生活,原如鸟贩子手里的禽鸟一般,仅有一点小米维系残生,决不会肥胖;日子一久,只落得麻痹了翅子,即使放出笼外,早已不能奋飞。现在总算脱出这牢笼了,我从此要在新的开阔的天空中翱翔,趁我还未忘却了我的翅子的扇动。

小广告是一时自然不会发生效力的;但译书也不是容易事,先前看过,以为已经懂得的,一动手,却疑难百出了,进行得很慢。然而我决计努力地做,一本半新的字典,不到半月,边上便有了一大片乌黑的指痕,这就证明着我的工作的切实。《自由之友》的总编辑曾经说过,他的刊物是决不会埋没好稿子的。

可惜的是我没有一间静室,子君又没有先前那么幽静,善于体贴了,屋子里总是散乱着碗碟,弥漫着煤烟,使人不能安心做事,但是这自然还只能怨我自己无力置一间书斋。然而又加以阿随,加以油鸡们。加以油鸡们又大起来了,更容易成为两家争吵的引线。

加以每日的"川流不息"的吃饭;子君的功业,仿佛就完全建立在这吃饭中。吃了筹钱,筹来吃饭,还要喂阿随,饲油鸡;她似乎将先前所知道的全都忘掉了,也不想到我的构思就常常为了这催促吃饭而打断。即使在坐中给看一点怒色,她总是不改变,仍然毫无感触似的大嚼起来。

使她明白了我的工作不能受规定的吃饭的束缚,就费去五星期。她明白之后,大约很不高兴罢,可是没有说。我的工作果然从此较为迅速地进行,不久就共译了五万言,只要润色一回,便可以和做好的两篇小品,一同寄给《自由之友》去。只是吃饭却依然给我苦恼。菜冷,是无妨的,然而竟不够;有时连饭也不够,虽然我因为终日坐在家里用脑,饭量已经比先前要减少得多。这是先去喂了阿随了,有时还并那近来连自己也轻易不吃的羊肉。她说,阿随实在瘦得太可怜,房东太太还因此嗤笑我们了,她受不住这样的奚落。

于是吃我残饭的便只有油鸡们。这是我积久才看出来的,但同时也如赫胥黎的论定"人类在宇宙间的位置"一般,自觉了我在这里的位置:不过是叭儿狗和油鸡之间。

后来,经多次的抗争和催逼,油鸡们也逐渐成为肴馔,我们和阿随都享用了十多日的鲜肥;可是其实都很瘦,因为它们早已每日只能得到几粒高粱了。从此便清静得多。只有子君很颓唐,似乎常觉得凄苦和无聊,至于不大愿意开口。我想,人是多么容易改变呵!

但是阿随也将留不住了。我们已经不能再希望从什么地方会有来信,子君也早没有一点食物可以引它打拱或直立起来。冬季又逼近得这么快,火炉就要成为很大的问题;它的食量,在我们其实早是一个极易觉得的很重的负担。于是连它也留不住了。

倘使插了草标到庙市去出卖,也许能得几文钱罢,然而我们都不能,也不愿这样做。终于是用包袱蒙着头,由我带到西郊去放掉了,还要追上来,便推在一个并不很深的土坑里。

我一回寓,觉得又清静得多多了;但子君的凄惨的神色,却使我很吃惊。那是没有见过的神色,自然是为阿随。但又何至于此呢?我还没有说起推在土坑里的事。

到夜间,在她的凄惨的神色中,加上冰冷的分子了。

"奇怪。——子君,你怎么今天这样儿了?"我忍不住问。

"什么?"她连看也不看我。

"你的脸色……"

"没有什么,——什么也没有。"

我终于从她言动上看出,她大概已经认定我是一个忍心的人。其实,我一个人,是容易生活的,虽然因为骄傲,向来不与世交来往,迁居以后,也疏远了所有旧识的人,然而只要能远走高飞,生路还宽广得很。现在忍受着这生活压迫的苦痛,大半倒是为她,便是放掉阿随,也何尝不如此。但子君的识见却似乎只是浅薄起来,竟至于连这一点也想不到了。

我拣了一个机会,将这些道理暗示她;她领会似的点头。然而看她后来的情形,她是没有懂,或者是并不相信的。

天气的冷和神情的冷,逼迫我不能在家庭中安身。但是,往那里去呢?大道上,公园里,虽然没有冰冷的神情,冷风究竟也刺得人皮肤欲裂。我终于在通俗图书馆里觅得了我的天堂。

那里无须买票;阅书室里又装着两个铁火炉。纵使不过是烧着不死不活的煤的火炉,但单是看见装着它,精神上也就总觉得有些温暖。书却无可看:旧的陈腐,新的是几乎没有的。

好在我到那里去也并非为看书。另外时常还有几个人,多则十余人,都是单薄衣裳,正如我,各人看各人的书,作为取暖的口实。这于我尤为合式。道路上容易遇见熟人,得到轻蔑的一瞥,但此地却决无那样的横祸,因为他们是永远围在别的铁炉旁,或者靠在自家的白炉边的。

那里虽然没有书给我看,却还有安闲容得我想。待到孤身枯坐,回忆从前,这才觉得大半年来,只为了爱,——盲目的爱,——而将别的人生的要义全盘疏忽了。第一,便是生活。人必生活着,爱才有所附丽。世界上并非没有为了奋斗者而开的活路;我也还未忘却翅子的扇动,虽然比先前已经颓唐得多……

屋子和读者渐渐消失了,我看见怒涛中的渔夫,战壕中的兵士,摩托车中的贵人,洋场上的投机家,深山密林中的豪杰,讲台上的教授,昏夜的运动者和深夜的偷儿……子君,——不在近旁。她的勇气都失掉了,只为着阿随悲愤,为着做饭出神;然而奇怪的是倒也并不怎样瘦损……

冷了起来,火炉里的不死不活的几片硬煤,也终于烧尽了,已是闭馆的时候。又须回到吉兆胡同,领略冰冷的颜色去了。近来也间或遇到温暖的神情,但这却反而增加我的苦痛。记得有一夜,子君的眼里忽而又发出久已不见的稚气的光来,笑着和我谈到还在会馆时候的情形,时时又很带些恐怖的神色。我知道我近来的超过她的冷漠,已经引起她的忧疑来,只得也勉力谈笑,想给她一点慰藉。然而我的笑貌一上脸,我的话一出口,却即刻变为空虚,这空虚又即刻发生反响,回向我的耳目里,给我一个难堪的恶毒的冷嘲。

子君似乎也觉得的，从此便失掉了她往常的麻木似的镇静，虽然竭力掩饰，总还是时时露出忧疑的神色来，但对我却温和得多了。

我要明告她，但我还没有敢，当决心要说的时候，看见她孩子一般的眼色，就使我只得暂且改作勉强的欢容。但是这又即刻来冷嘲我，并使我失却那冷漠的镇静。

她从此又开始了往事的温习和新的考验，逼我做出许多虚伪的温存的答案来，将温存示给她，虚伪的草稿便写在自己的心上。我的心渐被这些草稿填满了，常觉得难于呼吸。我在苦恼中常常想，说真实自然须有极大的勇气的；假如没有这勇气，而苟安于虚伪，那也便是不能开辟新的生路的人。不独不是这个，连这人也未尝有！

子君有怨色，在早晨，极冷的早晨，这是从未见过的，但也许是从我看来的怨色。我那时冷冷地气愤和暗笑了；她所磨练的思想和豁达无畏的言论，到底也还是一个空虚，而对于这空虚却并未自觉。她早已什么书也不看，已不知道人的生活的第一着是求生，向着这求生的道路，是必须携手同行，或奋身孤往的了，倘使只知道捶着一个人的衣角，那便是虽战士也难于战斗，只得一同灭亡。

我觉得新的希望就只在我们的分离；她应该决然舍去，——我也突然想到她的死，然而立刻自责，忏悔了。幸而是早晨，时间正多，我可以说我的真实。我们的新的道路的开辟，便在这一遭。

我和她闲谈，故意地引起我们的往事，提到文艺，于是涉及外国的文人，文人的作品：《诺拉》《海的女人》。称扬诺拉的果决……也还是去年在会馆的破屋里讲过的那些话，但现在已经变成空虚，从我的嘴传入自己的耳中，时时疑心有一个隐形的坏孩子，在背后恶意地刻毒地学舌。

她还是点头答应着倾听，后来沉默了。我也就断续地说完了我的话，连余音都消失在虚空中了。

"是的。"她又沉默了一会，说，"但是，……涓生，我觉得你近来很两样了。可是的？你，——你老实告诉我。"

我觉得这似乎给了我当头一击，但也立即定了神，说出我的意见和主张来：新的路的开辟，新的生活的再造，为的是免得一同灭亡。

临末，我用了十分的决心，加上这几句话：

"……况且你已经可以无须顾虑，勇往直前了。你要我老实说；是的，人是不该虚伪的。我老实说罢：因为，因为我已经不爱你了！但这于你倒好得多，因为你更可以毫无挂念地做事……"

我同时预期着大的变故的到来，然而只有沉默。她脸色陡然变成灰黄，死了似的；瞬间便又苏生，眼里也发了稚气的闪闪的光泽。这眼光射向四处，正如孩子在饥渴中寻求着慈爱的母亲，但只在空中寻求，恐怖地回避着我的眼。

我不能看下去了，幸而是早晨，我冒着寒风径奔通俗图书馆。

在那里看见《自由之友》，我的小品文都登出了。这使我一惊，仿佛得了一点生气。我想，生活的路还很多，——但是，现在这样也还是不行的。

我开始去访问久已不相闻问的熟人，但这也不过一两次；他们的屋子自然是暖和的，我在骨髓中却觉得寒冽。夜间,便蜷伏在比冰还冷的冷屋中。

冰的针刺着我的灵魂,使我永远苦于麻木的疼痛。生活的路还很多,我也还没有忘却翅子的扇动,我想。——我突然想到她的死,然而立刻自责,忏悔了。

在通俗图书馆里往往瞥见一闪的光明,新的生路横在前面。她勇猛地觉悟了,毅然走出这冰冷的家,而且,——毫无怨恨的神色。我便轻如行云,飘浮空际,上有蔚蓝的天,下是深山大海,广厦高楼,战场,摩托车,洋场,公馆,晴明的闹市,黑暗的夜……

而且,真的,我预感得这新生路便要来到了。

我们总算度过了极难忍受的冬天,这北京的冬天;就如蜻蜓落在恶作剧的坏孩子的手里一般,被系着细线,尽情玩弄,虐待,虽然幸而没有送掉性命,结果也还是躺在地上,只争着一个迟早之间。

写给《自由之友》的总编辑已经有三封信,这才得到回信,信封里只有两张书券:两角的和三角的。我却单是催,就用了九分的邮票,一天的饥饿,又都白挨给于己一无所得的空虚了。

然而觉得要来的事,却终于来到了。

这是冬春之交的事,风已没有这么冷,我也更久地在外面徘徊;待到回家,大概已经昏黑。就在这样一个昏黑的晚上,我照常没精打采地回来,一看见寓所的门,也照常更加丧气,使脚步放得更缓。但终于走进自己的屋子里了,没有灯火;摸火柴点起来时,是异样的寂寞和空虚!

正在错愕中,官太太便到窗外来叫我出去。

"今天子君的父亲来到这里,将她接回去了。"她很简单地说。

这似乎又不是意料中的事,我便如脑后受了一击,无言地站着。

"她去了么?"过了些时,我只问出这样一句话。

"她去了。"

"她,——她可说什么?"

"没说什么。单是托我见你回来时告诉你,说她去了。"

我不信;但是屋子里是异样的寂寞和空虚。我遍看各处,寻觅子君;只见几件破旧而黯淡的家具,都显得极其清疏,在证明着它们毫无隐匿一人一物的能力。我转念寻信或她留下的字迹,也没有;只是盐和干辣椒,面粉,半株白菜,却聚集在一处了,旁边还有几十枚铜元。这是我们两人生活材料的全部,现在她就郑重地将这留给我一个人,在不言中,教我借此去维持较久的生活。

我似乎被周围所排挤,奔到院子中间,有昏黑在我的周围;正屋的纸窗上映出明亮的灯光,他们正在逗着孩子推笑。我的心也沉静下来,觉得在沉重的迫压中,渐渐隐约地现出脱走的路径:深山大泽,洋场,电灯下的盛筵;壕沟,最黑最黑的深夜,利刃的一击,毫无声响的脚步……

心地有些轻松,舒展了,想到旅费,并且嘘一口气。

躺着,在合着的眼前经过的预想的前途,不到半夜已经现尽;暗中忽然仿佛看见一堆食物,这之后,便浮出一个子君的灰黄的脸来,睁了孩子气的眼睛,恳托似的看着我。我一定神,什么也没有了。

但我的心却又觉得沉重。我为什么偏不忍耐几天,要这样急急地告诉她真话的呢?现在她知道,她以后所有的只是她父亲——儿女的债主——的烈日一般的严威和旁人的赛过冰霜的冷眼。此外便是虚空。负着虚空的重担,在严威和冷眼中走着所谓人生的路,这是怎么可怕的事呵!而况这路的尽头,又不过是——连墓碑也没有的坟墓。

我不应该将真实说给子君,我们相爱过,我应该永久奉献她我的说谎。如果真实可以宝贵,这在子君就不该是一个沉重的空虚。谎语当然也是一个空虚,然而临末,至多也不过这样地沉重。

我以为将真实说给子君,她便可以毫无顾虑,坚决地毅然前行,一如我们将要同居时那样。但这恐怕是我错误了。她当时的勇敢和无畏是因为爱。

我没有负着虚伪的重担的勇气,却将真实的重担卸给她了。她爱我之后,就要负了这重担,在严威和冷眼中走着所谓人生的路。

我想到她的死……我看见我是一个卑怯者,应该被摈于强有力的人们,无论是真实者,虚伪者。然而她却自始至终,还希望我维持较久的生活……

我要离开吉兆胡同,在这里是异样的空虚和寂寞。我想,只要离开这里,子君便如还在我的身边;至少,也如还在城中,有一天,将要出乎意表地访我,像住在会馆时候似的。

然而一切请托和书信,都是一无反响;我不得已,只好访问一个久不问候的世交去了。他是我伯父的幼年的同窗,以正经出名的拔贡,寓京很久,交游也广阔的。

大概因为衣服的破旧罢,一登门便很遭门房的白眼。好容易才相见,也还相识,但是很冷落。我们的往事,他全都知道了。

"自然,你也不能在这里了,"他听了我托他在别处觅事之后,冷冷地说,"但那里去呢?很难。——你那,什么呢,你的朋友罢,子君,你可知道,她死了。"

我惊得没有话。

"真的?"我终于不自觉地问。

"哈哈。自然真的。我家的王升的家,就和她家同村。"

"但是,——不知道是怎么死的?"

"谁知道呢。总之是死了就是了。"

我已经忘却了怎样辞别他,回到自己的寓所。我知道他是不说谎话的;子君总不会再来的了,像去年那样。她虽是想在严威和冷眼中负着虚空的重担来走所谓人生的路,也已经不能。她的命运,已经决定她在我所给与的真实——无爱的人间死灭了!

自然,我不能在这里了;但是,"那里去呢?"

四围是广大的空虚,还有死的寂静。死于无爱的人们的眼前的黑暗,我仿佛一一看见,还听得一切苦闷和绝望的挣扎的声音。

我还期待着新的东西到来,无名的,意外的。但一天一天,无非是死的寂静。

我比先前已经不大出门,只坐卧在广大的空虚里,一任这死的寂静侵蚀着我的灵魂。死的寂静有时也自己战栗,自己退藏,于是在这绝续之交,便闪出无名的,意外的,新的期待。

一天是阴沉的上午，太阳还不能从云里面挣扎出来；连空气都疲乏着。耳中听到细碎的步声和咻咻的鼻息，使我睁开眼。大致一看，屋子里还是空虚；但偶然看到地面，却盘旋着一匹小小的动物，瘦弱的，半死的，满身灰土的……

我一细看，我的心就一停，接着便直跳起来。

那是阿随。它回来了。

我的离开吉兆胡同，也不单是为了房主人们和他家女工的冷眼，大半就为着这阿随。但是，"那里去呢？"新的生路自然还很多，我约略知道，也间或依稀看见，觉得就在我面前，然而我还没有知道跨进那里去的第一步的方法。

经过许多回的思量和比较，也还只有会馆是还能相容的地方。依然是这样的破屋，这样的板床，这样的半枯的槐树和紫藤，但那时使我希望，欢欣，爱，生活的，却全都逝去了，只有一个虚空，我用真实去换来的虚空存在。

新的生路还很多，我必须跨进去，因为我还活着。但我还不知道怎样跨出那第一步。有时，仿佛看见那生路就像一条灰白的长蛇，自己蜿蜒地向我奔来，我等着，等着，看看临近，但忽然便消失在黑暗里了。

初春的夜，还是那么长。长久的枯坐中记起上午在街头所见的葬式，前面是纸人纸马，后面是唱歌一般的哭声。我现在已经知道他们的聪明了，这是多么轻松简截的事。

然而子君的葬式却又在我的眼前，是独自负着虚空的重担，在灰白的长路上前行，而又即刻消失在周围的严威和冷眼里了。

我愿意真有所谓鬼魂，真有所谓地狱，那么，即使在孽风怒吼之中，我也将寻觅子君，当面说出我的悔恨和悲哀，祈求她的饶恕；否则，地狱的毒焰将围绕我，猛烈地烧尽我的悔恨和悲哀。

我将在孽风和毒焰中拥抱子君，乞她宽容，或者使她快意……

但是，这却更虚空于新的生路；现在所有的只是初春的夜，竟还是那么长。我活着，我总得向着新的生路跨出去，那第一步，——却不过是写下我的悔恨和悲哀，为子君，为自己。

我仍然只有唱歌一般的哭声，给子君送葬，葬在遗忘中。

我要遗忘；我为自己，并且要不再想到这用了遗忘给子君送葬。

我要向着新的生路跨进第一步去，我要将真实深深地藏在心的创伤中，默默地前行，用遗忘和说谎做我的前导……

一九二五年十月二十一日

【赏析】

《伤逝》是鲁迅先生唯一一部以青年的恋爱和婚姻为题材的作品，选自其小说集《彷徨》。恋爱自由、婚姻自主是"五四"以后的青年普遍关心的一个问题。《伤逝》以独特的角度，描写了涓生和子君的恋爱及其破灭过程。小说从正面着力刻画的不是黑暗势力的破坏和迫害,而是作品主人公涓生和子君本身的思想弱点。作品从涓生和子君冲破阻力争得了自主婚姻,到最后婚姻破灭的整个过程,深刻地揭示了在黑暗现实社会中,恋爱和婚姻问题不可能是一个孤立的问题,它的最终解决,不能仅靠着个性的解放,它只能是整个社会解放的一个组成部分。

《伤逝》是伟大作家充满思辨抒情色彩的一部诗化小说,是一曲催人泪下的人生与爱情的悲歌,它再现了"五四"时期青年知识分子在人生之路上进行的求索。作者在小说中探讨了人生、爱情、婚姻、人性、生与死、生存与发展、真实与说谎、妇女解放等诸多问题,简单的情节和人物,在鲁迅那神奇的笔下演绎着人生的悲欢离合,抒写着诗一般的情感,揭示着深刻的哲理。鲁迅把小说的题目定为《伤逝》,"伤逝"一词的本意是哀念死者,作品中的死者是子君,但又不仅仅指子君,正像文中所写的那样,逝去的是使涓生"希望,欢欣,爱,生活"的一切,这些都是人生的组成部分,这一切都随子君而生,又随子君而逝。作品的主题更侧重于对人生和生命意义的探求。

小说以"涓生的手记"的形式展开情节。"手记"具有日记的某些优势,可以真切地展现主人公的内心世界和心理变化,极具感染力。在描写方法上采用心理描写、内心独白等多种形式,细腻逼真地刻画人物的内心世界。在语言上大量采用反复、排比、比喻等诗歌常用的手法,增强了小说的抒情性。此外,小说的细节描写也颇具匠心,油鸡和阿随的命运同子君感情变化相呼应,收到了以小见大的效果。

【思考和练习】

1. 涓生和子君爱情悲剧的原因和意义是什么?
2. 你是如何看待子君和涓生这两个人物形象的?
3. 作者在这篇小说中是怎么剖析真实与谎言的?

围城（节选）

钱钟书

【作者简介】

钱钟书（1910—1998），字默存，号槐聚，江苏无锡人。中国现代著名作家、文学研究家、翻译家。1929 年，因国文、英文成绩突出，被清华大学外文系录取。1935 年，以第一名成绩考取英国庚子赔款公费留学生，与杨绛女士完婚后同赴英伦留学。两年以后，以《十七十八世纪英国文学中的中国》一文获副博士学位。之后随杨绛赴法国巴黎大学从事研究。1938 年，被清华大学破例聘为教授。"文化大革命"中，钱钟书、杨绛均以"资产阶级学术权威"被"揪出"，经受了冲击。1982 年任中国社会科学院副院长。

钱钟书在文学创作，国故，比较文学，文化批评等领域均有较大成就，推崇者冠以"钱学"。代表作品有：《围城》《管锥篇》《谈艺录》《写在人生边上》《人·兽·鬼》等，在学术界影响巨大。

红海早过了，船在印度洋面上开驶着，但是太阳依然不饶人地迟落早起，侵占去大部分的夜。夜仿佛纸浸了油变成半透明体；它给太阳拥抱住了，分不出身来，也许是给太阳陶醉了，所以夕照晚霞褪后的夜色也带着酡红。到红消醉醒，船舱里的睡人也一身腻汗地醒来，洗了澡赶到甲板上吹海风，又是一天开始。这是七月下旬，合中国旧历的三伏，一年最热的时候。在中国热得更比常年厉害，事后大家都说是兵戈之象，因为这就是民国二十六年（1937 年）。

这条法国邮船白拉日隆子爵号正向中国开来。早晨八点多钟，冲洗过的三等舱甲板湿意未干，但已坐满了人，法国人、德国流亡出来的犹太人、印度人、安南人，不用说还有中国人。海风里早含着燥热，胖人身体给炎风吹干了，上一层汗结的盐霜，仿佛刚在巴勒斯坦的死海里洗过澡。毕竟是清晨，人的兴致还没给太阳晒萎，烘懒，说话做事都很起劲。那几个新派到安南或中国租界当警察的法国人，正围了那年轻善撒娇的犹太女人在调情。俾斯麦曾说过，法国公使大使的特点，就是一句外国话不会讲；这几位警察并不懂德文，居然传情达意，引得犹太女人格格地笑，比他们的外交官强多了。这女人的漂亮丈夫，在旁顾而乐之，因为他几天来，香烟、啤酒、柠檬水沾光了不少。红海已过，不怕热极引火，所以等一会甲板上零星果皮、纸片、瓶塞之外，香烟头定又遍处皆是。法国人的思想是有名的清楚，他们的文章也明白干净，但是他们的做事，无不混乱、肮脏、喧哗，但看这船上的乱糟糟。这船，倚仗人的机巧，载满人的扰攘，寄满人的希望，热闹地行着，每分钟把沾污了人气的一小方水面，还给那无情、无尽、无际的大海。

照例每年夏天有一批中国留学生学成回国。这船上也有十来个人。大多数是职业尚无着落的青年，直在暑假初回中国，可以从容找事。那些不悉没事的学生要到秋凉才慢慢地肯动身回国。船上这人们，有在法国留学的，有在英国、德国、比国等读书，到巴黎去增长夜生活经验，因此也坐法国船的，他们天涯相遇，一见如故，谈起外患内乱的祖国，都恨不得立刻就回去为它服务。船走得这样慢，大家一片乡心，正愁无处寄托，不知哪里忽来了两副麻将牌。麻将当然是国技，又听说在美国风行；打牌不但有故乡风味，并且适合世界潮流。妙得很人数可凑成两桌而有余，所以除掉吃饭睡觉以外，他们成天赌钱消遣。早餐刚过，下面餐室里已忙打第一圈牌，甲板上只看得见两个中国女人，一个算不得人的小孩子——至少船公司没当他是人，没要他父母为他补买船票。那个戴太阳眼镜、身上摊本小说的女人，衣服极斯文讲究。皮肤在东方人里，要算得白，可惜这白色不顶新鲜，带些干滞。她去掉了黑眼镜，眉清目秀，只是嘴唇嫌薄，擦了口红还不够丰厚。假使她从帆布躺椅上站起来，会见得身段瘦削，也许轮廓的线条太硬，像方头钢笔划成的，年龄看上去有二十五六，不过新派女人的年龄好比旧式女人婚帖上的年庚，需要考订学家所谓外证据来断定真确性，本身是看不出的。那男孩子的母亲已有三十开外，穿件半旧的黑纱旗袍，满面劳碌困倦，加上天生的倒挂眉毛，愈觉愁苦可怜。孩子不足两岁，塌鼻子，眼睛两条斜缝，眉毛高高在上，跟眼睛远隔得彼此要害相思病，活像报上讽刺画里的中国人的脸。他刚会走路，一刻不停地要乱跑；母亲怕热，拉得手累心烦，又惦记着丈夫在下面的输赢，不住骂这孩子讨厌。这孩子跑不到哪里去便改变宗旨，扑向看书的女人身上。那女人平日就有一种孤芳自赏、落落难合的神情——大宴会上没人敷衍的来宾或喜酒席上过时未嫁的少女所常有的神情——此刻更流露出嫌恶，黑眼镜也遮盖不了。孩子的母亲有些觉得，抱歉地拉皮带道："你这淘气的孩子，去跟苏小姐捣乱！快回来。——苏小姐，你真用功！学问那么好，还成天看书。孙先生常跟我说，女学生像苏小姐才算替中国争面子，人又美，又是博士，这样的人哪里去找呢？像我们白来了外国一次，没读过半句书，一辈子做管家婆子，在国内念的书，生小孩儿全忘了——吓！死讨厌！我叫你别去你不干好事，准弄脏了苏小姐的衣服。"

　　苏小姐一向瞧不起这位寒碜的孙太太，而且最不喜欢小孩子，可是听了这些话，心上高兴，倒和气地笑道："让他来，我最喜欢小孩子。"她脱下太阳眼镜，合上对着出神的书，小心翼翼地握住孩子的手腕，免得在自己衣服上乱擦，问他道："爸爸呢？"小孩子不回答，睁大了眼，向苏小姐"波！波！"吹唾沫，学餐室里养的金鱼吹气泡。苏小姐慌得松了手，掏出手帕来自卫。母亲忙使劲拉他，嚷着要打他嘴巴，一面叹气道："他爸爸在下面赌钱，还用说么！我不懂为什么男人全爱赌，你看咱们同船的几位，没一个不赌得错天黑地。赢几个钱回来，还说得过。像我们孙先生输了不少钱，还要赌，恨死我了！"

　　苏小姐听了最后几句小家子气的话，不由心里又对孙太太鄙夷，冷冷说道："方先生倒不赌。"

　　孙太太鼻孔朝天，出冷气道："方先生！他下船的时候也打过牌。现在他忙着追求鲍小姐，当然分不出工夫来。人家终身大事，比赌钱要紧得多呢。我就看不出鲍小姐又黑又粗，有什么美，会引得方先生好好二等客人不做，换到三等舱来受罪。我看他俩要好得很，也许到香港，就会订婚。这真是'有缘千里来相会'了。"

　　苏小姐听了，心里直刺痛，回答孙太太同时安慰自己道："那绝不可能！鲍小姐有未婚夫，她自己跟我讲过。她留学的钱还是她未婚夫出的。"

　　孙太太道："有未婚夫还那样浪漫么？我们是老古董了，总算这次学个新鲜。苏小姐，我告诉你句笑话，方先生跟你在中国是老同学，他是不是一向说话随便的？昨天孙先生跟他讲赌钱手运不好，他还笑呢。他说孙先生在法国这许多年，全不知道法国人的迷信：太太不忠实，偷人，丈夫做了乌龟，买彩票准中头奖，赌钱准赢，所以，他说，男人赌钱输了，该引以自慰。孙先生告诉我，我怪他当时没质问姓方的，这话什么意思。现在看来，鲍小姐那位未婚夫一定会中航空奖券头奖，假如他做了方太太，方先生赌钱的手气非好不可。"忠厚老实人的恶毒，像饭里的砂砾或者鱼片里未出净的刺，会给人一种不期待的伤痛。

苏小姐道："鲍小姐行为太不像女学生，打扮也够丢人——"

那小孩子忽然向她们背后伸了双手，大笑大跳。两人回头看，正是鲍小姐走向这儿来，手里拿一块糖，远远地逗着那孩子。她只穿绯霞色抹胸，海蓝色帖肉短裤，漏空白皮鞋里露出涂红的指甲。在热带热天的话，这是最合理的妆束，船上有一两个外国女人就这样打扮。可是苏小姐觉得鲍小姐赤身露体，伤害及中国国体。那些男学生看得心头起火，口角流水，背着鲍小姐说笑个不了。有人叫她"熟食铺子"，因为只有熟食店会把那许多颜色暖热的肉公开陈列；又有人叫她"真理"，因为据说"真理"是赤裸裸的。鲍小姐并未一丝不挂，所以他们修正为"局部的真理"。

鲍小姐走来了，招呼她们俩说："你们起得真早呀，我大热天还喜欢懒在床上。今天苏小姐起身我都不知道，睡得像木头。"鲍小姐本想说"睡得像猪"，一转念想说"像死人"，终觉得死人比猪好不了多少，所以向英文里借来那个比喻。好忙解释一句道："这船走着真像个摇篮，人给它摆得迷迷糊糊只想睡。"

"那么，你就是摇篮里睡着的小宝贝了。瞧，多可爱！"苏小姐说。

鲍小姐打她一下道："你！苏东坡的妹妹，才女！"——"苏小妹"是同船男学生为苏小姐起的个号。"东坡"两个字给鲍小姐南洋口音念得好像法国话里的"坟墓"。

苏小姐跟鲍小姐同舱，睡的是下铺，比鲍小姐方便得多，不必每天爬上爬下。可是这几天她嫌恶着鲍小姐，觉得她什么都妨害了自己：打鼾太响，闹得自己睡不熟，翻身太重，上铺像要塌上来。给鲍小姐打了一下，她便说："孙太太，你评评理。叫她小宝贝，还要挨打！睡得着就是福气。我知道你爱睡，所以从来不响，免得吵醒你。你跟我嚷怕发胖，可是你在船上这样爱睡，我想你又该添好几磅了。"

小孩吵着要糖，到手便咬，他母亲叫他谢鲍小姐，他不瞅睬，孙太太只好自己跟鲍小姐敷衍。苏小姐早看见这糖惠而不费，就是船上早餐喝咖啡用的方糖。她鄙薄鲍小姐这种作风，不愿意跟她多讲，又打开书来，眼梢却瞟见鲍小姐把两张帆布椅子拉到距离较远的空处并放着，心里骂她无耻，同时自恨为什么去看她。那时候方鸿渐也到甲板上来，在她们前面走过，停步应酬几句，问"小弟弟好"。孙太太爱理不理地应一声。苏小姐笑道："快去罢，不怕人等得心焦么？"方鸿渐红了脸傻傻便撇了苏小姐走去。苏小姐明知留不住他，可是他真去了，倒怅然有失。书上一字没看进去耳听得鲍小姐娇声说笑，她忍不住一看，方鸿渐正抽着烟，鲍小姐向他抻手，他掏出香烟匣来给她一支，鲍小姐衔在嘴里，他手指在打火匣上作势要为她点烟，她忽然嘴迎上去把衔的烟头凑在他抽的烟头上一吸，那支烟点着了，鲍小姐得意地吐口烟出来。苏小姐气得身上发冷，想这两个人真不要脸，大庭广众竟借烟卷来接吻。再看不过了，站起来，说要下面去。其实她知道下面没地方可去，餐室里有人打牌，卧舱里太闷。孙太太也想下去问问男人今天输了多少钱，但怕男人输急了，一问反在自己身上出气，回房舱又有半天吵嘴；因此不敢冒昧起身，只问小孩子要不要下去撒尿。

苏小姐骂方鸿渐无耻，实在是冤枉。他那时候窘得似乎甲板上人都在注意他，心里怪鲍小姐太做得出，恨不能说她几句。他虽然现在二十七岁，早订过婚，却没有恋爱训练。父亲是前清举人，在本乡江南一个小县里做大绅士。他们那县里人侨居在大都市的，干三种行业的十居其九：打铁，磨豆腐，抬轿子。土产中艺术品以泥娃娃最出名；年轻人读大学，以学土木为最多。铁的硬，豆腐的淡而无味，轿子的容量狭小，还加上泥土气，这算他们的民风。就是发财做官的人，也欠大方，这县有个姓周的在上海开铁铺子，又跟同业的同乡组织一家小银行，名叫"点金银行"，自己荣任经理，他记起衣锦还乡那句成语，有一年乘清明节回县去祭祠扫墓，结识本地人士。方鸿渐的父亲是一乡之望，周经理少不得上门拜访，因此成了朋友，从朋友攀为亲家。鸿渐还在高中读书，随家里作主订了婚。未婚妻并没见面，只瞻仰过一张半身照相，也漠不关心。两年后到北平进大学，第一次经历男女同学的风味，看人家一对对谈情说爱，好不眼红。想起未婚妻高中读了一年书，便不进学校，在家实习家务，等嫁过来做能干媳妇，不由自主地对她厌恨。这样怨命，怨父亲，发了几天呆，忽然醒悟，壮着胆写信到家里要求解约。他国文曾得老子指授，中学会考考过第二，所以这信文绉绉，没把之乎者也用错。信上说什么："迩来触绪善感，欢寡愁殷，怀抱剧有秋气。每揽镜自照，神寒形削，清癯非寿者相。窃恐我躬不阅，周女士或将贻误终身。尚望大人垂体下情，善为解铃，毋小不忍而成终天之恨。"他自以为这信措词凄婉，打得动铁石心肠。谁知道父亲信来痛骂一顿："吾不惜重资，命汝千里负笈，汝埋头攻读之不暇，而有余闲照镜耶？汝非妇人女子，何须置镜？惟梨园子弟，身为丈夫而对镜顾影，为世所贱。吾不图汝甫离膝下，已渐染恶习，可叹可恨！且父母在，不言老，汝不善体高堂念远之情，以死相吓，丧心不孝，于斯而极！当是汝校男女同学，汝睹色起意，见异思迁；汝托词悲秋，吾知汝实为怀春，难逃老夫洞鉴也。若执迷不悔，吾将停止寄款，命汝休学回家，明年与汝弟同时结婚。细思吾言，慎之切切！"

方鸿渐吓矮了半截，想不到老头子这样精明。忙写回信讨饶和解释，说：镜子是同室学生的，他并没有买；这几天吃美国鱼肝油丸、德国维他命片，身体精神好转，脸也丰满起来，只可惜药价太贵，舍不得钱；至于结婚一节，务请等到毕业后举行，一来妨碍学业，二来他还不能养家，添他父亲负担，于心不安。他父亲收到这信，证明自己的威严远及于几千里外，得意非凡，兴头上汇给儿子一笔钱，让他买补药。方鸿渐从此死心不敢妄想，开始读叔本华，常聪明地对同学们说："世间哪有恋爱？压根儿是生殖冲动。"转眼已到大学第四年，只等明年毕业结婚。一天，父亲来封快信，上面说："顷得汝岳丈电报，骇悉淑英伤寒，为西医所误，遂于本月十日下午四时长逝，殊堪痛惜。过门在即，好事多磨，皆汝无福所臻也。"信后又添几句道："塞翁失马，安知非福，使三年前结婚，则此番吾家破费不赀矣。然吾家积德之门，苟婚事早完，淑媳或可脱灾延寿。姻缘前定，勿必过悲。但汝岳父处应去一信唁之。"鸿渐看了有犯人蒙赦的快活，但对那短命的女孩子，也稍微怜悯。自己既享自由之乐，愿意旁人减去悲哀，于是向未过门丈人处真去了一封慰唁的长信。周经理收到信，觉得这孩子知礼，便吩咐银行文书科王主任作复，文书科主任看见原信，向东家大大恭维这位未过门姑爷文理书法好，并且对死者情词深挚，想见天性极厚，定是个远到之器[1]，周经理听得开心，叫主任回信说：女儿虽没过门，翁婿名分不改，生平只有一个女儿，本想好好热闹一下，现在把陪嫁办喜事的那笔款子加上方家聘金为女儿做生意所得利息，一共两万块钱，折合外汇一千三百镑，给方鸿渐明年毕业了做留学费，方鸿渐做梦都没想到这样的好运气，对他死去的未婚妻十分感激，他是个无用之人，学不了土木工程，在大学里从社会学系转哲学系，最后转入中国文学系毕业。学国文的人出洋"深造"听来有些滑稽。事实上，惟有学中国文学的人非到外国留学不可。因为一切其他科目像数学、物理、哲学、心理、经济、法律等都是从外国港灌输进来的，早已洋气扑鼻；只有国文是国货土产，还需要外国招牌，方可维持地位，正好像中国官吏，商人在本国剥削来的钱要换外汇，才能保持国币的原来价值。

方鸿渐到了欧洲，既不抄敦煌卷子，又不访《永乐大典》，也不找太平天国文献，更不学蒙古文、西藏文或梵文。四年中倒换了三个大学，伦敦、巴黎、柏林；随便听几门功课，兴趣颇广，心得全无，生活尤其懒散。第四年春天，他看银行里只剩四百多镑，就计划夏天回国。方老先生也写信问他是否已得博士学位，何日东归，他回信大发议论，痛骂博士头衔的毫无实际。方老先生大不谓然，可是儿子大了，不敢再把父亲的尊严去威胁他；便信上说，自己深知道头衔无用，决不勉强儿子，但周经理出钱不少，终得对他有个交代。过几天，方鸿渐又收到丈人的信，说什么："贤婿才高学富，名满五洲，本不须以博士为夸耀。然令尊大人乃前清孝廉公，贤婿似宜举洋进士，庶几克绍箕裘[2]，后来居上，愚亦与有荣焉。"方鸿渐受到两面夹攻，才知道留学文凭的重要。这一张文凭，仿佛有亚当、夏娃下身那片树叶的功用，可以遮羞包丑；小小一方纸能把一个人的空疏、寡陋、愚笨都掩盖起来。自己没有文凭，好像精神上赤条条的，没有包裹。可是现在要弄个学位。无论自己去读或雇枪手代做论文，时间经济都不够。就近汉堡大学的博士学位，算最容易混得了，但也需要六个月，干脆骗家里人说是博士罢，只怕哄父亲和丈人不过；父亲是科举中人，要看"报条"，丈人是商人，要看契据。他想不出办法，准备回家老着脸说没得到学位，一天，他到柏林图书馆中国书编目室去看一位德国朋友，瞧见地板上一大堆民国初年上海出的期刊，《东方杂志》《小说月报》《大中华》《妇女杂志》全有。信手翻着一张中英文对照的广告，是美国纽约什么克莱登法商专门学校函授班，将来毕业，给予相当于学士、硕士或博士之证书，章程函索即寄，通讯处纽约第几街几号几之几，方鸿渐心里一运，想事隔二十多年，这学校不知是否存在，反正去封信问问，不费多少钱。那登广告的人，原是个骗子，因为中国人不来上当，改行不干了，人也早死了。他住的那间公寓房间现在租给一个爱尔兰人，具有爱尔兰人的不负责、爱尔兰人的机智、还有爱尔兰人的穷。相传爱尔人的不动产是奶和屁股；这位是个萧伯纳式既高且瘦的男人，那两项财产的分量又得打折扣。他当时在信箱里拿到鸿渐来信，以为邮差寄错了，但地址明明是自己的，好奇拆开一看，莫名其妙，想了半天，快活得跳起来，忙向邻室小报记者借个打字机，打了一封回信，说先生既在欧洲大学读书，程度想必高深，无庸再经函授手续，只要寄一万字论文一篇附缴美金五百元，审查及格，立即寄上哲学博士文凭，回信可寄本人，不必写学术名字。署名 PatricMahoney，后面自赠了四五个博士头衔。方鸿渐看信纸是普通用的，上面并没刻学校名字，信的内容分明更是骗局，搁下不理。爱尔兰人等急了，又来封信，说如果价钱嫌贵，可以从长商议，本人素爱中国，办教育的人尤其不愿牟利。方鸿渐盘算一下，想爱尔兰人无疑在捣鬼，自己买张假文凭回去哄人，岂非也成了骗子？可是——记着，方鸿渐进过哲学系的——撒谎欺骗有时并非不道德。柏拉图《理想国》里就说兵士对敌人，医生对病人，官吏对民众都应哄骗。圣如孔子，还假装生病，哄走了儒悲，孟子甚至对齐宣王也撒谎装病。父亲和丈人希望自己是个博士，做儿子女婿的人好意思教他们失望么？买张文凭去哄他们，好比前清时代花钱捐个官，或英国殖民地商人向帝国府库报效几万镑换个爵士头衔，光耀门楣，也是孝子贤婿应有的承欢养志。反正自己将来找事时，履历上决不开这个学位。索性把价钱杀得极低，假如爱尔兰人不肯，这事就算吹了，自己也免做骗子，便复信说：至多出一百美金，先寄三十，文凭到手，再寄余款；此间尚有中国同学三十余人，皆愿照此办法向贵校接洽。爱尔兰人起初不想答应，后来看方鸿渐语气坚决，又就近打听出来美国博士头衔确在中国时髦，渐渐相信欧洲真有三十多条中国糊涂虫，要向他买文凭。他并且探出来做这种买卖的同行很多，例如东方大学、东美合众国大学，联合大学、真理大学等等，便宜的可以十块美金出买硕士文凭，神玄大学廉价一起奉送三种博士文凭；这都是堂堂立案注册的学校，自己万万比不上。于是他抱薄利畅销的宗旨，跟鸿渐生意成交。他收到三十美金，印了四五十张空白文凭填好一张，寄给鸿渐，附信催他缴款和通知其他学生来接洽。鸿渐回信道，经详细调查，美国并无这个学校，文凭等于废纸，姑念初犯，不予追究，希望悔过自新，汇上十美金聊充改行的本钱，爱尔兰人气得咒骂个不停，喝醉酒，红着眼要找中国人打架，这事也许是中国自有外交或订商约以来唯一的胜利。

　　鸿渐先到照相馆里穿上德国大学博士的制服，照了张四寸相。父亲和丈人处各寄一张，信上千叮万嘱说，生平最恨"博士"之称，此番未能免俗，不足为外人道。回法国玩了几星期，买二等舱票回国。马赛上船以后，发现二等舱只有他一个中国人，寂寞无聊得很，三等的中国学生觉得他也是学生而摆阔坐二等，对他有点儿敌视。他打听出三等一个安南人舱里有张空铺，便跟船上管事商量，自愿放弃本来的舱位搬下来睡，饭还在二等吃。这些同船的中国人里，只有苏小姐是中国旧相识，在里昂研究法国文学，做了一篇《中国十八家白话诗人》的论文，新授博士。在大学同学的时候，她眼睛里未必有方鸿渐这小子。那时苏小姐把自己的爱情看得太名贵了，不肯随便施与。现在呢，宛如做了好衣服，舍不得穿，锁在箱里，过一两年忽然发现这衣服的样子和花色都不时髦了，有些自怅自悔。从前她一心要留学，嫌那几个追求自己的人没有前程，大不了是大学毕业生。而今她身为女博士，反觉得崇高的孤独，没有人敢攀上来，她对方鸿渐的家世略有所知，见他人不讨厌，似乎钱也充足，颇有意利用这航行期间，给他一个亲近的机会。没提防她同舱的鲍小姐抢了个先去。鲍小姐生长澳门，据说身体里有葡萄牙人的血。"葡萄牙人的血"这句话等于日本人说有本位文化，或私行改编外国剧本的作者声明他改本"有著作权，不许翻译"。因为葡萄牙人血里根本就混有中国成分。而照鲍小姐的身材估量，她那位葡萄牙母亲也许还间接从西班牙传来阿拉伯人的血胤[3]。鲍小姐纤腰一束，正合《天方夜谭》里阿拉伯诗人所歌颂的美人条件："身围瘦，后部重，站立的时候沉得腰肢酸痛。"长睫毛上一双欲眠似醉、含笑、带梦的大眼睛，圆满的上嘴唇好像鼓着在跟爱人使性子。她那位未婚夫李医生不知珍重，出钱让她一个人到伦敦学产科。葡萄牙人有句谚语说："运气好的人生孩子第一胎准是女的。"因为女孩子长大了，可以打杂，看护弟弟妹妹，在未嫁之前，她父母省得下一个女佣人的工钱。鲍小姐从小被父母差唤惯了，心眼伶俐，明白机会要自己找，快乐要自己寻。所以她宁可跟一个比自己年龄长十二岁的人订婚，有机会出洋。英国人看惯白皮肤，瞧见她暗而不黑的颜色、肥腻辛辣的引力，以为这是道地的东方美人。她自信很能引诱人，所以极快、极容易地给人引诱了。好在她是学医的，并不当什么一回事，也没出什么乱子。她在英国过了两年，这次回去结婚，跟丈夫一同挂牌。上船以后，中国学生打听出她领香港政府发给的"大不列颠子民"护照，算不得中国国籍，不大去亲近她。她不会讲法文，又不屑跟三等舱的广东侍者打乡谈，甚觉无聊。她看方鸿渐是坐二等的，人还过得去，不失为旅行中消遣的伴侣。苏小姐理想的自己是："艳如桃李，冷若冰霜，"让方鸿渐卑逊地仰慕而后屈伏地求爱。谁知道气候虽然每天华氏一百度左右，这种又甜又冷的冰淇淋作风全行不通。鲍小姐只轻松一句话就把方鸿渐钩住了。鸿渐搬到三等的明天，上甲板散步，无意中碰见鲍小姐一个人背靠着船栏杆在吹风，便招呼攀谈起来。讲不到几句话，鲍小姐生说："方先生，你教我想起了我的 fiancé，你相貌和他像极了！"方鸿渐听了，又害羞，又得意。一个可爱的女人说你像她的未婚夫，等于表示假使她没订婚，你有资格得她的爱。刻薄鬼也许要这样解释，她已经另有未婚夫了，你可以享受她未婚夫的权利而不必履行跟她结婚的义务。无论如何，从此他们俩的交情像热带植物那样飞快的生长，其他中国男学生都跟方鸿渐开玩笑，逼他请大家喝了一次冰咖啡和啤酒。

方鸿渐那时候心上虽怪鲍小姐行动不检，也觉兴奋，回头看见苏小姐孙太太两张空椅子，侥幸方才烟卷的事没落在她们眼里，当天晚上，起了海风，船有点颠簸。十点钟后，甲板上只有三五对男女，都躲在灯光照不到的黑影里唧唧情话。方鸿渐和鲍小姐不说话，并肩踱着。一个大浪把船身晃得利害，鲍小姐也站不稳，方鸿渐勾住她腰，傍了栏杆不走，馋嘴似地吻她。鲍小姐的嘴唇暗示着，身体依须着，这个急忙、粗率的抢吻渐渐稳定下来，长得妥贴完密。鲍小姐顶灵便地推脱方鸿渐的手臂，嘴里深深呼吸口气，道："我给你闷死了！我在伤风，鼻子里透不过气来——太便宜你，你还没求我爱你！"

"我现在向你补求，行不行？"好像一切没恋爱过的男人，方鸿渐把"爱"字看得太尊贵和严重，不肯随便应用在女人身上；他只觉得自己要鲍小姐，并不爱她，所以这样语言支吾。

"反正没好活说，逃不了那几句老套儿。"

"你嘴凑上来，我对你说，这话就一直钻到你心里，省得走远路，拐了弯从耳朵里进去。"

"我才不上你的当！有话斯斯文文的说。今天够了，要是你不跟我胡闹，我明天……"方鸿渐不理会，又把手勾她腰。船身忽然一侧，他没拉住栏杆，险的带累鲍小姐摔一交。同时黑影里其余的女人也尖声叫："啊哟！"鲍小姐借势脱身，道："我觉得冷，先下去了。明天见。"撇下方鸿渐在甲板上。天空早起了黑云，漏出疏疏几颗星，风浪像饕餮吞吃的声音，白天的汪洋大海，这时候全消化在更广大的昏夜里。衬了这背景，一个人身心的搅动也缩小以至于无，只心里一团明天的希望，还未落入渺茫，在广漠澎拜的黑暗深处，一点萤火似的自照着。

从那天起，方鸿渐饭也常在三等吃。苏小姐对他的态度显著地冷淡，他私下问鲍小姐，为什么苏小姐近来爱理不理。鲍小姐笑他是傻瓜，还说："我猜想得出为什么，可是我不告诉你，免得你骄气。"方鸿渐说她神经过敏，但此后碰见苏小姐愈觉得局促不安。船又过了锡兰和新加坡，不日到西贡，这是法国船一路走来第一个可夸傲的本国殖民地。船上的法国人像狗望见了家，气势顿长，举动和声音也高亢好些。船在下午傍岸，要停泊两夜。苏小姐有亲戚在这儿中国领事馆做事，派汽车到码头来接她吃晚饭，在大家羡慕的眼光里，一个人先下船了，其余的学生决议上中国馆子聚餐。方鸿渐想跟鲍小姐两个人另去吃饭，在大家面前不好意思讲出口，只得随他们走。吃完饭，孙氏夫妇带小孩子先回船。余人坐了一回咖啡馆，鲍小姐提议上跳舞厅。方鸿渐虽在法国花钱学过两课跳舞，本领并不到家，跟鲍小姐跳了一次，只好藏拙坐着，看她和旁人跳。十二点多钟，大家兴尽回船睡觉。到码头下车，方鸿渐和鲍小姐落在后面。鲍小姐道："今天苏小姐不回来了。"

"我同舱的安南人也上岸了，他的铺位听说又卖给一个从西贡到香港去的中国商人了。"

"咱们俩今天都是一个人睡，"鲍小姐好像不经意地说。

方鸿渐心中电光瞥过似的，忽然照彻，可是射眼得不敢逼视，周身的血都升上脸来，他正想说话，前面走的同伴回头叫道："你们怎么话讲不完！走得慢吞吞的，怕我们听见，是不是？"两人没说什么，直上船，大家道声"晚安"散去。方鸿渐洗了澡，回到舱里，躺下又坐起来，打消已起的念头仿佛跟女人怀孕要打胎一样的难受，也许鲍小姐那句话并无用意，去了自讨没趣；甲板上在装货，走廊里有两个巡逻的侍者防闲人混下来，难保不给他们瞧见。自己拿不定主意，又不肯死心，忽听得轻快的脚步声，像从鲍小姐卧舱那面来的。鸿渐心直跳起来。又给那脚步撵下去，仿佛一步步都踏在心上，那脚步半路停止，心也给它踏住不敢动，好一会心被压得不能更忍了，幸而那脚步继续加快的走近来。鸿渐不再疑惑，心也按束不住了，快活得要大叫，跳下铺，没套好拖鞋，就打开门帘，先闻到一阵鲍小姐惯用的爽身粉的香味。

明天早晨方鸿渐起来，太阳满窗，表上九点多了。他想这一晚的睡好甜，充实得梦都没做，无怪睡叫"黑甜乡"，又想到鲍小姐皮肤暗，笑起来甜甜的，等会见面可叫他"黑甜"，又联想到黑而甜的朱古力糖，只可惜法国出品的朱古力糖不好，天气又热，不吃这个东西，否则买一匣请她。正懒在床上胡想，鲍小姐外面弹舱壁，骂他"懒虫"叫他快起来，同上岸去玩。方鸿渐梳洗完毕，到鲍小姐舱外等了半天，她才打扮好。餐室里早点早开过，另花钱叫了两客早餐。那伺候他们这一桌的侍者就是管方鸿渐房舱的阿刘。两人吃完想走，阿刘不先收拾桌子上东西，笑嘻嘻看着他们俩伸手来，手心里三只女人夹头发的钗，打广东官话拖泥带水地说："方先生，这是我刚才铺你的床捡到的。"

鲍小姐脸飞红，大眼睛像要撑破眼眶。方鸿渐急得暗骂自己湖涂，起身时没检点一下，同时掏出三百法郎对阿刘道："拿去！那东西还给我。"阿刘道谢，还说他这人最靠得住，决不乱讲。鲍小姐眼望别处，只做不知道。出了餐室，方鸿渐抱着歉把发钗还给鲍小姐，鲍小姐生气地掷在地下，说："谁还要这东西！经过了那家伙的脏手！"

这事把他们整天的运气毁了，什么事都别扭。坐洋车拉错了地方，买东西错付了钱，两人都没好运气。方鸿渐还想到昨晚那中国馆子吃午饭，鲍小姐定要吃西菜，就不愿意碰见同船的熟人。便找到一家门面还像样的西菜馆。谁知道从冷盘到咖啡，没有一样东西可口：上来的汤是凉的，冰淇淋倒是热的；鱼像海军陆战队，已登陆了好几天；肉像潜水艇士兵，会长时期伏在水里；除醋以外，面包、牛油、红酒无一不酸。两人吃得倒尽胃口，谈话也不投机。方鸿渐要博鲍小姐欢心，便把"黑甜""朱古力小姐"那些亲昵的称呼告诉她。鲍小姐佛道："我就那样黑么？"方鸿渐固执地申辩道："我就爱你这颜色。我今年在西班牙，看见一个有名的美人跳舞，她皮肤只比外国熏火腿的颜色淡一点儿。"

鲍小姐的回答毫不合逻辑："也许你喜欢苏小姐死鱼肚那样的白。你自己就是扫烟囱的小黑炭，不照照镜子！"说着胜利地笑。

方鸿渐给鲍小姐喷了一身黑，不好再讲。侍者上了鸡，碟子里一块像礼拜堂定风针上铁公鸡施舍下来的肉，鲍小姐用力割不动，放下刀叉道："我没牙齿咬这东西！这馆子糟透了。"

方鸿渐再接再厉地斗鸡，咬着牙说："你不听我话，要吃西菜。"

"我要吃西菜，没叫上这个倒霉馆子呀！做错了事，事后怪人，你们男人的脾气全这样！"鲍小姐说时，好像全世界每个男人的性格都经她试验过的。

过一会，不知怎样鲍小姐又讲起她未婚夫李医生，说他也是虔诚的基督教徒。方鸿渐正满肚子委屈，听到这话，心里作恶，想信教在鲍小姐的行为上全没影响，只好借李医生来讽刺，便说："信基督教的人，怎样做医生？"

　　鲍小姐不明白这话，睁眼看着他。

　　鸿渐替鲍小姐面前掺焦豆皮的咖啡里，加上冲米泔水的牛奶，说："基督教十诫里一条是'别杀人'，可是医生除掉职业化的杀人以外，还干什么？"

　　鲍小姐毫无幽默地生气道："胡说！医生是救人生命的。"

　　鸿渐看她怒得可爱，有意撩拨她道："救人生命也不能信教。医生要人活，救人的肉体；宗教救人的灵魂，要人不怕死。所以病人怕死，就得请大夫，吃药；医药无效，逃不了一死，就找牧师和神父来送终。学医兼信教，那等于说：假如我不能教病人好好的活，至少我还能教他好好的死，反正他请我不会错。这仿佛药房掌柜带开棺材铺子，太便宜了！"

　　鲍小姐动了真气："瞧你一辈子不生病，不要请教医生。你只靠一张油嘴，胡说八道。我也是学医的，你凭空为什么损人？"

　　方鸿渐慌忙道歉，鲍小姐嚷头痛，要回船休息。鸿渐一路上陪小心，鲍小姐只无精打采。送她回舱后，鸿渐也睡了两个钟点。一起身就去鲍小姐舱外弹壁唤她名字，问她好了没有。想不到门帘开处，苏小姐出来，说鲍小姐病了，吐过两次，刚睡着呢。鸿渐又羞又窘，敷衍一句，急忙逃走。晚饭时，大家见桌上没鲍小姐，向方鸿渐打趣要人。鸿渐含含糊糊说："她累了，身子不大舒服。"苏小姐面有得色道："她跟方先生吃饭回来害肚子，这时候什么都吃不进。我只担心她别生了痢疾呢！"那些全无心肝的男学生哈哈大笑，七嘴八舌道：

　　"谁教她背了我们跟小方两口儿吃饭？"

　　"小方真丢人哪！请女朋友吃饭为什么不挑干净馆子？"

　　"馆子不会错，也许鲍小姐太高兴，贪嘴吃得消化不了。小方，对不对？"

　　"小方，你倒没生病？哦，我明白了！鲍小姐秀色可餐，你看饱了不用吃饭了。"

　　"只怕餐的不是秀色，是——"那人本要说"熟肉"，忽想当了苏小姐，这话讲出来不雅，也许会传给鲍小姐知道，便摘块面包塞在自己嘴里嚼着。

　　方鸿渐午饭本没吃饱，这时候受不住大家的玩笑，不等菜上齐就跑了，余人笑得更厉害。他立起来转身，看见背后站着侍候的阿刘，对自己心照不宣似的眨眼。

　　鲍小姐睡了一天多才起床，虽和方鸿渐在一起玩，不像以前那样的脱略形骸，也许因为不日到香港，先得把身心收拾整洁，作为见未婚夫的准备。孙氏一家和其他三四个学生也要在九龙下船，搭粤汉铁路的车；分别在即，拼命赌钱，只恨晚上十二点后餐室里不许开电灯。到香港前一天下午，大家回国后的通信地址都交换过了，彼此再会的话也反复说了好几遍，仿佛这同舟之谊永远忘不掉似的。鸿渐正要上甲板找鲍小姐，阿刘鬼鬼祟祟地叫"方先生"。鸿渐自从那天给他三百法郎以后，看见这家伙就心慌，板着脸问他有什么事。阿刘说他管的房舱，有一间没客人，问鸿渐今晚要不要，只讨六百法郎。鸿渐挥手道："我要它干吗？"三脚两步上楼梯去，只听得阿刘在背后冷笑。他忽然省悟阿刘的用意，脸都羞热了。上去吞吞吐吐把这事告诉鲍小姐，还骂阿刘浑蛋。她哼一声，没讲别的。旁人来了，不便再谈。吃晚饭的时候，孙先生道："今天临别纪念，咱们得痛痛快快打个通宵。阿刘有个舱，我已经二百法郎定下来了。"

鲍小姐对鸿渐轻蔑地瞧了一眼，立刻又注视碟子喝汤。

孙太太把匙儿喂小孩子，懦怯地说："明天要下船啦，不怕累么？"

孙先生道："明天找个旅馆，睡它个几天几晚不醒，船上的机器闹得很，我睡不舒服。"

方鸿渐给鲍小姐一眼看得自尊心像泄尽气的橡皮车胎。

晚饭后，鲍小姐和苏小姐异常亲热，勾着手寸步不离。他跟上甲板，看她们有说有笑，不容许自己插口，把话压扁了都挤不进去；自觉没趣丢脸，像赶在洋车后面的叫化子，跑了好些路，没讨到一个小钱，要停下来却又不甘心。鲍小姐看手表道："我要下去睡了。明天天不亮船就靠岸，早晨不能好好的睡。今天不早睡，明天上岸的时候人萎靡没有精神，难看死了。"苏小姐道："你这人就这样爱美，怕李先生还会不爱你！带几分憔悴，更教人疼呢！"

鲍小姐道："那是你经验之谈罢？——好了，明天到家了！我兴奋得很，只怕下去睡不熟。苏小姐，咱们下去罢，到舱里舒舒服服地躺着讲话。"

对鸿渐一点头，两人下去了。鸿渐气得心头火直冒，仿佛会把嘴里香烟衔着的一头都烧红了。他想不出为什么鲍小姐突然改变态度。他们的关系就算这样了结了么？他在柏林大学，听过名闻日本的斯泼朗格教授的爱情（Eros）演讲，明白爱情跟性欲一胞双生，类而不同，性欲并非爱情的基本，爱情也不是性欲的升华。他也看过爱情指南那一类的书，知道有什么肉的相爱、心的相爱种种分别。鲍小姐谈不上心和灵魂。她不是变心，因为她没有心；只能算日子久了，肉会变味。反正自己并没吃亏，也许还占了便宜，没得什么可怨。方鸿渐用这种巧妙的词句和精密的计算来抚慰自己，可是失望、遭欺骗的情欲、被损伤的骄傲，都不肯平伏，像不倒翁，揿下去又竖起来，反而摇摆得厉害。

明天东方才白，船的速度减低，机器的声音也换了节奏。方鸿渐同舱的客人早收拾好东西，鸿渐还躺着，想跟鲍小姐后会无期，无论如何，要礼貌周到地送行。阿刘忽然进来，哭丧着脸向他讨小费。鸿渐生气道："为什么这时就要钱？到上海还有好几天呢。"阿刘哑声告诉，姓孙的那几个人打牌，声音太闹，给法国管事查到了，大吵其架，自己的饭碗也砸破了，等会就得卷铺盖下船。鸿渐听着，暗唤侥幸，便打发了他。吃早饭时今天下船的那几位都垂头丧气。孙太太眼睛红肿，眼眶似乎饱和着眼泪，像夏天早晨花瓣上的露水，手指那么轻轻一碰就会掉下来。鲍小姐瞧见伺候吃饭的换了人，问阿刘哪里去了，没人回答她。方鸿渐问鲍小姐："你行李多，要不要我送你下船？"

鲍小姐疏远地说："谢谢你！不用劳你驾，李先生会上船来接我。"

苏小姐道："你可以把方先生跟李先生介绍介绍。"

方鸿渐恨不得把苏小姐瘦身体里每根骨头都捏为石灰粉。鲍小姐也没理她，喝了一杯牛奶，匆匆起身，说东西还没拾完。方鸿渐顾不得人家笑话，放下杯子跟出去。鲍小姐头也不回，方鸿渐唤她，她不耐烦地说："我忙着呢，没工夫跟你说话。"

方鸿渐正不知怎样发脾气才好，阿刘鬼魂似地出现了，向鲍小姐要酒钱。鲍小姐眼迸火星道："伺候吃饭的赏钱，昨天早给了。你还要什么赏？我房舱又不是你管的。"

阿刘不讲话，手向口袋里半天掏出来一只发钗，就是那天鲍小姐掷掉的，他擦地板，三只只捡到一只。鸿渐本想骂阿刘，但看见他郑重其事地拿出这么一件法宝，忍不住大笑。鲍小姐恨道："你还乐？你乐，你给他钱，我半个子儿没有！"回身走了。

鸿渐防阿刘不甘心，见了李医生胡说，自认晦气，又给他些钱。一个人上甲板，闷闷地看船靠傍九龙码头。下船的中外乘客也来了,鸿渐躲得老远,不愿意见鲍小姐。码头上警察、脚夫、旅馆的接客扰嚷着,还有一群人向船上挥手巾,做手势。鸿渐想准有李医生在内,倒要仔细认认。好容易,扶梯靠岸,进港手续完毕,接客的冲上船来。鲍小姐扑向一个半秃顶,戴大眼镜的黑胖子怀里。这就是她所说跟自己相像的未婚夫!自己就像他?吓,真是侮辱!现在全明白了,她那句话根本是引诱。一向还自鸣得意,以为她有点看中自己,谁知道由她摆布玩弄了,还要给她暗笑。除掉那句古老得长白胡子、陈腐得发霉的话:"女人是最可怕的!"还有什么可说!鸿渐在凭栏发呆,料不到背后苏小姐柔声道:"方先生不下船,在想心思?人家撇了方先生去啦!没人陪啦。"

鸿渐回身,看见苏小姐装扮得袅袅婷婷,不知道什么鬼指使自己说:"要奉陪你,就怕没福气呀,没资格呀!"

他说这冒昧话,准备碰个软钉子。苏小姐双颊涂的淡胭脂下面忽然晕出红来,像纸上沁的油渍,顷刻布到满脸,腼腆得迷人。她眼皮有些抬不起似地说:"我们没有那么大的面子呀!"

鸿渐摊手道:"我原说,人家不肯赏脸呀!"

苏小姐道:"我要找家剃头店洗头发去,你肯陪么?"

鸿渐道:"妙极了!我正要去理发。咱们理完发,摆渡到香港上山瞧瞧,下了山我请你吃饭,饭后到浅水湾喝茶,晚上看电影,好不好?"

苏小姐笑道:"方先生,想得真周到!一天的事全计划好了。"她不知道方鸿渐只在出国时船过香港一次,现在方向都记不得了。

二十分钟后,阿刘带了衣包在室里等法国总管来查过好上岸,舱洞口瞥见方鸿渐在苏小姐后面,手傍着她腰走下扶梯,不禁又诧异,又佩服,又瞧不起,无法表示这种复杂的情绪,便"啐"的一声向痰盂里射出一口浓浓的唾沫。

【注释】

[1] 远到之器:指前程远大的人。明徐渭《四声猿·女状元》第四出:"他才学既是出群,吏事又这等精敏,他日必是远到之器。"

[2] 克绍箕裘:克,能够;绍,继承;箕,扬米去糠的竹器,或者畚箕之类的东西;裘,冶铁用来鼓气的风裘。比喻能继承父祖的事业。《礼记·学记》:"良冶之子必学为裘,良弓之子必学为箕。"

[3] 血胤:同一血统的子孙后代。

【赏析】

《围城》是中国现代文学史上一部风格独特的讽刺小说。有"新儒林外史"之誉。有书评家认为《围城》是"中国近代文学中最有趣、最用心经营的小说,可能是最伟大的一部"。

《围城》描写方鸿渐西洋留学归来,为了给家人一个交代,只好违心地去购买假文凭,于是陷入了学业上的"围城";与苏文纨半推半就地相处中,遇到一见倾心的唐晓芙,却又过于郑重其事,犹豫不决,还惹恼了他吃住所在的周家,软弱的方鸿渐陷入了"恋爱"的围城;失意之余,他满怀热情地进入三间大学,却因他尚未失去的正直,失去了教授头衔,得罪了身边的同事，进退两难，顾此失彼，终被学校解聘，陷入了"事业"的围城；疲惫不堪的方鸿渐想要一个温暖的家，以便在家庭的避风港中找到精神的依托，却又跨入了孙柔嘉早已布置好的情感罗网，陷入了家庭的"围城"。这个既善良正直、聪明机智、幽默风趣，又懦弱、虚荣、自私的方鸿渐最终被"围城"重重围困，直至精神萎靡幻灭。

《围城》中的方鸿渐是一个在精神城墙中进进出出的知识分子形象的典型，他历经艰辛与努力，得到的却是人生随处遇"围城"，无处逃避。作品通过他的经历真实地反映了那一代知识分子的精神困惑。

课文节选自《围城》第一部分，写方鸿渐1937年乘法国邮船自欧返国的经历。邮轮上百无聊赖，受到了性感放荡的鲍小姐诱惑，当船一靠岸鲍小姐回到未婚夫怀抱时，方鸿渐倍感逢场作戏后的失落。

作为一部讽刺小说，作者善于将讽刺的笔法、比喻的修辞和心理的刻画相结合，使讽刺比喻深、俏、奇。例如节选中写鲍小姐："有人叫她'熟食铺子'，因为只有熟食店会把那许多颜色暖热的肉公开陈列；又有人叫她'真理'，因为据说'真理是赤裸裸的'。鲍小姐并未一丝不挂，所以他们修正为'局部的真理'。"这里的两个比喻，从俗气和典雅两个极端上拉开距离，表面似乎显得极端不和谐，却让人感觉奇妙无比。再如，写方鸿渐和鲍小姐二人的交情"像热带植物那样飞快地生长"。还有在《围城》第二章，写方鸿渐留学四年，回到家乡小镇，他的感觉是："所碰见的还是四年前的那些人，那些人还是做四年前的事，说四年前的话。甚至认识的人里边一个也没有死掉。"这看似非常刻薄的描写，却深刻地表现了当地那些人思想的麻木、停滞和陈腐以及社会环境的死气沉沉。

精言妙语是这部小说成功的重要因素，也是非常值得赏析的地方。除了它奇妙的比喻外，还有特别富于表现力的字词。如写阿刘看到方鸿渐手傍着苏小姐的腰扶她下船的情景，"便'啐'的一声向痰盂射出一口浓浓的唾沫。"读者从这一"射"中，看到了阿刘的诧异、佩服和瞧不起，一个"射"字淋漓尽致地表现了阿刘此时的复杂心理。

【思考和练习】

1. 小说第一自然段写"鸿渐气得心头火直冒，仿佛会把嘴里香烟街着的一头都烧红了"，这句话运用了什么修辞手法，有何作用？

2. 课文第二自然段在小说情节发展上有何作用？

3. 《围城》所塑造的方鸿渐是生活中普遍存在的一类人的化身，请结合选文分析方鸿渐的性格特点？

封 锁

张爱玲

【作者简介】

张爱玲（1920—1995），本名张煐，家世显赫。原籍河北丰润，出生成长于上海，少年时经受了父母离异之痛。从小接受过私塾教育，也读过教会学校。12岁发表短篇小说《不幸的她》，之后陆续发表多篇散文、小说。1938年，以伦敦大学远东区入学考试第一名的成绩入读香港大学文科。20岁时因《我的天才梦》获得两项奖学金。1943年，发表小说《沉香屑第一炉香》《沉香屑第二炉香》，从此蜚声文坛，这一年，成为了她小说创作的丰产之年。同年，结识了胡兰成，而后被上海报纸攻评为"文化汉奸"。1956年与美国剧作家赖雅结婚后，移居美国。1967年赖雅去世后她开始幽居生活，直至1995年中秋节在洛杉矶的寓所去世。

张爱玲是中国现代著名的女作家，一生创作大量文学作品，类型包括小说、散文、电影剧本以及文学论著。代表作品有《金锁记》《倾城之恋》《半生缘》《红玫瑰与白玫瑰》等。著有小说集《传奇》，散文集《流言》。

开电车的人开电车。在大太阳底下，电车轨道像两条光莹莹的，水里钻出来的曲蟮，抽长了，又缩短了；抽长了，又缩短了，就这么样往前移——柔滑的，老长老长的曲蟮，没有完，没有完……开电车的人眼睛盯住了这两条蠕蠕的车轨，然而他不发疯。

如果不碰到封锁，电车的进行是永远不会断的。封锁了。摇铃了。"叮玲玲玲玲玲，"每一个"玲"字是冷冷的一小点，一点一点连成了一条虚线，切断了时间与空间。

电车停了，马路上的人却开始奔跑，在街的左面的人们奔到街的右面，在右面的人们奔到左面。商店一律地沙啦啦拉上铁门。女太太们发狂一般扯动铁栅栏，叫道："让我们进来一会儿！我这儿有孩子哪，有年纪大的人！"然而门还是关得紧腾腾的。铁门里的人和铁门外的人眼睁睁对看着，互相惧怕着。

电车里的人相当镇静。他们有座位可坐，虽然设备简陋一点，和多数乘客的家里的情形比较起来，还是略胜一筹。街上渐渐地也安静下来，并不是绝对的寂静，但是人声逐渐渺茫，像睡梦里所听到的芦花枕头里的赶趟。这庞大的城市在阳光里盹着了，重重地把头搁在人们的肩上，口涎顺着人们的衣服缓缓流下去，不能想象的巨大的重量压住了每一个人。上海似乎从来没有这么静过——大白天里！一个乞丐趁着鸦雀无声的时候，提高了喉咙唱将起来："阿有老爷太太先生小姐做做好事救救我可怜人哇？阿有老爷太太……"然而他不久就停了下来，被这不经见的沉寂吓噤住了。

还有一个较有勇气的山东乞丐，毅然打破了这静默。他的嗓子浑圆嘹亮："可怜啊可怜！一个人啊没钱！"悠久的歌，从一个世纪唱到下一个世纪。音乐性的节奏传染上了开电车的。开电车的也是山东人。他长长地叹了一口气，抱着胳膊，向车门上一靠，跟着唱了起来："可怜啊可怜！一个人啊没钱！"

电车里，一部分的乘客下去了。剩下的一群中，零零落落也有人说句把话。靠近门口的几个公事房里回来的人继续谈讲下去。一个人撒喇一声抖开了扇子，下了结论道："总而言之，他别的毛病没有，就吃亏在不会做人。"另一个鼻子里哼了一声，冷笑道："说他不会做人，他把上头敷衍得挺好的呢！"

一对长得颇像兄妹的中年夫妇把手吊在皮圈上，双双站在电车的正中，她突然叫道："当心别把裤子弄脏了！"他吃了一惊，抬起他的手，手里拎着一包熏鱼。他小心翼翼使那油汪汪的纸口袋与他的西装裤子维持二寸远的距离。他太太兀自絮叨道："现在干洗是什么价钱？做一条裤子是什么价钱？"

坐在角落里的吕宗桢，华茂银行的会计师，看见了那熏鱼，就联想到他夫人托他在银行附近一家面食摊子上买的菠菜包子。女人就是这样！弯弯扭扭最难找的小胡同里买来的包子必定是价廉物美的！她一点也不为他着想——一个齐齐整整穿着西装戴着玳瑁边眼镜提着公事皮包的人，抱着报纸里的热腾腾的包子满街跑，实在是不像话！然而无论如何，假使这封锁延长下去，耽误了他的晚饭，至少这包子可以派用场。他看了看手表，才四点半。该是心理作用罢？他已经觉得饿了。他轻轻揭开报纸的一角，向里面张了一张。一个个雪白的，喷出淡淡的麻油气味。一部分的报纸粘住了包子，他谨慎地把报纸撕了下来，包子上印了铅字，字都是反的，像镜子里映出来的，然而他有这耐心，低下头去逐个认了出来："讣告……申请……华股动态……隆重登场候教……"都是得用的字眼儿，不知道为什么转载到包子上，就带点开玩笑性质。也许因为"吃"是太严重的一件事了，相形之下，其他的一切都成了笑话。吕宗桢看着也觉得不顺眼，可是他并没有笑，他是一个老实人。他从包子上的文章看到报上的文章，把半页旧报纸读完了，若是翻过来看，包子就得跌出来，只得罢了。他在这里看报，全车的人都学了样，有报的看报，没有报的看发票，看章程，看名片。任何印刷物都没有的人，就看街上的市招。他们不能不填满这可怕的空虚——不然，他们的脑子也许会活动起来。思想是痛苦的一件事。

只有吕宗桢对面坐着的一个老头子，手心里骨碌碌骨碌碌搓着两只油光水滑的核桃，有板有眼的小动作代替了思想。他剃着光头，红黄皮色，满脸浮油，打着皱，整个的头像一个核桃。他的脑子就像核桃仁，甜的，滋润的，可是没有多大意思。

老头子右首坐着吴翠远，看上去像一个教会派的少奶奶，但是还没有结婚。她穿着一件白洋纱旗袍，滚一道窄窄的蓝边——深蓝与白，很有点讣闻的风味。她携着一把蓝白格子小遮阳伞。头发梳成千篇一律的式样，唯恐唤起公众的注意。然而她实在没有过分触目的危险。她长得不难看，可是她那种美是一种模棱两可的，仿佛怕得罪了谁的美，脸上一切都是淡淡的，松弛的，没有轮廓。连她自己的母亲也形容不出她是长脸还是圆脸。

在家里她是一个好女儿，在学校里她是一个好学生。大学毕了业后，翠远就在母校服务，担任英文助教。她现在打算利用封锁的时间改改卷子。翻开了第一篇，是一个男生做的，大声疾呼抨击都市的罪恶，充满了正义感的愤怒，用不很合文法的，吃吃艾艾的句子，骂着"红嘴唇的卖淫妇……大世界……下等舞场与酒吧间"。翠远略略沉吟了一会，就找出红铅笔来批了一个"A"字。若在平时，批了也就批了，可是今天她有太多的考虑时间，她不由地要质问自己，为什么她给了他这么好的分数：不问倒也罢了，一问，她竟涨红了脸。她突然明白了：因为这学生是胆敢这么毫无顾忌地对她说这些话的唯一的一个男子。

他拿她当做一个见多识广的人看待；他拿她当做一个男人，一个心腹。他看得起她。翠远在学校里老是觉得谁都看不起她——从校长起,教授、学生、校役……学生们尤其愤慨得厉害:"申大越来越糟了!一天不如一天!用中国人教英文,照说,已经是不应当,何况是没有出过洋的中国人!"翠远在学校里受气,在家里也受气。吴家是一个新式的,带着宗教背景的模范家庭。家里竭力鼓励女儿用功读书,一步一步往上爬,爬到了顶儿尖儿上——一个二十来岁的女孩子在大学里教书!打破了女子职业的新纪录。然而家长渐渐对她失掉了兴趣,宁愿她当初在书本上马虎一点,匀出点时间来找一个有钱的女婿。

她是一个好女儿,好学生。她家里都是好人,天天洗澡,看报,听无线电向来不听申曲滑稽京戏什么的,而专听贝多芬瓦格涅的交响乐,听不懂也要听。世界上的好人比真人多……翠远不快乐。

生命像圣经,从希伯莱文译成希腊文,从希腊文译成拉丁文,从拉丁文译成英文,从英文译成国语。翠远读它的时候,国语又在她脑子里译成了上海话。那未免有点隔膜。

翠远搁下了那本卷子,双手捧着脸。太阳滚热地晒在她背脊上。

隔壁坐着个奶妈,怀里躺着小孩,孩子的脚底心紧紧抵在翠远的腿上。小小的老虎头红鞋包着柔软而坚硬的脚……这至少是真的。

电车里,一位医科学生拿出一本图画簿,孜孜修改一张人体骨骼的简图。其他的乘客以为他在那里速写他对面瞌着的那个人。大家闲着没事干,一个一个聚拢来,三三两两,撑着腰,背着手,围绕着他,看他写生。拎着熏鱼的丈夫向他妻子低声道:"我就看不惯现在兴的这些立体派,印象派!"他妻子附耳道:"你的裤子!"

那医科学生细细填写每一根骨头,神经,筋络的名字。有一个公事房里回来的人将折扇半掩着脸,悄悄向他的同事解释道:"中国画的影响。现在的西洋画也时兴题字了,倒真是'东风西渐'!"

吕宗桢没凑热闹,孤零零地坐在原处。他决定他是饿了。大家都走开了,他正好从容地吃他的菠菜包子,偏偏他一抬头,瞥见了三等车厢里有他一个亲戚,是他太太的姨表妹的儿子。他恨透了这董培芝。培芝是一个胸怀大志的清寒子弟,一心只想娶个略具资产的小姐。吕宗桢的大女儿今年方才十三岁,已经被培芝睃在眼里,心里打着如意算盘,脚步儿越发走得勤了。吕宗桢一眼望见了这年轻人,暗暗叫声不好,只怕培芝看见了他,要利用这绝好的机会向他进攻。若是在封锁期间和这董培芝困在一间屋子里,这情形一定是不堪设想!他匆匆收拾起公事皮包和包子,一阵风奔到对面一排座位上,坐了下来。现在他恰巧被隔壁的吴翠远挡住了,他表侄绝对不能够看见他。翠远回过头来,微微瞪了他一眼。糟了!这女人准是以为他无缘无故换了一个座位,不怀好意。他认得出那被调戏的女人的脸谱——脸板得纹丝不动,眼睛里没有笑意,嘴角也没有笑意,连鼻洼里都没有笑意,然而不知道什么地方有一点颤巍巍的微笑,随时可以散布开来。觉得自己太可爱了的人,是熬不住要笑的。

该死,董培芝毕竟看见了他,向头等车厢走过来了,满卑地,老远地就躬着腰,红喷喷的长长的面颊,含有僧尼气息的灰布长衫——一个吃苦耐劳,守身如玉的青年,最合理想的乘龙快婿。宗桢迅疾地决定将计就计,顺水推舟,伸出一只手臂来搁在翠远背后的窗台上,不声不响宣布了他的调情的计划。他知道他这么一来,并不能吓退了董培芝,因为培芝眼中的他素来是一个无恶不作的老年人。由培芝看来,过了三十岁的人都是老年人,老年人都是一肚子的坏。培芝今天亲眼看见他这样下流,少不得一五一十要去报告给他太太听——气气他太太也好!谁叫她给他弄上这么一个表侄!气,活该气!

他不怎么喜欢身边这女人。她的手臂,白倒是白的,像挤出来的牙膏。她的整个的人像挤出来的牙膏,没有款式。

他向她低声笑道:"这封锁,几时完哪?真讨厌!"翠远吃了一惊,掉过头来,看见了他搁在她身后的那只胳膊,整个身子就僵了一僵,宗桢无论如何不能容许他自己抽回那只胳膊。他的表侄正在那里双眼灼灼望着他,脸上带着点会心的微笑。如果他夹忙里跟他表侄对一对眼光,也许那小子会怯怯地低下头去——处女风韵的窘态;也许那小子会向他挤一挤眼睛——谁知道?

他咬一咬牙,重新向翠远进攻。他道:"您也觉着闷罢?我们说两句话,总没有什么要紧!我们——我们谈谈!"他不由自主的,声音里带着哀恳的调子。翠远重新吃了一惊,又掉回头来看了他一眼。他现在记得了,他瞧见她上车的——非常戏剧化的一刹那,但是那戏剧效果是碰巧得到的,并不能归功于她。他低声道:"你知道么?我看见你上车,前头的玻璃上贴的广告,撕破了一块,从这破的地方我看见你的侧面,就只一点下巴。"是乃络维奶粉的广告,画着一个胖孩子,孩子的耳朵底下突然出现了这女人的下巴,仔细想起来是有点吓人的。"后来你低下头去从皮包里拿钱,我才看见你的眼睛,眉毛,头发。"拆开来一部分一部分地看,她未尝没有她的一种风韵。

翠远笑了。看不出这人倒也会花言巧语——以为他是个靠得住的生意人模样!她又看了他一眼。太阳光红红地晒穿他鼻尖下的软骨。他搁在报纸包上的那只手,从袖口里出来,黄色的,敏感的——一个真的人!不很诚实,也不很聪明,但是一个真的人!她突然觉得炽热,快乐。她背过脸去,细声道:"这种话,少说些罢!"

宗桢道:"嗯?"他早忘了他说了些什么。他眼睛盯着他表侄的背影——那知趣的青年觉得他在这儿是多余的,他不愿得罪了表叔,以后他们还要见面呢,大家都是快刀斩不断的好亲戚;他竟退回三等车厢去了。董培芝一走,宗桢立刻将他的手臂收回,谈吐也正经起来。他搭讪着望了一望她膝上摊着的练习簿,道:"申光大学……您在申光读书!"

他以为她这么年青?她还是一个学生?她笑了,没做声。

宗桢道:"我是华济毕业的。华济。"她颈子上有一粒小小的棕色的痣,像指甲刻的印子。宗桢下意识地用右手捻了一捻左手的指甲,咳嗽了一声,接下去问道:"您读的是哪一科?"

翠远注意到他的手臂不在那儿了,以为他态度的转变是由于她端凝的人格,潜移默化所致。这么一想,倒不能不答话了,便道:"文科。您呢?"宗桢道:"商科。"他忽然觉得他们的对话,道学气太浓了一点,便道:"当初在学校里的时候,忙着运动,出了学校,又忙着混饭吃。书,简直没念多少!"翠远道:"你公事忙么?"宗桢道:"忙得没头没脑。早上乘电车上公事房去,下午又乘电车回来,也不知道为什么去,为什么来!我对于我的工作一点也不感到兴趣。说是为了挣钱罢,也不知道是为谁挣的!"翠远道:"谁都有点家累。"宗桢道:"你不知道——我家里——咳,别提了!"翠远暗道:"来了!他太太一点都不同情他!世上有了太太的男人,似乎都是急切需要别的女人的同情。"宗桢迟疑了一会,方才吞吞吐吐,万分为难地说道:"我太太——一点都不同情我。"

翠远皱着眉毛望着他,表示充分了解。宗桢道:"我简直不懂我为什么天天到了时候就回家去。回到哪儿去?实际上我是无家可归的。"他褪下眼镜来,迎着亮,用手绢欲拭去上面的水渍,道:"咳!混着也就混下去了,不能想——就是不能想!"近视眼的人当众摘下眼镜子，翠远觉得有点秽亵，彷佛当众脱衣服似的，不成体统。宗桢继续说道："你——你不知道她是怎么样的一个女人！"翠远道："那么，你当初……"宗桢道："当初我也反对来着。她是我母亲给订下的。我自然是愿意让我自己拣，可是……她从前非常的美……我那时又年青……年青的人，你知道……"翠远点点头。

宗桢道："她后来变成了这么样的一个人——连我母亲都跟她闹翻了，倒过来怪我不该娶了她！她……她那脾气——她连小学都没有毕业。"翠远不禁微笑道："你仿佛非常看重那一纸文凭！其实，女子教育也不过是那么一回事！"她不知道为什么她说出这句话来，伤了她自己的心。宗桢道："当然哪，你可以在旁边说风凉话，因为你是受过上等教育的。你不知道她是怎么样的一个——"他顿住了口，上气不接下气，刚戴上了眼镜子，又褪下来擦镜片。翠远道："你说得太过分了一点罢？"宗桢手里捏着眼镜，艰难地做了一个手势道："你不知道她是——"翠远忙道："我知道，我知道。"她知道他们夫妇不和，决不能单怪他太太，他自己也是一个思想简单的人。他需要一个原谅他，包涵他的女人。

街上一阵乱，轰隆轰隆来了两辆卡车，载满了兵。翠远与宗桢同时探头出去张望；出其不意地，两人的面庞异常接近。在极短的距离内，任何人的脸都和寻常不同，像银幕上特写镜头一般的紧张。宗桢和翠远突然觉得他们俩还是第一次见面。在宗桢的眼中，她的脸像一朵淡淡几笔的白描牡丹花，额角上两三根吹乱的短发便是风中的花蕊。

他看着她，她红了脸，她一脸红，让他看见了，他显然是很愉快。她的脸就越发红了。

宗桢没有想到他能够使一个女人脸红，使她微笑，使她背过脸去，使她掉过头来。在这里，他是一个男子。平时，他是会计师，他是孩子的父亲，他是家长，他是车上的搭客，他是店里的主顾，他是市民。可是对于这个不知道他的底细的女人，他只是一个单纯的男子。

他们恋爱着了。他告诉她许多话，关于他们银行里，谁跟他最好，谁跟他面和心不和，家里怎样闹口舌，他的秘密的悲哀，他读书时代的志愿……无休无歇的话，可是她并不嫌烦。恋爱着的男子向来是喜欢说，恋爱着的女人向来是喜欢听。恋爱着的女人破例地不大爱说话，因为下意识地她知道：男人彻底地懂得了一个女人之后，是不会爱她的。

宗桢断定了翠远是一个可爱的女人——白，稀薄，温热，像冬天里你自己嘴里呵出来的一口气。你不要她，她就悄悄地飘散了。她是你自己的一部分，她什么都懂，什么都宽宥你。你说真话，她为你心酸；你说假话，她微笑着，仿佛说："瞧你这张嘴！"

宗桢沉默了一会，忽然说道："我打算重新结婚。"翠远连忙做出惊慌的神气，叫道："你要离婚？那……恐怕不行罢？"宗桢道："我不能够离婚。我得顾全孩子们的幸福。我大女儿今年十三岁了，才考进了中学，成绩很不错。"翠远暗道："这跟当前的问题又有什么关系？"她冷冷地道："哦，你打算娶妾。"宗桢道："我预备将她当妻子看待。我——我会替她安排好的。我不会让她为难。"翠远道："可是，如果她是个好人家的女孩子，只怕她未见得肯罢？种种法律上的麻烦……"宗桢叹了口气道："是的。你这话对。我没有这权利。我根本不该起这种念头……我年纪也太大了。我已经三十五了。"翠远缓缓地道："其实，照现在的眼光看来，那倒也不算大。"宗桢默然。半晌方说道："你……几岁？"翠远低下头去道："二十五。"宗桢顿了一顿，又道："你是自由的么？"翠远不答。宗桢道："你不是自由的。即使你答应了，你的家里人也不会答应的，是不是？……是不是？"

翠远抿紧了嘴唇。她家里的人——那些一尘不染的好人——她恨他们！他们哄够了她。

他们要她找个有钱的女婿，宗桢没有钱而有太太——气气他们也好！气，活该气！

车上的人又渐渐多了起来，外面许是有了"封锁行将开放"的谣言，乘客一个一个上来，坐下，宗桢与翠远给他们挤得紧紧的，坐近一点，再坐近一点。

宗桢与翠远奇怪他们刚才怎么这样的糊涂，就想不到自动地坐近一点，宗桢觉得她太快乐了，不能不抗议。他用苦楚的声音向她说："不行！这不行！我不能让你牺牲了你的前程！你是上等人，你受过这样好的教育……我——我又没有多少钱，我不能坑了你的一生！"可不是，还是钱的问题。他的话有理。翠远想道："完了。"以后她多半是会嫁人的，可是她的丈夫决不会像一个萍水相逢的人一股的可爱——封锁中的电车上的人……一切再也不会像这样自然。再也不会……呵，这个人，这么笨！这么笨！她只要他的生命中的一部分，谁也不稀罕的一部分。他白糟蹋了他自己的幸福。那么愚蠢的浪费！她哭了，可是那不是斯斯文文的，淑女式的哭。她简直把她的眼泪唾到他脸上。他是个好人——世界上的好人又多了一个！向他解释有什么用？如果一个女人必须倚仗着她的言语来打动一个男人，她也就太可怜了。

宗桢一急，竟说不出话来，连连用手去摇撼她手里的阳伞。她不理他。他又去摇撼她的手，道："我说——我说——这儿有人哪！别！别这样！等会儿我们在电话上仔细谈。你告诉我你的电话。"翠远不答。他逼着问道："你无论如何得给我一个电话号码。"翠远飞快地说了一遍道："七五三六九。"宗桢道："七五三六九？"她又不做声了。宗桢嘴里喃喃重复着："七五三六九，"伸手在上下的口袋里掏摸自来水笔，越忙越摸不着。翠远皮包里有红铅笔，但是她有意地不拿出来。她的电话号码，他理该记得。记不得，他是不爱她，他们也就用不着往下谈了。

封锁开放了。"叮玲玲玲玲玲玲"摇着铃，每一个"玲"字是冷冷的一点，一点一点连成一条虚线，切断时间与空间。

一阵欢呼的风刮过这大城市。电车当当当往前开了。宗桢突然站起身来，挤到人丛中，不见了。翠远偏过头去，只做不理会。他走了。对于她，他等于死了。电车加足了速力前进，黄昏的人行道上，卖臭豆腐干的歇下了担子，一个人捧着文王神卦的匣子，闭着眼霍霍地摇。一个大个子的金发女人，背上背着大草帽，露出大牙齿来向一个意大利水兵一笑，说了句玩笑话。翠远的眼睛看到了他们，他们就活了，只活那么一刹那。车往前当当地跑，他们一个个的死去了。

翠远烦恼地合上了眼。他如果打电话给她，她一定管不住她自己的声音，对他分外的热烈，因为他是一个死了又活过来的人。

电车里点上了灯，她一睁眼望见他遥遥坐在他原先的位子上。她震了一震——原来他并没有下车去！她明白他的意思了：封锁期间的一切，等于没有发生。整个的上海打了个盹，做了个不近情理的梦。

开电车的放声唱道："可怜啊可怜！一个人啊没钱！可怜啊可……"一个疯穷婆子慌里慌张掠过车头，横穿过马路。开电车的大喝道："猪猡！"

吕宗桢到家正赶上吃晚饭。他一面吃一面阅读他女儿的成绩报告单，刚寄来的。他还记得电车上那一回事，可是翠远的脸已经有点模糊——那是天生使人忘记的脸。他不记得她说了些什么，可是他自己的话他记得很清楚——温柔地："你——几岁？"慷慨激昂地："我不能让你牺牲了你的前程!"

饭后,他接过热手巾,擦着脸,踱到卧室里来,扭开了电灯。一只乌壳虫从房这头爬到房那头,爬了一半,灯一开,它只得伏在地板的正中,一动也不动。在装死么?在思想着么?整天爬来爬去,很少有思想的时间罢?然而思想毕竟是痛苦的。宗桢捻灭了电灯,手按在机括上,手心汗潮了,浑身一滴滴沁出汗来,像小虫子痒痒地在爬。他又开了灯,乌壳虫不见了,爬回窠里去了。

一九四三年八月

【赏析】

张爱玲的《封锁》是一篇解剖都市市民心理和生存困境的经典之作,小说以冷峻的嘲讽态度,苍凉陌生化的视角描写了浮世中男女主人公内心最不寻常的灵魂撞击,用常见的、平淡的故事展露了人物真实挣扎的欲望渴求与无法逃脱的生存困境。

大学助教吴翠远和会计师吕宗桢同乘一车,素不相识。两人开始攀谈,慢慢地相爱了,甚至开始谈婚论嫁。然而随着外面世界的"封锁"的解除,他们再次回到现实中来,再次将内心世界"封锁"起来。作者借"封锁"这一现实社会中存在的事件,暗中却将笔触指向人们内心世界长久处于的"封锁"状态。只有在现实中"切断了时间与空间"的时刻,人的内心也许才会"打个盹",才会做个"不近情理的梦",才会真正有自己那么一小会的愉悦状态。"封锁"隐喻了世俗和传统文化对人性的压抑和封锁。现实的"封锁"容易开放,可是内心的锁却很少可以找到钥匙。在封锁的内心世界,人就是那只"乌壳虫","很少有思想的时间""思想毕竟是痛苦的"。人们只能这样可怜地走向生命的尽头。作者通过这种偶然的、没有结局的情感故事,揭示了现代都市人心灵的枯萎,也饶有兴趣地展示了一种人情世态:人是孤独的,人和人的心灵被有形无形地封锁隔绝了。

作品具有强烈的反讽意味。表面冷静,但叙述中蕴涵着强烈的讽刺效果。象征和隐喻的巧妙运用使抽象的东西感性化了。作品采用了一个整体的象征把人的真实处境比作一种无形的封锁,有形的封锁的开放反而使人回到无形的更大的封锁中。作品把无时不在又无处不在的没落文化比作"柔滑的,老长老长的曲蟮,没有完,没有完……"使人们对作者所处的时代获得一种意象化的感受。作者还善捕捉典型细节,描写众生百态,给全文营造出一种苍凉的氛围。

【思考练习】

1. 试分析吕宗桢和吴翠远这两个人物形象。
2. 请找出你认为精彩的细节描写。
3. 你认为文章结尾处作者写"乌壳虫"有何用意?

平凡的世界（节选）

路 遥

【作者简介】

路遥（1949—1992），原名王卫国，陕西人，中国当代土生土长的农村作家。1969年中学毕业后回乡务农，1973年进入延安大学中文系学习，其间开始文学创作。作为农民的儿子，他承袭和接受了传统文化的影响，他的写作素材基本来自农村，农民生活成为了他取之不尽的源泉。因而他被称为"土著"作家。1980年发表《惊心动魄的一幕》，获得第一届全国优秀中篇小说奖。1982年发表中篇小说《人生》引起很大反响，获全国第二届优秀中篇小说奖，改编成同名电影后，轰动全国。1988年完成长篇巨著《平凡的世界》，获得茅盾文学奖。

初春解冻的原西河变得宽阔起来，浩浩荡荡的水流一片浑黄。在河对面见不到阳光的悬崖底下，还残留着一些蒙着灰尘的肮脏的冰溜子。但在那悬崖上面的小山湾里，桃花已经开得红艳艳的了。河岸边，鹅黄嫩绿的青草芽子从一片片去年的枯草中冒了出来，带给人一种盎然的生机。道路旁绿雾蒙蒙的柳行间，不时闪过燕子剪刀似的身姿。不知从什么地方的山野里，传来一阵女孩子的信天游歌声，飘飘荡荡，忽隐忽现——

正月里冻冰呀立春消，
二月里鱼儿水上漂，
水呀上漂来想起我的哥！
想起我的哥哥，
想起我的哥哥，
想起我的哥哥呀你等一等我……

少安和润叶相跟着，沿着原西河畔的一条小路，往河上游的方向走着。他们沉浸在明媚的春光中，心情无限的美妙。这倒使他们一时没有说什么话。

"你走慢一点嘛！我都撵不上你了！"润叶终于扬起脸对少安笑着说。

少安只好把自己的两条长腿放慢一点，说："我山里洼里跑惯了，走得太慢急得不行。"

"呀，你快看！"润叶指着前面的一个草坡，大声喊叫起来。

少安停住脚步，向她手指的地方望去。他什么也没看见。他奇怪地问："什么？"

"马兰花！看，蓝格莹莹的！"

少安还以为是什么了不起的事哩。原来是几朵马兰花。这些野花野草他天天在山里看得多了，没什么稀罕的。

润叶已经跑过去，坐在那几丛马兰花的旁边，等他过来。

他走到她身旁。她说："咱们在这儿坐一会。"

他只好坐下来，把两条胳膊帮在胸前，望着草坡下浑黄的原西河平静地流向远方。

润叶摘了一朵马兰花，在手里摆弄了半天，才吞吞吐吐说："少安哥，我有个急人事，想对你说一说,让你看怎么办……"

少安扭过头,不知道她遇到了什么困难,就急切地等待她说出来。他知道这就是润叶捎话叫他来的那件事。

润叶脸红得像发高烧似的,犹豫了一会,才说:"……我二妈家给我瞅了个人家。"

"什么……人家?"少安一时反应不过来她说的是什么。

"就是……县上一个领导的儿子……"润叶说着,也不看他,只是红着脸低头摆弄那朵马兰花。

"噢……"少安这下才明白了。他脑子里首先闪过这样一个概念:她要结婚了。

润叶要结婚了?他在心里又吃惊地自问。

是的,她要结婚了。他回答自己说。

他心里顿时涌上一股说不出的味道。他把自己出汗的手轻轻地放在有补钉的腿膝盖上,两只手甚至下意识地带着一种怜悯抚摸着自己的腿膝盖。

你这是怎了?唉……

他马上意识到他有些不正常。他并且对自己这种情绪很懊恼。他现在应该像大哥一样帮助润叶拿主意才对。她专门叫他到城里来,也正是她信任他,才对他说这事哩!

他很快使自己平静和严肃起来,对她说:"这是好事。人家家庭条件好……那个人做什么工作哩?"

"可我不愿意!"润叶抬起头来,带着一种惊讶和失望的表情望了他一眼。

"不愿意?"少安也不知道如何是好了。不愿意就算了,这又有什么难的哩?

"这事主意要你拿哩……"他只好这样说。

"我是问你,你看怎么办?"她抬起头,固执地问他。

少安简直不明白这是怎么了。他掏出一条纸片,从口袋里捏了一撮烟叶,迅速卷起一支烟棒,点着抽了几口,说:"那你不愿意,不就算了?"

"人家纠缠我,我……"润叶难受地又低下了头。

"纠缠?"少安不能明白,既然女的不同意,男的还纠缠什么哩?城里人的脸怎这么厚?

"你是个死人……"润叶低着头嘟囔说。

少安感到很内疚。润叶需要他帮助解决她面临的困难,但他在关键的时候却无能为力。唉,这叫他怎么办呢?要么让他去把纠缠她的那小子捶一顿?可人家是县领导的儿子,再说,他凭什么去捶人家呢?哼!如果将来兰香长大了,有人敢这样,他就敢去捶他个半死!

他看见润叶一直难受地低着头,急得不知怎样安慰她,就急躁地说:"唉,要是小时候,谁敢欺负你,我就早把拳头伸出去了!你不记得,那年咱们在石圪节上高小,有个男同学专意给你身上扔篮球,我把那小子打得鼻子口里血直流……再说,那时候,你要是看哪个土崖上有朵山丹丹花,或者一钵红酸枣,要我上去给你摘,那我都能让你满意……可现在,可这事……"

润叶听他说着,突然用手捂住自己的脸哭了。

少安慌得不知如何是好,把半支没抽完的烟卷扔掉,又赶快卷另一支。

过了一会,润叶用手绢把脸上的泪痕抹去,不再哭了。刚才少安的话又使她深切地记起她和他过去那难以忘却的一切……

唉,她因为少女难以克服的羞怯,眼下一时不知怎样才能把她的心里话给少安哥说清楚。她原来看小说里的人谈恋爱，女的给男的什么话都敢说，而且说得那么自然。可是，当她自己面对心爱的人，一切话却又难以启齿。她对少安的麻木不仁感到又急又气。多聪明的人，现在怎笨成这个样子？可话说回来，这又怎能怨他呢！她说的是别人追她，又没给他说明她对他的心意。

她看来不能继续用这种少安听不明白的话和他交谈了。但她又不能一下子鼓起勇气和他明说。

她只好随便问："你家里最近都好吧？"

这下可把少安解脱了！他赶忙说："好着哩，就是……"他突然想，现在正可以给她说说姐夫的事了，就接着说："只是我姐夫出了点事……"

"什么事？"她认真地扬起脸问他。

"贩了几包老鼠药，让公社拉在咱们村的会战工地劳教，还让我爸跟着陪罪。一家人现在大哭小叫，愁得我没有办法……"

"这真是胡闹！现在这社会太不像话了，把老百姓不当人看待……干脆，我让我二爸给咱们公社的白叔叔和徐叔叔写封信，明天我和你一起回石圪节找他们去！"

润叶有点激动了。少安哥的事就是她的事。再说，有这事也好！这样她还可以和少安哥多待一会儿时间，并且有借口和他一块坐汽车回石圪节去呢！

这也正是少安的愿望。不过他原来并没有想麻烦润叶亲自去石圪节，他只要她二爸出一下面就行了。

他对润叶说："你不要回去了。只要你二爸有句话，我回去找白主任和徐主任。"

"反正我明天没课。只要明晚上赶回来就行了。一整天到石圪节打一个来回完全可以……要么咱现在就找我二爸去！"

润叶听少安说完他姐夫的事，就知道他现在心里很烦乱，不应该再对他说"那件事"了——反正总会有时间说呢！

少安见她对自己的事这样热心，心里很受感动。他马上感到身上轻快了许多，便一闪身从草地上站起来。他现在才发现，那几丛马兰花真的好看极了，蓝莹莹的，像几簇燃烧着的蓝色的火苗。他走过去把这美丽的花朵摘了一把，塞到润叶手里，说："回去插在水瓶里，还能开几天……"

润叶眼睛里旋转着泪花。她接过少安给她的花朵，就和他一起相跟着找她二爸去了。

少安和润叶没有回她二爸家去，直接到他的办公室去找他。润叶说她二爸没有下班，现在肯定没有回到家里。

润叶说得对，她二爸正在办公室。他们推门进去的时候，他热情地从办公桌后面转出来，和少安握手。田福军认得少安。他每次回村来见了少安，还总要问他生产队的一些情况——他也知道他在一队当队长。

田主任给少安倒了一杯茶水，又给他递上一根纸烟，并且亲自把打火机打着，伸到他面前。

少安慌得手都有些抖，好不容易才在田福军的打火机上点着了那支烟。

"好后生啊！玉厚生养了几个好娃娃！"他扭过头问润叶："上次来咱家的是少安的弟弟吧？"

"就是的，"润叶回答说，"名字叫少平。"

"噢，少平少安，平平安安！这玉厚还会起名字哩！"三个人都笑了。

"可他家现在一点也不平安！"润叶对她二爸说。

"怎啦？"田福军眯缝起眼睛问。

少安就把他姐夫的事给田主任说了一遍。

田福军坐在椅子上，半天没说话。他点了一支烟吸了几口，嘴里自言自语说："上上下下都胡闹开了……"

"石圪节公社有多少人被劳教了？"他问少安。

"大概有十几个人。具体我也不太清楚，听说每个村子差不多都有人。"

"双水村有没有人？"田福军问。

"双水村还没，就是把田二叔批判了一通。"

"批判田二哩？"田福军惊讶地张开了嘴巴。

"嗯。"

"哎呀！这简直是……"这位领导人都没词了。

润叶插嘴说："二爸，你能不能给白叔叔和徐叔叔写个信，让他们把少安的姐夫放了？"

田福军想了一下，就在桌子上拉过来一张纸，写了一封信，站起来交给少安，说："你回去交给白明川。你认识他不？"

"我认识。"少安说。

田福军又问了双水村的一些情况，少安都一一给他回答了。

"现在农村人连肚子都填不饱，少安，你看这问题怎样解决好？"田福军突然问他。

少安就照他自己的想法说："上面其他事都可以管，但最好在种庄稼的事上不要管老百姓。让农民自己种，这问题就好办。农民就是一辈子专种庄稼的嘛！但好像他们现在不会种地了，上上下下都指拨他们，规定这，规定那，这也不对，那也不对，农民的手脚被捆得死死的。其他事我还不敢想，但眼下对农民种地不要指手画脚，就会好些的……"

"啊呀，这娃娃的脑子不简单哩！……好，罢了有时间，咱好好拉拉话！你要是到城里来就找我，好不好？我一会还要开个会，今天没时间了……"

少安和润叶就很快告辞了。田福军一直把他们送到院子的大门口。

在回学校的路上，润叶佩服地对少安说："我二爸可看重你说的话哩！你真能行！"

少安说："你二爸是咱一个村的，又是你二爸，我敢胡说哩！"

"少安哥，你干脆把我二爸的信给我，我明天和你一块回石圪节去。我和白明川和徐治功叔叔都很熟悉，到时候让我把信交给他们！"

少安看她执意要和他一块回石圪节，也就把田福军的信交给了她——她出面当然要比他的威力大得多。

晚上，润叶把他安顿到学校她的宿舍里休息，她回她二妈家去睡。当她把被褥细心地给少安铺好后，少安却有点踌躇地说："我怕把你的铺盖弄脏了……"

"哎呀！你看你！"润叶红着脸对他说。她多么高兴少安哥在她宿舍里睡一晚上，好给她以后的日子加添新的回忆；也使她能时刻感觉到他留下的亲切的气息……

第二天早晨吃完饭，少安就和润叶坐着公共汽车回石圪节去了。车票还是润叶买的；他抢着要买，结果被润叶掀在了一边。

汽车上，他俩紧挨着坐在一起，各有各的兴奋，使得这一个多钟头的旅行，几乎没觉得就过去了。

两个人在石圪节镇子对面的公路上下了车。

少安说:"要是你去公社,我就不去了,你爸也在公社开会,我去不好……我这就回家呀!你晚上回双水村去不?"

润叶说:"我可想回去哩!但我明天还有课,今天必须返回城里,因此回不成村里了。等你姐夫的事办完,我让明川叔挡个顺车,直接回县城去呀。你放心!你姐夫的事我肯定能办好!"

润叶说完后,匆忙地在自己的衣袋里掏出一封信,一把塞到少安的手里。

少安赶忙说:"你二爸的信你怎又给我哩?你不给白主任和徐……"

他的话还没说完,润叶就笑着一转身跑了。

少安赶快低头看润叶交到他手里的那封信,才发现这不是田福军给公社领导写的那封!他莫名其妙地把信从信封里抽出来,看见一张纸上只写着两句话——

少安哥:

我愿意一辈子和你好。咱们慢慢再说这事。

润叶

孙少安站在公路上,一下子惊呆了。

他扭过头来,看见润叶已经穿过东拉河对面的石圪节街道,消失在了供销门市部的后面。街道后边的土山上空,一行南来的大雁正排成"人"字形,嗷嗷地欢叫着飞向了北方……

【赏析】

小说《平凡的世界》共有三部,分别命名为《大地》《黑金》《大世界》,全书一百万字。这是一部"全景式"鸿篇巨制,规模宏大,气势磅礴。路遥把国家大事、政治形势、家族矛盾、农民生活的艰辛、新一代的感情纠葛,以及黄土高原古朴的道德风尚、生活习俗都融汇在一起,构成了一幅中国 20 世纪 70 年代中期至 80 年代中期农村生活的全景式画卷。它告诉人们:人,无论在什么位置,无论多么贫寒,只要一颗火热的心在,只要能热爱生活,上帝对他就是平的。整部作品透露出作者对家乡父老温馨动人的情愫,又体现了作者对生活、对社会、对历史、对人生富于哲理性的深刻思考与理解,贯注了昂扬的奋斗精神,读来真切动人。

本作品语言朴素,具有浓郁的地方特色。书中描写的是陕西黄土高原的故事,语言也呈现出浓郁的黄土高原的色彩,渗透着陕西的文化特色。这种地方色彩不仅表现在用词上,最突出的还表现在信天游这种文化形式中。文中多次出现了信天游,以此表达人物的心声。

本文选自小说第一部第十四章,描写了青梅竹马的孙少安和田润叶之间朦胧的爱情。刻画了润叶和少安这两个富有时代特色的青年男女形象。通过语言、神态、心理等描写手法,表现了润叶的温润美丽、多情贤淑和少安的憨厚善良。润叶一直在追求自己的幸福,但幸福始终与她有着一段不可逾越的距离。少安虽时时爱护润叶,却因两人家境的悬殊,未敢有非分之想。这些刻画真实地再现了两人不同的处境和不同的个性。

【思考练习】

1. 文章第一自然段的自然环境描写有何特点？在全文中起什么作用？
2. 文章引用信天游歌声的用意是什么？
3. 请分析"他心里顿时涌上一股说不出的味道"的含义。

十八岁出门远行

余 华

【作者简介】

余华（1960— ），祖籍山东高唐县。出生于浙江杭州，后随当医生的父亲迁居海盐县。中学毕业后，曾当过牙医，五年后弃医从文，先后进县文化馆和嘉兴文联工作。曾两度进入北京鲁迅文学院进修深造。

余华1984年开始发表小说，著有短篇小说《十八岁出门远行》《世事如烟》《黄昏里的男孩》，中篇小说集《现实一种》《我胆小如鼠》《战栗》，长篇小说《活着》《许三观卖血记》《兄弟》《在细雨中呼喊》等。其作品被评论界称为"先锋文学"，先后被翻译成英、法、德、俄、意大文、荷兰、挪威、韩、日等多国文字在国外出版。他的《活着》《许三观卖血记》曾同时入选百位批评家和文学编辑评选的"90年代最具有影响的十部作品"。

　　柏油马路起伏不止，马路像是贴在海浪上。我走在这条山区公路上，我像一条船。这年我十八岁，我下巴上那几根黄色的胡须迎风飘飘，那是第一批来这里定居的胡须，所以我格外珍重它们，我在这条路上走了整整一天，已经看了很多山和很多云。所有的山所有的云，都让我联想起了熟悉的人。我就朝着它们呼唤他们的绰号，所以尽管走了一天，可我一点也不累。我就这样从早晨里穿过，现在走进了下午的尾声，而且还看到了黄昏的头发。但是我还没走进一家旅店。

　　我在路上遇到不少人，可他们都不知道前面是何处，前面是否有旅店。他们都这样告诉我："你走过去看吧。"我觉得他们说得太好了，我确实是在走过去看。可是我还没走进一家旅店。我觉得自己应该为旅店操心。

　　我奇怪自己走了一天竟只遇到一次汽车。那时是中午，那时我刚刚想搭车，但那时仅仅只是想搭车，那时我还没为旅店操心，那时我只是觉得搭一下车非常了不起。我站在路旁朝那辆汽车挥手，我努力挥得很潇洒。可那个司机看也没看我，汽车和司机一样，也是看也没看，在我眼前一闪就他妈的过去了。我就在汽车后面拼命地追了一阵，我这样做只是为了高兴，因为那时我还没有为旅店操心。我一直追到汽车消失之后，然后我对着自己哈哈大笑，但是我马上发现笑得太厉害会影响呼吸，于是我立刻不笑。接着我就兴致勃勃地继续走路，但心里却开始后悔起来，后悔刚才没在潇洒地挥着手里放一块大石子。

　　现在我真想搭车，因为黄昏就要来了，可旅店还在它妈肚子里，但是整个下午竟没再看到一辆汽车。要是现在再拦车，我想我准能拦住。我会躺到公路中央去，我敢肯定所有的汽车都会在我耳边来个急刹车。然而现在连汽车的马达声都听不到。现在我只能走过去看了，这话不错，走过去看。

　　公路高低起伏，那高处总在诱惑我，诱惑我没命奔上去看旅店，可每次都只看到另一个高处，中间是一个叫人沮丧的弧度。尽管这样我还是一次一次地往高处奔，次次都是没命地奔。眼下我又往高处奔去。这一次我看到了，看到的不是旅店而是汽车。汽车是朝我这个方向停着的，停在公路的低处。我看到那个司机高高翘起的屁股，屁股上有晚霞。司机的脑袋我看不见，他的脑袋正塞在车头里。那车头的盖子斜斜翘起，像是翻起的嘴唇。车箱里高高堆着箩筐，我想着箩筐里装的肯定是水果。当然最好是香蕉。我想他的驾驶室里应该也有，那么我一坐进去就可以拿起来吃了，虽然汽车将要朝我走来的方向开去，但我已经不在乎方向。我现在需要旅店，旅店没有就需要汽车，汽车就在眼前。

我兴致勃勃地跑了过去，向司机打招呼："老乡，你好。"

司机好像没有听到，仍在弄着什么。

"老乡，抽烟。"

这时他才使了使劲，将头从里面拔出来，并伸过来一只黑乎乎的手，夹住我递过去的烟。我赶紧给他点火。他将烟叼在嘴上吸了几口后，又把头塞了进去。

于是我心安理得了，他只要接过我的烟，他就得让我坐他的车。我就绕着汽车转悠起来，转悠是为了侦察箩筐的内容。可是我看不清，便去使用鼻子闻，闻到了苹果味，苹果也不错，我这样想。

不一会他修好了车，就盖上车盖跳了下来。我赶紧走上去说："老乡，我想搭车。"不料他用黑乎乎的手推了我一把，粗暴地说："滚开。"

我气得无话可说，他却慢悠悠地打开车门钻了进去，然后发动机响了起来。我知道要是错过这次机会，将不再有机会。我知道现在应该豁出去了。于是我跑到另一侧，也拉开车门钻了进去。我准备与他在驾驶室里大打一场。我进去时首先是冲着他吼了一声："你嘴里还叼着我的烟。"这时汽车已经活动了。

然而他却笑嘻嘻地十分友好地看起我来，这让我大惑不解。他问："你上哪？"

我说："随便上哪。"

他又亲切地问："想吃苹果吗？"他仍然看着我。

"那还用问。"

"到后面去拿吧。"

他把汽车开得那么快，我敢爬出驾驶室爬到后面去吗？于是我就说："算了吧。"

他说："去拿吧。"他的眼睛还在看着我。

我说："别看了，我脸上没公路。"

他这才扭过头去看公路了。

汽车朝我来时的方向驰着，我舒服地坐在座椅上，看着窗外，和司机聊着天。现在我和他已经成为朋友了。我已经知道他是在个体贩运。这汽车是他自己的，苹果也是他的。我还听到了他口袋里面钱儿叮当响。我问他："你到什么地方去？"

他说："开过去看吧。"

这话简直像是我兄弟说的，这话可多亲切。我觉得自己与他更亲近了。车窗外的一切应该是我熟悉的，那些山那些云都让我联想起来了另一帮熟悉人来了，于是我又叫唤起另一批绰号来了。

现在我根本不在乎什么旅店，这汽车这司机这座椅让我心安而理得。我不知道汽车要到什么地方去，他也不知道。反正前面是什么地方对我们来说无关紧要，我们只要汽车在驰着，那就驰过去看吧。

可是这汽车抛锚了，那个时候我们已经是好得不能再好的朋友了。我把手搭在他肩上，他把手搭在我肩上。他正在把他的恋爱说给我听，正要说第一次拥抱女性的感觉时，这汽车抛锚了。汽车是在上坡时抛锚的，那个时候汽车突然不叫唤了，像死猪那样突然不动了。于是他又爬到车头上去了，又把那上嘴唇翻了起来，脑袋又塞了进去。我坐在驾驶室里，我知道他的屁股此刻肯定又高高翘起，但上嘴唇挡住了我的视线，我看不到他的屁股，可我听得到他修车的声音。

过了一会他把脑袋拔了出来，把车盖盖上。他那时的手更黑了，他把脏手在衣服上擦了又擦，然后跳到地上走了过来。

"修好了？"我问。

"完了，没法修了。"他说。

我想完了，"那怎么办呢"我问。

"等着瞧吧。"他漫不经心地说。

我仍在汽车里坐着，不知该怎么办。眼下我又想起什么旅店来了。那个时候太阳要落山了，晚霞则像蒸气似地在升腾。旅店就这样重又来到了我脑中，并且逐渐膨胀，不一会便把我的脑袋塞满了。那时我的脑袋没有了，脑袋的地方长出了一个旅店。

司机这时在公路中央做起了广播操，他从第一节做到最后一节，做得很认真。做完又绕着汽车小跑起来。司机也许是在驾驶室里呆得太久，现在他需要锻炼身体了。看着他在外面活动，我在里面也坐不住，于是，打开车门也跳了下去。但我没做放手操也没小跑。我在想着旅店和旅店。

这个时候我看到坡上有五个骑着自行车下来，每辆自行车后座上都用一根扁担绑着两只很大的箩筐，我想他们大概是附近的农民，大概是卖菜回来。看到有人下来，我心里十分高兴，便迎上去喊道："老乡，你们好。"

那五个骑到我跟前时跳下了车，我很高兴地迎了上去，问："附近有旅店吗？"

他们没有回答，而是问我："车上装的是什么？"

我说："是苹果。"

他们五人推着自行车走到汽车旁，有两个人爬到了汽车上，接着就翻下来十筐苹果，下面三个人把筐盖掀开往他们自己的筐里倒。我一时间还不知道发生了什么，那情景让我目瞪口呆。我明白过来就冲了上去，责问："你们要干什么？"

他们谁也没理睬我，继续倒苹果。我上去抓住其中一个人的手喊道："有人抢苹果啦！"这时有一只拳头朝我鼻子上狠狠地揍来了，我被打出几米远。爬起来用手一摸，鼻子软塌塌地不是贴着而是挂在脸上了，鲜血像是伤心的眼泪一样流。可当我看清打我那个身强力壮的大汉时，他们五人已经跨上自行车骑走了。

司机此刻正在慢慢地散步，嘴唇翻着大口喘气，他刚才大概跑累了。他好像一点也不知道刚才的事。我朝他喊："你的苹果被抢走了！"可他根本没注意我在喊什么，仍在慢慢地散步。我真想上去揍他一拳，也让他的鼻子挂起来。我跑过去对着他的耳朵大喊："你的苹果被抢走了。"他这才转身看了我起来，我发现他的表情越来越高兴，我发现他是在看我的鼻子。

这时候，坡上又有很多人骑着自行车下来了，每辆车后都有两只大筐，骑车的人里面有一些孩子。他们蜂拥而来，又立刻将汽车包围。好些人跳到汽车上面，于是装苹果的箩筐纷纷而下，苹果从一些摔破的筐中像我的鼻血一样流了出来。他们都发疯般往自己筐中装苹果。才一瞬间工夫，车上的苹果全到了地下。那时有几辆手扶拖拉机从坡上隆隆而下，拖拉机也停在汽车旁，跳下一帮大汉开始往拖拉机上装苹果，那些空了的箩筐一只一只被扔了出去。那时的苹果已经满地滚了，所有人都像蛤蟆似的蹲着捡苹果。

我是在这个时候奋不顾身扑上去的，我大声骂着："强盗！"扑了上去。于是有无数拳脚前来迎接，我全身每个地方几乎同时挨了揍。我支撑着从地上爬起来时，几个孩子朝我击来苹果。苹果撞在脑袋上碎了，但脑袋没碎。我正要扑过去揍那些孩子，有一只脚狠狠地踢在我腰部。我想叫唤一声，可嘴巴一张却没有声音。我跌坐在地上，我再也爬不起来了，只能看着他们乱抢苹果。我开始用眼睛去寻找那司机，这家伙此刻正站在远处朝我哈哈大笑，我便知道现在自己的模样一定比刚才的鼻子更精彩了。

那个时候我连愤怒的力气都没有了。我只能用眼睛看着这些使我愤怒极了的一切。我最愤怒的是那个司机。

坡上又下来了一些手扶拖拉机和自行车，他们也投入到这场浩劫中去。我看到地上的苹果越来越少，看着一些人离去和一些人来到。来迟的人开始在汽车上动手，我看着他们将车窗玻璃卸了下来，将轮胎卸了下来，又将木板橇了下来。轮胎被卸去后的汽车显得特别垂头丧气，它趴在地上。一些孩子则去捡那些刚才被扔出去的箩筐。我看着地上越来越干净，人也越来越少。可我那时只能看着了，因为我连愤怒的力气都没有了。我坐在地上爬不起来，我只能让目光走来走去。

现在四周空荡荡了，只有一辆手扶拖拉机还停在趴着的汽车旁。有几个人在汽车旁东瞧西望，是在看看还有什么东西可以拿走。看了一阵后才一个一个爬到拖拉机上，于是拖拉机开动了。

这时我看到那个司机也跳到拖拉机上去了，他在车斗里坐下来后还在朝我哈哈大笑。我看到他手里抱着的是我那个红色的背包。他把我的背包抢走了。背包里有我的衣服和我的钱，还有食品和书。可他把我的背包抢走了。

我看着拖拉机爬上了坡，然后就消失了，但仍能听到它的声音，可不一会连声音都没有了。四周一下子寂静下来，天也开始黑下来。我仍在地上坐着，我这时又饥又冷，可我现在什么都没有了。

我在那里坐了很久，然后才慢慢爬起来，我爬起来时很艰难，因为每动一下全身就剧烈地疼痛，但我还是爬了起来。我一拐一拐地走到汽车旁边。那汽车的模样真是惨极了，它遍体鳞伤地趴在那里，我知道自己也是遍体鳞伤了。

天色完全黑了，四周什么都没有，只有遍体鳞伤的汽车和遍体鳞伤的我。我无限悲伤地看着汽车，汽车也无限悲伤地看着我。我伸出手去抚摸了它。它浑身冰凉。那时候开始起风了，风很大，山上树叶摇动时的声音像是海涛的声音，这声音使我恐惧，使我也像汽车一样浑身冰凉。

我打开车门钻了进去，座椅没被他们撬去，这让我心里稍稍有了安慰。我就在驾驶室里躺了下来。我闻到了一股漏出来的汽油味，那气味像是我身内流出的血液的气味。外面风越来越大，但我躺在座椅上开始感到暖和一点了。我感到这汽车虽然遍体鳞伤，可它心窝还是健全的，还是暖的。我知道自己的心窝也是暖和的。我一直在寻找旅店，没想到旅店你竟在这里。

我躺在汽车的心窝里，想起了那么一个晴朗温和的中午，那时的阳光非常美丽。我记得自己在外面高高兴兴地玩了半天，然后我回家了，在窗外看到父亲正在屋内整理一个红色的背包，我扑在窗口问："爸爸，你要出门？"

父亲转过身来温和地说："不，是让你出门。"

"让我出门？"

"是的，你已经十八了，你应该去认识一下外面的世界了。"

后来我就背起了那个漂亮的红背包，父亲在我脑后拍了一下，就像在马屁股上拍了一下。于是我欢快地冲出了家门，像一匹兴高采烈的马一样欢快地奔跑了起来。

一九八六年十一月十六日　北京

【赏析】

《十八岁出门远行》是余华的成名之作。小说一开头就表现出迷蒙离奇、漂浮不定的感觉，令人感觉宛若在梦中。而后愈发展梦的成分就愈强：汽车突然地出现，又突然地抛锚；老乡涌上来抢苹果，"我"为保护苹果被打得满脸是血，司机不仅对发生的一切视若不见，还对着"我"快意地大笑不止。整个过程犹如发生在梦境里一般，充满了怪诞和不可思议。小说的高明之处就在于，它自始至终充满了种种不确定的、令人难以捉摸的情境，而它所描述的一切又是有逻辑的、准确无误的。它用多种可能性瓦解了故事本身的意义，让人感受到一种由悖谬的逻辑关系与清晰准确的动作构成的统一所产生的梦一样的美丽。

全文均以"我"的眼光道来，单一的叙述视角使文章在叙述时无法让读者知道"我"以外的人物的内心想法，也无法让读者知道"我"所不知道的事情的前因后果关系，从而整个事件在"我"的眼里（同样也是读者的眼里）呈现出极大的不可捉摸性。

在"我"离家远行的过程中，"旅店"是必须拥有的实体，但是文章却让"旅店"长久地处在"不定处"，找而未得，"旅店"的功能因而也就被一而再、再而三地放大。而小说在结尾处，仍旧没有让真正的"旅店"实体出现，而是通过主人公的内心感受，道出了别样意义上的"旅店"。如此一来，"旅店"内涵的模糊性从根本上带来了小说主题的多义性。从第一次出现"我还没走进一家旅店"，到操心"旅店"，"旅店"在我行程中的重要性被越来越突出出来。它作为一个兴奋点从头至尾诱惑着读者。

小说的语言新鲜生动，机智风趣，细细品味自有个中意趣。如"柏油马路起伏不定，马路像是贴在海浪上"，写出了高低起伏的马路给我的主观感觉。"旅店就这样重又来到了我脑中，并且逐渐膨胀，不一会儿就把我的脑袋塞满了。那时我的脑袋没有了，脑袋的地方长出了一个旅店。"句子略带夸张，但却真切而强烈地表达出了"我"此时此刻对旅馆的渴望。像这类句子在文中比比皆是，显示了作者高超的语言驾驭能力。

小说中的人物都没有鲜明的个性，他们都富有象征性或寓言性，成为思想理念的产物，这可以看作是对传统小说创作模式的挑战。

【思考练习】

1. 小说多次写到"我"寻找旅店，最后却在一辆劫的破车里过夜。对此你怎样理解？
2. 小说有许多不合情理的场面描写，具有强烈的荒诞色彩。这样写有何作用？
3. 谈谈你第一次离家远行的感受。

骑桶者

[奥地利] 卡夫卡

【作者简介】

弗兰茨·卡夫卡（1883—1924）奥地利小说家，表现主义小说的代表作家，现代派小说的鼻祖，20世纪最伟大的小说家之一。

卡夫卡从小受到父亲"专横犹如暴君"的家长式管教，加之母亲的抑郁多愁，形成了卡夫卡孤僻忧郁、内向悲观的性格。同时，社会的腐败，人民生活的贫穷困苦，又加深了卡夫卡内心的苦闷，造成了他与社会及他人的多层隔绝，使他生活在痛苦与孤独之中，终生未娶。因此，对社会的陌生感、孤独感与恐惧感，成了他创作的永恒主题。其作品大都用变形荒诞的形象和象征直觉的手法，表现被充满敌意的社会环境所包围的孤立、绝望的个人。卡夫卡笔下描写的都是生活在下层的小人物，他们在这充满矛盾、扭曲变形的世界里惶恐、不安、孤独、迷惘，遭受压迫而不敢反抗，也无力反抗，向往明天又看不到出路。

卡夫卡的作品并不多，但对后世的影响很大，后世的许多现代主义文学流派都把卡夫卡奉为自己的鼻祖。他的主要作品有：《骑桶者》《城堡》《审判》《美国》《变形记》《判决》《地洞》《饥饿的艺术家》等。

所有的煤都用光了；煤桶空了；铲子没有用了；炉子散发着凉气；屋子里充满了严寒；窗外的树僵立在白霜中；天空犹如一块银色的盾牌，挡住了向他求救的人。我必须有煤！我不能冻死！我的身后是冰冷的炉子，面前是冰冷的天空。因此，我现在必须快马加鞭，到煤贩子那里去寻求帮助。对于我一般的请求，他一定会麻木不仁。我必须向他非常清楚地表明，我连一粒煤渣都没有了，而他对于我来说简直就是天空中的太阳。我必须像乞丐一样前去，——当那乞丐由于饥饿无力地靠在门槛上，奄奄一息的时候，主人家的女厨师才决定给他喂点残剩的咖啡——煤贩虽然很气愤，但他一定会在"不可杀人"的戒律光芒的照射下，不得不把一铲煤扔进我的煤桶里。

怎样前去无疑会决定此行的结果，所以我骑着煤桶去。像骑士那样，我双手抓住桶把手，——一个最简单的辔具，费力地转下了楼梯。但是，到了楼下，我的桶就上升起来，了不起，真了不起！那些伏在地下的骆驼，在指挥者的棍棒下晃晃悠悠地站立起来时，也不过如此而已。它以均匀的速度穿过了冰冷的街道，它的高度好极了，有几次我被升到了二楼那么高，但从来没有下降到门房那么低。我异乎寻常地高高飘浮在煤贩的地下室门前，那贩子正蹲在地下室的一张小桌子边写着什么。为了放掉屋里多余的热气，他把门敞开着。

"煤店老板！"我急切地喊，低沉的声音刚一发出便被罩在呼出的哈气中，在严寒中显得格外混浊。"老板，求你给我一点煤吧！我的煤桶已经空了，所以我都能骑在它上面了。行行好，一有钱，我马上就付给你。"

煤贩把手拢在耳朵边，"我没有听错吧？"他转过身问他妻子，她正坐在炉边长凳上织毛衣，"我听得对吗？有一个买主。"

"我什么都没有听到。"那妇人说,她织着毛衣,平静地喘着气,惬意地背靠着炉子取暖。

"噢,是的,"我喊道,"是我,一个老主顾,忠诚老实,只是当下没有法子了。"

"老婆,"煤贩子说,"是有一个人,我不会弄错的;一个老主顾,肯定是一个老主顾,说话才这么中听。"

"你这是怎么了,老头子,"妇人把手中的活贴在胸脯上,停顿了一下,说:"谁也没有,街道是空的,我们给所有的顾客都供了煤,我们可以把煤店关几天休息一下子。"

"可我还在这儿,坐在煤桶上。"我喊着,没有知觉的眼泪冷冰冰的,模糊了我的双眼,"请向上面看一下,你们会立刻发现我的,我求你们给我一铲煤,如果你们能给我两铲,那我就会高兴得发疯。其他顾客确实都关照了,但还有我呢,啊,但愿能听到煤在桶里发出'咯咯'的滚动声。"

"我来了,"煤贩子说着便迈起他那短腿上了地下室的台阶,可那妇人抢先一步站在他面前,紧紧抓住他的胳膊说:"你待着,如果你坚持要上去的话,那就让我上去吧。想想你夜里那吓人的咳嗽声,为了一桩生意,而且是臆想出来的生意,就忘了老婆孩子,也不想要你的肺了。好,我去。""告诉他我们仓库中所有煤的种类,价格我在后面给你报。""好吧,"妇人说着,上了街道。当然她立刻就看到了我,"老板娘,"我喊道,"衷心地问你好。我只要一铲煤,一铲最次的煤,就放在这桶里,我自己把它拉回去,我当然要如数付钱,但现在还不行,现在不行。""现在不行"这几个字如同一声钟响,它又刚好和附近教堂塔尖上传来的晚钟声混合在一起,足以令人神魂颠倒。

"他想要点什么?"煤贩问道,"什么都不要,"妇人向下面大声喊,"外面什么都没有,我什么都没有看见,什么都没有听见,除了6点的钟响。我们关门吧,天太冷了,也许明天我们又该忙了。"

她什么也没有听到,什么也没有看到,但她却解下她的围裙,试图用它把我赶走。遗憾的是她成功了。我的煤桶具有骑乘动物的一切优点,它没有反抗力,它太轻了,一个妇人的围裙就能把它从地上驱赶走。

"你这个恶魔,"当她半蔑视,半得意地在空中挥动着手转身回店时,我回头喊着,"你这个恶魔!我求你给一铲最次的煤你都不肯。"于是,我上升到冰山地区,永远消失。

【赏析】

这篇作品写于1917年,故事发生的背景是第一次世界大战中奥匈帝国一个缺煤的冬天。小说揭示了贫困者的窘状和有产者的自私无情,表现了人民生活的艰难和社会的冷酷。小说用精练的笔墨、精巧的构思,通过真实和虚构、沉重和诙谐的完美结合,把那个时代的真相告诉了读者,也把作者的内心展现给了读者。

小说以第一人称叙事,运用了对比、象征、夸张等一系列表现手法,通过"我"骑着煤桶去讨煤这一看似虚假荒诞的情节,反映了当时一种真实的生活,让我们看到借煤者的畏缩自卑。作品用飞翔的艺术空桶,让读者见识了生活的沉重。

作品中描写的骑桶者的飞翔、老板娘用围裙把"我"扇走、"我"浮生到冰山区域不复再见等,这些情节都是虚构的,但是小说传达的思想情感却是真实的,而且具有普遍性。比如小说开头写"我"家里没有煤时,"我"眼中的景物都带上了悲凉的色彩,"窗外的树僵立在白霜中；天空犹如一块银色的盾牌，挡住了向他求救的人。……面前是冰冷的天空。"可以看出人物内心的悲凉是真实；结尾处"于是，我上升到冰山地区，永远消失。"人物内心的绝望也是真实的。

【思考练习】

1. 卡夫卡描写"骑桶者"这个形象表达了怎样的用意？
2. 试就文中"老板娘"这一人物形象作简要分析。
3. 文章结尾"于是，我上升到冰山地区，永远消失"一句意味深长，请简要分析。

绳 子

[法] 莫泊桑

【作者简介】

莫泊桑（1850—1893），19世纪后半期法国优秀的批判现实主义作家，被誉为"短篇小说之王"，与契诃夫、欧·亨利并列为世界三大短篇小说巨匠，对后世影响极大。

莫泊桑从小受到有深厚文学修养的母亲的熏陶，喜爱文学并习作诗歌。普法战争爆发后，莫泊桑被征入伍，在军队里担任过文书与通信工作。其间，他耳闻目睹了法军可耻的溃败、当权者与有产者的卑劣以及普通人民的爱国热情与英勇事例，感触很深，对他日后的文学创作影响很大。战后退伍，先后在海军部、公共教育部任小职员，开始勤奋写作，并拜著名作家福楼拜为师。在福楼拜的具体指导下刻苦磨砺达十年之久。1880年，"梅塘集团"六作家以普法战争为题材的合集《梅塘之夜》问世，其中以莫泊桑的《羊脂球》最为出色，这个中篇的辉煌成功，使莫泊桑一夜之间蜚声巴黎文坛。紧接着，莫泊桑的大批中短篇小说就如喷泉一样涌出，1880—1891年因病停笔的十年间，他共创作发表了三百余篇中短篇小说，几乎每年都有数量可观的精彩之作问世。其作品重点内容是与他生活经历相关的普法战争、巴黎小公务员生活以及诺曼底乡镇风光。代表作品有：《羊脂球》《项链》《我的叔叔于勒》等。

戈代维尔周围的每一条大路上，都有农民带着妻子朝这个镇走来，因为这一天是赶集的日子。男人们迈着不慌不忙的步伐，长长的罗圈腿跨一步，整个上身就向前探一探。他们的腿所以会变成畸形是因为劳动很艰苦：压犁的时候，左肩耸起，同时身子要歪着；割麦的时候，为了要站稳，保持平衡，两膝要分开，总之是因为那些既慢而吃力的田间活儿。他们的蓝布罩衫，浆得又硬又亮，好像上了一层清漆，领口和袖口还用白线绣着花纹，罩在他们瘦骨嶙峋的上半身上鼓得圆圆的，活像一个要飞上天空的气球，只多了露在外面的一个脑袋，两条胳膊和两只脚。

有的人牵着一头母牛或者一头小牛。他们的妻子跟在牲口后面，用一根还带着叶子的树枝抽打牲口的腰部，催牲口快走。她们胳膊上挎着个大篮子，从篮子里这边钻出几个雏鸡的头，那边钻出几个鸭子的脑袋。她们走路，步子比男人们的步子小，但是急促，干瘪的身子挺得笔直，披着一块又窄又小的披肩，用别针别在扁平的胸脯上；头上贴发裹着块白布，上面再戴一顶软便帽。

一辆带长凳的载人大车过去，拉车的那匹小马一颠一蹦地紧跑着，颠得两个并排坐着的男人和一个坐在车后面的女人东倒西歪，那个女人为了减轻猛烈的颠簸，紧紧地抓着车沿。

戈代维尔的广场上，人和牲口混夹在一起，十分拥挤。只见牛的犄角，富裕农民的长毛绒高帽子和乡下女人的便帽在集市上攒动。尖锐刺耳的喊叫声形成一片持续不断的喧哗，在这片喧哗声上偶尔可以听见一个心情快乐的乡下汉从健壮的胸膛里发出的大笑声，或者是拴在一所房子墙脚下的母牛发出的一声长鸣。

这儿的一切都带着牛圈、牛奶、厩肥、干草和汗水的气味,并且散发着人体和牲口身上,特别是庄稼汉身上冒出来那种难闻的酸臭味儿。

布雷奥泰村的奥什科纳老爹刚刚来到戈代维尔,他正向广场走去,忽然看见地上有一小段细绳子。作为道地的诺曼底人,他十分节俭,认为凡是有用的东西都应该拾起来。他很吃力地弯下腰去,因为他有风湿病。他从地上捡起了那段细绳子,正预备仔细地缠起来,看见马具皮件商玛朗丹站在店门口望着他。他们过去曾经为了一根笼头吵过架,两个人都是记仇的人,至今也没有言归于好。偏偏让仇人看见自己在烂泥里捡一根绳子,奥什科纳老爹觉得很丢脸,连忙把捡到的东西藏在罩衫下面,紧跟着又藏进裤子口袋;后来又假装在地下找寻什么东西,找来找去没有找到,就伛偻着害风湿病的腰,脑袋向前冲着,朝市场走去。

一忽儿工夫他就夹在人群里不见了。赶集的人你喊我叫,缓缓移动,因为永无休止的讨价还价而变得十分激动。那些乡下人拿手摸摸母牛,走了以后又回来,三心两意,老是怕受骗上当,一直不敢决定,偷偷地注意卖主的眼神,不断地想要识破卖主的诡计,找出牲口的毛病。

女人们把大篮子放在脚边,从篮子里掏出眼神慌张、冠子通红、捆住脚的家禽,搁在地上。

她们听了还的价钱,不动声色,冷冰冰地坚持卖原价;或者突然间决定同意还的价钱,向那个正在慢慢走开的买主喊道:

"就这么样吧,昂蒂姆大爷,我卖给你了。"

广场上人渐渐少了,教堂敲响午祷的钟声,家离着太远的人分散到各家客店里去。

茹尔丹开的那家客店的大厅里挤满了吃饭的人,宽阔的院子里也停满各式各样的车子,有平板车,有两轮篷车,有带长凳的坐人的四轮车,有轻便车,还有一些叫不出名堂的车子,沾满黄泥,变了形,走了样,而且东贴一块,西补一块,有的车辕像两条胳膊似的朝天举着,有的鼻子挨地,屁股朝天。

吃饭的人都已经坐下,壁炉离着很近,明亮的炉火,把尽右面坐着的那排客人的脊背烤得暖烘烘的。三根烤肉铁扦在火上转着,每根扦子上都叉满小鸡、鸽子和羊腿;烤肉的香味和烤焦了的皮上淌着油汁的香味,从炉膛飞出来,使得人们心情愉快,馋涎欲滴。

那些庄稼人中间的大亨们都在茹尔丹老板这儿吃饭,茹尔丹又开客店又当马贩子,是个颇有几文钱的机灵人物。

菜一盘一盘地端过来,一盘一盘地吃光,黄色的苹果酒也一罐跟着一罐喝尽。每个人都要谈一谈自己的生意,谈谈买进卖出的东西。他们也打听庄稼收成的情形。天气对草料来说不算坏,对麦子来说可就差一点了。

忽然前面院子里,响起了"咚咚"的鼓声。除了少数几个漠不关心的人以外,大家都立刻站起来,向门口或者窗口奔去,嘴里塞得满满的,手里拿着餐巾。

宣读公告的差役敲了一阵鼓以后,就胡乱地读着字句,断断续续地宣读:

"兹特通知戈代维尔居民,以及所有……前来赶集的人,有人在伯兹维尔的大路上,于……九、十点钟之间,遗失黑色皮夹子一只,内装五百法郎及商业票据。如有捡得者,请立即送交……镇政府或玛纳维尔的福蒂内·乌尔布雷格先生。当致酬金二十法郎。"

说完,这个人就走了。不久,从远处还隐隐约约传来了一次低沉的鼓声和他的叫喊声。

于是大家开始议论这件事,推测乌尔布雷格先生有没有机会找回他的皮夹。

午餐吃完了。

大家正喝最后一口咖啡，门前出现了宪兵班长。

他问道：

"布雷奥泰的奥什科纳先生在这儿吗？"

坐在桌子那一头的奥什科纳先生应道：

"我在这里。"

班长说：

"奥什科纳先生，请您跟我到镇政府去一趟，镇长有话要跟您谈谈。"

这个乡下人感到惊讶和不安，一口喝完了他那一小杯酒，站起身来，腰比早上弯得厉害，因为每次休息以后，迈头几步特别困难。他一边走，一边重复说道：

"我在这里，我在这里。"

他跟在班长后面走了。

镇长坐在靠背椅里等他。镇长是当地的公证人，身体肥胖，很严肃，说起话来喜欢夸大其词。

"奥什科纳先生，"他说，"有人看见你今天早晨在伯兹维尔的大路上，拾到玛纳维尔的乌尔布雷格先生遗失的皮夹。"

这个乡下人目瞪口呆地望着镇长，这个莫名其妙落在他头上的嫌疑把他怔住了。

"我，我，我捡到了这个皮夹？"

"是的，就是你本人。"

"我以人格担保，我连看都没有看见过。"

"有人看见你捡的。"

"有人看见我捡的？是谁，谁看见的？"

"马具皮件商玛朗丹先生。"

这时候老人才想起来了，明白了，气得脸通红：

"啊！是这个坏家伙看见我捡的！他看见我捡的是这根绳子，您看，就是这一根，镇长先生。"

他在口袋里摸了半天，掏出了那一段细绳子。

不过镇长摇摇头不相信：

"奥什科纳先生，玛朗丹先生是一个可以信赖的人，你没法使我相信他会把这根绳子当成一个皮夹。"

这个乡下人气极了，举起了手，向旁边吐了一口唾沫，表示以他的人格起誓，他又说了一遍：

"这可是千真万确，镇长先生，一点不假呀。我可以拿我的灵魂和我灵魂的得救再起一遍誓。"

镇长又说道：

"在捡起以后，你甚至还在烂泥里寻找了好久，看看还有没有掉出来的钱。"

这个老头又是生气又是害怕，简直透不过气来了。

"怎么可以说……怎么可以说……这种谎话，来诬赖一个老实人！怎么可以说……"

他抗议也没有用，对方不相信。

后来让玛朗丹先生来和他对质。玛朗丹先生把他的证词重述了一遍，并且一口咬定。他们两人对骂了一个钟头。根据奥什科纳先生自己的要求，在他身上搜了一遍。什么也没有搜出来。

镇长也很为难，最后只好把他打发走，不过通知他这个案子要报告检察院，听候命令再做处理。

这时，新闻已经传开了。老头儿一走出镇政府，立刻就被人围住，问长问短，有的确实是出于好奇，有的则带着嘲弄的意思，但是没有一个人替他抱不平。他把绳子的故事讲了一遍。谁也不信。大家都觉得好笑。

一路上，他不是被人截住，就是截住他认识的人，一遍又一遍讲他的故事，提出他的抗议，并且把衣袋翻过来叫人看，证明他什么也没有。

那些人对他说：

"老滑头，算了吧！"

他生气，发火，因为没有人相信他而激动、伤心，他也不知道该怎么办才好，只得一个劲儿地讲他的故事。

天黑下来该回家了。他跟三个乡邻一起往回走，路过捡到绳子的地方，他指给他们看那个地方，一路上不停地谈他的这个遭遇。

晚上，他在布雷奥泰村绕了个圈，把他的遭遇讲给大家听，他遇见的人都不信。

他心里难受了一整夜。

第二天，午后一点钟左右，在依莫维尔的布雷东先生的农庄里当长工的马里于斯·波梅尔把皮夹连同里面装的东西一齐送还给玛纳维尔的乌尔布雷格先生。

据这个长工说，他确实是在大路上拾到的，因为不识字，他就带回去交给了东家。

这个消息传到了四乡。奥什科纳老大爷也听说了。他立刻到各处转悠，把他那个有了结局的故事讲给大家听。他胜利了。

"叫我痛心的，"他说，"倒不是事情本身，明白吗，而是那胡说八道的谎话。再没有比谎话更害人的了，它害得你受到公众的指责。"

这一整天，他都谈论他这件意外遭遇，他在大路上讲给来往的行人听，他在酒馆里讲给喝酒的人听；到了星期日，他还到教堂门口讲给望罢弥撒的人听。就是不认识的人，他也会拦住他们，讲给他们听。现在他算是放下心了，不过总还有点不知什么东西使他感到别扭。听他讲故事的人，脸上总带着开玩笑的神色，看上去好像不相信。他还似乎觉得背后总有人在嘀嘀咕咕。

下一个星期二，他需要把他的事解释解释清楚，特地到戈代维尔去赶集。

玛朗丹站在自己门口，看见他走过，就笑了起来。这是为什么呢？

他找克里格托的一个农庄主人说，可是那个人不容他说完，就在他心口上拍了一下，冲着他的脸喊道："老滑头，算了吧！"然后就转过身子走了。

奥什科纳先生目瞪口呆，并且越来越感到不安了。为什么叫他"老滑头"？

他到了茹尔丹客店，落了座以后，他又开始解释他的事。

蒙蒂列埃的一个马贩子对他大声喊道：

"得了！得了！老狐狸，你那根绳子我早就知道了。"

奥什科纳结结巴巴地说：

"那个皮夹不是已经找着了吗?"

那个人又说:

"别往下说了,我的老大爷,捡的是一个人,送还的是另一个人。神不知,鬼不觉嘛。"

这个庄稼人憋得透不出气来。他终于恍然大悟。原来他们认为他支使一个伙伴,一个同谋者把皮夹交了回去。

他还想辩驳,座上的人都大笑起来。

他没法吃完他的这顿饭,在一片嘲笑声中走了。

他回到家,又羞又气,怒火和羞耻锁住了他的喉咙,憋得透不出气;使他特别感到苦恼的是,他具有诺曼底人的狡猾,人家指责他的事,他是做得出来的,甚至还会自鸣得意,夸耀自己手段高明呢。他模模糊糊地觉得他的清白无罪是无法证明的了,因为自己的机灵奸巧是无人不知的。他觉得蒙了这种不白之冤,简直像当胸挨了一刀。

他于是又讲他的遭遇,每天都要把故事拉长一点,每次都要增加一些新的理由、一些更有力的声明、一些更庄严的誓词,这些都是他独自一个人的时候琢磨出来、预备好的,因为现在他的脑子里只有绳子这一件事了。他的辩解越是复杂,理由越是巧妙,大家越是不相信他。

他一转身,人们就说:"这些都是胡诌出来的理由。"

他感觉到这一切,心里跟油煎似的难受,他仍旧作种种的努力,但白白耗费了精力。

眼看着他一天天憔悴了。

现在那些好耍笑的人为了取乐,反倒要求他讲绳子的故事了,正如人们请士兵讲打仗一样。在彻底的打击下,他的精神衰退了。

十二月底,他病倒在床上。

他死在正月初,临终说胡话的时候还在证明自己是清白无罪的人,不住念叨:

"一根绳子……一根绳子……瞧,就在这儿呢,镇长先生。"

【赏析】

《绳子》发表于1883年。普法战争以后,大资产阶级之间互相倾轧,大鱼吃小鱼现象日益严重。随之而来的是社会道德败坏:尔虞我诈,相互欺骗,损人利己,暗箭伤人。人们对这种现象司空见惯,习以为常,且视之为天经地义。文中奥什科纳老爹的经历就不难看出这种道德观念在当时已经形成一种习惯势力,筑成了一个无形的包围圈,向那些善良的人们发起攻势,并把他们活活困死。

《绳子》中置奥什科纳老爹于死地的原因有几个:一是马具商的诬告,二是乡政府的审问,三是周围群众的冥落。马具商是奥什科纳老爹之死的发难者,他是农村的小奸商,有着小奸商狡猾、阴险、诡诈的特点。他为达到陷害自己冤家的目的,不惜造谣中伤,无中生有。但问题的严重性并不仅仅在此,可怕的是,马具商的这种行为不但没有受到官府和群众的指责,反而得到了支持,这便是《绳子》所要揭示的深刻的社会根源。

马具商的诬告,首先得到的是乡政府的支持和保护。乡长不调查,不研究,偏听偏信,完全听从了马具商的所谓"揭发",断定奥什科纳老爹捡到的就是黑皮夹子。作为资产阶级一员,乡长与马具商有着共同的道德观念,他不相信有真正"诚实"的人;作为统治阶级的一员,他又有着更深刻的阶级偏见,认为那种不诚实的行为就是出自像奥什科纳老爹这样的下层贫苦人。乡长的道德偏见实际上保护了马具商的犯罪行为，而且使他更加有恃无恐，敢于当众撒谎。

客观上支持了马具商诬告行为的还有嘲笑奥什科纳老爹的众人。他们是一些像奥什科纳老爹一样贫苦的普通农民，是一些处在社会底层的人们。在他们的意识中绝没有想到要害死一个诚实的普通农民，可是他们的行为无意中却帮了马具商的忙，并导致奥什科纳老爹忧郁而死。这说明下层百姓中毒之深，以致思想麻木，善恶不分，是非不明，成为了荒唐社会道德观的社会基础。

再看奥什科纳老爹本人，他贫穷落后，处于社会下层，无力反抗，内心的诚实善良，注定他在道德沦丧的社会现实中只能是悲剧人物。作者在描写奥什科纳老爹这个人物时，着重描写的不是他的物质生活的贫穷，而是精心刻画他精神上所受到的折磨。紧紧扣住他对诚实清白的执拗证明，把此事对他的精神压力刻画得真实传神。作品告诉我们，奥什科纳老爹的死，不是经济上的剥削压迫，也不是法律上的逼供牢狱，而是19世纪后期资本主义社会堕落的道德观、愚昧的偏见和可怕的习惯势力所造成的人间悲剧。他比残酷剥削更可怕，比刑讯逼供更冷酷，比牢狱关押更令人窒息。

奥什科纳老爹的悲惨遭遇和凄凉的结局令人同情。故事的结尾写得含蓄，令人回味、深思。

【思考练习】

1. 结合课文，谈谈你对"众口铄金，积毁销骨"的理解。
2. 作者是如何成功塑造马具商的形象的？

第四单元

戏 剧

概　　述

　　戏剧是由文学、表演、音乐、美术等多种艺术形式组成的综合艺术。在中国，戏剧是戏曲、话剧、歌剧的总称，也常常单指话剧。在西方，戏剧则专指话剧。话剧是一种以对话和动作为主要表现手段的戏剧形式。文学上的戏剧概念是指为戏剧表演所创作的脚本，即剧本。

　　戏剧按作品类型可分为悲剧、喜剧、悲喜剧、正剧等；按题材内容可分为历史剧、现代剧、情节剧、哲理剧、寓言剧、童话剧等。中国传统戏曲在理论上并没有悲剧与喜剧的分类，但为世人熟知的戏曲中仍不乏接近于西方悲剧与喜剧特性的优秀作品。在西方戏剧史上，一般认为悲剧主要表现主人公所从事的事业由于客观条件的限制、恶势力的迫害及本身的过错而导致失败，甚至个人毁灭，但其精神却在失败和毁灭中获得了肯定。喜剧一般以夸张的手法、巧妙的结构、诙谐的台词及对喜剧性格的刻画，引人发出不同含义的笑，来嘲笑丑恶、滑稽的现象，肯定正常的人生和美好的理想。由于描写的对象和手法的差别，喜剧又可分为讽刺喜剧、抒情喜剧、荒诞喜剧、闹剧等样式。

　　中国古代戏曲以"戏"和"曲"为主要因素，通称为"戏曲"，主要包括宋元南戏、元杂剧、明清传奇以及各种地方戏。其中元杂剧、明清传奇和清中叶以后的地方戏是我国古代戏曲的辉煌代表。元杂剧代表了中国戏曲史上的第一个黄金时代，是当时最富表现力的艺术形式。关汉卿是元杂剧艺术的奠基人，其一生共创作杂剧67种，《窦娥冤》是其最重要的代表作。除他之外，还有马致远、王实甫等优秀杂剧作家，马致远的《汉宫秋》和王实甫的《西厢记》等流传广泛。之后，从嘉靖到崇祯年间，明人传奇创作盛极一时，其中汤显祖的《牡丹亭》最为著名。到了清代，则出现了"北孔南洪"的孔尚任的《桃花扇》和洪升的《长生殿》，人们把这两部作品誉为明清传奇的压卷之作。

　　中国现代戏剧主要指20世纪以来由我国作家创作和从西方传入的话剧、歌剧、舞剧等，其中以话剧为主体。中国话剧诞生于20世纪初，当时被称为"新剧"或"文明戏"，后受西欧戏剧影响，又称"爱美剧"或"白话剧"。1928年由著名的戏剧家洪深提议定名为话剧。田汉是中国现代话剧的一代宗师，创作了《名优之死》等大量作品；曹禺则是中国现代戏剧史上最杰出的戏剧艺术大师之一，是中国现代话剧成熟的标志人物，他的《雷雨》《日出》《原野》《北京人》等作品将我国的话剧艺术推向了一个新高潮。

在赏析戏剧作品时，主要通过以下几种基本方法感受戏剧的独特魅力：首先是了解戏剧的矛盾冲突，也就是戏剧文学的情节发展过程。然后是鉴赏戏剧语言，戏剧语言是构建剧本的基础。主要包括人物语言和舞台说明。人物语言也称台词，包括对话、独白、旁白等，以此展开戏剧冲突，塑造人物形象，揭示戏剧主题；舞台说明是一种叙述性质的语言，主要用来说明人物的动作、心理、剧情发展的布景、环境、人物之间的关系等，能直接展示人物的性格和戏剧的情节。尽管舞台说明是戏剧文学中不可或缺的组成部分，但同人物语言相比，它只是起辅助说明的作用，因此，鉴赏戏剧文学，最重要的是品味人物语言。品味人物语言，应关注三个方面：一是品味个性化的人物语言，因为个性化的语言能准确表达人物的思想感情；二是品味富有动作性的人物语言，它既能展现人物的内心活动，也能推动矛盾冲突的产生、情节的发展；三是品味人物语言中蕴涵的潜台词，也就是"言外之意""话外之音"。最后是在鉴赏戏剧冲突、品味戏剧语言的基础上，重视对戏剧人物形象的鉴赏，关注人物的主要性格特征；揣摩人物的语言；感受人物性格发展变化的心路历程。

在本单元中，分别选取了古今中外具有一定代表性的戏剧作品，我们可以从中领略到不同阶段、不同地域的戏剧各自不同的特色。

牡丹亭(惊梦)

汤显祖

【作品简介】

汤显祖(1550—1616),明代戏曲家、文学家。字义仍,号若士、清远道人。江西临川人。公元1583年(万历十一年)中进士,任太常寺博士、礼部主事,后因正直、不附权贵而被一再降职,直至免官。此后未再出仕,潜心于戏剧及诗词创作。在戏曲史上,汤显祖和关汉卿、王实甫齐名,在中国乃至世界文学史上都有着重要的地位,被誉为"东方的莎士比亚"。汤显祖的主要戏剧作品有《牡丹亭》(又名《还魂记》)《邯郸记》《南柯记》《紫钗记》,合称《玉茗堂四梦》又称"临川四梦",其中以《牡丹亭》最著名。除此之外,另有诗作多卷。新中国成立后,有关部门对汤显祖的作品进行了搜集整理,出版了《汤显祖集》。

【绕池游】〔旦上〕梦回莺啭,乱煞年光遍[1]。人立小庭深院。〔贴〕炷[2]尽沉烟[3],抛残绣线,恁[4]今春关情似去年?

【乌夜啼】〔旦〕"晓来望断梅关[5],宿妆[6]残。〔贴〕你侧着宜春髻子[7]恰凭阑。〔旦〕剪不断,理还乱,闷无端。〔贴〕已分付催花莺燕借春看。"〔旦〕春香,可曾叫人扫除花径?〔贴〕分付了。〔旦〕取镜台衣服来。〔贴取镜台衣服上〕"云髻罢梳还对镜,罗衣欲换更添香[8]。"镜台衣服在此。

【步步娇】〔旦〕袅晴丝[9]吹来闲庭院,摇漾春如线。停半晌、整花钿。没揣菱花,偷人半面,迤逗的彩云偏[10]。〔行介〕步香闺怎便把全身现!〔贴〕今日穿插的好。

【醉扶归】〔旦〕你道翠生生出落的裙衫儿茜[11],艳晶晶花簪八宝填[12],可知我常一生儿爱好是天然。恰三春好处[13]无人见。不堤防沉鱼落雁鸟惊喧[14],则怕的羞花闭月花愁颤。〔贴〕早茶时了,请行。〔行介〕你看:"画廊金粉半零星,池馆苍苔一片青。踏草怕泥[15]新绣袜,惜花疼煞小金铃[16]。"〔旦〕不到园林,怎知春色如许!

【皂罗袍】原来姹紫嫣红开遍,似这般都付与断井颓垣。良辰美景奈何天,赏心乐事谁家院!恁般景致,我老爷和奶奶再不提起。〔合〕朝飞暮卷[17],云霞翠轩;雨丝风片,烟波画船——锦屏人[18]忒看的这韶光贱!〔贴〕是花都放了,那牡丹还早。

【好姐姐】〔旦〕遍青山啼红了杜鹃[19],荼䕷[20]外烟丝醉软。春香啊,牡丹虽好,他春归怎占的先[21]!〔贴〕成对儿莺燕啊。〔合〕闲凝眄[22],生生燕语明如翦,呖呖莺歌溜的圆。〔旦〕去罢。〔贴〕这园子委是观之不足也。〔旦〕提他怎的!〔行介〕

【隔尾】观之不足由他缱[23]，便赏遍了十二亭台是枉然。到不如兴尽回家闲过遣。

〔作到介〕〔贴〕"开我西阁门，展我东阁床。瓶插映山紫[24]，炉添沉水香。"小姐，你歇息片时，俺瞧老夫人去也。〔下〕〔旦叹介〕"默地游春转，小试宜春面。"春啊，得和你两留连，春去如何遣？咳，恁般天气，好困人也。春香那里？〔作左右瞧介〕〔又低首沉吟介〕天呵，春色恼人，信有之乎！常观诗词乐府，古之女子，因春感情，遇秋成恨，诚不谬矣。吾今年已二八，未逢折桂之夫；忽慕春情，怎得蟾宫之客？昔日韩夫人得遇于郎[25]，张生偶逢崔氏[26]，曾有《题红记》《崔徽传》[27]二书。此佳人才子，前以密约偷期，后皆得成秦晋[28]。〔长叹介〕吾生于宦族，长在名门。年已及笄[29]，不得早成佳配，诚为虚度青春，光阴如过隙耳。〔泪介〕可惜妾身颜色如花，岂料命如一叶乎！

【山坡羊】没乱里春情难遣，蓦地里怀人幽怨。则为俺生小婵娟，拣名门一例、一例里神仙眷[30]。甚良缘，把青春抛的远！俺的睡情谁见？则索因循腼腆。想幽梦谁边，和春光暗流传？迁延，这衷怀那处言！淹煎[31]，泼残生[32]，除问天！身子困乏了，且自隐几而眠。〔睡介〕〔梦生介〕〔生持柳枝上〕"莺逢日暖歌声滑，人遇风情笑口开。一径落花随水入，今朝阮肇到天台[33]。"小生顺路儿跟着杜小姐回来，怎生不见？〔回看介〕呀，小姐，小姐！〔旦作惊起介〕〔相见介〕〔生〕小生那一处不寻访小姐来，却在这里！〔旦作斜视不语介〕〔生〕恰好花园内，折取垂柳半枝。姐姐，你既淹通书史，可作诗以赏此柳枝乎？〔旦作惊喜，欲言又止介〕〔背想〕这生素昧平生，何因到此？〔生笑介〕小姐，咱爱杀你哩！

【山桃红】则为你如花美眷，似水流年，是答儿[34]闲寻遍。在幽闺自怜。小姐，和你那答儿讲话去。〔旦作含笑不行〕〔生作牵衣介〕〔旦低问〕那边去？〔生〕转过这芍药栏前，紧靠着湖山石边。〔旦低问〕秀才，去怎的？〔生低答〕和你把领扣松，衣带宽，袖梢儿揾着牙儿苫[35]也，则待你忍耐温存一晌眠。〔旦作羞〕〔生前抱〕〔旦推介〕〔合〕是那处曾相见，相看俨然，早难道这好处相逢无一言？

〔生强抱旦下〕〔末扮花神束发冠，红衣插花上〕"催花御史[36]惜花天，检点春工又一年。蘸客伤心红雨下[37]，勾人悬梦采云边。"吾乃掌管南安府后花园花神是也。因杜知府小姐丽娘，与柳梦梅秀才，后日有姻缘之分。杜小姐游春感伤，致使柳秀才入梦。咱花神专掌惜玉怜香，竟来保护他，要他云雨十分欢幸也。

【鲍老催】〔末〕单则是混阳蒸变[38]，看他似虫儿般蠢动把风情扇。一般儿娇凝翠绽魂儿颠。这是景上缘，想内成，因中见[39]。呀，淫邪展污[40]了花台殿。咱待拈片落花儿惊醒他。〔向鬼门[41]丢花介〕他梦酣春透了怎留连？拈花闪碎的红如片。秀才才到的半梦儿；梦毕之时，好送杜小姐仍归香阁。吾神去也。〔下〕

【山桃红】〔生、旦携手上〕〔生〕这一霎天留人便，草借花眠。小姐可好？〔旦低头介〕〔生〕则把云鬟点，红松翠偏。小姐休忘了啊，见了你紧相偎，慢厮连，恨不得肉儿般团成片也，逗的个日下胭脂雨上鲜。〔旦〕秀才，你可去啊？〔合〕是那处曾相见，相看俨然，早难道这好处相逢无一言？〔生〕姐姐，你身子乏了，将息，将息。〔送旦依前作睡介〕〔轻扣旦介〕姐姐，俺去了。〔作回顾介〕姐姐，你可十分将息，我再来瞧你那。"行来春色三分雨，睡去巫山一片云。"〔下〕〔旦作惊醒，低叫介〕秀才，秀才，你去了也？〔又作痴睡介〕

〔老旦上〕"夫婿坐黄堂，娇娃立绣窗。怪他裙衩上，花鸟绣双双。"孩儿，孩儿，你为甚瞌睡在此？〔旦作醒，叫秀才介〕咳也。〔老旦〕孩儿怎的来？〔旦作惊起介〕奶奶到此！〔老旦〕我儿，何不做些针指，或观玩书史，舒展情怀？因何昼寝于此？〔旦〕孩儿适在花园中闲玩，忽值春暄恼人，故此回房。无可消遣，不觉困倦少息。有失迎接，望母亲恕儿之罪。〔老旦〕孩儿，这后花园中冷静，少去闲行。〔旦〕领母亲严命。〔老旦〕孩儿，学堂看书去。〔旦〕先生不在，且自消停。〔老旦叹介〕女孩儿长成，自有许多情态，且自由他。正是："宛转随儿女，辛勤做老娘。"〔下〕〔旦长叹介〕

〔看老旦下介〕哎也，天那，今日杜丽娘有些侥幸也。偶到后花园中，百花开遍，睹景伤情。没兴而回，昼眠香阁。忽见一生，年可弱冠[42]，丰姿俊妍。于园中折得柳丝一枝，笑对奴家说："姐姐既淹通书史，何不将柳枝题赏一篇？"那时待要应他一声，心中自忖，素昧平生，不知名姓，何得轻与交言。正如此想间，只见那生向前说了几句伤心话儿，将奴搂抱去牡丹亭畔，芍药阑边，共成云雨之欢。两情和合，真个是千般爱惜，万种温存。欢毕之时，又送我睡眠，几声"将息"。正待自送那生出门，忽值母亲来到，唤醒将来。我一身冷汗，乃是南柯一梦。忙身参礼母亲，又被母亲絮了许多闲话。奴家口虽无言答应，心内思想梦中之事，何曾放怀。行坐不宁，自觉如有所失。娘呵，你教我学堂看书去，知他看那一种书消闷也。〔作掩泪介〕

【绵搭絮】雨香云片[43]，才到梦儿边。无奈高堂，唤醒纱窗睡不便。泼新鲜冷汗粘煎，闪的俺心悠步亸[44]，意软鬟偏。不争多[45]费尽神情，坐起谁忺[46]？则待去眠。

〔贴上〕"晚妆销粉印，春润费香篝[47]。"小姐，薰了被窝睡罢。

【尾声】〔旦〕困春心游赏倦，也不索香薰绣被眠。天呵，有心情那梦儿还去不远。

　　春望逍遥出画堂，（张说）　　间梅遮柳不胜芳。（罗隐）
　　可知刘阮逢人处？（许浑）　　回首东风一断肠。（韦庄）
　　（同下）

【注释】

[1] 乱煞年光遍：缭乱人心的春光到处都是。
[2] 炷：点燃、焚烧。
[3] 沉烟：沉香，熏香用的香料。
[4] 恁：这。
[5] 梅关：即大庾岭，宋代在这里设置梅关，这是往来广东、江西的重要通道。
[6] 宿妆：隔夜的残妆。
[7] 宜春髻子：一种发式。相传立春那天，妇女剪彩做燕子状，上贴"宜春"二字，戴在髻上。

[8] 云髻罢梳还对镜，罗衣欲换更添香：这是唐人薛逢《宫词》中的两句。

[9] 袅晴丝：晴空下的袅袅柔丝。晴丝，游丝、飞丝，也即后文所说的烟丝，虫类所吐的丝缕，常在空中漂浮，在春天晴朗的日子最易看见。

[10] 没揣菱花，偷人半面，迤逗的彩云偏：料不到镜子偷偷照见了自己的半面，羞得把发卷都弄歪了。这句写了一个少女含情脉脉的微妙心理，她是连看见镜子里自己的影子也有些不好意思的。没揣，没料到。菱花，借代镜子。古时用的铜镜，背面所铸花纹一般为菱花，因此称菱花镜。迤逗，引惹，挑逗。

[11] 翠生生出落的裙衫儿茜：形容衣裙颜色鲜艳。翠生生，极言彩色鲜艳。出落的，显得，衬托出。茜，茜红色。

[12] 艳晶晶花簪八宝填：形容头饰光彩夺目。指发簪镶嵌着多种宝石。

[13] 三春好处：比喻自己的青春美貌。

[14] 沉鱼落雁鸟惊喧：形容美貌使鱼鸟惊避。出自《庄子·齐物论》："毛嫱、丽姬，人之所美也。鱼见之深入，鸟见之高飞。"下句"闭月羞花"意同。

[15] 泥：作动词用，玷污。

[16] 惜花疼煞小金铃：《开元天宝遗事》："天宝初，宁王……于后园中纫红丝为绳，密缀金铃，擎于花梢之上。每有鸟雀翔集，则令园吏擎铃索以惊之。盖惜花之故也。"痛煞小金铃，小金铃都被拉得痛煞了。

[17] 朝飞暮卷：形容轩阁的高旷。出自唐代王勃《滕王阁》诗："画栋朝飞南浦云，朱帘暮卷西山雨。"

[18] 锦屏人：深闺中人，包括在游园的自己。

[19] 啼红了杜鹃：开遍了红色的杜鹃花。从杜鹃（鸟）泣血的传说联想起来的。

[20] 荼蘼：落叶小灌木，晚春时开放。

[21] 他春归怎占的先：它（牡丹）春去时与众花一道凋零，占不得先了。

[22] 凝眄（miǎn）：凝视。眄，斜视，泛指看、望。

[23] 缱：留恋、缠绵。

[24] 映山紫：映山红（杜鹃红）的一种。

[25] 韩夫人得遇于郎：唐僖宗时，宫女韩氏以红叶题诗，从御沟中流出宫外，被书生于佑拾得。于佑也以红叶题诗，投入上流，寄给韩氏。后来两人结为夫妇。

[26] 张生偶逢崔氏：即张生和崔莺莺的爱情故事，见唐代元稹的《会真记》，后来《西厢记》演的就是这个故事。

[27] 崔徽传：写的是妓女崔徽和裴敬中的爱情故事，与崔、张的故事无关，疑为《莺莺传》或《西厢记》的笔误。

[28] 得成秦晋：得成夫妇。春秋时代，秦、晋两国世代联姻，后世称联姻为秦晋之好。

[29] 年已及笄：意指女子已成年，到了婚配的年龄。古代女子十五岁开始以笄（簪）束发，叫及笄。见《礼记·内训》。

[30] 拣名门一例、一例里神仙眷：指杜丽娘的父母为她在名门贵族中择配。

[31] 淹煎：受熬煎，遭折磨。

[32] 泼残生：苦命儿。泼，表示厌恶的口气。

[33] 阮肇到天台：指见到爱人。南朝刘义庆《幽明录》载，东汉时的采药人刘晨和阮肇曾在天台山桃源洞遇到美貌仙女。

[34] 是答儿：这边。下文"那答儿"，即那边。

[35] 袖梢儿揾（wèn）着牙儿苫：用衣袖遮掩住草垫子。

[36] 催花御史：相传唐穆宗置惜花御史料理盛开的鲜花。

[37] 蘸客伤心红雨下：落花如红雨，使客中人伤心。

[38] 混阳蒸变：形容杜丽娘和柳梦梅梦中幽会。

[39] 景上缘，想内成，因中见：比喻婚姻短暂，是不真实的梦幻。这是佛家的说法。景，同"影"。因，姻缘。

[40] 展污：玷污，弄脏。

[41] 鬼门：一作"古门"，戏台上演员的上、下场门。

[42] 弱冠：古代男子到了20岁行冠礼，表示已经成年，见《仪礼·典礼》。

[43] 雨香云片：云雨的美称，指梦中幽会。

[44] 步蝉（duǒ）：脚步偏差。

[45] 不争多：差不多，几乎。

[46] 忺（xiān）：高兴，适意。

[47] 香篝：熏笼。

【赏析】

《牡丹亭》全名《牡丹亭还魂记》，其主要内容取材于话本小说《杜丽娘暮色还魂记》。本剧借杜丽娘和柳梦梅的爱情故事，表现了汤显祖至真、至情、至美的人生与艺术追求。在汤显祖的四部戏剧作品中，《牡丹亭》是其用力最深，也最能表现其文学思想和艺术才能的作品。在文学史上，《牡丹亭》与元杂剧王实甫的《西厢记》同为最著名的爱情剧。

《惊梦》是《牡丹亭》中最动人的一出戏，它奠定了《牡丹亭》激动人心的艺术力量的基础。《惊梦》以一系列精美的曲辞，唱出了杜丽娘被禁锢的生命渴望；通过梦幻的情节使闺门千金杜丽娘冲破封建礼教的束缚，体验了刻骨铭心的爱情。"两情和合，真个是千般爱惜，万种温存"，这是她主动追求理想爱情的开始，其间浸润着浪漫主义的感伤之美、追求之美、情爱之美和理想之美，这是对自然、青春和爱情的礼赞。

课本节选部分主要写了杜丽娘在丫鬟春香的鼓舞下，违背父母、塾师的训诫，走出深闺，看到了一个美丽的新天地。她疼惜自己的青春埋没在小庭院中，而引起了她的自我觉醒，在梦中与素不相识的书生柳梦梅幽会。游园，激发了她青春的苦闷。她第一次看见了真正的春天，也第一次发现自己的生命和春天一样美丽，大自然唤醒了她的青春活力。现实中难以排遣的春闷、幽怨，难以实现的爱情渴望，只能向"幽梦"中寻求。作者以杜丽娘的世间处境，展现了明清妇女共同的心理挫折及对人生幸福的憧憬。

《惊梦》的唱词文字优美，音律和谐，如《步步娇》《皂罗袍》两曲，运用情景交融的方法，刻画了丽娘的娇羞神态和种种微妙的心理，把深闺中女子的那种苦闷和青春觉醒后的烦恼，描摹得生动细腻：面对姹紫嫣红、美景良辰，杜丽娘的心里却有一层淡淡幽怨、莫名惆怅，内心感受是"理还乱，闷无端"，是"春色恼人"，是她对自己"年已及笄，不得早成佳配"，虚度青春的苦闷，故而感叹"奈何天""谁家院"。优美的曲文对人物形象的塑造起到了强烈的烘托作用。

【思考练习】

1. 杜丽娘极尽千娇百媚之容、柔情之水之态，仔细阅读本文，文中是怎样突出描写这一点的？
2. 观摩昆曲《惊梦》，体会剧本和戏剧表演之间的差异。

日出（第四幕）

曹禺

【作者简介】

曹禺（1910—1996），原名万家宝，原籍湖北潜江，出生于天津一个封建官僚家庭，母亲早逝，由喜欢看戏的继母抚养长大，故而经常随其看戏听曲，知道了很多京戏、地方戏和文明戏。5岁跟着家庭教师读诗背经，开始与小同学演戏编戏；12岁时进入南开中学，加入学校业余话剧团体，参加了不少名剧的演出。1928年进入南开大学政治系学习，第二年转入清华大学西洋文系，此时开始接触外国戏剧。1933年大学即将毕业前夕，曹禺创作了四幕话剧《雷雨》，于次年公开发表，很快引起强烈反响，这部处女作，成为了他的成名作和代表作。此后，又陆续创作了《日出》《原野》《北京人》等，这些作品奠定了他在中国话剧文学史上的不朽地位。

[半夜后，大约有四点钟的光景，在××大旅馆那间华丽的休息室内。
[屋内帘幕都深深垂下来，在明亮的灯光下，花缸里插着满满的一簇簇色彩鲜丽的山茶花，一片红艳夺目的花束中，有几枝白色的。满屋笼漫着浓厚的氤氲和恶劣的香粉气。酒瓶歪在地上，和金子一般贵重的流液任意地倒湿了地毯，染黄了沙发的丝绒，流满了大理石的茶几。在中间，一张小沙发的脚下，香槟酒杯的碎玻璃堆在那里。墙上的银晃晃的钟，正指着四时许。
左面的屋子里面还是稀里哗啦地打着牌。有时静下来，只听见一两下清脆的牌声。有时说话的、笑的、骂的、叫的、愤愤然击着牌桌的，冷笑的……和洗牌的声音搅成一片。
[开幕时，白露一个人站在窗前，背向观众，正撩开帷幕向下望。她穿着黑丝绒的旗袍，周围沿镶洒满小黑点的深黄花边，神态严肃，通身都是黑色。
[她独自立在窗前，屋内没有一丝动静。
[半晌。
[左面的门大开，立刻传出人们打牌喧笑的声音。
[里面的男女声音：露露！露露！
[白露没有理他们，她是那样孤单。
[乔治的声音：露露！露露！（他的背影露出来，臂脯靠着门钮，对里面的人们说话）不，不，我就来。（自负地）你看我叫她，我来！
[乔治走出来，穿着最讲究的西服，然而领带散着，背心的钮子没有扣。[他一手抓住香槟酒瓶，一手是酒杯，兴高彩烈地向白露走过来。

张乔治　　[一步三摇地走近白露，灵感忽然附了体] 哦！我的小露露！[看上看下，指手划脚，仿佛吟诗一样] So beautiful! So charming! And so melancholic! [于是翻江倒海，更来得凶猛] So beautifully bewitching! And so bewitchingly beautiful![1]

陈白露　　［依然望着窗外，不动，仿佛没有听见他的话］嗯，你说的是什么？
张乔治　　［走到她另一边］我说你真美。你今天晚上简直是美！［摇头摆尾，闭起眼说］美！美极了！你真会穿衣服，你穿得这么忧郁，穿得这么诱惑！并且你真会用香水，闻起来［用他敏锐的鼻子连连嗅着，赞美地由鼻孔冲出一声长长的由高而低的"嗯"！］这么清淡，而又这么幽远！［活灵活现演作他的戏，感动地长长吐出一口气］啊！我一闻着那香香的香味。Oh no，你的美丽的身体所发出的那种清——香！就叫我想到当初我在巴黎的时候。［飘飘然神往］哦，那巴黎的夜晚！那夜晚的巴黎！［又赞美地由鼻孔冲出那一声"嗯"！］嗯！Simply beautiful!
陈白露　　［依然不理他］你喝醉了吧。
张乔治　　喝醉了？今天我太高兴了！你刚才瞧见刘小姐么？她说她要嫁给我，她一定要嫁给我，可是我跟她说了，［趾高气扬的样子］我说："你！［蔑视］你要嫁给我！你居然想嫁给我！你？"她低着头，怪可怜的，说："［哭声］George！只要你愿意，我这方面总是没有问题的。"说着，说着，小眼泪就掉下来了。可是［碰一下白露，但她不理］你看我，我就这么看着她。［斜着眼睛，昂着头向下望］我说："你？你居然想嫁给 George Chang！pah！［又是他的一甩手］这世界上只有陈白露，才配嫁给 George Chang 呢！"［他等白露的笑，但是——］咦，露露，你为什么不笑？
陈白露　　［态度依然］这有什么可笑的？［低沉地］还有酒吗？
张乔治　　［奇怪］你还想喝？
陈白露　　嗯。
张乔治　　你看我多么会伺候你，这儿早就预备好了。［他倒酒的时候，由右屋传来顾八奶奶叫白露的声音。他把酒倒好，递给白露，她一口灌下，看也不看就把酒杯交给乔治。
　　　　　　［顾八奶奶由右门出，她穿戴仍然鲜艳夺目，气势汹汹地走进来。
顾八奶奶　［在门口］白露，究竟你的安眠药在哪儿？［忽然看见乔治］哟！博士，原来是你们俩偷偷地躲在这屋子说话呢！
张乔治　　两个人？那我大概是喝醉了。
顾八奶奶　怎么？
张乔治　　奇怪，我咋么刚才只觉得我是一个人在这屋子发疯呢？
顾八奶奶　得了，我不懂你这一套博士话。白露，快点，你的安眠药在哪儿？
陈白露　　在我床边那个小柜子里。［转身又望着窗外几点残余的灯光渐次熄灭，窗外一片漆黑］
张乔治　　怎么啦，八奶奶？
顾八奶奶　［摸心］我心痛，我难过。
张乔治　　又为什么？
顾八奶奶　还不是那个没良心的东西气得我。我这个人顶娇嫩了。你看这一气，三天我也睡不着。我非得拿点安眠药回家吃不可。得了，你们俩好好谈话吧。［反身就要进门。
张乔治　　别，别走。你先坐一坐，跟我们谈谈。
顾八奶奶　不，不，不，我心痛得厉害，我先得吃点杜大夫的药。

张乔治　　你看，你在这里吃不一样？
顾八奶奶　可是你听听我的心，又是扑腾腾，扑腾腾的，［捧着自己的心，痛苦的样子］哟！我得进去躺躺。
　　　　　［忽然左门大开，又传进种种喧笑声。
　　　　　［刘小姐的声音：George——
顾八奶奶　［望着立在左门口的刘小姐，眉开眼笑地］刘小姐，你还没有走，还在打着牌么？
　　　　　［对乔治］好啦，刘小姐来了，你们三个人玩吧。
　　　　　［顾八奶奶仍由右门下。
　　　　　［刘小姐的声音：George！
张乔治　　［以手抵唇］嘘！［指白露，作势叫刘小姐进来，来一同谈谈。不过——
　　　　　［刘小姐的声音：（严厉地）George！！
张乔治　　［作势叫她不要喊，仿佛说白露大概心里不知为什么不痛快，并且像是一个人在流眼泪，劝她还是进来一起玩玩。但是——
　　　　　［刘小姐的声音：［并不是他所说的那副可怜的样子］我不进去，我偏不进去。
张乔治　　［耸耸肩表示没有办法，却还在作势劝她进来。然而——
　　　　　［刘小姐的声音：（更严厉地）George！！！你进来不进来！你来不来！
张乔治　　［大概门里面的人下了很严重的哀的美敦书[2]，里面不知做些什么表示，但是他已经诚惶诚恐地——］No, Please don't! I'm Coming[3]！我来，我来，我就来。
　　　　　［乔治慌慌张张地笑着走进左门
　　　　　［刘小姐的声音：（很低而急促的声音）我要走了，你一个人在这儿，少跟她们胡扯。听见了没有？
　　　　　［乔治的声音：可我跟谁也没有胡扯呀。
　　　　　［半晌。
　　　　　［白露缓缓地又回过身来，神色是忧伤的。酒喝多了，晕红泛满了脸。不自主地她的头倒在深蓝色的幕帷里。她轻轻捶着胸。捶了两下，仿佛绝了望似地把手甩下来。静静地泪水由眼边流着，她取出小小的白手帕，不肯擦掉，呆呆地凝视自己的手帕。
陈白露　　［深长而低微叹一口气］嗯！［她仰起头，由眼角流出泪水，她把手帕铺在眼上
　　　　　［外面敲门声。
陈白露　　［把湿了的手帕取下，擦擦眼睛］谁？
　　　　　［福升声：我，小姐。
陈白露　　进来。
　　　　　［福升由中门进。他早已回到旅馆，现在又穿起他的号衣施施然[4]走进来。
王福升　　小姐。
陈白露　　你来干什么？
王福升　　［看见白露哭了］哦，您没有叫我？
陈白露　　没有。
王福升　　哦，是……［望着白露］小姐，您今天晚上喝多了。
陈白露　　嗯？我今天喝了点酒。

王福升　　［四面望望］方先生不在这儿？
陈白露　　他还没有回来。有事么？
王福升　　没有什么要紧的事。刚才又来了一个电报。是给方先生的。
陈白露　　跟早上打来的是一个地方么？
王福升　　嗯。
陈白露　　在哪儿？
王福升　　［由口袋里取出来］您要么？
陈白露　　回头我交给他吧。［福升把电报交给白露］反正还早。
王福升　　［看看自己的手表］早？已经四点来钟了！
陈白露　　［失神地］那些人没有走。
王福升　　［望左边的房门］客人们在这儿又是吃，又是喝，有的是玩的，谁肯走？
陈白露　　［悲戚地点头］哦，我这儿是他们玩的地方。
王福升　　［不懂］怎么？
陈白露　　可是他们玩够了呢？
王福升　　呃！……自然是回家去。各人有各人的家，谁还能一辈子住旅馆？
陈白露　　那他们为什么不走？
王福升　　小姐，您说呃……那自然是因为他们没有玩够。
陈白露　　［还是不动声色地］那么他们为什么没有玩够？
王福升　　［莫名其妙，不得已地笑］那……那他们是没有玩够嘿，没有玩够嘿。
陈白露　　［忽然走到福升面前，迸发］我问你，他们为什么没有玩够！［高声］他们为什么不玩够！［更高声］他们为什么不玩够了走，回自己的家里去。滚！滚！滚！［愤怨］他们为什么不——［忽然她觉出失了常态。她被自己吓住了，说不完，便断在那里，低下头。
　　　　　　［福升望望白露的脸，仿佛很了解的样子。他倒了一杯白水，端到白露面前。
王福升　　小姐。
陈白露　　［看看他手里的杯子］干什么？
王福升　　您大概是真喝多了！
陈白露　　［接下杯子］不，不。［摇摇头低声］我大概是真玩够了。［坐下］玩够了！［沉思］我想回家去，回到我的老家去。
王福升　　［惊奇］小姐，您这儿也有家？
陈白露　　嗯。你的话对的。［叹一口气］各人有各人的家，谁还一辈子住旅馆？
王福升　　小姐，您真有这个意思？
陈白露　　嗯，我常常这么想。
王福升　　［赶紧］小姐，您要是真想回老家，那您在这儿欠的那些账，那您——
陈白露　　对了，我还欠了许多债。［有意义地］不过这些年，难道我还没有还清？
王福升　　［事实地］小姐，您刚还了八百，又欠了两千。您这样花法，一辈子也是还不清的。今天下午他们又来了，您看，这些账单，［又从自己口袋往外拿］这一共是——
陈白露　　不，不用拿，我不要看，不要看。

王福升	可是他们说,您明天下午是非还清不可的。我跟他们说好话,叫他们——
陈白露	谁叫你跟他们说好话?冤有头,债有主,我自己没求过他们,要你去求?
王福升	可是小姐——
陈白露	我知道,知道了!你不要再提了,钱!钱!钱!为什么你老这样子来逼我!
	[电话铃响。
王福升	[拿起耳机]喂,……你哪儿!哦……我这儿是五十二号陈小姐的房间。
陈白露	谁?
王福升	[掩住喇叭]李太太,[又对耳机]哦,是是。李先生他不在这儿。他今天下午来过,可是早走了。……是……是……不过李先生刚才跟这儿潘四爷打过电话,说请他老人家候候,说一会儿还要来这儿的。要不,您一会儿再来个电话吧。再见。[放下耳机。
陈白露	什么事?
王福升	李先生的少爷病得很重,李太太催李先生赶快回去。
陈白露	好,你去吧。
	[潘四爷由中门走进来,油光满面,心里充满了喜信,眯着一对小眼睛。一张大嘴呵呵地简直拢不住。一只手举着雪茄,那一只手不住地搓弄两撇小胡子。福升让进潘月亭,由中门下。
潘月亭	露露,露露,客没有走吧。
陈白露	没有。
潘月亭	好极了!来,大家都玩一会,今天让大家玩个痛快。
陈白露	怎么?
潘月亭	我现在大概才真正走了好运,我得着喜信了。
陈白露	什么?喜信?是金八答应你提款缓一星期了。
潘月亭	不,不是,这个、金八前两天就答应我了。我告诉你,公债到底还要涨,涨,大涨特涨。这一下子真把我救了!你知道,我今天早上忽然听说公债涨,是金八在市面故意放空气,闹玄虚,故意造出谣言,说他买了不少,叫大家也好买。其实他是自己在向外抛,造出好行市向外甩。那时候我真急了!我眼看我上了他的当。我买的公债,眼看着要大落特落,我整个的钱都叫他这一下子,弄得简直没有法子周转。你看我这一大堆事业,我一大家子的人,你看我这么大年纪。我要破产,我怎么不急?我告诉你,露露,我连手枪都预备好了。我放在身上,我——[咳嗽。
陈白露	哦,老头子连手枪都预备好了!
潘月亭	[高起兴]你现在真不该再叫我老头子,我现在一点不老。我听见这个消息,我年轻了二十年。我跟你说,人不能没有钱,没有钱就不要活着。穷了,就是犯罪,不如死。可是,露露,我现在真正有钱了。我过两天,要有很多很多的钱,再过些天,说不定我还要有更多更多的钱。[忽然慷慨地]哦,从此以后要做点慈善事业,积积德,弥补弥补——
陈白露	不过,你们轻轻把小东西又送到金八手里,这件事是难弥补的。
潘月亭	[忽然想起来]哦,小东西怎么样了?你难道还没有把她找回来?

陈白露　　找回来？她等于掉在海里了。我找，达生找，都没有一点影子。
潘月亭　　不要紧，有钱，我有钱。我一定可以把小东西还是活蹦乱跳地找回来。叫你高兴高兴。
陈白露　　〔绝望地〕好，好吧！哦，李石清来了。
潘月亭　　知道。他说他有好消息告诉我。可是这个东西太混账！他以为我好惹，这次我要好好地给他一点厉害看。
陈白露　　哦。
　　　　　〔顾八奶奶由右门上。
顾八奶奶　露露！露露！——哟，潘四爷，这一晚上你上哪儿去了？〔撒娇地〕真是的，把我们甩在这儿，不理我们。你们男人们，真是的！——对了，四爷，您看胡四进了电影公司，正经干多了吧。还是四爷对，四爷出了主意，荐的事总是没有错儿的。〔不等潘月亭回答，就跑到左面立柜穿衣镜前，照自己，忽转向露〕露露，你看我现在身材怎么样，不难看吧？
潘月亭　　〔没有办法〕露露，你陪八奶奶谈吧，我去那屋看看客人去。
　　　　　〔潘由左门下。
顾八奶奶　四爷，您走了。〔又忙忙地〕白露，我睡不着。〔自怜〕我越躺，越难过。
陈白露　　你怎么啦？
顾八奶奶　〔贸然〕你说他还来不来？这个没有良心的东西！他叫我在你这儿等着他，他要给我说戏，说《坐楼杀惜》。你看快天亮了，他的魂也没有见一个！唉，〔指她的红鼻头〕你看我两条手绢都哭湿了，〔她在干咽〕我真，我，我真想叫福升问问……
陈白露　　〔厌烦，不等她说完，便叫〕福升！福升！
　　　　　〔福升由中门进。
陈白露　　你知道胡四上哪儿去了？
王福升　　不，不知道。
顾八奶奶　〔撅着嘴气冲冲地〕他就会说不知道。
王福升　　〔谄笑〕实在是不知道。不过仿佛胡四爷说他先去——
顾八奶奶　〔暴躁地〕〔同时说〕换衣裳去了。
王福升　　〔假笑地〕
顾八奶奶　〔急躁〕换衣裳！换衣裳！你就会说换衣裳。
陈白露　　〔对福〕胡四干什么去了？
王福升　　〔谦逊地〕顾八奶奶刚才问了我四五遍，怪不得她老人家听腻了。您想，她老人家脾气，也是躁一点，再者，她老人家……
顾八奶奶　〔忽然变色〕福升，你怎么总挂着"老人家""她老人家"的？我不要人家这么叫我，我不爱听！
王福升　　是，顾八奶奶。
顾八奶奶　去！去！去！我瞅你就生气，你进来就给我添病。
王福升　　是，是。
　　　　　〔福升由中门下。

顾八奶奶　[捶自己的心] 你看我的心又痛起来了，胡四进了电影公司两天，越学，越不正经干。我非死了不可！露露！你的安眠药我都拿去了。

陈白露　[略惊] 怎么，你吃安眠药？

顾八奶奶　嗯，我非吃了不可。

陈白露　[劝她] 那何必呢？还给我。（伸手）

顾八奶奶　[不明白] 不，我非吃了不可，我得回家睡觉去。我睡一场好觉，气就消了。杜大夫说，睡一点钟好觉，就像多吃两碗饭。我要多吃两碗饭，气气他。

陈白露　哦！[放下心] 可我先警告你，这个安眠药是很厉害的。你要吃了十片，第二天就会回老家的，你要小心点。

顾八奶奶　[拿安眠药看] 哦！吃十片就会死？

陈白露　十片就成了。

顾八奶奶　那，……那，我就……我就吃一片；半片；三分之一，我看，就很可以了。

陈白露　好，刚才听你的话，我以为——

顾八奶奶　哦，[忽然明白] 你说我吃安眠药寻死？我才不呢。我不傻，我还得乐两年呢！哼，我刚刚懂得点人事，我为他？……哼，胡四有一天要跟我散了，我们就散。我再找一个，我……我非气死他不可！[太费力气，颤巍巍地摇着头]

陈白露　[冷冷地望着她] 你说得不累么？

顾八奶奶　可不是，我是有点累了。我得打几圈牌，休息休息我的脑筋。你跟我一块来吧。

陈白露　不，你先去。我想一个人坐坐。
　　　　[顾由左门下。
　　　　[中门敲门声。

陈白露　谁？
　　　　[方达生上。

方达生　我。[推开门进来，他还穿着他的毛蓝布大褂，神色沉郁。见着白露，微现喜色

陈白露　你刚回来？

方达生　我回来一会，我走到你门口，听见顾太太在里面。就没进来。

陈白露　[望着他] 怎么样？小东西找着了么？

方达生　[摇头] 没有。那种地方我都一个一个去看了。可是，没有她。

陈白露　[黯然] 这是我早料到的。[半晌，让他坐下] 累了么？

方达生　有一点。不过我很兴奋，我很兴奋。我在想，这两天我不断地想着个问题。

陈白露　[笑] 怎么，你又想，想起来了。

方达生　嗯。没有办法，我是这么一个人，我又想起来了。尤其是今天一夜晚，叫我觉得——[忽然] 我问你，人与人之间为什么要这么残忍呢？

陈白露　[笑] 这就是你所想的问题么？

方达生　不，不尽然。我想的比这个问题要大，要实际得多。我奇怪，为什么你们允许金八这么一个禽兽活着？

陈白露　你这个人哪，我告诉你，不是我们允许不允许金八活着的问题。而是金八允许我们活着不允许我们活着的问题。

方达生　我不相信金八有这么大的势力。他不过是一个人。

陈白露　　你怎么知道他是一个人？
方达生　　[沉思] 嗯……[忽然] 你见过金八么？
陈白露　　我没有。你想见他么？
方达生　　[有意义地] 嗯，我想见见他。
陈白露　　那还不容易。金八多得很，大的，小的，不大不小的，在这个地方，有时像臭虫一样，到处都是。
方达生　　[沉思] 对了，臭虫！金八！这两个东西都是一样的，不过臭虫的可厌，外面看得见，而金八的可怕外面是看不见的，所以他更凶、更狠。
陈白露　　[眼盯着达生] 你仿佛有点变了。
方达生　　也许。我应该谢谢你。
陈白露　　[不懂] 为什么？
方达生　　[严重地] 是你给我这么一个机会。
陈白露　　我不大明白你的话，你的口气似乎有点后悔。
方达生　　[肯定地] 不！我不后悔，我毫不后悔多在这里住几天。你的话是对的。我应该多观察，观察这一帮东西。现在我看清楚他们了，不过我还没有看清楚你，我不明白你为什么要跟他们混？你难道看不出他们是鬼，是一群禽兽。竹均，我看你的眼，我就知道你厌恶他们。而你故意天天装出满不在意的样子，天天自己骗着自己。
陈白露　　[深沉地望着他] 你——
方达生　　你这样看我做什么？
陈白露　　[忽然——倔犟地嘲讽着] 你很相信你自己的聪明。
方达生　　竹均，你又来了。不，我不聪明，但是我相信你的聪明。你不要瞒我，你心里痛苦。请你看在老朋友的分儿上，我求你不要再跟我倔犟。我知道你嘴头上硬，故意说着谎，叫人相信你快乐。可是你眼神儿软，你的眼瞒不住你的恐慌，你的犹疑，你的不满。竹均，一个人可以欺骗别人，但是欺骗不了自己。你这样会把你闷死的。
陈白露　　[叹一口气] 不过，你叫我干什么好呢？
方达生　　很简单，你跟我走，先离开这儿。
陈白露　　离开这儿？
方达生　　嗯，远远地离开他们。
陈白露　　[仰头想] 可……可是上哪里去呢？我这个人在热闹的时候，总想着寂寞；寂寞了，又常想起热闹。整天不知道自己怎么样才好。你叫我到哪里去呢？
方达生　　有个办法，你结婚！你嫁人！你跟我走。
陈白露　　[忽然笑起来] 你的拿手好戏，又来了。
方达生　　不，不，你不要误会，我不是跟你求婚。我并没有说我要娶你。我说我带你走，这一次，我要替你找个丈夫。
陈白露　　你替我找丈夫？
方达生　　嗯，我替你找。你们女人只懂得嫁人，可是总不懂得嫁哪一类人。这一次，我带你去找，我要替你找一个真正的男人。你跟我走。

陈白露	[笑着] 你是说一手拉着我，一手敲着锣，到处找我的男人么？
方达生	那怕什么？竹均，你应该嫁一个真正的男人。他站得扎实，有力量，勇敢，真干！像这两天打夯的人一样。
陈白露	哦，你要我嫁给一个打夯的？
方达生	那不也很好？！你看他们哪一点不像个男人？竹均，你应该结婚。你应该立刻离开这儿。
陈白露	[思虑地] 离开？——是的。不过，结婚？[嘘出一口气]
方达生	竹均，你正年轻，为什么不试试呢？活着，原来就是不断的冒险。结婚，是里面最险的一段。
陈白露	[忽然，把头转过去，一字一字地] 可是这个险，我冒过了。
方达生	[吃了一惊] 什么？你试过？
陈白露	[乏味地] 嗯，我试过。但是 [叹一口气] 一点也不险。——平淡无聊，并且想起来，很可笑。
方达生	竹均，……你……你已经结过婚？
陈白露	咦，你为什么这么惊讶？难道必须等你替我去找，我才冒这个险么？
方达生	[低声] 这个人是谁？
陈白露	[神秘地] 这个人有点像你。
方达生	[起了兴趣] 像我？
陈白露	嗯，像！……他是个傻子。
方达生	[失望] 哦。
陈白露	因为他是个诗人。[追想] 这个人哪，……这个人思想起来，很聪明；做起事，就很糊涂。让他一个人说话，他最可爱；多一个人谈天，他简直别扭得叫人头痛。他是个最忠心的朋友，可是个最不体贴的情人。他骂过我，而且他还打过我。
方达生	但是 [怕说的样子] 你爱他？
陈白露	[肯定] 嗯，我爱他！他叫我离开这儿跟他结婚，我就离开这儿跟他结婚。他要我到乡下去，我就陪他到乡下去。他说"你应该生个小孩"！我就为他生个小孩。结婚以后几个月，我们过的是天堂似的日子。他最喜欢看日出，每天早上，他一天亮就爬出来，叫我陪他看太阳。他真像个小孩子，那么天真！那么高兴！有时乐得在我面前，直翻跟头。他总是说"太阳就出来了，黑暗会过去的"。他永远是那么乐观，他写一本小说，也叫《日出》。因为他相信一切是有希望的。
方达生	不过——以后呢？
陈白露	以后？——[低头] 这有什么提头！
方达生	为什么不叫我也分一点他的希望呢。
陈白露	[望着前面] 以后他就一个人，追他的希望去了。
方达生	怎么讲？
陈白露	你不懂？后来，新鲜的，渐渐不新鲜了。两个人处久了，渐渐，就觉得平淡了，无聊了。但是都还忍着；不过有一天，……他忽然说，我是他的累赘；我也忍不住说，他简直是讨厌！从那天以后，我们渐渐就不打架了，不吵嘴了。他也不骂

方达生	我，也不打我了。
方达生	那不是很好么？
陈白露	不，不，你不懂。我告诉你结婚后最可怕的事情，不是穷，不是嫉妒，不是打架，而是平淡，无聊，厌烦。两个人互相觉得是个累赘。懒得再吵嘴打架，直盼望哪一天天塌了，等死。于是我们先只见面拉长脸，皱眉头，不说话。最后，他怎么想法子叫我头痛；我也怎么想法子叫他头痛。他要走一步，我不让他走；我要动一动，他也不许我动。两个人仿佛捆在一起扔到水里，向下沉，……沉，……沉，……
方达生	不过你们逃出来了。
陈白露	那是因为那根绳子断了。
方达生	什么？
陈白露	孩子死了。
方达生	你们就分开了？
陈白露	嗯，他也去追他的希望去了。
方达生	那么，他在哪里？
陈白露	不知道。
方达生	那他有一天也许回来看你。
陈白露	不，他决不会回来的。他现在一定工作得很高兴。〔低头〕他会认为我现在简直已经堕落，到没有法子挽救的地步。〔悲痛地〕哼！他早已把我忘记了。
方达生	〔忽然〕你似乎还没有忘记他？
陈白露	嗯，我忘不了他！我到死也忘不了他。喂，你喜欢这两句话么？"太阳升起来了，黑暗留在后面；但是太阳不是我们的，我们要睡了。"你喜欢么？
方达生	我不大懂。
陈白露	这是他的小说里，一个快死的老人说的。
方达生	你为什么忽然，要提起这一句？
陈白露	因为我……我时常想着这样的人。
方达生	〔忽然〕我看你现在还爱他。
陈白露	〔低头〕嗯。
方达生	你很爱他。
陈白露	〔望〕嗯。——但是你为什么这么问我？
方达生	没有什么，也许我问清楚了，可以放下心。这样，我可以不必时常惦念着你了。谢谢你，竹均，你真是个爽快人。〔立起来〕竹均，我要去收拾东西去了。
陈白露	你就要走？这里还有你一封电报。〔拿出来交给他。
方达生	〔拆开看〕嗯。〔把电报揉成一团。
陈白露	是催你回去么？
方达生	嗯，是的。〔停顿〕再见吧！竹均！〔伸出手来。
陈白露	为什么这么忙？难道你天亮，就走么？
方达生	我想天亮就离开旅馆。
陈白露	你坐哪一趟车？

方达生	不，不，我不回去。我只是想搬开。
陈白露	你不走？
方达生	不，我不回去。不过我也许不能常来看你了。
陈白露	［奇怪］为什么？这句话很神秘。
方达生	我在这里要多住些天，也许我在这里要做一点事情。
陈白露	你在这里找事做？
方达生	事情自然很多。我也许要跟金八打打交道，也许要为小东西跑跑，也许为小录事那一类人做点事，都难说。我只是想有许多事可做。
陈白露	这么说，你跟他要走一条路了。
方达生	谁？
陈白露	他，——我那个诗人。
方达生	不，我不会成诗人。但是我也许真会变成一个傻子。
陈白露	［叹一口气］去吧！你们去吧！我知道我会被你们都忘记的。
方达生	［忽然］竹均，你为什么不跟我走？［拉起她的手，热烈地］你跟我走！还是跟我走吧。
陈白露	［空虚地望着前面］上哪儿去呢？我告诉过你，我是卖给这个地方的。
方达生	［放下手，怜悯地望着她］好吧。
陈白露	［从盛满一簇簇鲜丽的山茶花的花缸里取出一枝］来，戴上！送你一枝山茶花吧。
方达生	这又是谁送给你的？
陈白露	没有谁。［凄然］我自己送给我自己的，不好么？
方达生	［接下花枝］这枝山茶花还没有开足呢？
陈白露	［望着方达生］拿着它！闲着想想我吧。
方达生	［握着白露的手］唉，你这个人太骄傲，太倔强。
	［敲门声。
陈白露	谁？
	［李石清推中门进。李石清忽然气派不同了，挺着胸脯走进来。马褂换了坎肩，前额的头发也贼亮贼亮地梳成了好几绺。眼神固然依旧那样东张西望地提防着，却来得气势汹汹。见着人客气里含着敌视，他不像以前那样对白露低声下气。他有些故为傲慢。
陈白露	哦，李先生。
	［王福升随进。
李石清	［看看方达生和白露］陈小姐，［回头对门前的福升］福升，你下去叫我的汽车等着我，也许一会儿我跟潘经理谈完话，就回公馆的。
王福升	是，李先——［忽然］是，襄理。不过您太太方才打电话，说——
李石清	［厌烦地］我知道了。你下去吧。
李石清	月亭在屋里么？
陈白露	大概在吧。
李石清	我要跟他谈一点机密的事。
陈白露	［不愉快］要我们出去躲躲么？

李石清　　[知道自己有点过份] 不，那倒不必。我进去找他谈，也是可以的。少陪！少陪！
　　　　　[扬长地走入右门。
陈白露　　[看他走进去，嗤笑] 哼！
方达生　　这个人忽然——是怎么回事？
陈白露　　你不知道，他当了襄理了。
方达生　　[恍然] 哦！[笑了笑] 可笑！
陈白露　　好玩得很。
　　　　　[胡四由中门进。他又换了一套衣服，更"标致"了，他一边拿着大衣，一边挟着烟卷，嘴里哼着流行调，开了中门。
胡　四　　[仿佛到了自己的家，把帽子扔在沙发上，大氅也搁在那里，口里不住地吹着哨。他似乎一个人也没看见，稳稳当当地放好衣服，走到左面立柜穿衣镜前，照照自己，打着呵欠对白露说话] 白露，她呢？
陈白露　　谁？
胡　四　　[还是那一副不动情感的嘴脸] 老妖精！
陈白露　　不知道。
胡　四　　[又打了一个呵欠] 困么？
方达生　　[嫌恶] 你问谁？
胡　四　　哦，方——方先生。你刚回来？我们总算投缘。今天晚上见了两面。
方达生　　[不理他] 白露，你愿意到我屋里坐一下么？
陈白露　　好。
　　　　　[两个人由中门下。
胡　四　　[望着他们走出去] 妈的！加料货！"刺儿头"，带半疯！
　　　　　[整整自己的衣服，又向那穿衣镜回回头，理两下鬓角，正预备进左门。左门开了，由里走出潘月亭和李石清。
李石清　　[对潘] 里面人太多，还是在这儿谈方便些。
潘月亭　　好，也好。
胡　四　　[很熟练地] 石清，你怎么这会儿还在这儿泡？还不回窝去？
李石清　　嗯，嗯。
胡　四　　潘经理。
潘月亭　　胡四，你快进去吧。八奶奶还等着你说戏呢！
胡　四　　是，我就去。石清，你过来，我跟你先说一句话。
李石清　　什么？
胡　四　　[笑嘻嘻地] 我昨儿格在马路上又瞧见你的媳妇儿了，[低声对着他的耳朵] 你的媳妇长得真不赖！
李石清　　[一向与胡四这样惯了的，现在无法和他正颜厉色。只好半气半恼，似笑非笑地] 岂有此理！岂有此理。
胡　四　　没说的，石清，回头见。
　　　　　[胡四很伶俐地由右门下。
潘月亭　　请坐吧。有什么事么？

李石清　　［坐下，很得意地］自然有。
潘月亭　　你说是什么？
李石清　　月——［仿佛不大顺口］经理知道了市面上，怎么回事么？
潘月亭　　［故意地］不大清楚，你说说看。
李石清　　［低声秘语］我这是从一个极秘密的地方，打听出来的。我们这一次买的公债，算买对了，您放心吧！金八这次真是向里收。谣言说他故意造空气，他好向外甩，完全是神经过敏，假的。这一次，我们算拿准了。我刚才一算，我们现在一共是四百五十万。这一"倒腾"说不定有三十万的赚头。
潘月亭　　［唯唯否否地］是，是。［没有等李石清说完，他忽然插嘴］哦，我听福升说你太太——
李石清　　［不屑于听这些琐碎的事］那我知道，我知道。——我跟你说，我们说不定有三十万的赚头。这还是说行市就照这样涨。要是一两天，这个看涨的消息越看越真。空户们再忍痛补进，跟着一抢，凑个热闹。我跟您说，不出十天，再多赚个十万二十万，随随便便地，就是一说。
潘月亭　　［阻止他］是你的太太催你回去么？
李石清　　不要管她，先不管她。我提议，月亭，这次行里这点公债现在我们是绝对不卖了。我告诉你，这个行市还要大涨特涨，不会涨到这一点就完事。并且［非常兴奋地］我现在劝你，月亭，我们最好明天看情形再买进。明天的行市还可以买，还是吃不了亏。
潘月亭　　石清，你知道你的儿子病了么？
李石清　　不要紧，不要紧。——［更紧张］我看我们还是买。对！我们就这样决定了。月亭，这是千载一时的好机会。这一次买成功了。我主张，以后行里，再也不冒这样的险。说什么，我们也不必拆这个烂污，以后留点信用吧。不过，这一次我们破釜沉舟，干一次。明天，一大清早。我们看看行市，还是买进。
潘月亭　　不过——
李石清　　我们再加上五十万，凑上一个整数。我想这次决不会有错。我计算着我们应该先把行里的信用，整顿一下，第一，行里的存款要——
潘月亭　　石清！石清！你知道你的儿子病得很重么？
李石清　　为什么你老提这些不高兴的话？
潘月亭　　因为我看你太高兴了。
李石清　　为什么不高兴呢！这件事，我帮您做得不算不漂亮。为什么不高兴呢！
潘月亭　　哦，我忘了你这两天做了襄理了！
李石清　　经理，您这句话是什么意思？
潘月亭　　也没有什么意思。你知道我现在手下这点公债，已经是钱了么？
李石清　　自然。
潘月亭　　你知道就这么一点赚头，已经足足能还金八的款么？
李石清　　我计算着还大有富余。
潘月亭　　哦，那好极了。有这点富余再加我潘四这点活动劲儿，你想想我还怕不怕人，跟我捣乱？

李石清　　我不大明白经理的话。
潘月亭　　譬如有人说不定，要宣传我银行的准备金不够？
李石清　　哦？
潘月亭　　或者说，我把银行房产都抵押出去。
李石清　　哦……
潘月亭　　再不然，说我的银行这一年，简直没有赚钱。眼看着要关门。
李石清　　［谀笑］不过，经理，何必提这个？这不——
潘月亭　　我自己自然不愿意提这个。不过说不定，有人偏要提，提这个，你说这怎么办？
李石清　　这话不太远了点么？
潘月亭　　［冷冷地看着他］话倒是不十分远。也不过是六七天的工夫，我仿佛听见有人跟我当面说过。
李石清　　经理，您这是何苦呢？圣人说过："小不忍则乱大谋。"一个做大事的人忍一下，似乎总比不忍强。
潘月亭　　［睃他一眼］我想我这两天很忍了一会。不过，我要跟你说一句实在话。我很讨厌一个自作聪明的人在我的面前多插嘴。我也不大愿意叫旁人看我好欺负，天生的狗食，以为我心甘情愿地叫人要挟。但是我最厌恶行里的同人，背后骂我是个老混蛋，瞎了眼，昏了头，叫一个不学无术的三等货，来做我的襄理。
李石清　　［极力压制自己］我希望经理说话无妨客气一点。字眼上可以略微斟酌斟酌再用。
潘月亭　　我很斟酌，很留神。我这一句、一句都是不可再斟酌的客气话。
李石清　　［狞笑］好了，这些名词字眼都可以说无关紧要。头等货，三等货，都是这么一说，差别倒是很有限。不过，经理，我们都是多年在外做事的人。我想，大事小事，人最低应该讲点信用。
潘月亭　　［看李］信用？［大笑］你要谈信用？信用我不是不讲，可是要看谁？我想我活了这么大年纪，我该明白跟哪一类人才可以讲信用，跟哪一类人就根本用不着讲信用的。
李石清　　那么，经理仿佛是不预备跟我讲信用了。
潘月亭　　［尖酸地］这句话真不像你这么聪明的人说的。
李石清　　经理自然是比我们聪明的。
潘月亭　　那倒也不见得。不过我也许明白一个很要紧的小道理。就是对那种太自作聪明的坏蛋，我有时可以绝对不讲信用的。［忽然］你知道你的太太给你打电话了么？
李石清　　［眩惑地］我知道，我知道。
潘月亭　　你的少爷病得快要死了，李太太催你快回家。
李石清　　［瞪眼望着潘，低声］我是要回家的。
潘月亭　　那好极了。我听说你还有汽车在门口等着你。［刻薄地］坐汽车回家，是很快的。回家之后，你无妨在家里多多练习自己的聪明。你这样精明强干的人不会没有事的。有了事，我看你还可以常常开开人家的抽屉，譬如说，看看人家的房产，是不是已经抵押出去了，调查调查人家的存款，究竟有多少？……不过我可以顺便声明一下，省得你替我再多操心。我那抽屉里的文件现在都存在保险库去了。
李石清　　［愤怒叫他说不出一个字］嗯！

潘月亭　　[由身上取出一个信封] 李先生，这是你的薪水清单。我给你算一算。襄理的薪水一月一共是二百七十元。你做了三天，会计告诉我你已经预支了二百五十元，不过我想我们还是客气点好。我支给你一个月的全薪。现在剩下的二十块钱，请你收下。不过你今天坐的汽车账，行里是不能再替你付的。

李石清　　可是，潘经理——[忽然他不再多说了，狠狠地盯了潘一眼，伸出手] 好，你拿来吧。[接下钱。

潘月亭　　[走了两步，回过头] 好，我走了，你以后没事，可以常到这儿来玩玩。以后，你爱称呼我什么，就称呼我什么。就像方才，你叫我月亭也可以；称兄道弟，跟我"你呀我呀"地说话也可以；现在我们是平等了！再见。

　　　　　[潘由左门下。

李石清　　[一个人愣了半天，才由鼻里哧出一两声冷笑] 好！好！[拿起钞票，紧紧地握着，恨恨地低声] 二十块！[更低声] 二十块钱。[咬牙切齿] 我要宰了你呀！[电话铃响一下，他不理] 我为着你这点公债，我连家都忘了，孩子的病我都没有理。我花费自己的薪水来做排场，打听消息。现在你成了功，赚了钱，忽然地，不要我了。[狞笑] 不要我了。你把我当成贼看。你骂了我，当面骂了我，侮辱我，瞧不起我！[刺着他的痛处，高声] 啊，你瞧不起我！[打着自己的胸] 你瞧不起我李石清，你这一招简直把我当做混蛋给耍了。哦，[电话铃又响了响。嘲弄自己，尖酸地笑起来] 你真会挖苦我呀！哦，我是"自作聪明"！我是"不学无术"！哦，我原是个"坏蛋"！哼，叫我坏蛋，你都是抬高了我，我原来是个"三等货"！[怪笑，电话铃又响一阵] 可是你以为我就这样跟了你啦？你以为我怕你？——哼，[眼睛闪出愤恨的火] 今天我要宰了你！宰了你们这帮东西，我一个也不饶，一个也不饶你们的！

　　　　　[忽然中门急急敲门声。

李石清　　谁？

　　　　　[李太太慌张走进，颜色更憔悴，衣服满是皱纹，泪水盛在眼边。

李太太　　石清！你怎么啦？你出去一天，为什么现在还不回家！

李石清　　[眼直瞪瞪地] 我不回家！

李太太　　[哭出声音] 小五儿快不成了，舌头都凉了，石清。我现在同妈，叫了个车送他到医院，走了三个医院，三个医院都不肯收。

李石清　　不收？是治不了啦？

李太太　　医院要钱。[忽然四面望望] 他们要现款，都要现钱。最低的都要五十块押款。现在家里只有十五块钱，我都拿出来也不够。[抽咽] 石清，你得想法子，救救我们的孩子。

李石清　　[摸摸自己的身上，掏出几张零碎票子] 都拿去吧。

李太太　　[忙数] 这……这只有十七块多钱。

李石清　　那……那……那有什么法子。

李太太　　[擦眼泪] 不过，石清，[望着他] 小五这孩子——

李石清　　[悲愤] 为什么我们要生这么一大堆孩子呢！[然而不由己地拿起方才的钞票，紧紧握着，咽下愤恨交给李太太，辛酸地] 拿去！拿去，这是我二十块"卖脸钱"。

　　　　　［李太太收下。
李太太　　［急切地］不过石清，你不一块去么？
李石清　　你先去，我一会来。
李太太　　可是，石清——
李石清　　［咆哮起来］叫你先走，你就先走。你还吵什么！快走！快走！你不要惹我！
　　　　　［叩门声。
李太太　　［恳求］不过，石清——［叩门声仍响］有人来！
李石清　　谁？［不答，叩门声仍响］进来！谁？［叩门声仍响］谁？（他走至中门，猛然开了门。他吃了一惊。黄省三像一架骷髅立在门口，目光灼灼地望着他］
李石清　　［低声］你！［冷笑］你来得真巧。
　　　　　［他幽然地进来，如同吹来了一阵阴风。他叫人想起鬼，想起从坟墓里夜半爬出来的僵尸。他的长袍早不见了。上身只是一件藏青破棉袄，领扣敞着，露出棱棱几根颈骨，底襟看得见里面污旧的棉絮，袖口很长，拖在下面。底下只穿一件单裤，两条腿在里面撑起来细得如一对黍棒。他头发非常散乱，人也更佝偻了。但他不像以前那样畏怯。他的神色阴惨，没有表情，不会笑，仿佛也不会哭。他呆滞地望着李石清，如同中了邪魔一样。
李石清　　［对李太太］你走吧。有人来了。
李太太　　石清……［她向他投一道怨望的眼光，嘤嘤地哭泣，走出中门
李石清　　［望她出了门，愤怒地］哼，我不走的，我不走的。我想不出办法，我死了，也不走的。［来回走，忘记黄省三在他面前。
黄省三　　经理！
李石清　　［忽然立住］哦，你——你这流氓，你为什么又缠上我了？
黄省三　　嗯。经理！
李石清　　［疑惑地］什么，经理？谁叫你叫我经理？谁叫你叫我经理？
黄省三　　［依然呆板地，背书一样］经理，我是银行的小录事。我姓黄，我叫黄省三，我一个月赚十块二毛五。我有三个孩子，经理，我有三个孩子……我一个月赚十块二毛五！我姓黄，我叫黄省三，……
李石清　　［看着他，忽然明白］你！你是——（然而急躁地）真！你为什么又找上我了？你知道我是谁？我是谁？你找我做什么？
黄省三　　潘经理！我求你，我求你！
李石清　　我不是潘经理，我不姓潘，我姓李！［指自己］你难道不认识我？不认识我这个人？
黄省三　　［点头］我认识你。
李石清　　谁？
黄省三　　你是潘经理！
李石清　　真?！你这是来做什么？你为什么单捡这个时候拿我开心。你找上我是做什么？
黄省三　　［还是呆滞的］他们不叫我死！他们不答应叫我死。
李石清　　［急得失了同情］你死就死了，他们为什么不让你死？
黄省三　　那些人，那些官儿们，老爷们，他们偏要放我。

李石清　哦，他们把你放出来了。

黄省三　他们偏说我那个时候神经失常，犯精神病，他们偏把我放出来，硬说我没有罪。〔诚恳地〕我求您，我求您，您行行好，您再重重地给我一拳。〔指着自己的肺部〕就在这儿，一下就成了，您行行好，潘经理。

李石清　真！我不是潘经理，你看清楚一点，我不姓潘，我姓李，我叫李石清，你难道不认识？

〔半晌。

黄省三　〔忽然嘤嘤地像一个女人哭起来〕我的孩子，我的可怜的孩子们，我把你们害死了，爹爹逼你们死了。

李石清　怎么，你的孩子都——

黄省三　都上了天了。〔忽然〕你们为什么不让我死？〔神经错乱，以为仍在法庭〕我没有犯神经病！我跟你说，庭长！那时，我实在没有犯神经病！我很清楚，我自己买的鸦片烟。庭长，那钱是潘经理给我的三块钱，两块钱还了房钱，我拿一块钱买的鸦片烟。庭长，我自己买的红糖跟烟和好，叫孩子们喝的。我亲手把他们毒死的。可是你们为什么要救我？我没有钱再买鸦片烟，你们难道就不许我跳河？你们为什么不让我死？庭长，您不要信我这些邻居的话，他们是胡说八道。我那时候很明白，我没有犯神经病。国家有法律，你们不能放我。庭长！〔抓住李的手〕庭长，我亲手毒死了人，毒死我的儿子，我的望望，我的小云，我的……〔抱着李〕我的庭长，您得杀死我呀！

李石清　〔用力解开自己〕躲开我，你放下手。你这个混账东西！你看看，你到了哪儿？〔用力摇撼他〕你看看我是谁？

黄省三　〔看李，四面望，半晌，忽然〕潘……潘经理，我这是到了哪儿了？

李石清　真！死鬼，你跟我缠些什么？走，走，滚，滚，你再不滚开，我就要叫警察抓你了。

〔要按电铃。

黄省三　你别，你别叫他们。〔拉着李的手〕你别，别叫他们！〔沉痛辛酸地〕潘，潘经理，人不能这么待人呀！人不能这么待人呀！前些日子，我孩子们在，我要活着，我求你们叫我活着，可是你们偏不要我活着。现在，〔涕哭〕他们死了，我要死了，我要死。我求你们叫我死，可是你们又偏不要我死。潘经理，我们都是人，人不能这么待人呀！〔衰弱地哭了起来〕

李石清　真！……你这个混蛋！你简直把我的心搅乱了。你快滚，快滚，我简直也要疯了。滚，你这个流氓，你给我滚哪。

黄省三　不，我求您，潘经理，您行行好吧。我再也活不下去了，我给您跪下，您可怜可怜我吧，您别再逼我了，〔跪下〕您让我走一条痛快路吧。

李石清　〔拉起他〕好，我让你死，我让你死。不过你先起来，你得先认识我。我姓李，你再听一遍，我姓李，李，李，李。

黄省三　〔记不起来〕李？

李石清　你不记得那一天你到这儿找我？……我……我劝过你拉洋车？

黄省三　哦？

李石清　　我还劝过你要饭？
黄省三　　哦？
李石清　　我还劝过你偷？
黄省三　　哦，你还劝过我跳楼！［忽然疯狂一般欢喜，四面望，仿佛找窗户，立刻向窗户那面跑］
李石清　　［一手拉住他］福升！福升！福升！
　　　　　［福升由中门进。
李石清　　把他拉出去！这个人疯了。
王福升　　你又来了。
　　　　　［福升抓住他向外拉，黄省三像小鸡一样地和他做徒然的挣扎。
黄省三　　李先生，我没有疯！你得救救我，你得救救我！我没有疯啊！
　　　　　［黄为福升拉下去。
李石清　　天啊！［急躁地］这个傻王八蛋，你为什么疯了？你为什么疯？你太便宜他了！
　　　　　［电话铃又急响。
李石清　　［拿起耳机］喂，哪儿？报馆张先生么？哦，我是石清。什么？刚才你打电话来？没人接？哦……哦……你已经派人拿一封信送来了。哦！是的，你先别着急。……什么？消息不好？谁说的？……怎么，还是金八的人露出来的。不会吧？这两天，不是听说金八天天在收么？……什么？他一点也没有买！……怎么，这一星期看涨，完全是他在造谣言！……啊？他从昨天起已经把早存的货向外甩了！……这句话是真的？［他喜欢得手都抖起来］什么？这个消息已经传出去了。……哦，哦，那么明天行市开盘就要大落。哦，你想可以落多少？……［拍着桌子］］什么？第二盘就会停牌。［坐在桌子上］哦……哦……［拍着自己的屁股］你说……大丰这次公债简直叫金八坑了！……是……是，我也是这么想，我怕金八说不定就要提款。……好极了，哦——，糟极了。好……好，你已经写过一封信，送到这儿。好。回头见，回头见，我就交给四爷。
　　　　　［他放下耳机，走到门口。
李石清　　福升，福升！
　　　　　［福升上。
李石清　　刚才报馆张先生派人给四爷送来一封信，你看见了没有？
王福升　　早看见了。
李石清　　在哪儿？
王福升　　这儿。［由身上掏出来
李石清　　拿来！拿来！怎么早不说？
　　　　　［李由福升手里抢来，连忙看。
王福升　　［在旁边插嘴］我刚才倒是想给四爷的，可是我瞅见四爷正在打牌，手气好，连着"和"三番。我就没送上去。
李石清　　［看完信，长吸一口气，几乎是跳跃］你来得好！你来得好！你来得真是时候。［狞笑］福升，你快请四爷来一下。有人送信来，很重要的事！请他老人家立刻来。

王福升　　是，襄理！
　　　　　［福升由左门下。
李石清　　［颤抖］哦……哦……我怎么反而稳不住了。［来回地走
　　　　　［潘月亭由左门进。
潘月亭　　哦，你还没有回家？
李石清　　是，经理，我因为心里老惦念您行里的公事，所以总是不想回去。
潘月亭　　你找我做什么？
李石清　　［低声下气］您的牌打得怎么样？
潘月亭　　［看看他］还顺遂！
李石清　　我听说你现在手气很好。
潘月亭　　是不坏。
李石清　　您"和"了几次三番？
潘月亭　　［不屑］我料到你又会找我的，不过还没想到你尽说这种闲话。
李石清　　我还是要找您，求您赏碗饭吃。——是呀，我没钱，我是靠着银行过日子。您想，您刚才——
潘月亭　　［忽然］那封信呢？
李石清　　哪封信？
潘月亭　　福升说我有一封信在你手里。
李石清　　是，您想看么？
潘月亭　　哪儿来的？
李石清　　报馆张先生特派人送来的。
潘月亭　　快点拿来。
李石清　　不过我怕您看完之后，太惊讶了，我不敢就给您送去。
潘月亭　　怎么，是公债又要大涨么？
李石清　　自然是公债。我刚一看，我告诉您，我简直惊讶极了。
潘月亭　　好极了，一提公债，就准是喜信。我这一次算看对了。好，快拿出来。
李石清　　不过，经理，我先拆开看了。
潘月亭　　什么？你怎么又看了？
李石清　　不过，经理，我要是不看，我怎么能知道是个喜信，好给您报喜呢？
潘月亭　　［急想看信］好，好，好，你快拿来吧。
李石清　　［慢慢掏出信］您不会生气吧？您不会说我自作聪明，故意多事吧？［一面把信由信封抽出，慢慢把信纸铺在桌上］请您一张一张地看吧。
潘月亭　　［奇怪他为什么这样做排，觉出里面很蹊跷。他不信任地望着李石清，却又急忙地拿起信纸来读］好，好。
李石清　　［在他旁边插嘴，慢吞吞地］这件事我简直是想不到的。不会这么巧，不会来得这么合适。我想这一定是谣言，天下哪会有这样快的事。您看，我有点好插嘴，好多说几句闲话。经理，您不嫌烦么？
潘月亭　　［看完了信，慌起来，再看几句］我……我不相信，这是假的。这个消息一定是不可靠的。［忙走到电话前面，拨号码］喂喂，喂你是新报馆么？我姓潘，我是

潘四爷呀！……我找总编辑张先生说话。快点！快点！……什么？出去了？不过他刚才？……哦，他刚出去。……你知道他上哪儿去了么？……怎么，不知道？……混蛋！你怎么不问一声？……得，得了，不用了。［放下耳机，停一下，敲着信封，忽然想起一个人，又拨圆盘号码］喂，你是会贤俱乐部么？我找丁先生说话。……什么，就是金八爷的私人秘书，丁牧之，丁先生。……什么？他回家了！他怎么会这时候回家？现在不过［看自己的手表］才——

李石清	现在不过才五点多，快天亮了。
潘月亭	［望了李一眼，对着话筒］那么他家里的电话号码呢？……哦，四三五四三，好……好。［放下耳机］这帮东西，求着他们，他们都不知跑到哪儿去了？［又拨圆盘号码］喂……喂，你是丁宅么？［再转号码］喂……喂。［再转，自语］怎么会没有人接？
李石清	自然是底下人都睡觉了。
潘月亭	［重重放下耳机］都睡死了！［颓然坐下］荒唐，荒唐！这个消息一定是不可靠的。不会的，不会的。

［李石清目光眈眈，不转眼地望着他。

李石清　［走到潘的面前，低声］经理，其实这件事没有什么大不了的关系。公债要是落一毛两毛的，也没有什么大损失。您忘了细看看，经理，那信上真提了要落多少？

潘月亭　［霍地立起来］哦，是的，是的。［一把从桌上抢过信来，忙忙地看］

李石清　［在潘后面，指指点点］不，不，在这一张，在这一张，［二人低声读信］"……此消息已传布市面，明日行市定当一落千丈，决无疑义……"

潘月亭　［颓然］嗯。他的意思是说明天开了盘，就要停牌。

李石清　［辩驳的样子］可是方才张先生来了信以后，他又来了电话。

潘月亭　［燃着了希望，挺起腰］他后来又来了电话，哦，什么，他说什么？

李石清　他说还是没有办法。金八在后面操纵，没有一点法子。

潘月亭　［又颓然靠椅背］这个混账东西！

［福升推中门进。

李石清　干什么？
王福升　报馆张先生来了。
潘月亭　请他进来。
王福升　他说这边人太多，不便说话，他还在十号等您。

［潘月亭立刻向中门走。
［福升由中门下。差不多同时，电话铃响。李石清接电话。

李石清　喂，你哪儿？……我是五十二号。哦……哦是石清。哦，您找潘四爷？他就在这儿。［拦住要出门的潘月亭］金八的秘书，丁先生要找你说话。

潘月亭　［接耳机］喂，我月亭啊，……哦，丁先生。刚才我找了你许久，是……是不要紧！没什么。……什么？他要提！［看着李，又止住话头］……什么，明天早上他就完全要提？……喂，喂，不过我跟金八爷，明明说好再缓一个星期。那他这……这简直故意地开玩笑！……［暴躁地］喂，丁先生。他不能这么不讲信用。……"信用"！你告诉他。他说好了，再缓一星期。他现在忽然，……喂……喂……我要请金八爷谈一下，什么？他现在不见人！不过，……喂，我问你，牧之，八爷这两天买什么公债没有？……什么？……他卖都卖不完？……哦……［忽然］喂，喂，……你听着！你听着！［乱敲半天，没有回应。放下耳机］这个狗食，吃花酒喝醉了，到了这么晚，他才把这件事告诉我。［废然倒在椅上。

李石清	四爷，报馆张先生……
潘月亭	去，去，去！别再来搅我。

［李石清由中门下。

潘月亭	［来回徘徊，坐下立起，立起坐下］没有办法，这是死路！金八是成心要逼死我。

［木然呆立。
［中门呀然响，李石清悄悄进来。

李石清	［蓦地一声］经理！！
潘月亭	［心惊肉跳］谁？谁？
李石清	还是我，经理。自作聪明的坏蛋又来了。
潘月亭	你来——你又来干什么？
李石清	我想，我们两个人再谈一谈。
潘月亭	你还要谈什么？
李石清	不谈什么，三等货要看看头等货，现在怎么样了。
潘月亭	［跳起来］混蛋！
李石清	［竖起眉］你混蛋！

［白露由中门上。

潘月亭	跟我滚！
李石清	［也厉声］你先跟我滚！［半晌，冷笑］你忘了现在我们是平等了。

［白露不动声色，望着他们。

潘月亭	［按下气，坐下］你小心，你这样说话，你得小心。
李石清	我不用小心，我家没有一个大钱，我口袋里尽是当票，我用不着小心！
潘月亭	你小心有人请你吃官司，你这穷光蛋。
李石清	穷光蛋，对了。不过你先看看你自己吧！我的潘经理。我没有债，我没有成千成万的债。我没有人逼着我要钱，我没有眼看着钱到了手，又叫人家抢了走。潘经理， 你可怜可怜你自己吧。你还不及一个穷光蛋呢！我叫一个流氓耍了，我只是穷。你叫一个更大的流氓耍了，他要你的命！［尖酸地］哦，你是不跟一个自作聪明的坏蛋讲信用的。可是人家愿意跟你讲信用？你不讲信用，人家比你还不讲信用！你以为你聪明，人家比你还要聪明！你骂了我，你挖苦我！你侮辱我，哦，你还瞧不起我！［大声］现在我快活极了！我高兴极了！明天早上，我要亲眼看着你的行里要挤兑。我亲眼看见你付不出款来，我还亲眼看着那些十块八块的穷户头，［低声恶意地］也瞧不起你，侮辱你，挖苦你，骂你，咒你，——哦，他们要宰了你，吃了你呀！你害了他们！你害了他们！他们要剥你的皮，要挖你的

眼睛！你现在只有死，只有死，你才对得起他们！只有死，你才逃得了！

潘月亭　　[暴躁地敲着桌子]不要说了！不要说了！

李石清　　我要说，我要痛痛快快地说，——你这老混蛋，你这天生的狗食，你瞎了眼，昏了头——

潘月亭　　[跳了起来]我……我先宰了你，再说。（要与李拼命，一把抓着李的头颈正要——）

李石清　　[他的头颈为潘掐住，挣扎]你杀了我吧！你宰了我吧。可是金八不会饶了你，在门口，……在门口，

潘月亭　　[放下手]在门口，什么？

李石清　　在门口，黑三等着你。金八叫他来候着你。

潘月亭　　为……为什么？

李石清　　他怕你跑了，他叫黑三那一帮人跟着你。

潘月亭　　[低头]他要逼死我！[忽然对李惨笑]你现在大概可以满意了吧！

李石清　　[望望潘，没有说话。

　　　　　[电话铃急响。

陈白露　　[拿起耳机，李与潘各据左右，二人都紧张地望着她]喂，谁？我是五十二号！哦，什么？李太太。哦……你找李石清？他就在这儿。[回首向李石清]李太太从医院打来电话。

　　　　　[潘颓然坐沙发上。

李石清　　[拿起耳机]我石清！你们到了医院了。哦，哦，……小五怎么？[焦急地，和方才不关心的心情恰恰相反]什么？你再说一遍，……我听不清楚，……什么？小五断……断了气了？[停，发一下愣]那你找医生啊！[痛苦地拍着桌子]找医生啊！不是已经带了钱么？给他们钱！你给他们钱哪！……什么？他在路上死，死的。……[眼泪流下来]哦，……他在路上叫着我，叫着爸爸，就没有气了。[他没有力量再听下去，扔下耳机，呜咽起来]哦，我的儿！……哦……我的小五啊。[忽然又拿起耳机]我就来！我就来！

　　　　　[李石清抓起帽子，揩着眼泪，望了潘一眼。潘呆呆地坐着。李由中门走出去。
　　　　　[远处鸡叫。

潘月亭　　客走了么？

陈白露　　走了，胡四，顾八还在这儿。

潘月亭　　我难道会有这一天么？我跟报馆张先生再商量商量。

陈白露　　你走了么？

潘月亭　　我，我回头来。

陈白露　　好。

　　　　　[潘由中门下。
　　　　　[远处鸡鸣声，白露走到窗前，缓缓拉开窗幔，天空微露淡蓝色。她望一望，嘘口气又慢慢踱回来。远远鸡声又鸣，她立在台中望空冥想。

陈白露　　[低声，忧郁地自己叫自己]白露，天又要亮了。

　　　　　[由右门走进了胡四和顾八奶奶，胡四烟容满面，一脸油光。他用手揩自己的脸。

　　　　　　一面继续地说。顾八奶奶崇拜英雄一般，歪着头，望着他。
胡　　四　　[大概是刚推开烟盘子，香味还留连在口里，咂咂嘴，满意地叹一口气]这一口烟还不离，真提神！[接说]底下紧接着鼓点。大锣，小锣，一块儿来。八拉达长，八拉达长，八拉达长，长长令长，八拉达，达，达，……[咳嗽]
顾八奶奶　　你倒好好地跟我说啊。[全不觉察白露的心情，得意地]露露，你听，你听，你听胡四给我说《坐楼杀惜》呢。[卖弄地]这家伙点叫"急急风"。
胡　　四　　[烟吸多了，嗓音闭塞发哑，但非常有兴味，翻着白眼]这怎么叫"急急风"？你看，你这记性还学戏呢。
顾八奶奶　　[掩饰地]哦，哦，这叫"慢长锥"。
胡　　四　　去，去，得了吧！这不叫"慢长锥"。算了，算了，你就听家伙点就成了。[重说]八拉达长，八拉达长，八拉达长，长长令长。八拉达！[突停，有声有色，右手向下敲了三下，当作鼓板]达！达！达！[手向下，一敲锣]长！[满身做工，满脸的戏，说得飞快]你瞧着，随着家伙点，那"胡子"一甩"髯口"，一皱眉，一瞪眼，全身乱哆嗦。这时家伙点打"叫头"，那"胡子"咬住了银牙，一手指着叫！[手几乎指到顾的鼻端]"贱人哪！……"
顾八奶奶　　什么"贱人贱人"的！我学的是花旦！
胡　　四　　[蔑视]你学花旦？（愣一下）可你也得告诉我是哪一段呀？
顾八奶奶　　[仿佛在寻思]就是那一句"忽听得……"什么来着，前面是谁唱着来着？"叫声大姐"。
胡　　四　　[卖弄]"……快开门"。哦，那容易！
顾八奶奶　　你给我连做派，带唱先来一下。
胡　　四　　那还难？胡琴拉"四平调"：已格弄格里格弄格弄格弄，唱，（摇头摆尾）"叫声大姐快开门"！白口："大姐，开门来！"
顾八奶奶　　我要花旦。
胡　　四　　别着急！紧接着，掀帘子，上花旦！[自己便扭扭捏捏地拿起手绢，扮演起来]台步要轻俏，眼睛要灵活，出台口，一亮相，吃的是劲儿足！就这样！[非常妩媚而诱惑的样子]已格弄格里格弄格弄格弄，[逼尖了喉咙]"忽听得"，[又用原来的声音]弄格里格弄格弄格弄弄[混身做工]门外有人唤，弄格弄里格弄格个弄格……"
　　　　　　[远处鸡叫。
陈白露　　听！
胡　　四　　什么？
陈白露　　鸡叫了！
　　　　　　[远处鸡再鸣。
顾八奶奶　　可不是鸡叫了！[忽然望到窗外]哟，天都快亮了。[对胡四]走吧！走吧！快回去睡吧。今天可在这儿玩晚了。
胡　　四　　[满不在乎的样子]不过我那五百块钱的账怎么办呢？
顾八奶奶　　回家就给你开一张支票，叫大丰银行给你。不过——
胡　　四　　[伶俐地]听你的话，下一次，我再找那个坏女人就不是人养的。

顾八奶奶　好啦，别在露露面前现眼啦。走吧。你明天，哦，今天不还得拍电影么？
胡　四　〔应声虫，一嘴的谎〕是啊，导演说，我不来，片子就红不了。
顾八奶奶　那就回家睡吧。今天我也跟你一块去。
胡　四　〔吃了一惊〕哦，你？行，行。〔但先不管这个，非常仔细地穿衣服〕
顾八奶奶　〔一回转身，向白露，极自满地〕露露，胡四要成大明星了。公司说，要他连演三套片子。要登他的相片，大的，那么老大的。也登我的，大的，老大的。
陈白露　好。
顾八奶奶　〔忽然低声〕我想，我现在还是答应他好。我们后天就，就结婚。露露，你给我当伴娘，一定，一定。
陈白露　好极了。你的钱存在大丰银行里么？
顾八奶奶　〔高兴极了〕那还用说？
陈白露　好。
顾八奶奶　〔拧一下胡四的脸蛋，赞美地〕胡四，亲爱的！〔她把皮包打开，正预备擦粉，忽然看见那药瓶〕露露，你看我！我还要这个东西，干什么？〔拿出药瓶〕露露，安眠药还是还给你，我用不着了。
陈白露　好极了！〔接过来〕我正想跟你要回来呢。
顾八奶奶　还是你拿去用吧。
胡　四　〔穿好衣服〕走吧，走吧！
顾八奶奶　我还得擦点粉呢。
胡　四　〔一把拉住她〕天快亮了，谁还看你？走吧！
　　　　〔拉着顾八向中门走。
顾八奶奶　〔得意地，对白露〕你看我这个活祖宗！〔被胡四拉了两步〕再见啊！
胡　四　再见。
　　　　〔胡四把帽子戴好，向下一捺，与顾八一齐由中门走出。
　　　　〔白露一个人走到窗前，打开窗户。静默中，望见对面房屋的轮廓逐渐由黑暗中爬出来。一切都和第一幕一般。外面的雾围很美、很悠静，又很凄凉。老远隐隐又听得见工厂哀悼似的汽笛声，夹杂着自市场传来的一两声辽远的鸡鸣，是太阳还未升出的黎明时光。
　　　　〔中门敲门声。
陈白露　〔不回头〕进来吧。
　　　　〔福升由中门进，微微打了一个呵欠。
陈白露　〔没有转身〕谁？
王福升　小姐。
陈白露　〔回转身〕哦，是你。
王福升　四爷叫我过来说，他不来了。
陈白露　哦。
王福升　他说这一两天都不能来了。
陈白露　我知道。
王福升　他叫我跟您说，叫你好好保重。他说……

陈白露　　不来看我了。
王福升　　可是，小姐，您为什么偏要得罪潘四爷这么个有钱的人呢？您得罪一个金八，还不够，您还要——
陈白露　　[摇头] 我没有得罪他。
王福升　　那么，刚才我把您欠的账条顺手交给他老人家，四爷摇摇头，一句话也没有说，就走了。
陈白露　　为什么把账单又给别人看呢？
王福升　　可是，小姐，今天的账是非还不可的。他们说闹到天，也得还！一共两千五百元，少一个铜子也不行！您自己又好个面子，不愿跟人家吵啊闹啊地打官司、上堂。您说，这钱不从四爷身上想法子，难道会从天上掉下来？
陈白露　　[冥想] 也许会从天上掉下来的。
王福升　　那就看您这几个钟头的本事吧。我福升实在不能再替您挡这门账了。
陈白露　　[拿着安眠药瓶，紧握着] 好，去吧。
　　　　　　[福升正由一中门下，右门有人乱敲门，嚷着"开门，快开门"。福升跑到右门，推开门，张乔治满面的汗跑出来。
张乔治　　[心神恍惚地] 怎么，你们把门锁上，做什么？
王福升　　[笑] 没有锁，谁锁了？
张乔治　　[摸着心] 白露，我做了一个梦，I dreamed a dream 哦，可怕极了，Terrible! Terrible! 我梦见这一楼满是鬼，乱跳乱蹦，楼梯，饭厅，床，沙发底下，桌子上面，一个个啃着活人的脑袋，活人的胳膊，活人的大腿，拿着人的脑袋壳丢过来，扔过去，"嘎嘎"地乱叫。忽然轰地一声，地下起了个炸雷！大楼塌了，你压在底下，我压在底下，许多许多人都压在底下……
　　　　　　[福升由中门下。
陈白露　　你干什么啦？
张乔治　　我睡觉啦。
陈白露　　还没有走？
张乔治　　走了，你还看得见我？喝得太多了，睡着了，你们没瞧见我，我做了个梦。简直可怕极了。
陈白露　　你喝醉了。
张乔治　　对了，喝多了，神经乱了，做这么一个梦。[打了一个呵欠] 累了，我要回去了。哦，[忽然提起精神来] 我告诉你一件事。
陈白露　　我现在求你一件事。
张乔治　　你说，你说的话没有不成的。
陈白露　　有一个人，要跟我借三千块钱。
张乔治　　哦，哦。
陈白露　　我手下没有现款。
张乔治　　哦，哦。
陈白露　　你能替我弄三千块钱么？
张乔治　　那就当另作别论了。我这个人向来大方。你的朋友我不能借，因为……因为我忌妒。如果你借这么几个钱，那是不成问题的。

陈白露　[不在意地]好，就当做我吧。

张乔治　你？露露要跟我借钱？跟张乔治借钱？

陈白露　[仰头空望着]奇怪么？

张乔治　得了，我不相信。露露会要这么几个钱用？我是绝不相信的。你跟我开玩笑。[笑]陈白露跟我借这么一点钱。真会说笑话，世上没有再像你这么聪明的小女人了？[拿起帽子]

陈白露　[微笑]人都是聪明的。这里没有一个人是傻子。

张乔治　[走到门口]哦，对了，到了后来，我实在缠不过她，我还是答应了。我跟她明天就结婚。你一定要当伴娘。

陈白露　当伴娘？

张乔治　自然是你！

陈白露　好极了！

张乔治　就这么办！Good night！哦，Good morning！我的小女人！

[乔治挥挥手，由中门走出。

[晨光渐渐由窗户透进来，日影先只射在屋檐上。白露把门关好，走到中间的桌旁坐下。愣一下，她立起走了两步，怜惜地望望屋内，有她种种生活足迹的陈设。她走到沙发的小几旁，拿起酒瓶，倒酒。尽量喝下一大口。她立在沙发前，发愣。

[中门呀地开了，福升进。

陈白露　[低哑地]来干什么？

王福升　天亮了，太阳都出来了，您还不睡觉？

陈白露　我知道。

王福升　您不要打点豆浆喝了再睡么？

陈白露　不要，去吧。

王福升　[由身上取出一卷账条]小姐！这是今天要还的那些账条。我搁在这里，您先合计合计。[把账条放在中间的桌子上。

陈白露　搁在那儿吧。

王福升　您不要什么东西啦？

陈白露　[摇摇头。

[福升很疲倦地打了一个呵欠，由中门走出。

[白露把酒喝尽，放下酒杯。走到中桌前慢慢翻着账条，一张一张，扔在地下。桌前满铺着乱账条。

陈白露　[嘘出一口气]嗯。

[她由桌上拿起安眠药瓶，走到窗前的沙发旁，拔开塞，一片两片地倒出来。她不自主地停住了，她颓然跌在沙发上，愣愣地坐着。她抬头，在沙发左边一个衣柜的穿衣镜里发现了自己，立起来，走到镜子前。

陈白露　[左右前后，看了看里面一个美丽的妇人，慢慢正对着镜子，摇摇头，凄然]生得不算太难看吧？[停一下]人不算得太老吧！可是……[悠长地嘘出一口她不忍再看了。她慢慢踱到中桌前，将药一片一片由药瓶数出来，脸上带着微笑。声音和态度仿佛自己是个失了父母的女孩子，一个人在墙角落的小天井里，用几个糖球，自己哄着自己，甜蜜而又凄楚地怜惜着自己］一片，两片，三片，四片，五片，六片，七片，八片，九片，十片。［她紧紧地握着那十片东西。剩下的空瓶，当啷一声，丢在痰盂里。她把胳膊平放桌面，长长伸出去，望着前面。微微点着头，哀伤地］这——么——年——轻！这——么——美！这——么——（眼泪悄然流下来。她振起精神，立起来。拿起茶杯，背过脸，一口，两口，把药爽快地咽下去。）

［这时阳光渐渐射过来，照在什物狼藉的地板上。天空非常明亮，外面打地基的小工们早聚集在一起，迎着阳光，由远处"哼哼唷，哼哼唷"地，又以整齐严肃的步伐迈到楼前。木夯一排一排地砸在土里，沉重的石碴落下，发出闷塞的回声，随着深沉的"哼哼唷，哼哼唷"的呼声，是做工的人们战士似地那样整齐的脚步。他们还没有开始"叫号"。

陈白露　［扔下杯子，凝听外面的木夯声。她挺起胸走到窗前，拉开帘幕，阳光照着她的脸。她望着外面，低声地］"太阳升起来了，黑暗留在后面。"［她吸进一口凉气，打了个寒战，她回转头来］但是太阳不是我们的，我们要睡了"。［她忽然关上灯，把窗帘都拉拢。屋内陡然暗下来，帘幕隙缝间，透出一两道阳光颤动着。她捶着胸，仿佛胸际有些痛苦窒塞。她拿起沙发上那本《日出》，躺在沙发上，正要安静地读下去——

［很远，很远，小工们隐约唱起了夯歌，——唱的是"轴号"。但听不清楚歌词。
［外面方达生的声音：竹均！竹均！
［声音走到门前。白露放下书本，立起来。走到门前，知道是他。四面望望，把地上的账条拾起几条，团在手里，拿起那本《日出》，从容地走进右面卧室。她的脚步显得一点迟钝，进了门就锁上。
［外面方达生：（低声）竹均！竹均！你屋里没有人吧？竹均！竹均！我要走啦！（没有人应）竹均！（外面有一两声麻雀的叫声。）
［方达生推门进，手里还拿着那枝山茶花。

方达生　［左右望］竹均！我告诉你！——［察觉屋里很黑。他走到窗前，把幕帷又拉开。阳光射满了一屋子。雀声吱吱地唱着］奇怪，你为什么不让太阳进来。［他走到左面卧室门前］竹均，你听我一句，你这么下去，是一条死路。听我一句，你还是跟我走！不要再跟他们混！你看，［指窗外］外面是太阳，是春天。
［这时小工们渐唱渐近，他们用下面的腔调在唱着"日出啊东来呀，满天（的）大红（来吧）……"

方达生　［敲门］你听！你听！［欢喜地］太阳就在外面，太阳就在他们身上。我们一齐做点事，跟金八拼一拼，我们，——［觉得里面不肯理他］你为什么不理[低低敲着门］不说话？［他回转身，叹一口气］你太聪明，你不肯做一点[陡然振作起来］好了，我先走了，竹均，再见了！
是不答应。他转过头，听窗外的夯歌。迎着阳光，由中门昂首走出去。
进来满屋的太阳，窗外一切都亮得耀眼。

[砸夯的工人们高亢而洪壮地合唱着轴歌,(即"日出东来;满天的大红!要想吃饭,可得做工!")沉重的石碌一下一下落在土里,那声音传到观众的耳里,是一个大生命浩浩荡荡地向前推,向前进,洋洋溢溢地充塞了宇宙。

[屋内渐渐暗淡,窗外更光明起来。

——幕徐落

【注释】

[1] 这么美!这么迷人!又这么忧郁!美得令人心醉!令人心醉的美!
[2] 哀的美敦书:最后通牒,源于拉丁语。
[3] 不,请不要!我就来!
[4] 施施然:形容走路缓慢。《诗经·王风》:"彼留子嗟,将其来施施。"

【赏析】

《日出》是曹禺继《雷雨》成功之后的又一部力作,创作于20世纪30年代,当时中国正处于半殖民地半封建社会时期,是中国社会最为黑暗的时期,《日出》就是在这样的历史背景下诞生的。它真实而深刻的给我们展现了一幅"漆黑的世界"的图画,深刻的揭露了最黑暗的卖淫制度,揭露了金钱统治的罪恶、金钱制度的残酷,以及由此造成的种种人间惨剧。

陈白露是本剧的女主角,也是继《雷雨》的繁漪之后曹禺塑造的又一成功的女性形象。陈白露年轻、漂亮、聪明,而且出身书香门第,过惯了小姐生活。这些是她骄傲的资本,但也是导致她走向毁灭的陷阱。她在家道中落之后,靠色相维持自己虚假的奢侈生活,以至于越陷越深,无力自拔,最后走向自杀的绝路。陈白露的悲剧告诉我们:在急遽变化的社会中失去了原有的生活依托,找不到适当的生活出路,又抵挡不住灯红酒绿的诱惑,就免不了走进生活的死胡同;同时,她的倔强、自信、不甘寂寞,外加虚荣心,使她清醒而又糊涂,任性而又怯懦,也是导致她走向深渊的重要原因。

《日出》具有一种诗意的真实,曹禺在观察一些被侮辱损害的人物时,总是发现她们有着一颗善良美好的灵魂。像陈白露、翠喜,他透过层层紧裹的污秽的外观,看到她们心中的痛苦、希望和美好的心灵,以及她们对黑暗生活所发出的抗议和愤怒。可以说《日出》给读者极大地震撼,真实地向世人展示了那个时期的社会生活,那个时期对人的灵魂的扭曲,昭示人们,只有起来反抗,才能消灭压迫剥削,才会有新的开始,才会有新的生活。

【思考练习】

1. 陈白露复杂的性格在剧中是怎样体现出来的?
2. 《日出》是如何表现"损不足以奉有余"的社会现实的?

哈姆莱特（第三幕）

[英] 莎士比亚

【作者简介】

威廉·莎士比亚（1564—1616），文艺复兴时期英国最伟大的戏剧天才和诗人，欧洲人文主义文学最伟大的代表。

莎士比亚出生于英国中部一个富裕市民家。七岁时进入当地的一个文法学校，六年里掌握了写作的基本技巧与较丰富的知识。但因父亲的破产而未能毕业。之后帮父亲做过生意，当过肉店学徒，也曾在乡村学校教过书，还干过其他各种职业，这使他有了许多的社会阅历。22岁到伦敦，当时戏剧正迅速地流行，于是他就在剧院先后当马夫、杂役，后来也做演员、导演。1588年前后开始写作剧本，到1590年年底，莎士比亚成为了伦敦一家顶级剧团的演员和剧作家，并以自己的脚踏实地、端正品行，改变了同行们过去对他"粗俗平民"的偏见，成为了剧团的股东，赢得了同仁的尊敬和爱戴。

莎士比亚在约20年内共写了37部戏剧、154首十四行诗。他的戏剧多取材于历史记载、小说、民间传说和老戏等已有的材料，反映封建社会向资本主义社会过渡的历史现实，宣扬新兴资产阶级的人道主义思想和人性论观点。主要的作品有：《罗密欧与朱丽叶》《哈姆莱特》《奥赛罗》《李尔王》《麦克白》和《雅典的泰门》等。他的作品被翻译成世界各种文字。马克思称其为"人类最伟大的天才之一"。

第一场　城堡中一室

[国王、王后、波洛涅斯、奥菲利娅、罗森格兰兹及吉尔登斯吞上。

国　　王　你们不能用迂回婉转的方法，探出他为什么这样神魂颠倒，让紊乱而危险的疯狂困扰他的安静的生活吗？

罗森格兰兹　他承认他自己有些神经迷惘，可是绝口不肯说为了什么缘故。

吉尔登斯吞　他也不肯虚心接受我们的探问，当我们想要引导他吐露他自己的一些真相的时候，他总是用假作痴呆的神气故意回避。

王　　后　他对待你们还客气吗？

罗森格兰兹　很有礼貌。

吉尔登斯吞　可是不大自然。

罗森格兰兹　他很吝惜自己的话，可是我们问他话的时候，他回答起来却是毫无拘束。

王　　后　你们有没有劝诱他找些什么消遣？

罗森格兰兹　娘娘，我们来的时候，刚巧有一班戏子也要到这儿来，给我们赶过了；我们把这消息告诉了他，他听了好像很高兴。现在他们已经到了宫里，我想他已经吩咐他们今晚为他演出了。

波洛涅斯　一点不错；他还叫我来请两位陛下同去看看他们演得怎样哩。

国　　王　那好极了；我非常高兴听见他在这方面感到兴趣。请你们两位还要更进一步鼓

	起他的兴味，把他的心思移转到这种娱乐上面。
罗森格兰兹	是，陛下。[罗森格兰兹、吉尔登斯吞同下。
国　　王	亲爱的乔特鲁德，你也暂时离开我们；因为我们已经暗中差人去唤哈姆莱特到这儿来，让他和奥菲利娅见见面，就像他们偶然相遇一般。她的父亲跟我两人将要权充一下密探，躲在可以看见他们，却不能被他们看见的地方，注意他们会面的情形，从他的行为上判断他的疯病究竟是不是因为恋爱上的苦闷。
王　　后	我愿意服从您的意旨。奥菲利娅，但愿你的美貌果然是哈姆莱特疯狂的原因；更愿你的美德能够帮助他恢复原状，使你们两人都能安享尊荣。
奥菲利娅	娘娘，但愿如此。[王后下。
波洛涅斯	奥菲利娅，你在这儿走走。陛下，我们就去躲起来吧。[向奥菲利娅]你拿这本书去读，他看见你这样用功，就不会疑心你为什么一个人在这儿了。人们往往用至诚的外表和虔敬的行动，掩饰一颗魔鬼般的内心，这样的例子是太多了。
国　　王	[旁白]啊，这句话是太真实了！它在我的良心上抽了多么重的一鞭！涂脂抹粉的娼妇的脸，还不及掩藏在虚伪的言辞后面的我的行为更丑恶。难堪的重负啊！
波洛涅斯	我听见他来了；我们退下去吧，陛下。[国王及波洛涅斯下][哈姆莱特上。
哈姆莱特	生存还是毁灭，这是一个值得考虑的问题；默然忍受命运的暴虐的毒箭，或是挺身反抗人世的无涯的苦难，通过斗争把它们扫清，这两种行为，哪一种更高贵？死了；睡着了；什么都完了；要是在这一种睡眠之中，我们心头的创痛，以及其他无数血肉之躯所不能避免的打击，都可以从此消失，那正是我们求之不得的结局。死了；睡着了；睡着了也许还会做梦；嗯，阻碍就在这儿：因为当我们摆脱了这一具朽腐的皮囊以后，在那死的睡眠里，究竟将要做些什么梦，那不能不使我们踌躇顾虑。人们甘心久困于患难之中，也就是为了这个缘故；谁愿意忍受人世的鞭挞和讥嘲、压迫者的凌辱、傲慢者的冷眼、被轻蔑的爱情的惨痛、法律的迁延、官吏的横暴和费尽辛勤所换来的小人的鄙视，要是他只要用一柄小小的刀子，就可以清算他自己的一生？谁愿意负着这样的重担，在烦劳的生命的压迫下呻吟流汗，倘不是因为惧怕不可知的死后，惧怕那从来不曾有一个旅人回来过的神秘之国，是它迷惑了我们的意志，使我们宁愿忍受目前的磨折，不敢向我们所不知道的痛苦飞去？这样，重重的顾虑使我们全变成了懦夫，决心的赤热的光彩，被审慎的思维盖上了一层灰色，伟大的事业在这一种考虑之下，也会逆流而退，失去了行动的意义。且慢！美丽的奥菲利娅！——女神，在你的祈祷之中，不要忘记替我忏悔我的罪孽。
奥菲利娅	我的好殿下，您这许多天来贵体安好吗？
哈姆莱特	谢谢你，很好，很好，很好。
奥菲利娅	殿下，我有几件您送给我的纪念品，我早就想把它们还给您；请您现在收回去吧。
哈姆莱特	不，我不要；我从来没有给你什么东西。
奥菲利娅	殿下，我记得很清楚您把它们送给了我，那时候您还向我说了许多甜言蜜语，使这些东西格外显得贵重；现在它们的芳香已经消散，请您拿回去吧，因为在

有骨气的人看来，送礼的人要是变了心，礼物虽贵，也会失去了价值。拿去吧，殿下。

哈姆莱特　哈哈！你贞洁吗？

奥菲利娅　殿下！

哈姆莱特　你美丽吗？

奥菲利娅　殿下是什么意思？

哈姆莱特　要是你既贞洁又美丽，那么你的贞洁应该断绝跟你的美丽来往。

奥菲利娅　殿下，难道美丽除了贞洁以外，还有什么更好的伴侣吗？

哈姆莱特　嗯，真的；因为美丽可以使贞洁变成淫荡，贞洁却未必能使美丽受它自己的感化；这句话从前像是怪诞之谈，可是现在时间已经把它证实了。我的确曾经爱过你。

奥菲利娅　真的，殿下，您曾经使我相信您爱我。

哈姆莱特　你当初就不应该相信我，因为美德不能熏陶我们罪恶的本性；我没有爱过你。

奥菲利娅　那么我真是受了骗了。

哈姆莱特　进尼姑庵去吧；为什么你要生一群罪人出来呢？我自己还不算是一个顶坏的人；可是我可以指出我的许多过失，一个人有了那些过失，他的母亲还是不要生下他来的好。我很骄傲，有仇必报，富于野心，我的罪恶是那么多，连我的思想也容纳不下，我的想象也不能给它们形象，甚至于我都没有充分的时间可以把它们实行出来。像我这样的家伙，匍匐于天地之间，有什么用处呢？我们都是些十足的坏人；一个也不要相信我们。进尼姑庵去吧。你的父亲呢？

奥菲利娅　在家里，殿下。

哈姆莱特　把他关起来，让他只好在家里发发傻劲。再会！

奥菲利娅　嗳哟，天哪！救救他！

哈姆莱特　要是你一定要嫁人，我就把这一个咒诅送给你做嫁奁：尽管你像冰一样坚贞，像雪一样纯洁，你还是逃不过谗人的诽谤。进尼姑庵去吧，去；再会！或者要是你必须嫁人的话，就嫁给一个傻瓜吧；因为聪明人都明白你们会叫他们变成怎样的怪物。进尼姑庵去吧，去；越快越好。再会！

奥菲利娅　天上的神明啊，让他清醒过来吧！

哈姆莱特　我也知道你们会怎样涂脂抹粉；上帝给了你们一张脸，你们又替自己另外造了一张。你们烟视媚行，淫声浪气，替上帝造下的生物乱取名字，卖弄你们不懂事的风骚。算了吧，我再也不敢领教了；它已经使我发了狂。我说，我们以后再不要结什么婚了；已经结过婚的，除了一个人以外，都可以让他们活下去；没有结婚的不准再结婚，进尼姑庵去吧，去。[下。

奥菲利娅　啊，一颗多么高贵的心是这样陨落了！朝臣的眼睛、学者的辩舌、军人的利剑、国家所瞩望的一朵娇花；时流的明镜、人伦的雅范、举世注目的中心，这样无可挽回地陨落了！我是一切妇女中间最伤心而不幸的，我曾经从他音乐一般的盟誓中吮吸芬芳的甘蜜，现在却眼看着他的高贵无上的理智，像一串美妙的银铃失去了谐和的音调，无比的青春美貌，在疯狂中雕谢！啊！我好苦，谁料过去的繁华，变作今朝的泥土！

[国王及波洛涅斯重上。

国　　王　恋爱！他的精神错乱不像是为了恋爱；他说的话虽然有些颠倒，也不像是疯狂。他有些什么心事盘踞在他的灵魂里，我怕它也许会产生危险的结果。为了防止万一，我已经当机立断，决定了一个办法：他必须立刻到英国去，向他们追索延宕未纳的贡物；也许他到海外各国游历一趟以后，时时变换的环境，可以替他排解去这一桩使他神思恍惚的心事。你看怎么样？

波洛涅斯　那很好；可是我相信他的烦闷的根本原因，还是为了恋爱上的失意。啊，奥菲利娅！你不用告诉我们哈姆莱特殿下说些什么话；我们全都听见了。陛下，照您的意思办吧；可是您要是认为可以的话，不妨在戏剧终场以后，让他的母后独自一人跟他在一起，恳求他向她吐露他的心事；她必须很坦白地跟他谈谈，我就找一个所在听他们说些什么。要是她也探听不出他的秘密来，您就叫他到英国去，或者凭着您的高见，把他关禁在一个适当的地方。

国　　王　就这样吧；大人物的疯狂是不能听其自然的。[同下。

【赏析】

《哈姆莱特》是莎士比亚著名的四大悲剧之一。它以中世纪的丹麦宫廷为背景，通过哈姆莱特为父报仇的故事，生动地反映了文艺复兴晚期英国社会的真实面貌，反映了作者对文艺复兴运动的深刻反思以及对人的命运及前途的深切关注。

剧中主人公哈姆莱特是一位丹麦王子，他本来在德国威登堡大学念书，回国时他父王已经暴死，母后改嫁给他的叔父。此时，国内谣传纷纭，又亲见到处恶事败行，哈姆莱特为此郁郁不乐。正在这时，他父亲的鬼魂显现，告诉他克罗迪斯谋杀自己的罪行，并命他复仇。哈姆莱特为完成复仇任务，开始装疯，但他的行为却引起了叔父的怀疑，于是双方展开了一系列斗争，最终揭穿了克罗迪斯的阴谋罪行。

课文选取了《哈姆莱特》第三幕的第一场。这是展示哈姆莱特性格的重要情节。哈姆莱特被看作是既勇敢又忧郁的典型。在这场戏中，我们可以深切地体味到他热情激昂的背后，软弱犹豫的性格特征。戏中国王和奥菲利娅的父亲设下圈套，让奥菲利娅探问哈姆莱特内心的秘密，为了不泄露自己的心事，在自己心爱的人面前，他也只得装疯卖傻。一方面作者通过不知内情的奥菲利娅的伤心扼腕，表达了对哈姆莱特的赞美之情；另一方面，又通过哈姆莱特内心的独白，揭示了他内心矛盾与痛苦的独特个性。阅读时，注意体会哈姆莱特复杂的内心世界，把握其性格特点，同时品味精彩的诗化语言。

本章节体现了莎剧的艺术特色：广阔的戏剧背景、生动的戏剧情节、亦庄亦谐的戏剧风格；大量运用戏剧独白和个性化语言刻画人物性格。

【思考练习】

1. 简要分析哈姆莱特的性格特征。
2. 对比哈姆莱特的"生存还是毁灭，这是一个值得思考的问题"和鲁迅"不在沉默中爆发，就在沉默中灭亡"，谈谈对它们的认识。

能力训练

【思考、讨论】

通过小说、戏剧单元的学习,你认为小说和戏剧有哪些异同?

【书面表达训练】

1. 试根据本单元所学的小说改编一个剧本。剧本要符合原小说的基本思想,人物性格。
2. 选择一幕话剧结合当今时代特征进行再创作。要求体现当代人的思想观念。

【互动训练】

戏剧表演

【要求】

1. 根据表演剧本的需要,可以选择运用造型、语言、舞蹈、音乐等多种表演艺术形式,分角色进行表演;
2. 所选剧本要方便排演;
3. 每个剧目表演时间控制在 10~15 分钟。

第五单元

科普

概 述

所谓科学技术，就是利用客观事物的规律为我所用，为大家所用的知识。从远古时期开始，人类就开始了对自然的认识和利用，也就有了科技的开端。人类科学技术的发展史就是人类认识自然、改造自然的发展史，是人类文明史的重要组成部分。从古至今，科学技术改变着人类的生存状态，改变着世界，促进了人类的文明进步。人类对科技的应用也经历了不自觉到自觉的过程，进而发展到今天科技日新月异的阶段。

今天，人类的科技活动，一方面需要专门的人才进行研究与开发；另一方面也需要将其成果传播普及，应用于人类的生活。不管人们有没有意识到，科学技术已经深深地影响着我们的日常生活，在经济社会发展中扮演着不可或缺的角色。21世纪以来，科学技术，尤其是计算机网络技术、电子信息技术的飞速发展，使得手机、电脑、高清电视成为了我们生活的必需品。日用家电更是数不胜数。丰富、方便和舒适成为了我们今天生活的写照。除此之外，还有人类豪迈地飞往宇宙空间，机器人问世，克隆羊多利诞生等，可以说科学技术不仅为人类日常生活创造着财富，改善着人类的生存条件，改变着人们的生活方式；而且也改变着人类的文化，丰富了人类的精神生活内容，推动了人的智力发展。

但是科学是一把双刃剑，它虽然增强了人类的生存能力，拓展了人类的生存空间。但同时又给人类带来了无数的困扰。如海洋酸化、臭氧稀薄、淡水贫乏、生物灭绝、温室效应、化学污染、垃圾成灾等。这些危及人类生存的灾难也大多来自科技。而我们每一个人都是灾难的推动者。因此，人类必须对科技重新审视，以更科学的眼光去认识和运用科技。

本单元精选了《黑猩猩的政治》《垃圾之歌》《基因污染》等几篇科普文章，它们分别向我们介绍了有关动物、环境、生物等方面的知识。通过这些科普文章，可以让我们对动物、垃圾处理、基因问题等有一个全新的认识，从而更进一步提高我们的科学素养，这是我们选编本单元的首要目的。其次，通过这些科普作品，希望能促使我们在享受人类科技文明成果的同时，能更理性地认识科技与我们生活的关系，自觉地改善我们的生活方式，敬畏自然，与自然和谐相处，自觉地成为地球家园的保护者。第三，科普读物都是由专业领域内的工作者用深入浅出的方法介绍的科学理论，通过这些读物，我们不仅可以从中获得大量的知识信息，同时，科普文章准确无误的表达方式，简洁明了的语言又为我们听说读写的训练提供了良好的范本。

黑猩猩的政治[1]

[美] 弗朗斯·德瓦尔

【作者简介】

弗朗斯·德瓦尔，荷兰著名的心理学家、动物学家和生态学家，美国艾默里大学灵长类动物行为学教授。德瓦尔出生于荷兰，从小就跟动物很亲近。1975年，他以灵长类行为学博士的身份在荷兰的阿纳姆动物园展开了一个长达6年的研究计划。他在研究中发现，黑猩猩内部也有政治，而道德则是进化的产物，"人类只不过比我们多毛的亲戚做得好而已，人类与猿类并没有根本的区别"。1982年，他发表了这次的研究成果——《黑猩猩的政治》，引起强烈反响。1993年，当选为荷兰皇家艺术与科学院院士，之后，又相继入选美国国家科学院院士及美国艺术与科学院院士。2007年他被美国《时代》周刊选为当今世界具有巨大影响的百位世界文化名人，以及目前在世的全球最伟大的十几个科学家之一。他的主要著作有：《黑猩猩的政治》《类人猿与寿司大师》《灵长类动物如何谋求和平》以及《人类的猿性》等。

黑猩猩们都有坦率的性格。他们的每一张脸都富有特征，你可以像区别不同的人类个体一样容易地区别不同的黑猩猩个体。他们的嗓音听起来也各不相同，因此，几年之后，我仅仅用耳朵就能把他们一个个地区别开来。每一只猿都有他或她自己的行走、躺下及坐的方式。甚至，根据他们转头或者搔背的方式，我都能认出他们。

……

大妈妈

我们群落中年纪最大的黑猩猩是一只我们估计大约40岁的雌黑猩猩。我们叫她大妈妈。大妈妈的注视中有着一种巨大的力量。她总是带着询问的神情并以一种老年妇女所特有的什么都懂的神态看着我们。

在群落中，大妈妈深受尊敬。她在群落中的核心地位可以与一个西班牙或中国式家庭中的老祖母的地位相比。每当群落中的紧张关系达到顶点时，敌对双方甚至包括成年雄性都总是会转而求助于她。我看到过许多次发生在两只雄黑猩猩之间的战斗都是在她分开冲突双方的手臂中结束的。在对抗达到顶点时，对手们大声尖叫着跑向大妈妈，而不是求助于身体的暴力。

在一次整个群落针对尼基的攻击事件中，我们看到了她在群落中扮演着调解者的角色的最有说服力的证据。几个月前，尼基成了群落中的雄1号，但他的暴力行为仍然常常不被接受。这一次，包括大妈妈在内的群落中所有的猿都参与了追击尼基的行动，他们大声尖叫并咆哮着。在事件的末尾，平常看起来那么威风凛凛的尼基孤独地坐在高高的树上，惊恐不安地尖叫着。所有的逃跑途径都已经被切断。每当他想从树上下来时，就会有几只猿把他赶回去。大约一刻钟后，情况发生了变化。大妈妈慢慢地爬上了树，她抚摸了尼基并吻了他。

而后，她重新爬了下来，尼基也紧跟在她脚后。既然是大妈妈带他下的树，其他成员也就不再坚持继续围堵。显然惊魂未定的尼基与对手们"握手言和"了。

大妈妈是一位体型相当大的"女士"。在雌黑猩猩中,她的身体格外宽大、强壮。她步履缓慢,攀爬对于她来说更是一件相当费力的事。她有时会做个鬼脸,那鬼脸让我们觉得或许是她的关节所承受的负荷让她感到痛苦了。群落刚建立的时候,她的动作可要利落得多;她必须这样,因为那时她可是群落的首领,不仅统治着所有的成年雌黑猩猩而且还统治着所有的成年雄黑猩猩。

……

随着岁月的流逝,大妈妈的变化相当大。在群落建立之初的那些年份,当她享有至高无上的权力的时候,她会像雄黑猩猩那样对其他个体进行威胁性武力炫示。她会毛发竖立着,一边走一边跺脚。她的专长就是猛踢某扇金属门。当她做这件事的时候,她会像荡秋千一样晃动她的两条长臂之间的宽大躯干。她会将双手撑在地上,然后让双脚猛地冲向某扇门,由此造成猛烈的一击。那噪声就像爆炸一样。

我很少听到那些猛击。我到阿纳姆来工作的时候,大妈妈被废黜已经有两年了。那段时间,她正处于一个过渡期。她已很少表现出那种雄性化的虚张声势的武力炫示行为,但对于生儿育女还是没有多少兴趣。那一年,她生了一个孩子,但她却不想自己去照料那个孩子。她老是试图将那个孩子扔给她的朋友格律勒。最后,我们不得不将那个孩子从她身边带走,靠我们自己用奶瓶来喂它。在群落建立之初出生的许多黑猩猩幼仔都曾经遭遇过这样的命运。

事隔两年后,大妈妈终于接受了她生的第二个孩子。大概正是从那时起,她才开始安心于她在群落中的新职位。她变得放松得多,也宽容得多了。现在,她的女儿莫尼克活得就像一个公主。现在的大妈妈非常温和并富于护犊之心。群落中所有的黑猩猩都知道:只要她女儿身上有根毛发受到损伤,这个老"女人"的怒火就会被点燃,她从前的急风暴雨式的暴力就会死灰复燃。通过这种方式,莫尼克世袭式地部分享有着她母亲在群落内所享有的巨大的尊敬。

耶罗恩与鲁伊特

群落里两只最年长的雄黑猩猩耶罗恩与鲁伊特已经彼此认识很长时间了。他们俩都来自哥本哈根动物园,在被引进我们的黑猩猩群落之前,他们很可能已经在同一只笼子里生活了好些年了。从刚开始起,耶罗恩就支配着鲁伊特。他大概要比鲁伊特年长几岁。我们估计耶罗恩大约 30 岁,而鲁伊特大约 25 岁。

鲁伊特有着一种顽皮,几近淘气的性格。他浑身散发着青春的活力,而耶罗恩给人的印象则要沉稳得多。耶罗恩的胡须已经有点灰白,无论是走路还是攀爬,他都已经不如鲁伊特那么平稳了。所有这些特征都是我们判断耶罗恩是这两只雄黑猩猩中较为年长者的理由,不过,最重要的理由还是他的日渐不济的精力。他的虚张声势的武力炫示持续的时间通常都不太长。

他能给人以非常深刻的印象,但很快就会疲劳。有时,在一场威胁性武力炫示结束后,他会闭着眼睛坐着,沉重地喘着粗气。这时,如果出于某些原因他得继续进行他的威胁性武力炫示的话,那么,他就可能会滑倒或者被绊倒,或者在从一根树枝跳向另一根树枝的时候抓不住。这些疲劳的迹象没能逃过他的对手们的眼睛。在鲁伊特以耶罗恩的对手面目出现的那段时间中,这一点更是显而易见。

在互相进行虚张声势的武力炫示的时候,每当鲁伊特看到耶罗恩显出疲态时,他就会加倍努力。

由于耶罗恩与鲁伊特具有相同的背景,我们可以说他们是老同志。然而,他们之间的这一无可置疑的关系却经常被他们之间的不和所模糊。在群落生活中,他们已经变成了对手。也许我们最好说,他们既是互为竞争的对手,又是朋友。事实上,他们互相都不正眼看对方,这实在是有点令人惊讶的。我曾经总是想象他们会携起手来一起成为群落的最高统治者。也许幸好没有发生这种情况,因为如果那样的话,群落中所发生的事情也许就不会那么有趣了。

许多年以来,我对这两只变换了多次角色的雄黑猩猩一直都很熟悉,所以,我能判断出他们的性格。否则,这将不会是一件容易的事情。例如,如果我们只是了解一只雄黑猩猩在担任雄1号角色时的情况,我们很可能会认为他是非常自信的。而事实未必如此。一旦他的地位受到严重威胁,他的自信就可能消失得无影无踪。

耶罗恩天生就工于心计。他会以一种差不多神经质的方式密切地注视着他所感兴趣的东西。当他正在追逐着他的目标物时,他会置其他一切于不顾。正如后面所发生的故事将会证明的那样,他真是个积极进取而又能干的家伙。

……

鲁伊特要比耶罗恩善于交际得多。他性格坦率、友善,很受伙伴们的喜爱。他几乎总是处于一种心情甚佳的状态,并给人一种"可以信赖"的印象。一些对黑猩猩相当熟悉的学生都曾经不约而同地告诉过我他们关于耶罗恩与鲁伊特的看法:耶罗恩给人以"他会在你的眼皮底下欺骗你"的印象,而鲁伊特看起来则像是"一个你可以依靠的'人'"。鲁伊特知道自己的力量并以此而自豪。每当他进行威胁性武力炫示的时候,他的炫示总像是一道充满节奏与活力的美丽风景。没有任何其他的黑猩猩能像鲁伊特那样给人以如此深刻的印象同时又显得那么优雅。

格律勒

格律勒是一只雌黑猩猩,长着大猩猩那样黑的脸和那么直的后背。与大妈妈及普伊斯特一样,她也是群落中最有影响力的雌黑猩猩之一。不过,另外两位都是体格非常强壮的,格律勒则长得小巧纤细。与她的纤弱外表形成对照的是,她的性格要暴烈得多。她"知道什么是她所需要的"。她的面部总是带着一种果断的表情,无论做什么事,她都是那么坚定、果敢。推测起来,格律勒所具有的高级社会地位大概来自她与大妈妈的坚定的同盟关系。她与大妈妈及另一雌黑猩猩——弗朗耶都来自莱比锡动物园。大妈妈与格律勒从一开始就互相支持。她们不仅经常在一起对付攻击者,而且还互相寻求安慰与鼓励。

每当她们中的一位刚从一场令人痛苦的冲突中脱身出来时,她就会走向另一位以求得到对方的拥抱。那时,她们就会在彼此的怀抱中放声尖叫。有时,这种接触似乎马上就能给她们以勇气,让她们两个凶猛地去追赶那个对手。这样的时候,没有一只孤身的猿敢待在原地不动的,即使是雄猿也不敢。

格律勒喜欢年幼的黑猩猩,她一直在照顾和保护着大妈妈与弗朗耶的孩子——莫尼克和丰士。许多年以来,她的身份从来没有超出过"阿姨",因为她自己生的孩子全都在几周内死了。这当然不是因为她抱孩子的方式有问题。推测起来，这大概是她奶水太少。

这种令人丧气的局面直到1979年才算结束。那一年，我们做了一项在公众中引起广泛注意的独特试验。简而言之，我们教格律勒用奶瓶喂一个黑猩猩婴儿。那个叫作"茹丝耶"的孩子并不是她自己的。在由人照料了10周后，格律勒收养了茹丝耶。从那时候起，茹丝耶就黏上了她的养母并完全依赖于她。格律勒无微不至地照料着她，她不仅用奶瓶喂养她，而且，大约一周之后，她自己也开始有奶水了。这大概是因为她的奶头受了茹丝耶的吮吸的刺激吧。过了一段时间，茹丝耶就能从格律勒那里获取她每天所需的奶量的一半以上了，其余的奶量是从奶瓶获取的。

当饲养员莫妮卡·藤·图恩特和我刚开始这个实验的时候，我们立即就碰上了两个困难。第一个困难是预料之中的。格律勒自己喜欢喝奶，她总是试图喝光茹丝耶奶瓶中的奶。我们用愤怒和抱怨阻止了她这样做。第二个困难则是没有预料到的——在我们做示范动作给她看时，她并不怎么专心。莫妮卡每天都会带着茹丝耶坐在格律勒夜宿用的笼子前面，向她示范怎样用奶瓶来给孩子喂奶。我们希望格律勒会去模仿她，可我们没那么幸运。格律勒甚至连看都不看莫妮卡，她老是朝相反的方向看。这种张望方式并不是由于缺乏兴趣，因为她想要的是尽可能近地与那个孩子在一起。当一只雌黑猩猩来到一个其中有新生婴儿的群体中时，我们同样可以看到这种现象。某些猿，尤其是年轻的雌猿，会始终在那婴儿附近逗留，然而，一旦那个母亲对着她们看时，她们马上就会明确不过地转移她们的视线。她们以这样的方式来掩盖她们的兴趣——也许，如果她们太过于明显地注意那个孩子，那么，她们就会激怒那个母亲。格律勒在面对莫妮卡时就是以与此完全相同的方式行事的，大概这就是模仿仅仅在学习过程中才起一定作用的原因。

我们转而求助于一种条件反射的程序。我们一步一步地教格律勒每一件事，奖励她少许美味的食品。在她收养了那婴儿并经过几周这样的训练后，她开始表现出一些理解的迹象。她开始做一些我们不曾教过她怎么做的事情，而且做得完全合情合理。例如：如果茹丝耶呛着了，格律勒就会很快将奶嘴从她嘴里拔出来，并且只有在那孩子打完嗝时才会重新将那奶瓶放进她的嘴里。从此之后，我们觉得我们已经可以将喂养的任务完全托付给格律勒了。

因为与格律勒一起生活在群落中，茹丝耶正在享有一个比人所能提供的要自然得多的童年时代。对于格律勒自己来说，这次收养实验的成功也是具有重大意义的。过去，每当自己的孩子死亡时，她都会陷入一种情绪低落的状态。她会连续几个星期蜷缩着坐在某个角落里而对身边所发生的一切毫无反应。有时，她还会情不自禁地尖叫与哀嚎起来。在收养茹丝耶之后，情况就不同了。在那以后的这些年里，格律勒能够用同样的方式用奶瓶来喂她自己的新生婴儿了，即使这样做的实际需要比预料的要小。除了奶瓶喂养外，茹丝耶还得到过格律勒的自然式哺乳，这显然大大刺激了格律勒的产奶能力，以至于她后来所生的孩子几乎不需要用奶瓶来补充喂养了。

尼基与丹迪

至此，我们已经遇见过了这出政治剧中的几乎所有的主要演员。如果不是因为尼基的到来，大妈妈、耶罗恩、鲁伊特、普伊斯特和格律勒就该已经在一个稳定的群落中过了多年相当安逸的生活了。尼基是这个故事中的青年英雄——既不是一个辉煌的英雄也不是一个悲剧的英雄，而是存在于所有演变背后的一种动力。他的无穷的精力和狂暴的、富于刺激性的行为具有一种催化剂的作用。他一点一点地破坏了群落的组织结构。在寒冷的日子里，尼基通过不停的活动来使其他成员得以保持温暖；在炎热的日子里，尼基又打扰他们的睡眠。

尼基长着大块大块的肌肉和一个宽大的额头，表情有点呆笨，这使得他的外貌看起来像个乡巴佬。然而，外貌可能是具有欺骗性的。其实他非常聪明，而且，他还是群落中跑得最快、运动特技最高的猿。他的威胁性武力炫示因为壮观的跳跃和筋斗而富有特色。尼基来我们这里之前曾经在《假日冰上滑稽剧》中出演过角色。进入青春期后，他的主人们觉得得摆脱他，这大概是因为他刚刚萌发的性兴趣。他的身体也迅速发育，很快就长得非常强壮，而且，他的犬齿也开始长出来了（一只完全成年的雄黑猩猩的牙齿就像一只成年黑豹的牙齿一样危险）。

尼基刚加入我们的群落时大概10岁。那时，他的体型与丹迪———一只大约8岁的雄黑猩猩一样大。然而，到12岁时，尼基进入了爆炸性生长期，而丹迪却没有，结果现在，尼基的体型差不多是丹迪的两倍那么大。丹迪的特征与尼基正好相反。他的体型瘦小，眼睛里透露着敏感和机灵的神色。丹迪是这个家庭中的知识分子。每一个人都相信他是整个群落中最聪明的。他不仅会以高超的计谋愚弄其他的猿，而且还会愚弄人类。我曾经目击过的最有趣的事例是一件与一个临时饲养员有关的事。由于发现早上很难将丹迪哄出笼子，几天来，那个饲养员一直都在抱怨。丹迪断然拒绝与其他猿同时出笼。我向那个饲养员建议：将丹迪在笼子里关上一整天而且不给他任何食物，以示惩罚。这一严厉的措施在以往的情况下屡试不爽。但那饲养员想到了一个他以为聪明得多的方法。几天后，他骄傲地向我炫示他的成果。当时，其他的猿都已出笼，只有丹迪还坐在里面，举着他的手。饲养员将两根香蕉放在他手里，于是，丹迪很快就走出了笼子。那个饲养员以为他已经教会了丹迪走出笼子，但在我看来，那还不如说是丹迪教会了饲养员要给他香蕉。如果其他的猿都得知这种勒索所可能产生的结果的话，那么，等待着我们的将会是一个什么样的局面啊，想到这儿我就不寒而栗。

丹迪在很多场合中都明显表现出了非同寻常的智力。例如，我们从来没有碰上过一次丹迪不在其中的黑猩猩逃逸事件。这种现象暗示着，他很可能就是这些逃逸事件的策划者；而在大多数情况下，我们知道，这的确是事实。

丹迪处于这样一种社会地位，因而，他对自己的所有行动都不得不深思熟虑。雄黑猩猩们的青春期要持续几年。他们在8岁左右就已经性成熟了，但是，在社会意识和能力方面，他们则要到15岁左右才能算是成熟了。在这一过渡期，雄黑猩猩越来越疏远雌性与孩子，但这时他们还没有被成年雄性认可为与他们一样的成年雄性。在自然环境中，这些青春期的雄黑猩猩们经常独自漫游。有时，他们又会连续许多天与自己的母亲及比自己年幼的亲属待在一起。另一些时候，他们会犹犹豫豫地向某个成年雄性团体作出某些表示。青春期的雄黑猩猩们着迷于比自己年长、比自己能干的成年雄性，但从他们手上得到的只是粗暴的对待和拒绝。在他们为自己在雄性之间的等级秩序中获得一个位置前，他们会一直处在既不属于这个阵营也不属于那个阵营的、不值得羡慕的处境之中。与尼基不同的是，丹迪还处在青春期的痛苦挣扎中。与他的生活在荒野中的同辈相比，他处于一种不利的地位，因为他不再有一个母亲可以投靠，也无法避免成年雄性的粗暴。有一只叫施娪的成年雌黑猩猩，看来给了他许多他所需要的母性的温暖和爱。在某些时期，甚至是丹迪已经几乎完全成熟的现在，他们两个是不可分离的。

丹迪不得不靠他的狡诈来弥补体力上的不足。我曾经与德国摄影师彼特·费拉一起目睹过一次令人惊异的事例。我们在黑猩猩圈养区里藏了一些柚子。果子大半埋在沙中，但有些黄色的表皮露在外面。那些黑猩猩知道我们在做什么，因为他们看到我们带着一只装满水果的筐子走到户外的场地上，并且看到我们带着一只空筐子返回了。当他们看到那只空了的筐子时，他们发出了兴奋的吼声。

他们一被放出来就开始疯狂地寻找，但没有成功。许多猿都在没有注意到任何东西——至少，我们这么想——的情况下就从那块埋藏有柚子的地方走了过去。丹迪也从埋藏的地点走了过去，他根本没有表现出停下或放慢脚步的迹象，也没有表现出任何特别的兴趣。然而，那天下午，当所有其他的猿都在太阳底下打瞌睡时，丹迪站了起来并直奔埋藏地点。他毫不犹豫地挖出了那些柚子，而后悠闲自在地吞吃起来。如果丹迪不是将埋藏地点作为一个秘密保守着，那么，他或许就会将享受柚子的机会留给其他的黑猩猩了。

这个实验是从埃米尔·门泽儿关于黑猩猩之间的信息传递的研究中所采用的方法得到启发的。从他的研究中我们得知，猿是具有互相欺骗的能力的。但我们没有料到的是，猿所进行的欺骗会那么完美。丹迪果断地返回埋藏地点的行为让我们吃惊得像完全掉了魂似的，以至于彼特·费拉没能来得及拍下这次事件。

……

形式上的统治与实际上的统治

从1974年初到1976年中期，谁在群落内处于等级秩序的顶端，这一点是很清楚的。初看起来，耶罗恩的至高无上的地位似乎是奠基在他的没有其他猿能比的体力之上的。耶罗恩的庞大身躯和他充满自信的行为方式会使人产生一种天真的设想，即黑猩猩们的社会是由最强者为王的法则所支配的。耶罗恩看上去要比群落内第二大成年雄黑猩猩——鲁伊特强壮得多。但实际上，这是一个假象，造成这个假象的原因则是，在耶罗恩占据最高统治地位期间，他的毛发总是略微地竖立着的，即使在他不卖力进行那些威胁性武力炫示的时候也是如此，而他走路的时候总是迈着一种缓慢而稳重的夸张的步伐。这种让躯体看起来显得大而沉重因而具有欺骗性的习惯性做法是黑猩猩中的雄一号普遍具有的一个特征，正像我们在后面将会再三看到的那样，每当有其他个体将先前占据这一位置的个体取而代之时，他们都会这么干。处在拥有权力的位置上这一事实会使一只雄性在躯体上也给人以深刻印象，这就是前面所说的那个设想——作为雄一号的他占据了一个与其外貌相称的地位——得以产生的原因。

躯体的大小与社会地位之间具有某种相关性这一印象还通过一种特定的行为——恭顺的问候——得到了进一步加强，这种行为是群落内部社会等级次序的最可靠的表征，无论是在自然栖息地还是阿纳姆中都是如此。严格说来，"问候"不过是被人们看做"喘着气的咕哝"或"快速的喔嚯"的一串简短的伴着喘气的咕哝声。当一只猿发出这样的声音时，作为下属方的猿是认定了他所问候的个体是居于一种他得仰望的地位的。在大多数情况下，作为下属方的猿会做出一连串深深的鞠躬动作，这种鞠躬动作一个接一个，重复的速度如此之快以至于会被人们看作是一种摆锤的摆动。有时候，问候者会带些东西在身上（如一张树叶，一根棍子），他们会朝着他们的上级伸出一只手或者吻他的脚、脖子或胸部。那只强势的黑猩猩则会以将自己的身体伸展得更高并将自己的毛发竖起来的方式来对"问候"作出反应。这样做的结果是这两只猿之间形成了一种鲜明的对比，即使他们的体形实际上是一样的大。一个几乎匍匐在尘土之中，另一个则帝王似地接受着对方的"问候"。在成年雄黑猩猩中，这种巨人与侏儒关系还会以戏剧性的动作——例如，强势的猿从"问候者"身上跨过或跳过（这就是所谓的具有扬威显贵意味的"跨身而过"）——的形式进一步得到加强。与此同时，那只顺服的猿会急忙蹲下身子并抬起手臂来保护他的脑袋。对于雌性"问候者"来说，这种特技表演就不太普遍了。雌黑猩猩通常都是将自己的臀部呈示给那只强势的猿，让其检查与嗅闻。

雌性生殖器的呈示与被检查是一种黑猩猩所特有的行为，不过，从某些社会人士所作的评论的数量来看，这种行为在人类中是会引起强烈反应的。我曾读到过这样的说法，当一个人受到一只成年雄黑猩猩攻击时，向他呈示自己的臀部对于遏制他的攻击将会被证明是有效的："脱下你的短裤，给他看你的光屁股！"尽管我不会劝告任何人去尝试这样一种策略，但雌黑猩猩的呈示的确具有一种安抚效果的可能性是相当大的。但在真正受攻击的那个时刻，她们却从不这么做。一旦攻击者朝她们冲过来时，她们想要表示顺服都已经来不及了。

剩下来的惟一选择就是逃还是战。为了避免这样的局面，地位低的猿们必须在事态变得太糟之前就觉察出地位高的猿的攻击情绪。如果那个可能的攻击者是只雌黑猩猩，那么，那个可能的被攻击者所指望退入的安全线通常是根本不存在的，因为雌性的狂怒是会在没有任何警告的情况下爆发出来的。而雄性在攻击情绪的高峰到来之前，会用几分钟时间来做一些动作：从最初缓慢地摆动他们的上身到竖起他们的颈毛再到逐渐加大吼叫声的音量。弱势个体若想借助于"问候"、毛皮护理或臀部呈示等手段来谋求和平，就必须在那雄黑猩猩的攻击情绪达到不可挽回的顶点并开始攻击前就做这些努力。

表示顺服的"问候"可以在猿们相遇的时候见到：它是弱势个体对某个强势群体成员的到来或一场威胁性武力炫示的最初的迹象的一种回应，这种"问候"在一场冲锋武力炫示或一次攻击性的大爆发发生后的一个短暂的时段中，尤为常见。"问候"是统治与被统治关系的一种仪式化的确认。这种确认活动在那种等级秩序被暂时颠覆的冲突结束后也可以见到。有时候，强势的猿也会走背运。低等级成员正气凛然地起来抗议被殴打的情况在黑猩猩中是相当常见的，他们经常迫使强势的猿逃走或甚至在肉体上制服他，特别是在他们联合起来的时候。耶罗恩很少陷入这样的困境，但我还是好几次看到过他被一群尖叫着的狂怒的雌黑猩猩驱赶的情景。这种事实让我看到，即使自信的耶罗恩也会害怕。尽管他不至于害怕到露出犬齿或大声尖叫起来，但那种全能的、不可征服的领袖形象还是已经被破坏了。不过，这种事情并没有对他的地位产生无可挽回的影响，因为在接下来的和解过程中，他还是像往常一样被雌黑猩猩们所"问候"。

由此可见，统治与被统治关系是以两种非常不同的方式显示出来的。首先，正如在群体中发生一场冲突时在谁能打败谁和谁的分量最重这些情况中所反映出来的那样，存在着社会影响力，即权力对冲突结果的影响。特别是由于黑猩猩们总是在不断形成各种变换不定的同盟，这些对抗的结果并不是百分之百可预测的。与其他种类的动物相比，黑猩猩之间的社会等级次序的偶然的倒转现象决不是罕见的。所以，黑猩猩之间的社会等级次序经常被称作"柔性的"或"具有可塑性的"。一只不大于两三岁的年幼黑猩猩有时也能迫使一只成年雄性或雌性逃跑，甚至强迫他们做某种事情。这种情况并不只是在游戏性的事件中才会出现，而是在严肃的冲突中也会出现，例如，在母亲的支持下，乔纳斯就能迫使弗朗耶为他哺乳。

孩子们决不会受到群体中的成年成员的"问候"，他们有时也会实施真正的统治行为，但他们没有形式上的统治地位。与充满变数的有时甚至连首领也会被赶到树上的冲突的结果不同的是，"问候"仪式是完全可预测的。"问候"反映着被固定了的统治与被统治关系。这是非双向的社会行为的惟一具有普遍性的形式，换句话说，如果 A 在某个时期内"问候"B，那么，在同一个时期内，B 就决不会"问候"A。这种值得注意的刻板只存在于表示顺服的问候中，在这种问候中，问候者向被问候者发出一连串低沉的咕哝声。除了表示顺服的单向问候外，黑猩猩们还以许多不同的方式互相问候。我将用加了引号的"问候"来表示这种有声的形式。身为雄 1 号时，耶罗恩从来没有发出过这种伴着喘气的咕哝声，相反，他经常受到群体中的每一个个体的"问候"。

形式上的等级地位与权力通常是交错重叠的。然而，在某些情况下，这种等级地位会变得与实际权力不相关。换句话说，一只强势猿的统治地位可能会变得无法维持。我们还不清楚黑猩猩们到底是怎样认出这样的时刻的，但是，他们之间的凶狠的遭遇战的过程会成为这方面信息的主要来源，这一点看来是明显的。例如，在冲突中，如果地位低的一方越来越频繁地获得胜利，或者，如果他至少能经常使地位高的一方表现出害怕与犹豫，那么，有关双方力量的对比的事实就逃不过他的眼睛。如果这种已经转变了的关系持续下去，他们之间的"问候"就会逐渐变成只不过是一种空洞的形式。最终，地位低的一方会停止"问候"地位高的一方。看来，他在以这种方式对他们之间的关系的状态表示质疑。这个第一步——停止"问候"在阿纳姆黑猩猩群落中的所有的统治与被统治关系的倒转事件都被观察到了。1976 年春，鲁伊特鼓起勇气以这种挑战方式与耶罗恩对抗。他们之间的关系已经被打破，而且，整个群体都因此而陷入了一场耗时一年才算完成的重组过程。

耶罗恩曾经一度那么的无所不能，以至于整个群体中出现的 3/4 以上的"问候"都是冲着他一个来的，在某些时期，这个比例甚至上升到了 90%。那时，鲁伊特也经常"问候"他，而鲁伊特自己被其他猿"问候"的频率就要小得多了。那时，像大妈妈与普伊斯特这样的高等级雌黑猩猩从不"问候"鲁伊特。如果我们将鲁伊特看起来比耶罗恩弱小得多并总是待在不引人注目的地方与这一点合起来看的话，显而易见，由鲁伊特发动的政变在我看来是最没指望的了。

【注释】

[1] 本文选自上海译文出版社出版的《黑猩猩的政治——猿类社会中的权力与性》纪念版。本书写于 1979—1980 年。1982 年出版后，不仅震撼了动物学界，而且引起了社会学界的广泛关注，成为西方畅销书，并在 25 周年后出版纪念版。

本书已列入 2007 年美国哈佛大学学生必读的人类历史上最重要的一百本世界经典名作。

【赏析】

《黑猩猩的政治——猿类社会中的权力与性》以一种另类的方式，通过我们的近亲黑猩猩，洞悉了人类最基本的需求和行为。得出了"政治的根比人类更古老"的结论。

全书主要叙述荷兰阿纳姆黑猩猩群落，在 1975—1979 年这一时段，以大妈妈、耶罗恩、鲁伊特、尼基这几个核心角色展开的故事。这里的每一个黑猩猩都有自己的名字，每一个名字对应的都是一个独特的、活生生的个体。

阿纳姆中这些具有鲜明个性的黑猩猩的行为表明，黑猩猩具有根本不同于低等灵长类动物的社会活动能力，以及它们用来谋求等级社会中的权力和地位的能力。作者在书中第一次向人类展示黑猩猩的政治行为和性行为的复杂性，同时也表明许多方面黑猩猩与人类之间的差异只是程度上的区别，而不是性质上的差异。

书中写道："体力并非是决定统治与被统治关系的唯一因素，而且，几乎可以完全肯定地说，它不是最重要的因素。"一只黑猩猩能够成为首领，不仅取决于他的体力是否强大，更取得于能否得到广大同类，尤其是雌性黑猩猩的支持。

而能否得到广大群众的支持，取决于雄一号能否担当保障群体和谐，保护弱者，保护雌性的职责。接任之后，他就承担了维护群体公平的职责。具体体现是，在两个黑猩猩争斗的时候，站在弱者一边。而如果雄一号做不到这一点，即使体力超强，也很难坐稳他的位子。"一个未能保护雌性成员与孩子们的雄一号，在他对他的潜在对手进行反击时，是不能指望得到帮助的。这种现象提示我们，雄一号的控制职责并不完全是一种作为义务的善行，事实上，他的地位依赖于此。"

猿类社会向我们展示：他们是擅长精妙的政治策略的。他们的社会生活充满了权力接管，统治与被统治的关系网络，权力斗争，联盟、分而治之的策略，争端仲裁，集体领导，特权与交易等等。那些在人类世界的权力斗争中出现的东西，几乎没有什么是不能在一个黑猩猩群体的政治生活中发现其踪迹的。

千百年来，人们都被告知，动物是没有理性的"野蛮的"兽类，我们习惯把动物描述成野蛮的、崇尚暴力的，常常在生存竞争中斗得你死我活。而阿纳姆的黑猩猩的表现却让我们看到了动物也有对和平的企望。黑猩猩会经常发生暴力纠纷，但是，在冲突过后，黑猩猩会迅速寻求和解。并且只有最终恢复到和睦的状态，黑猩猩的内心才会平安。"在一场战斗刚刚结束不到一分钟，两个原先的对手就会急切地跑向对方，长时间热烈地相互亲吻和拥抱，而后互相帮助对方护理起毛皮来。"

节选部分分别描写了阿纳姆动物园里几只主要黑猩猩的个性特点：好似"一个西班牙或中国式家庭中的老祖母的地位"的大妈妈，她在群落中常常充当着"调解者的角色"；"喜欢年幼的黑猩猩"好妈妈格律勒，常常为他人抚养"黑猩猩婴儿"；聪明狡诈，"对自己的所有行动都不得不深思熟虑"的丹迪……这些黑猩猩不仅以它们极其鲜明的个性给我们留下了深刻的印象，同时，它们与人类极其相似的人际关系也让我们惊叹不已：慈爱的护子之情，互为依靠的朋友之情；相互合作又相互竞争的权利之争；率直的体力较量，策略的智慧较量……这一切，似乎无处不在显示着这个小社会的多彩和复杂。它们在带给我们无穷趣味的同时，也带给我们深深的思考。

【思考练习】

1. 如何理解"政治的根比人类更古老。"？
2. 读了此文，你对黑猩猩或者动物有了哪些新的认识？

垃圾之歌[1]

[美] 威廉·拉什杰　库伦·默菲

【作者简介】

　　威廉·拉什杰和库伦·默菲二人均为人类学家,从1971年开始参与长达二十余年的"垃圾计划"研究工作,在不同的垃圾掩埋场挖出不同年份的垃圾,并加以记录分析。《垃圾之歌》一书以纽约市斯坦顿岛海滨的巨大垃圾山为背景,揭示了垃圾在人类文明发展过程中的诸多奥秘。

食物垃圾第一定律

　　"垃圾计划"展开后的第一年,不断有大大小小的新发现。垃圾是一个未知的世界,与其有关的每一点发现都是新的。垃圾所展现的魅力就如同19世纪时去刚果探险一样。初期的发现之一是所谓的"馊水"会聚集在每一个装垃圾的纸袋或塑料袋的底部。"馊水"乃是由咖啡残渣、水果碎屑、烂蔬菜片、烟蒂、不知名的颗粒与黏稠的罐装玉米酱构成的混合物;而且在每一袋垃圾从厨房到卡车的旅途中,这些东西便会充分地混合。"垃圾计划"针对7个人口普查区中69户家庭收集来的垃圾,仔细研究"馊水"中个别的细小成分,发现"馊水"主要成分有:烘烤制品与谷片(占全部重量的28%)、新鲜蔬菜(24%)、高蛋白水果(12%)、肉类与海鲜(8%)、乳酪与其他乳类制品(6%)、脂肪和油类(5%)。大部分的"馊水"都是来自盘底残渣,蔬菜作为剩菜第一名入选的盛名似乎仍然屹立不倒。另外一项很快就引人注意的现象是:垃圾令人惊讶地潜力无穷。当一名叫黛安妮·塔克的人类学学生在一堆马铃薯皮中发现一只钻戒时,"垃圾计划"的研究人员便充分明白这一点。大部分的惊讶不是一眼可见的。换句话说,并不是像发现亚格曼农[2]的金面具或法国拉斯库斯的洞穴壁画那般令人惊奇,而是在仔细记录每一袋垃圾的每一件物品后,从统计分析的结果所得到的惊奇。

　　在"垃圾计划"进行两季后,便有这样一个关于红肉[3]的例子。在垃圾学的研究中,研究结果与"想当然"相反的现象屡见不鲜。1973年春,美国国内盛传牛肉短缺的说法,该年3月到9月,超级市场中很难找到上好的牛肉,而且肉价居高不下。垃圾计划向来对食物垃圾兴趣浓厚,便决定深入调查红肉的丢弃模式,看看人们在物资缺乏与丰足的阶段,行为是否有大幅度的变化。恰巧肉类是最理想的调查对象,因为超级市场所出售的肉类,包装上皆有标明肉类部位、重量、价格、包装日期,所以也就能够比较丢弃的与原先购买的肉量。

　　从1973年春天到1974年春天这15个月内,"垃圾计划"收集了有关牛肉垃圾的资料。待分析过后,这些数字显示出奇怪的模式。在牛肉短缺结束后的几个月,丢弃的牛肉(包括煮过或没煮过的,但是不含脂肪或骨头)比例大约是购买量的3%。然而,在短缺期间,丢弃的比例是9%。换句话说,人们在短缺时所丢弃的牛肉量是丰足时期的3倍。这样的结果似乎有问题,可是这些资料经过再确定之后,却又证明无误。最后,"垃圾计划"提出一项假设来解释这种奇怪的行为:危机抢购的风潮。在地方与全国性的媒体纷纷报道牛肉短缺的消息时，许多人便会买光所有他们所能发现的肉，即使有一些肉的部位他们并不熟悉，也不见得知道如何用这些部位煮出可口的菜肴。更重要的是，他们不见得知道如何长期储存大量的肉类。这两种情形必然会导致这样的结果：更多的浪费。在某些取自土森市短缺时期的垃圾样本中，更是赫然发现一些整块丝毫未动的牛肉，而这些肉很可能在丢弃前就已腐坏，这项发现更为上述假设提供了强有力的证据。

从红肉研究结果所推衍出的一般命题——食物短缺，浪费比例增加——虽然出人意料，可是在此处，这样的推论似乎十分合理。这项研究结果发表时，营养教育家与家庭经济学者的反应相当冷淡，批评说这项假设无法适用于其他种类的食品。可是1975年春天，命运之神似乎特别眷顾"垃圾计划"，因为又发生了糖短缺的现象。当糖与高糖分制品的价格上涨二倍，土森市的垃圾中这些产品丢弃量则增长三倍。因为土森市靠近美国墨西哥边界只有60英里，而墨西哥的糖价十分稳定，许多土森市居民便大量购买墨西哥的糖，并囤积起来。可是墨西哥的加工品质不如美国的糖，颜色比较深，很快就变硬。过不了多久，棕色块状的墨西哥糖便开始出现在垃圾中。部分土森市居民开始购买一些用糖精等代糖制成的产品，这点从垃圾发现没用过的产品便可见一斑。垃圾中尚可发现大量糖分储藏过久而结晶的产品。总之，人们在糖短缺时期的行为模式与红肉的研究结果不谋而合。糖短缺的现象比牛肉短缺更加明确地显示，对食品的"不熟悉"在浪费食物的行为中所扮演的角色。

"垃圾计划"根据牛肉与糖短缺所得的信息，得出"食物垃圾第一定律"：饮食重复性越高（你每天所食用的东西相同越多），你所丢弃的食物就越少。这第一条准则似乎十分显而易见。比方说每个家庭经常购买的16与24盎司的切片土司，垃圾中就很难发现其踪迹，最多只有碎屑和土司皮而已。这是因为人们一餐复一餐，经常食用这种常见的三明治面包。但是特制的面包，像是热狗面包、硬面包圈、满福堡、比司吉、小圆面包等，丢弃比例则在30%到60%之间，因为人们购买这些产品的机会很少，也许只是在非常特别的餐宴或场合用过一两次，就把它们搁在面包盒或冰箱深处，任其变硬或腐坏。这条定律有助于解释为什么从墨裔美国人的人口普查区收集而来的垃圾，丢弃的食物较少。美墨边界的菜色十分多样化，可是所用的原料却不外乎那几种：玉蜀黍饼、豆子、牛、鸡、猪肉块、鳄梨、番茄、莴苣、洋葱、红和绿辣椒酱。不仅把剩菜混入新菜十分容易，而且主食品也会不断补充进来。

没有人会欣然接受第一定律。营养学家向来不断鼓动人们扩大摄取食物的范围。食物与其他相关产品的制造商与经销商收入的一大来源即是仰赖推陈出新与多样变化，而这两种特色恰巧也深获消费者青睐。可是洞悉行为结构中某些基本元素，也可产生正面的实际效果：就这个例子来说，可以减少食物浪费。"垃圾计划"的研究指出，美国家庭丢弃了10%到15%的食物。"垃圾计划"进行的过程中所检视的家庭垃圾，不曾被丢弃的食物品种，只是少数几袋而已。

被纸淹没

过去几十年来，一直未减轻重量的是你我每日所读的报纸——一个再三传递垃圾危机警告的信使。举例来说，《纽约时报》一年份的重量，约为520磅，体积约占105立方码。换句话说，一年份《纽约时报》的重量相当于1.248万个空铝罐，或是4.8793万个双层汉堡盒，体积相当于1.866万个压扁的铝罐，或1.4969万个压扁的双层汉堡盒。

报纸代表了垃圾问题中最受忽略的部分：纸。20世纪70年代，一些未来学家与作家，察觉到电子社会的来临，便纷纷预言无纸的工作场所与无纸的新文化之到来。克里斯多夫·伊凡斯在《微电脑革命》一书中写道："电脑革命最惊人的特征之一就是印刷与制纸技术对我们来说，将会变得像卡克斯顿[4]之前的手稿一样原始。总而言之，20世纪80年代，祖先所发明与珍爱的书本，我们所熟知的书本，将渐渐成为历史陈迹。"因为影印机的后果已日益显著，所以这种预言即使在最流行的时候也不太可信。现在看来，很明显地，电脑并没有使纸从此绝迹，反而使制作冗长的文件比以往都容易。事实上，连接印刷机的电脑就像印刷厂一样，目前美国家庭与办公室共有5 500万家这样的印刷厂，而20年前，这些地方只有打字机而已。就纸而言，先进的科技不是避孕药，而是催生剂。科技日益精进，描写复杂系统所需之工程规格书的册数就越来越多。某个环境顾问团体最近声称，假如把一艘美国航空母舰上所有的纸都拿走，这艘船会多浮出水面3英寸。"垃圾计划"的研究员无法为这项说法找到实质的支持证据，但可以确定的是，纸类必然会在美国固体垃圾河中保住其一席之地。这与一般的预测恰恰相反。普林斯顿大学出版社的一位执行编辑爱德华·特纳最近评论道："无纸的办公室，无书的图书馆，无油墨的报纸，无纸币、支票的社会——一切都像帝国大厦的飞船停泊处，后院的直升机场，核子动力的敞篷车，维他命丸晚餐，以及1980年的纸类减量法案。"尽管自20世纪50年代起，塑料、金属、建筑拆除垃圾、有机物均与纸类在掩埋场中争夺地盘，可是后者所占的比例却几乎不变，略多于40%。光是报纸一项，平均便占了掩埋场13%，甚至更大的空间，几乎与塑料旗鼓相当。自1960年起，用于包装的纸类体积增加约1/3。非包装用纸，包括电脑报表纸、信纸（封）、纸盘（杯）、垃圾邮件的体积则增为两倍。丢弃的杂志体积也同样增为两倍，增至约1.2%——相当于丢弃的速食包装与聚苯乙烯泡沫胶制品的总和。

……

生物分解的神话

……

人们对于掩埋场内部运作有很深的误解。这本在意料之内，因为很少人曾经真正进入掩埋场探险。很多人都认为，在一般掩埋场的内部深处，必然有一串串化学反应与生物活动紧锣密鼓地进行着。这样的观点还伴随着某种爱恨交织的情绪。从某方面来说，人们认为掩埋场内的有机物不断快速分解为肥沃、潮湿的棕色腐殖土，最后回归大自然的怀抱。以此观之，生物分解真是再好不过，绝对有益环保，甚至是上帝旨意的一部分。这种对生物分解保持着浪漫想法的情形十分普遍。伦敦国际公司计划生产生物可分解的植物乳胶保险套，正是基于这种想法。可是就另一方面而言，与生物分解的浪漫传说共存的还有另一种观点，这种观点认为掩埋场含有化学品的浓稠有毒流，会流进周围的土壤，可能会污染地下水与附近的河流与湖泊。这两种观点有一个共同的假设：掩埋场中的反应十分旺盛。

没错，确实会发生某些生物分解的反应，不然掩埋场也不会制造出大量的甲烷气，以及少许的苯、硫化氢、氯等气体。可是，现代掩埋场的内部运作，与大部分人所想几乎恰恰相反。无论就化学或生物反应而言，掩埋场的内部比一般人想的要沉静得多。某些有机物的确会进行生物分解，可是一会儿之后，就完全停止。某些有机物则根本不会发生任何生物分解。设计与管理皆完善的掩埋场似乎更容易把垃圾保存给后代，而非将其化为腐殖土或护根物。掩埋场不是大堆肥料厂，而是大木乃伊场。这也许反而是件好事。因为虽然生物分解有正面的功能，可是掩埋场中生物分解的反应越多，到头来也就越可能变成我们的噩梦。

……

1972年"垃圾计划"成立时，重点并非放在垃圾危机上，而且，如上所述，一开始也没有挖掘垃圾掩埋场。最初的重点是洞悉人类的行为模式，所研究的垃圾都是刚从垃圾车上取下来的。虽然这种垃圾刺鼻的气味暗示着某种程度的腐化作用很可能在进行着，"垃圾计划"却没有探讨生物可分解问题。"垃圾计划"的工作人员只是假定（像一般人一样）大量的生物分解是倾倒在掩埋场的有机物不可逃脱的命运。

现在看来，掩埋场的真实情况，早在"垃圾计划"进行大规模的调查之前便已有迹可循。其中一条线索是，某家环境顾问公司在一份研究报告中提到，虽然理论上都市固体垃圾中有半数以上都是生物可分解的物质，可是不知怎的，大部分的掩埋场即使关闭二三十年之后，下降的幅度最多不过几英尺。另一条线索与掩埋场的甲烷制造量有关。在大部分的掩埋场，甲烷的制造量往往不及理论上的一半，有的甚至只达1%。第三条线索是考古学家罗道尔佛·蓝奇安尼在1890年发表的一篇报告。他提到他在伊斯奎林山的古罗马垃圾场挖掘，发现罗马帝国的许多垃圾至今尚未分解。他写道："发现上述地点的那一天，1884年6月25日，气味十分难闻（在长达2000年的分解之后）。尽管我的挖掘工作者们身经百战，但也无法消受，所以我不得不常常让他们休息一下。"

当"垃圾计划"逐渐把研究重点转到与垃圾有关的公共政策，而且研究的地点也逐渐移往掩埋场后，掩埋场的神秘面纱终于揭开了。研究人员处理的不再是充其量几天前的垃圾，而是10，20，30年前，有时候甚至更久以前的垃圾。各种物品开始堆积在"垃圾计划"的储存篮，尤其是上面有响亮或有趣的标题的旧报纸："阿波罗号绕月行"，1971年7月30日（《亚利桑那共和报》）；"海关人员监禁嬉皮士／阻止墨西哥毒品流入"，1967年10月18日（《凤凰城政府公报》）；"本周四十架米格机遭击落或坠毁"，1952年4月5日（《凤凰城政府公报》）；"杜鲁门暗示可能无意竞选总统"，1952年1月8日（《坦匹》日报）。如前几章所述，报纸在为垃圾标明日期方面十分管用，而且当然报纸本身是极富娱乐价值的珍品。可是由于"皇帝的新衣"的传统之故，还是需要有人亲访掩埋场挖掘地点——伊利诺伊州的北马拉德掩埋场——去指出一些显而易见的事实。1988年6月某一天，当访客看到一排排的分类篮里放着一堆堆旧报纸时，他说："我以为报纸是可分解生物分解的东西。"巧的是，仿佛是为了加强效果，北马拉德掩埋场刚好就是发现那块15年前的牛排的地方。那块牛排的骨头、脂肪与瘦肉部分均保存得比埃及法老拉美西斯二世的木乃伊还好（而且还不需经过香料防腐处理）。

……

【注释】

[1] 本文节选自中国社会科学出版社1999年07月01日出版的《垃圾之歌》。

[2] 亚格曼农：Agamemnon《荷马史诗》中的人物，迈锡尼国王，被称为百姓的牧人。

[3] 红肉：红肉是一个营养学上的词，指的是在烹饪前呈现出红色的肉。猪肉、牛肉、羊肉、鹿肉、兔肉等所有哺乳动物的肉都是红肉。

[4] 卡克斯顿：第一位以英文印书的印刷商及作家。

【赏析】

《垃圾之歌》以富于趣味性的思路和方法，以对今天垃圾山的详尽考察，从宏观的垃圾考古学的角度分析了历史上人们对待垃圾的种种行为，探讨了垃圾问题的产生、垃圾问题的现状以及其他因垃圾引发的相关难题等。《垃圾之歌》揭开了垃圾的奥秘，还解开我们诸多有如人类文明进程的困顿、社会变迁兴衰的艰难、市井小民爱恨情仇的心酸等谜团，用趣味的嗅觉刺探了顽固的古代垃圾，赋予了垃圾以历史的深度，让许多有关环保、政治、社会、文化等争议，在垃圾的发掘过程中冰释消解。

虽然此书并没有提出任何令人激动的环保主张，所做的全部事情也就是在纽约坦顿海滨的巨大垃圾山挖出一桶桶令人作呕的东西并将之分类研究，但对于关心环保的人来说，完全可以将之作为一份非常值得借鉴的考察报告来读。因为垃圾是人类存在的物证，它有如一面镜子，忠实地反映了人类的生活风貌和社会变化兴衰，垃圾从古至今与人类长期共存，所以只有真正的了解垃圾，才能解决困扰我们当今生活的垃圾难题。

本文节选部分的内容就是通过垃圾挖掘的确凿数据，告诉我们不知道但又自以为知道的一些事实。如，我们以为在物质匮乏时期，人们一定更加珍惜，却没想到更多的浪费来自物质匮乏期；我们以为垃圾的主要危机来自不可回收的白色污染，只要我们做到了垃圾分类就可以解决垃圾的困扰，殊不知，我们深恶痛绝的塑料袋、快餐盒等还并不是最主要的垃圾来源；更没想到的是，除了不可分解的垃圾外，有机物垃圾也并非如我们想象的那样"化作春泥更护花"。文章以翔实的数据，清晰的分析，梳理了我们过去生活和认识上的一些误区，让我们对垃圾问题有了重新的认识和思考。

【思考练习】

1. "垃圾计划"发掘的垃圾告诉我们日常生活存在哪些误区？
2. 由于我们对垃圾的一些错误认识，从而导致了我们当今哪些错误的垃圾处理方式？
3. "垃圾计划"的研究对现代人的生活有哪些启示？

基因污染：新世纪的忧患

沈孝宙

【作者简介】

沈孝宙，中国科学院动物研究所研究员，长期从事生物转基因研究。

西红柿里有了鱼的基因

自从人类掌握了对生物基因进行手术的技能，人类就学会了一种本领，也就是被一些人斥之为"任意篡改上帝作品"的本领。这些"作品"现在已经不只是密封在实验室的试管内，它们早已撒播在几千万公顷的土地上。这些新型的庄稼我们称为"基因工程农业作物"。

的确，我们现在所有的传统栽培作物和家养动物，它们与原先的生物种类都已经有很大的不同，基因都发生了改造。从这个意义上讲，基因改造并非是什么新鲜东西。人类的远祖从几千年前掌握农业生产技术的那天开始，就不断地进行着对作物和家畜、家禽基因改造的伟大实践，但这并不能构成理由说，基因工程农业生物与传统的农业生物没有本质的区别。

传统农业生物通过染色体重组所发生的基因交换，基本上仍然是按生物自身许可的规律进行，而基因工程作物或动物则是"移植"了人工设计和装配的与某些特定性状有关的基因，使它们能在相对短得多的时间内获得预期的新性状。

对基因工程生物来讲，有一点也非常特别，就是给它们所"移植"的基因可以来自任何生物，完全打破了物种原有的屏障，"移植"是"强制性"的，这个过程在自然状态下是极少可能发生或者根本不可能发生的！在自然状态下，西红柿绝对不会有鱼类的基因，玉米也绝对不会有萤火虫的基因。

从生物安全性这一角度分析，基因工程生物与传统杂交生物两者是不能划等号的，而过去对基因工程食物所提出的"实质等同性"评价原则是不全面的。

20年前难以想象的事

20年前，人们绝对不会想象到今天有如此巨大数量的重组生物堂而皇之地进入大自然。在20世纪70年代基因工程技术兴起的时候，基因重组实验必须在"负压"实验室进行。在这里设立了各种等级的物理屏障以及生物屏障，以防止基因重组的生物（当时主要都还是些微生物）进入人体或逃逸到外界。虽然以后对非病原体基因工程实验的规定有所放宽，但有关生物安全的原则不变。对于基因重组实验，各国政府仍颁布有相应的操作规程，以防范重组生物进入人体或扩散到实验室外面。

不可否认，国外现在已推广的这几十种基因工程作物，虽然在审批时都认真考虑过它们对人体和环境的安全性，但事实证明，过去的考虑并不充分，认识也有局限性，更缺乏长期的数据。

在短短几年内,基因工程作物就在北美得到这么迅速的推广,其中一个重要原因是,为了争夺市场导致各生物工程公司过早地向田间释放转基因作物,来不及充分考虑和进行对人体,特别是对环境长期影响的研究。

意义深远的环保新概念

在美国,由大面积推广基因工程作物而导致的转基因污染已是不争的事实。从种植到成品,几乎每一个环节都有可能发生污染。在田间发生杂交是原始的污染,第二次污染则发生在没有清理干净的仓库和运输环节,致使传统作物的种子混杂有基因工程作物的种子。污染已达到这样的程度,使最挑剔的欧盟和日本粮食进口商也只好无奈地规定:进口北美传统作物的种子,其中转基因污染不超过0.1%就算合格。他们似乎已无可指望能得到绝对纯净的传统作物种子了。

基因工程作物中的转基因能通过花粉(风扬或虫媒)所进行的有性生殖过程扩散到其他同类作物上,这已成为事实。这是一种遗传学上称为"基因漂散"的过程。而这种人工组合的基因,通过转基因作物或家养动物扩散到其他栽培作物或自然界野生物种,并成为后者基因的一部分,在环境生物学上则称为"基因污染"。这是具有深远意义的环保新概念。

人类对后果知之甚少

基因工程作物和动物的安全性问题,可从两方面进行评价:对人体的安全性和对环境的安全性。对这两方面至今仍有较大争议。本文仅涉及基因工程作物向自然界释放可能产生的生态危险性问题。

基因工程作物中的转基因可以扩散到传统作物上,其危害表现在影响已形成的农业生态系统。尽管目前还难以预测传统作物被基因污染后会发生什么样的后果,但这种污染无疑是有害的。传统作物包括数量庞大的品种,在它们的染色体上,都储存有人类所需的各式各样性状的基因,是人类通过几千年培育和选择保留下来的,是一个巨大的资源。

同样,天然物种的基因也不容污染,这一点也是没有争议的,争议在于会不会发生这种污染。由于几乎所有的农作物在其分布区都存在有性繁殖相容性(可交配)的野生种和近缘种,因此从理论上讲,在它们之间发生基因漂散是可能的。

事实上,近年来国外已有研究报道,基因工程玉米的抗除草剂基因已漂散到附近地区野生的类蜀黍[1]植物上;基因工程油菜的抗除草剂基因也漂散到附近地区野生的芜菁[2]植物上。野生植物污染了某些抗性基因,其后果已经造成所谓的"超级杂草"的出现。

有一些基因工程生物尤其危险,如转基因鱼类和一些转基因无脊椎动物,还有转基因森林和转基因藻类,它们都具有极强的繁殖力,或向外界释放大量的生殖因子。在模型系统的研究中,美国学者已证明,基因工程鱼的转基因能扩散到野生同类的种群中。所以在国外,基因工程鱼只能在绝对封闭的温室环境中养殖。

毒蛋白也毒杀益虫

基因漂散的结果可能使某些野生物种从转基因获得新的性状,如耐寒、抗病或速长等,因此可能具有更强的生命力;或者如另一种观点所认为的,其生命力更弱,因为它们没有经过自然选择这样的过程。不管是哪种结果，均将打破自然界的生态平衡！

基因工程 Bt 杀虫作物持续而不可控制地产生大剂量的 Bt 毒蛋白，能大规模地消灭害虫，但杀虫过程无法控制，这就可能造成以这些害虫为生的天敌（如昆虫和鸟类）数量急剧下降，威胁生态平衡。

在苏格兰进行的一项研究发现，一种蚜虫吸取基因工程作物含 Bt 毒素的液汁，然后又被一种有益昆虫——甲虫捕食，Bt 毒蛋白转移到甲虫身上，影响甲虫的繁殖。来自加拿大的研究报道称：基因工程 Bt 作物还可毒杀另一种害虫天敌——膜翅类昆虫[3]。在美国，科学家发现基因工程 Bt 玉米花粉能毒杀一种非目标昆虫——美洲大皇蝶，这个被美国人视为世界上最美丽的一种蝶类，而引起公众普遍的关注。

现代农业生态系统的新概念并非是消灭害虫，而是将其降到不成灾害的水平。像 Bt 毒蛋白通过食物链的转移，对农业生态系统平衡的维持和实施传统的生物防治是一种严重的干扰。还有研究发现，基因工程 Bt 杀虫作物产生的 Bt 毒蛋白可以从作物根部渗漏到土壤或随作物的叶子进入土壤，其毒性至少可保留 7 个月。这对土壤和水体中的无脊椎动物具有危害性，而传统的 Bt 杀虫菌粉则没有这种危害。

无孔不入，防不胜防

用于动植物转基因的运载体 DNA 中含有一种特殊基因——抗菌素抗性基因。这种基因的危险性一直未被充分认识。芬兰的研究人员发现，基因工程食物中存在的抗菌素抗性基因能转移到人体肠道中的细菌内。虽然还没有人报道，这种食物在人体内能使肠道菌特别是致病菌对抗菌素产生抗性，但危险性不能被排除，因为这种基因本身就具有可移动的性质。从另一角度讲，至今也没有人能证明基因工程食物中的抗性基因绝对不会转移到人体肠道微生物中，消费者又有什么义务非要承担这个风险呢？

有道德、负责任的科学家，应该在制作供基因工程作物用的转基因动植物时，拒绝使用抗菌素抗性基因。但遗憾的是总有一些人还在继续使用它。现在已有一些国家政府明确规定，禁止制作和出售含任何抗菌素抗性基因的基因工程食物。

还有一些在自然界所发生的基因污染也许人们根本不会想象到。例如，德国科学家发现基因工程油菜的转基因已经污染了蜜蜂体内肠道中的微生物。这一发现的意义在于提醒人们：基因污染将可能无孔不入。

基因是一切生命的基本组成部分，而繁殖又是生命的基本特征。生物繁殖的本质就是基因的复制。基因污染是在天然的生物物种基因中掺进了人工重组的基因。这些外来的基因可随被污染的生物的繁殖而得到增殖，再随被污染生物的传播而发生扩散。因此，基因污染是惟一一种可以不断增殖和扩散的污染，而且无法清除。这是一种非常特殊又非常危险的环境污染。

能守住最后一片"净土"吗？

地球现存已发现和未发现的生物物种估计有一千多万种，其各自独特的基因是在 30 亿年地球生命进化过程中形成的。天然的生物基因库对人类是一个巨大的宝藏，一笔难以估量的财富，它也维系着人类自身的命运。然而令人堪忧的是：我们现在还能守住天然生物基因库这个地球上最后的一片"净土"吗？

我们必须面对这样一个事实，即现在已经大面积推广的基因工程作物并不理想，还必须改进。既然我们完全可以做得更好，那为什么现在要急于求成呢？而急于求成，则有可能会使人类付出巨大的代价。

一种新事物的出现，当看到它会带来巨大利益时，人们往往蜂拥而至，一哄而上。但任何见利忘义或短视的行为，带来的都是灾难，这样的教训实在太多了。如果我们不备加注意维护周围环境中天然生物基因库的纯净，那无异是在自毁家园。

为了防止转基因扩散到自然环境，科学家们并未放慢脚步。他们正在积极研究许多对策。人类的聪明才智使我们有信心认为：基因工程生物的安全问题终究是可以得到基本解决的。

不管怎样，必须强调指出的是，以基因工程为代表的生物技术革命很可能是解决全球粮食问题的最佳选择。很可能在不远的将来，我们吃的、穿的大都是基因工程产品，就像今天我们吃的、穿的都是经过驯化、改造过的动植物产品一样。

【注释】

[1] 蜀黍：也叫高粱。产于亚洲和北非的一种谷物，多种植于干旱地区。中国各地均有栽培，亦称中国高粱。

[2] 芜菁：别名蔓菁、圆根、盘菜、大头菜，又称大头芥，根如圆萝卜，盐腌晒干作咸菜。

[3] 膜翅类昆虫：膜翅目是昆虫纲中的一个目，它的名字来自于透明的翅膀，包括各种蜂和蚂蚁。膜翅目中的昆虫体长从0.25cm～7cm不等，最大的翅展达10cm，小的膜翅目的昆虫的翅展只有1mm，是昆虫中最小的。

【赏析】

随着社会的发展，越来越多的科技新成果、新概念出现在人们的面前，如当今三大前沿科学之一的生物技术，尤其是它的转基因生物已成为一个热门的话题。当我们大多数人对基因生物、转基因等还没有清楚理解、足够认识的时候，转基因动植物就已经成为了我们日常生活的一部分。

对于转基因的认识和它对人类生存的影响众说纷纭，莫衷一是。本文作者以一个科学家的责任感和科学态度，为我们作了全新的阐释，同时带给我们深刻的思考。

首先，文章直接以"基因污染——新世纪的忧患"为题，似乎明确宣告了基因工程生物对人类的危害性，提醒人们应对基因生物有足够的重视和防范。

接着，文章一开头作者就让我们清楚地区分了传统基因改造和基因工程作物或动物的本质差异，让我们对基因工程的含义有了明确的认识。然后，再进一步阐述了基因生物工程对人类、对环境产生的种种影响：基因工程的转基因不断扩散，使传统栽培作物或野生物种受到其基因扩散（基因污染），由此可能导致自然界的生态平衡的破坏；导致30亿年进化而形成的天然物种基因也可能受到威胁，甚至可能毁于一旦。因此作者最后呼吁人们，不应该仅仅受到利益的驱使，就作出危害人类、自毁家园的行径，应该抛弃见利忘义的短视行为，寻求更安全、更利于人类生存发展的基因生物，去满足人类的需求。

作为一篇科普文章，本文充分体现了思维严密、语言准确的特点。全文采用了小标题的形式组织内容，安排结构，发挥了小标题清晰、有序的特长。同时各小标题下的内容，又按照因果关系的逻辑顺序来安排前后内容，从而非常清晰地说明了基因技术引起了基因污染，但通过基因技术又可以控制、解决基因污染。这样的逻辑顺序符合读者认识事物、理解问题的思路，有利于让读者对陌生的知识有更清楚明白的理解。

　　此外，文章中使用了定义说明、举例说明等方式，使其说明更加严谨，内容更加通俗易懂。

【思考练习】
1. 基因工程生物与传统的基因改造有何差别？
2. 为什么基因工程会带来基因污染？
3. 既然基因技术导致了基因污染，是否应该停止基因工程生物的研究和发展？

能力训练

【训练项目】

进行一次社会调查实践，并写出调查报告。

【要求】

1. 调查内容：

居民生活观念和生活方式的调查。

2. 调查形式：

问卷式、谈话式、统计式……可根据内容自行设计。

3. 调查组织形式：

全班分成几个小组，成员自愿组合。

4. 调查报告的主要内容：

调查的基本情况；分析和结论；建议和措施。

【附】 参考调查表：

居民生活观念及生活方式调查表

1. 您的年龄是（　　）。
   - A. 30 岁以下
   - B. 31～40 岁
   - C. 41～50 岁
   - D. 51～60 岁
   - E. 60 岁以上
2. 您受教育的程度（　　）。
   - A. 初中以下
   - B. 高中
   - C. 大专
   - D. 本科
   - E. 研究生以上
3. 您的职业是（　　）。
   - A. 公务员
   - B. 文教卫生工作者
   - C. 企业白领
   - D. 自由职业者
   - E. 体力劳动者
   - F. 待业
   - H、其他
4. 您每月的工资收入大约（　　）。
   - A. 3 000 元以下
   - B. 3 000～5 000 元
   - C. 5 000～10 000 元
   - D. 10 000 元以上
5. 您认为理想的职业是_____。
6. 您认为结婚对象的理想职业是_____。
7. 您认为择偶最重要的条件是（　　）。
   - A. 家庭背景
   - B. 经济基础
   - C. 外貌

D. 职业　　　　　　E. 性格　　　　　　F. 其他
8. 您认为合适的结婚年龄应该是＿＿＿＿＿＿＿＿＿＿＿＿＿＿。
9. 您认为结婚必须购买住房吗？（　　）。
　　　A. 是　　　　　　　B. 否
10. 您每月消费的主要支出是（　　）。
　　　A. 住房　　　　　　B. 饮食　　　　　　C. 服装
　　　D. 娱乐　　　　　　E. 旅游　　　　　　F. 聚会
11. 您主要的休闲方式是（　　）。
　　　A. 上网　　　　　　B. 看电视　　　　　C. 打牌
　　　D. 运动　　　　　　E. 其他
12. 您平时参加运动的次数是（　　）。
　　　A. 每天运动　　　　B. 每周2～3次　　　C. 每周一次
　　　D. 偶尔运动　　　　E. 不运动
13. 您每天的饮食习惯是（　　）。
　　　A. 注意营养搭配　　B. 根据每天的食欲决定
　　　C. 简单方便　　　　D. 其他
14. 如果家里来客人，您会选择在哪里吃饭？（　　）。
　　　A. 在家自己做　　　B. 到餐馆
15. 在选择餐馆时，您比较注重的是（　　）。
　　　A. 环境优雅　　　　B. 菜肴有特色　　　C. 价格便宜
　　　D. 体面有档次　　　E. 其他
16. 在餐馆点菜时，你一般是（　　）。
　　　A. 够吃就好　　　　B. 不能吃空
17. 在餐馆就餐之后，如有剩余的饭菜，您会怎样处理？（　　）。
　　　A. 打包带回家　　　B. 扔掉不管
18. 您在购物的时候，注重的是（　　）。
　　　A. 性价比高　　　　B. 实用　　　　　　C. 品牌
　　　D. 优惠幅度　　　　E. 其他
19. 遇到打折优惠活动时，您会（　　）。
　　　A. 去随便看看　　　B. 买一些暂时不用以后会用得着的商品
　　　C. 买一些便宜但一般不用的商品　　　　D. 其他
20. 您认为您现在的生活幸福吗？（　　）。
　　　A. 幸福　　　　　　B. 不幸福
　　　C. 没感觉　　　　　D. 其他